KB156528

학교 비정규직 노동운동 10년,
나의 아름다운 노동조합 이야기

누가 우리를 멈추랴!

학교 비정규직 노동운동 10년,
나의 아름다운 노동조합 이야기

누가 우리를 멈추랴! (하)

1판 1쇄 발행 . 2019년 12월 17일
지은이. 김유경
펴낸이. 이희선
펴낸곳. 미들하우스
주소. 서울특별시 종로구 경운동 89-4 sk허브오피스텔 102동 805호
전화. 02-333-6250
팩스. 02-333-6251
등록일. 2007. 7. 20
등록번호. 제313-2007-000149호
ISBN. 978-89-93391-24-4
ISBN. 978-89-93391-25-1(전2권)
값. 15,000원

미들하우스

하권 차례

인터뷰
모음집

지부 사람들, 10년의 기록

들어가며

전국교육공무직본부는 본부를 제외하고 전국에 16개의 지부가 있습니다. 지부가 탄생하고 성장해온 생생한 기록은 전국교육공무직본부 10년의 역사 그 자체입니다.

'지부 사람들, 10년의 기록'엔 각자의 터전에서 학교 비정규직 노동운동을 위해 고군분투해온 조합원들의 진솔한 인터뷰를 실었습니다. 더 많은 조합원들의 불꽃 같은 이야기들을 담고 싶었지만 지면의 한계상 기준을 정해 제한적으로 인터뷰가 진행됐습니다. 초대 지부장과 현 지부장, 최고참 활동 상근가 이렇게 세 명이 기본 선정 원칙이었고 지부 사정에 따라 조금씩 차이가 있음을 미리 알려드립니다.

1_본부의 역사

본부의 시작

2009년 2월 경기도 수원에 임시사무실을 두고 전국교육기관회계직연합회(준), 약칭 전회련으로 시작했다. 기능직공무원노조 경기지부 사무실에 더부살이하면서 처음에는 한 명의 전임 상근자도 없이 전화와 팩스, 카페로 전국적인 활동을 시작했다.

전회련은 처음 시작할 때부터 전국적인 조직화를 염두에 두고 전회련 본부가 중심이 되어 전국각지의 설명회 모임 등을 진행하면서 각 지부를 만들었다.

2011년 9월 공공운수노조에 가입하면서 대림동 공공운수노조 건물에 자리 잡았고, 공공연맹 시절인 2004년부터 활동을 시작했던 서울, 대전, 전북, 충북, 부산 등 공공운수노조 소속의 몇몇 지역 학교 비정규직 노동자들이 합류하면서 오늘에 이르렀다.

본부의 현재

2019년 현재 본부의 인력구성은 크게 임원과 사무처로 나뉜다. 임원은 조합원이 직접선거로 선출하는 본부장-수석부본부장-사무처장 3명과 대의원대회에서 선출하는 3명의 부본부장으로 구성되어 있다. 사무처는 조직국(4명), 정책국(3명), 총무국(2명), 교육선전국(2명), 노동안전국(1

명) 총 12명이 활동하고 있는데 상근직이며 채용으로 구성한다. 2019년 9월 현재 임원과 사무처를 합한 전체 상근자 정원은 18명이나, 수석부본부장과 조직국 1명, 정책국 1명 총 3명의 정원이 공석인 상황이다.

임원들은 본부장을 중심으로 사무처 및 전국 조직의 운영과 투쟁을 총괄하고, 대외적으로 조직을 대표한다. 조직국은 전국적인 조직체계 관리와 투쟁을 담당하고, 정책국은 각종 사업의 추진을 위한 정책 마련과 조정 및 연대사업을 담당하며, 교육선전국은 모든 투쟁과 사업의 교육과 선전을 책임지며 조직 안팎의 소통을 담당한다. 노동안전국은 현장의 노동안전을 위한 사업에 특화된 기능을 수행하고, 총무국은 조직 전체의 재원인 조합비를 관리하며 모든 사업에 대한 재정적 사무적 지원을 한다.

본부는 상시적 집행 체계로 상임집행위원회(본부의 전체 상근자로 구성)를 주 1회 개최하며, 상시적 의결기구로서 월 1회 본부운영위원회(상임집행위원+지역대표들로 구성)를 개최하고, 연 1회 또는 필요에 따라 개최하는 최고 의결기구로서 대의원대회를 둔다.

본부의 특징

본부는 서울에 둔다. 본부 산하의 조직체계는 크게 지부와 전국분과로 나뉜다. 지부는 지역 별 구분이며, 분과는 직종 별 구분이자 사업 체계이다. 본부는 전국 17개 시도지부의 공통된 과제와 투쟁을 총괄하고, 전국적 임금 인상을 위한 집단교섭을 담당한다. 이 외에도 각 지부의 개별 사업을 지원하기도 하며, 각 직종 별로 전국분과를 구성하여 전국적인 직종사업을 총괄하기도 한다.

본부는 특정 지역이나 분과의 이해와 차이를 넘어 전국적인 시각으로 전 조합원(직종)의 이해를 대변하기 위해 노력해야 하며, 대외적으로 전국교육공무직본부 조직을 대표한다. 따라서 노동운동의 전국적인 과제와 흐름에 상대적으로 민감한 반면, 각 지역지부들에 비해 현장 조합원의 여론이나 상태에 대한 파악이 간접적이고 더딘 편이다.

노사관계에 있어서 각 지부는 지역 교육청을 상대하는 반면 본부는 교육부에 대한 정책 협의와 개입은 물론 전국 시도교육청들(시도교육감협의회)과도 집단적 교섭과 협의를 하고 있다.

● 인터뷰 1 · 이태의 초대 본부장

이태의(전회련 전 경기지부장/ 전 본부장/ 현 공공운수노조 부위원장)는 마을 기초 건설 작업을 하는 건설회사 소장이었다. 10년 정도 전국을 떠돌면서 일을 하다 보니 가족에게 소홀할 수밖에 없었고 일에 대한 보람도 삶에 대한 여유도 없어 점점 회의가 들기 시작할 때 가족이 학교 시설보조 일을 권유했고, 그렇게 양평의 한 학교로 출근했다.

"학교가 참 좋았어요. 시설에 관해서는 학교 안에서 내가 최고 전문가였고, 그들에게 필요한 일을 해주는 인정받는 사람이었고, 가족들과 많은 시간을 보내고도 시간에 여유가 생겨 야간 대학원도 가고, 취미로 산악자전거도 타고, 삶에 활기가 넘쳤어요. 내가 무척 내성적인 사람이라 반가운 표정도 잘 짓지 못하고 여자들 앞에선 얼굴도 못 드는 편인데 아이들이랑 지내는 건 자연스럽고 편했어요. 2년 여의 시간이 흐르는 동안 공공운수노조 학교 비정규직 서울지부에서 행정실로 보낸 해고 싸움에 관한 소식지를 한 번 받았는데 당시에는 전혀 관심이 없었어요. 학교생활에 불만이 없었으니까. 친구처럼 지내던 동갑내기 학생부장과 싸우기 전까지는 그랬죠."

학년 초가 되면 분리수거, 등하교 등 기본 습관들을 교정해주는 학생생활지도를 학생과가 담당해서 진행하는데 이태의는 시설이나 안전 담당이었지만 항상 자신의 일처럼 나서서 도왔다. 담당 교사가 있어도 학생부장이 같이 하는 게 효과적이라 생각하고 학생부장에게 제안했는데 학생부장으로부터 반응이 없었다. 그렇게 며칠 동안 매일 제안하고 무시당하기를 반복하던 중 삶의 전환이 된 그 날이 왔다.

그 날도 아침에 등교하면서 학생부장이 나서야 일이 더 잘 된다며 생활지도를 같이 하자고 권유하자 학생부장이 이태의에게 버럭 화를 내면서 말했다.

"비정규직 주제에 어디서 학생부장에게 이래라저래라 하는 거야?"

이태의는 학교에서 일을 시작한 뒤 처음으로 화가 났다. 아이들을 키워내는 학교에서 그 아이들을 가르치는 교사이며 친구처럼 동료처럼 지내던 사람이 그에게 확인시켜준 것은 학교 안의 서열이었고, 암묵적으로 존재했던 차이와 차별이었다.

마침 동료(기능직 공무원 노조 지역 간부)가 학교비정규직 모임에 가자며 이태의에게 권유했고, 학교 일로 화가 나 있던 그는 홧김에 동료를 따라 모임 장소인 용문산 근처 식당으로 향했다.

"학교 비정규직 30여 명이 모여 있었는데 남자는 제가 유일했죠. '흰머리 소년' 이시정(당시에 사람들이 이시정을 부르던 별칭)이 학교비정규직의 차별과 열악한 처우, 노조의 필요성을 조곤조곤 설명했죠. 다 맞는 말이었어요. 사실 저도 20대에 노조활동을 했고 해고된 경험이 있어요. 오랫동안 묻어둔 기억이죠. 건설 일을 하면서 행복하지 않아도 그냥 살았고, 노조활동에 대한 사회적인 책무와 갈증 같은 게 있어도 무시했어요. 그런데 그게 설명회를 통해 분출되기 시작한 거죠. 학교비정규직의 현실이 그랬어요. 이시정에게 물었죠. '노조 일을 하다가 다치는 일이 생기면 당신이 책임질 거요?' 라고. 이시정이 바로 대답했죠. '걱정마시라, 책임지겠다.' 그렇게 시작됐죠."

전회련 준비위 사무총장 이시정이 연락 담당 책임자를 선정해달라 했고, 사람들의 시선이 참석자 중 유일한 남자였던 이태의를 향했다. 사무실도 없는 조직의 연락담당, 첫 조직화 사업이 시작된 것이다.

당시엔 이시정도 생계를 위해 화물 운전을 하고 있었고, 이태의도 학교를 다니고 있었다. 이시정은 노동조합에 관해서는 선수였지만 학교 사람들의 정서나 일이 돌아가는 사정엔 어두웠기 때문에 이태의는 자연스레 이시정과 함께 다니게 되었고, 기능직 공무원 노조 사무실 한 귀퉁이에 마련된 책상이 사무실이 되었다. 그리고 학교비정규직 노동운동의 커다란 전환점이 된 4.29 경기도교육감 보궐 선거를 통해 전회련 본부의 본격적인 업무가 시작됐다.

"'비정규직'이라는 말이 우리의 처지를 너무 초라하게 만드는 것 같아 모두 싫어했어요. 우리를 부르는 다른 표현인 회계직(학교회계 돈으로 고용)이 편했고, 당시만 하더라도 노조에 대한 거부감이 심해서 연합회라 붙이고, 또 시작은 경기뿐이었지만 전국 조직이 될 것이라는 바람을 담아 '전국교육기관회계직연합회(이하 전회련)라는 이름이 탄생하게 되었죠. 사상 최초 직선으로 치러진 임기 1년짜리 경기도 교육감 선거기간에 전회련의 이름으로 최초의 정책공약서를 돌렸고 학교비정규직을 교육주체로 인정해 달라는 것과 맞춤형 복지비 등 처우개선을 강하게 요구했습니다. 후보들 중 유일하게 김상곤 후보(전 교육부총리, 전 경기교육감)만 답변을 보내왔어요."

이를 계기로 전회련 경기본부는 맞춤형복지비 서명운동을 주요 사업으로 결정하고 2009년 6월 22일 경기지역 2,100여 개 학교에 전회련의 이름으로 서명을 독려하는 팩스를 보냈다. 팩스기가 고장날 정도로 반응은 정말 폭발적이었다. 이태의는 학교에서 이시정은 화물차 일을 마치고 사무실로 출근하면 매번 엄청난 수의 서명지가 쌓여 있었다.

경기지역에서 1차로 수집된 6천 장의 서명지는 9월 14일 김상곤 교육감 초청 강연회에서 교육감에게 전달됐고, 경기교육청은 이듬해인 2010년 3월부터 맞춤형복지비 15만 원을 지급하기 시작했다.

진보교육감 당선과 함께 서서히 궤도에 오르기 시작한 전회련 경기지부의 활동은 대정부투쟁으로 이어졌다. 근무 여건이 가장 열악한 급식실을 대상으로 설문조사를 실시해 심각한 근무 실태를 고발했고, 학교에는 있으나 초중등교육법이나 교직원공제회법 어디에도 존재하지 않는 학교비정규직의 존재를 알리는 국정감사 질의서를 국회 교과위에 제출하며 언론 보도 투쟁에 적극적으로 나섰다.

"초중등교육법에는 학교비정규직이 없어요. '학교 행정직원 등은 교장의 명에 따라', 우리는 '등'으로 존재하는 사람들이었죠. 교직원공제회 수납업무를 담당하면서도 교직원공제회에 가입할 수 없는 사람들이 바로 학교비정규직였어요. 근무환경은 최악이었죠. 특히 열악했던 급식실의 경우는 대체인력이 없어 아파도 병가를 낼 수 없었고, 100명 중 90명이 다친 상태이거나 다친 경험이 있는 사람들이었지만 산재 얘기를 꺼내면 그냥 잘렸어요. 해마다 겨울방학이 되면 학교장의 말 한마디에 무더기로 해고되어도 하소연할 데가 없었어요. 불과 10년 전의 상황이라는 사실이 더 놀랍죠."

전회련의 이름으로 소식지가 발송되기 시작하면서 빗발친 상담 전화는 거의 해고에 관한 문의였다. 전회련 초기 1~2년 동안 이태의는 해고 상담을 받고 해고를 해결하기 위해 달려가는 것이 일상이었다. 당시 학교 비정규직에게 해고는 일상이었기 때문이었다.

"어떤 선생님은 7년에 8번 잘렸어요. 그 상황은 맨정신으로 못 견디는 거죠. 행동하기를 망설이거나 회피하는 사람들한테 단호하게 말했어요. 해고라는 낙인이 찍힌 채 살 거냐, 학교는 원래 그런 곳이고 학교에 희망은 없고 우리 사회는 원래 그런 곳이라 자조하며 상처받고 쫓겨난 사람으로 살 거냐며 몰아붙였어요. 조금이라도 용기를 내 '이 해고는 정당하지 않다'고 직접 말하라고. 그 한 마디가 하기 힘들면 그 때는 나를 부르라고 했어요.

부르면 어디든 달려갔어요. 학교에 근무하면서 활동하던 2009년과 10년의 제 근무상황표가 증거죠. 연가를 조각내서 쓰고, 병가도 조각내서 쓰고, A4로 몇 장씩 출력이 될 정도로 무수히 다녔어요. 솔직히 무척 힘들었어요, 전회련 만들고, 조합원은 점점 늘어가고, 일은 많아지고."

2009년 맞춤형 복지 서명운동으로 전국적인 조직을 위한 발돋움을 마련한 전회련은 진보 교육감이 6개 지역(서울 인천 경기 강원 전북 광주)에서 당선된 2010년 교육감 선거를 계기로 활동 영역을 넓혀나갔다. 각 지역에 지부들이 탄생했고, 전국교육공무직본부의 전회련 시절을 주도적으로 이끈 사람들이 한 명씩 존재를 드러냈다.

"영원한 맏언니 서울의 박영순 전 지부장, 스스로를 불독이라 불렀던 충북의 김미경 전 지부장, 지금은 도의원이 된 전북의 최영심 전지부장…… 그 외 전국의 무수히 많은 조합원과 간부들이 이거 아니면 안 된다고 필사적으로 매달렸어요. 그런 노력들이 다 쌓인 거예요. 무엇 하나도 거저 된 게 없어요. 맞닥뜨린 매 순간 절망했고, 그 순간을 힘겹게 딛고 일어서서 승리를 만끽했고 더 큰 희망을 품었죠.

어느 유명한 만화에서는 그런 사람을 송곳이라고 하지만 우리 조직 사람들에게는 그런 표현이 적합하지 않은 것 같아요. 그들은 튀어나오고 뾰족하게 찌르는 사람이 아니었어요. 모두 평범한 사람들이었죠. 이시정 당시 사무총장이 우리의 권리를 알려주고 싸우는 방법을 제안했지만 어떤 것도 결정해주지 않았어요. 모든 과정마다 우리가 토론하고 결정해서 우리가 아는 만큼, 우리의 힘만큼 조금씩 나아갔어요."

더이상 유령처럼 살고 싶지 않다, 해고를 막고 싶다, 일한 만큼 인정받고 싶다는 학교비정규직의 열망은 교육감 직고용 조례로, 또 교육감과 동등하게 교섭할 수 있는 권리로, 장기근속가산금을 포함한 각종 수당으로 하나씩 결실을 맺었다.

2011년 연합회에서 노동조합으로 발돋움한 전회련은 첫 교섭과 첫 파업을 치르며 명실상부한 전국 조직으로 거듭났다. 농성이 전국 곳곳에서 벌어졌고 이태의는 자신을 기다리는 사람들을 만나기 위해 어디든 향했다.

"대표직을 맡는 동안 한 해도 농성이나 단식을 하지 않은 적이 없었어요. 2013년, 14년은 전국을 많이 다녔는데 어느 날인가는 파업 격려하고 서울에서 출발해, 경기도에서 파업 시작하는 거 보고, 전북으로 가서 파업대회사를 하고, 대전으로 가서 인사한 뒤 대구로 갔다가 부산교

육청까지 갔죠.

부산에 밤늦게 도착했는데도 조합원들이 모두 기다리고 있었죠. 전국에서 동시파업을 하니까 어쩔 수 없었어요. 가면 좋아하니까 안 갈 수가 없어요. 잠깐 얼굴이라도 비춰야 했죠. 가장 먼저 위가 고장 났고, 이가 빠지기 시작했어요. 이는 치료하는데 오래 걸리니까 치과 갈 엄두가 나질 않았어요. 결국 2015년에 위 수술을 받았어요. 암이 되기 직전에 일부를 떼어낸 거죠."

시간이 지나면 되겠지, 하는 생각을 한순간도 해본 적 없다고 이태의는 말한다. 당시의 학교 비정규직 사람들은 가장 어려운 처지에 있었기 때문에 매 순간이 급박했고, 그걸 스스로 이겨내야만 했다. 이겨낸다고 모든 게 해결되는 것도 아니었지만 순간순간이 고통인 사람들을 두고 딴 생각을 할 수는 없었다. 간부들 누구나 마찬가지지만 이태의도 자신을 추스를 시간 같은 건 생각조차 할 수 없던 시절이었다.

"본부장으로서 당연히 앞장서야 했고, 제일 앞에서 경찰을 막아주고 싶었고, 삭발도 단식도 농성도 모두 내가 해야지, 그런 마음이 늘 있었던 거죠. 우리 조합원들이 멀리서 나를 보면 안아주러 달려와요. 따뜻하게 안아주죠. 내 마음을 다 안다는 듯이.

제가 전회련 대표와 교육공무직본부 본부장을 하던 시절을 평가할 때 진짜 잘했다고 생각하는 건 반복적인 해고를 해결하기 위해 조례를 만들고, 단체협약으로 권리를 확보하고, 꾸준하게 현장 간부를 끌어들여서 노동조합이 제 기능을 발휘할 수 있도록 일상적인 활동으로 만들어낸 것입니다. 저는 바탕을 만드는데 기여했고, 현재 안명자본부장은 노동조합이 할 수 있는 최선의 활동까지 끌어올리고 있다고 봐요. 저는 저의 최선을 다한 것이고, 안명자 본부장은 현재 그가 할 수 있는 최선을 다하고 있는 거죠."

이태의가 노조 활동을 시작했을 때 그의 동갑내기 부인은 젊었을 때 병이 도졌다며 핀잔을 주면서도 반대하지는 않았다. 오히려 남편의 게으름이 노조에 누가 될까 노조대표로 미덥지 않을까 더 걱정했다고 한다. 딸의 성장 과정에 아버지로서 제대로 역할을 하지 못한 건 이태의에겐 마음의 짐으로 남아있다.

언젠가 노조 일 때문에 며칠 만에 집에 들어갔을 때 '아빠, 요즘 열심히 사는 것 같아.'라며 칭찬을 해주던 어린 딸이 지금은 학교 행정실에서 근무하며 전국교육공무직본부 양평지역 대의원으로 활동하고 있다. 아버지와 딸이 같은 노조 안에서 같은 꿈을 꾸고 있는 것이다.

며칠 농성장에 있다가 집에 쉬러 가서 늘어져 있기라도 하면 조합원 딸에게 혼이 나기도 한다고. 조합원의 피 같은 돈을 받고 일하는 사람이 출근을 왜 안 하냐고. 그럴 때마다 이태의는 딸을 보며 전국교육공무직본부 임원답다는 생각을 하곤 한다.

"다른 노동조합에 비해 우리 노동조합 간부들은 주저함이 없고 행동도 거침없고 할 말을 다 합니다. 스스로 결정하고 스스로 행동해 온 사람들이 만들어온 조직 기풍인 거죠. 지금도 다른 조직에 비해 활발하고 생동감이 있는 이유가 거기에 있습니다. 우리 노조의 불문율 같은 게 있어요.

'노조는 자판기가 아니다, 조합비만 냈다고 임무를 다하는 게 아니다. 파업하면 파업 나와야 하고, 교육하면 받으러 나와야 하는 거다. 노조

는 너희의 요구를 따낼 수 있게 장을 만들어주고, 힘이 부족할 때 같이 싸워주는 조직이다.'

지난 10년 동안 그래왔던 것처럼 앞으로 10년도 우리 조직 사람들은 스스로 결정하고 주저함이 없이 더 나은 세상을 위해 걸어갈 거라 생각합니다. 그 곁엔 항상 저도 있을 거구요."

이태의에게 노동조합이란?

"노조는 저한테 가족입니다. 처음 기자와 인터뷰를 한 뒤 '전회련씨에 의하면'이라고 기사가 나오면서 대표였던 저는 자연스럽게 전씨가 되었죠.

가족이라고 하면 전회련 울타리에 있는 사람만 가족이라고 생각할 수도 있겠지만 저한테는 이 울타리가 품지 못한 사람, 특히 전회련이 만들어지기 전까지 무수하게 많이 해고된 사람들, 건강상의 이유로 또는 학교가 지긋지긋해서 그만둔 사람들, 다른 노조로 간 사람들까지 모두 포함되죠. 학교와 관련된 전체 비정규직의 정서를 묶어내는 역할로서 가족인 것이죠. 전씨나 전회련씨라는 호칭에는 그런 정서가 담겨 있어요. 단지 가족의 일원이라기보다는 그렇게 이름을 지을 수밖에 없었던 사람들의 정서, 그들만의 언어, 학교 정규직이나 관리직들이 끼어들 수 없는 영역, 특정한 조직을 우선하기 위한 명칭이라기보다, 학교 비정규직들을 하나로 아우르는 하나의 구성으로서 제 역할같은 것이었어요."

● 인터뷰 2 · 안명자 본부장

교육공무직본부를 4년째 이끌고 있는 본부장 안명자는 경기도의 특수교육지도사 출신이다. 전회련의 제안으로 진행된 노동교육을 받으러 갔다가 전회련을 알게 되었고, 2010년 광주하남 지역의 특수교육지도사들이 단체로 대거 가입할 때 노조와 인연을 맺었다. 학창시절 투쟁하는 사람들에 대해 불편한 시각을 가졌기 때문에 노조 가입은 했지만 적극적으로 활동하지 않았던 조합원 안명자의 삶은 이후 본인의 의지나 생각과는 조금 다르게 펼쳐졌다.

"이준형(경기지부 조직국장)이 광주하남 지회 창립식에 참석해달라고 전화를 했어요. 망설이기도 했지만 전화 걸어준 사람에 대한 예의 때문에 어쩔 수 없이 창립식에 갔죠. 근데 이준형 국장이 제 이름을 기억하더라구요. 제가 전화를 친절히 받아서 기억에 남았다고 했어요. 사무장으로 추천도 하더라구요. 우리 학교 사람과 다른 특수지도사들도 같이 등떠미는 바람에 '예의상' 참석했다가 본의 아니게 지회 임원이 되어버렸어요. 임원이 돼도 적극적으로 활동하지는 않았어요. 예의상 회의에 참석하는 정도였죠."

친절과 예의, 안명자의 노조 초창기 시절을 대표하는 단어들이 말해주듯이 당시 그에게 노조는 대부분의 조합원들처럼 필요 이상의 의미를 갖지 않았고 취업규칙에 노동조합 활동 가능 문구가 있어서 그다지 불이익에 대한 부담도 없는 그 정도였다. 하지만 그런 그를 바꾼 결정적인 사건이 동시다발적으로 터지게 되는데 그 첫번째가 바로 전회련의 경기지부 노동조합 전환이었다. 2011년 경기지역의 노동조합 설립 신고를 위해 누군가 위원장이 되어야 하는 상황이었다.

"학교로 명단이 갈 거라는 우려가 있었고 혹시라도 불이익 받을까 걱정했기 때문에 모두들 위원장 자리를 맡지 않으려고 했어요. 임원들의 의논 끝에 자의 반 타의 반 내 이름으로 노동조합 설립 신고를 하게 됐어요. 사실 자의가 더 컸어요. 저는 학교에서 교장, 정규직 교사, 비정규직 모두와 잘 지내고 있었고 학교 생활에 대한 자부심이 커서 학교에서는 내게 절대 뭐라 하지 않을 거라 생각했죠. 이런 서류들 때문에 문제가 될 거라고 한 번도 생각해 본 적이 없었어요. 자신이 있었어요, 자만심이었는지 모르겠지만."

우연을 가장한 운명의 시작이었을까, 교장이 바뀐 해였던 2010년, 크리스마스가 지나고 교장이 안명자를 이유도 없이 예고도 없이 해고했다. 학교생활에 대한 자부심이 컸던 만큼 상처 또한 컸던 안명자는 학교를 떠날 결심을 굳히고 학원 사업을 계획하고 있었다. 그 계획 속에 노동조합은 당연히 없었다. 2011년 3월의 결정적인 사건이 벌어지기까지는.

민주노총 중앙집행위원회에서 전회련이 만든 각 지역 노조들의 민주노총 참여 여부 회의가 있었고 전회련 간부들이 참관을 갔다.

"설전이 벌어졌어요. 전회련이 민주노총에 들어가야 하는 정당성을 두고. 그 때 민주노총의 한 임원이 우리 조직을 매도하는 발언을 했어요. 조직 자체에 대한 정당성을 떠나 학교 비정규직 타 노조와 관련된 정파적인 이유로 일방적인 공격을 한 거죠. 그걸 참기 힘들었어요. 우리 조직의 위상을 위해서라도 이태의 경기지부장을 전회련 본부장으로 세워야 한다는 생각이 들었어요. 누군가는 지부장을 해야 하는 상황이었고, 결국 제가 결심을 했어요.

결정하기가 쉽지 않아서 남편에게 의논을 구했죠. 처음에는 반대했던 남편이 그랬어요. 원없이 하고 싶은 대로 해보라고. 후회는 없어야 하지 않냐고. 처음에는 내 해고 문제만 해결되면 끝날 줄 알았죠. 이렇게 길어질 줄 몰랐어요. 전임으로만 7년을 지냈네요. 나중에 본부장이 되었을 때 뒤돌아보니 그런 결정적 순간들이 있었더라구요. 저도 모르게 운명의 소용돌이 한가운데에 있었던 거죠."

2012년 1월, 우여곡절 끝에 전임으로 출근한 노조사무실에는 안명자와 조직국장 이준형, 이렇게 두 사람과 전화기 두 대가 있었고 끝도 없이 밀려드는 해고 상담 전화가 있었다.

"하루 종일 전화로 상담을 하는데 99%가 해고 문의였어요. 나만 해고된 게 아니었던 거죠. 교장이 해고했어요, 행정실장이 해고했어요, 문자로 왔어요, 집으로 날아왔어요, 각양각색의 이유와 방법으로 해고를 당한 사람이 줄을 이었어요. 우리가 퇴근한 시간한 이후에도 전화는 밤새도록 울렸을 지 몰라요.

제가 해고사유에 관해 상담을 하고 나면, 이준형 국장이 학교로 교육청으로 행정실로 부당노동행위에 관해 이의제기를 하는 식으로 일을 나눠서 했어요. 밥 먹을 새도 없이 하루 종일, 방학이 끝나는 2월 28일까지 해고문제만 상담했어요. 해고 풍년이었어요. 조금 부풀려 말해 1,000명은 상담한 것 같아요. 그런데 참 아이러니한 게 노동조합의 공문이나 전화로 그 해고 문제가 전부 해결됐다는 거죠. 상담 전화를 받은 사례의 경우 해고를 막지 못한 건수가 하나도 없었어요."

당시엔 교장, 교감, 행정실장의 자녀들을 고용하기 위해 근무 중인 비정규직들을 해고하기도 했다. 조합원, 비조합원 가릴 것 없이 연락이 왔고 노조가입 또한 폭발적으로 늘어났다. 그나마 노동조합을 통해 해결이 된 사람들은 다행이지만 아무 대응도 하지 못하고 사표를 낼 수밖에 없었던 사람들 또한 부지기수였다.

당시에 경기도에서 해고 사례가 가장 많은 직종이 특수교육지도사였는데 학교에 장애아가 있고 없고에 따라 교장은 간단히 해고통보를 내렸다. 그 뒤를 이어 사무직, 사서 순이었다. 교장 마음대로 해고할 수 있었고 거기에 어떤 죄의식도 없었다. 사무실 찻잔 하나 골라 사고 마음에 안 들면 버리는 것과 다를 바 없을 정도였다.

"돌이켜 보면…… 그 혹독한 세월을 우리가 살았네요. 경험해보지 못한 사람은 결코 모를 일이죠. 학교가 그래? 라고. 막상 제가 당사자가 되고 보니 충격이 더 컸어요. 과거에는 해고된 동료들을 보며 학교생활을 제대로 못해서 그런 거 아니야? 라고 속으로 생각한 적도 있었는데, 그게 아니란 걸 절실히 깨달았어요."

예의상 참가했던 지회 창립식에서 임원이 되는 계기가 되었던 안명자의 친절, 또 모두들 불이익을 두려워할 때 자신의 이름을 걸었던 안명자의 수줍은 용기, 자부심과 자만심이 함께 넘쳤던 학교 생활이 남긴 억울함과 상처, 그리고 조직을 더 성장시키고 싶었던 조심스러운 자기 희생이 모여 지금의 교육공무직본부 본부장 안명자를 만들고 나아가게 한 것이다. 본부장 안명자에게 노조 활동 중 가장 기억에 남는 일은 무엇이었을까?

"2011년 1월에 교육청 앞에서 명절 상여금 10만 원 쟁취 피켓팅을 퇴근 후에 한 달여 동안 했어요. 주동력은 수원 거주 급식분과 선생님들이었지만 지회 간부로서 피케팅을 교대로 해달라는 연락을 받고 '양심상' 어쩔 수 없이 참가했어요.

모두 사진에 찍히지 않기 위해 피켓으로 얼굴을 가린 채 경기도 교육청의 칼바람을 맞으며 서 있는데, 이 추위에 이 짓을 왜 해야 하지? 내가 왜 하필 사무장이 되어 가지고 이 고생을 하나, 이런 생각이 들었어요. 너무 추웠거든요. 5시 30분에서 7시 30분까지 겨우 두 시간이었지만 그 두 시간은 너무 길었고, 이틀 하고 나서 몸살을 앓았어요. 개인적으로 이런다고 뭐가 될까 하는 의구심도 있었지요.

결국 저는 병을 핑계로 더 이상 가지 않았지만 김상윤 선생님을 주축으로 한 열댓 명의 선생님들이 꾸준히 자리를 지켰어요. 그 결과 학교 비정규직 사상 처음으로 명절상여금이란 수당을 기본급 외에 받을 수 있게 되었죠. 그 때 처음 깨달았어요. 이렇게 모여서 다같이 하면 무언가 된다는 것을요."

수많은 투쟁 중에 유독 이 피케팅이 안명자의 기억에 남은 특별한 이유가 있다. 노동조합도 조합원도 사무장이라는 직책도 낯설고 어색했던 안명자에게 이 투쟁은 노조와 조합원에 대한 각성의 계기가 되었기 때문이다.

"지금은 추운 걸 당연하게 받아들이지만 그 때는 추운 걸 참기가 힘들었어요. 우리 일이고 내 일인데도 불구하고. 하지만 한 달을 꼬박 채운 누군가가 있었고 그들이 역사적 순간의 포문을 연 거죠. 저는 그 누군가가 존경스러워요. 그 일을 계기로 나 자신도 그 누군가가 될 수 있겠다는 생각을 했고, 임원으로서 좀 더 열심히 해야겠다 마음먹었어요.

제 인생에서, 우리 조직에서, 가장 큰 일을 한 사람이 누구냐 묻는다면 저는 처음 그 일을 용기 있게 했던 그 사람들이라고 말하고 싶어요. 정규직화 싸움에 불을 붙인 사람들, 그 때 그 자리를 지켰던 사람들이 바로 그들이라고요. 지금은 열심히 활동하지 않는다 하더라도 그들은 현장에서 원동력이 되어주고 있죠."

그 겨울의 피케팅 만큼 안명자 본부장의 기억에 남은 투쟁이 경기도교육청 최초의 최장기 점거 농성으로 기록된 2015년 여름의 유치원분과 직종 투쟁이다. 노조 전임 활동을 시작하기 전 노조활동을 하더라도 점거, 단식, 삭발, 고공 농성은 안 하기로 했던 부부 합의가 이 농성 한 번으로 무너지기 시작했다. 고공은 무서우니까, 삭발은 인물이 안 좋아서, 배고픈 거 못 참는데 어떻게 단식을, 추위 못 참으니까 점거는 힘들어, 이 발랄했던 다짐들은 지킬 수 없었다. 유치원분과 직종투쟁으로 점거농성이 시작됐고 점거농성은 장기화되었다.

"2018년 1월 폭설이 내리는 날, 경기교육청의 방과후코디 250명 집단해고 건으로 청와대 앞 거리에서 노숙 농성을 했잖아요. 우리 남편이 미쳤다고 했어요. 그래도 아직 고공과 삭발은 남았잖아요.(웃음)

유치원분과의 점거농성이 기억에 남는 데는 더 특별했던 일들이 있었기 때문이에요. 밤이면 3명에서 5명이 농성장에서 잠을 잤고, 낮에는 각 단위 조직들이 연대를 왔어요. 또 일주일에 한번씩 금요일마다 70여 명이 모여 문화제 같은 집회를 열었어요. 분과 단합회같은 분위기였어요. 장기자랑도 하고, 초청 연주회도 하고. 매일 투쟁만 외치는 게 아니어서 조합원들도 좋아했지요.

직종도 다양하고, 학별도 다양하고, 급식, 사무직, 강사직 직군에 따라 생각이 다르고, 학별도 다르고 심지어 어떻게 살아 왔느냐에 따라 언어 전달력도 달라서, 들여다보면 각자의 괴리감이 있을 거예요. 하지만 언제나 우리가 뭉칠 수 있는 어떤 꼭지점이 있고 그 아래 뭉치는 것을 보면 신기해요. 그 점거농성이 그랬어요. 직종별 자기 주장이 강해진 요즘엔 특히 그 때가 많이 생각나요. 현재 우리는 다시 그 꼭지점을 만들어내는 것이 목표예요. 과거에는 차별이 우리를 하나로 묶었다면 지금은 '내'가 아닌 '우리'로 바라볼 수 있는 무언가가 절실히 필요한 시점이거든요."

경기도교육청 점거 농성 당시 안명자의 제안으로 시작했던 인사하기 피케팅은 큰 소리 한 번 없이 교육청 관계자들을 당황시켜 화제가 되기도 했다. 점거농성을 시작하자 한 교육청 직원이 불편하다는 듯 강하게 인상 쓰는 것을 본 후 맞대응을 고민하다가 인사하기 피케팅이 시작됐다. 안녕하세요, 식사 잘 했어요? 조합원들은 교육청 관계자들에게 웃으면서 피켓을 흔들었다. 얼마 지나지 않아 교육청 담당 사무관이 안명자를 찾아와서 친절히 인사하니 불편하기도 하고 미안하기도 하다며 하소연을 했다 한다.

"다른 조직과 비교해 보면 우리 조직은 항상 즐거워요. 집회나 파업을 해도 웃음이 끊이지 않고 재미있지요. 그 비결은 조합원들이나 간부들이 집회 구성을 그쪽으로 유도했기 때문이에요. 행사를 만들고 진행할 때도 여성들이 압도적으로 많은 여성조직의 특징에 맞춰서 고민하고 진행해왔죠. 남성들이 주도적인 집회를 보면 투쟁가, 결기, 경직, 이런 스타일인데 우리는 위트 있게 동아리별로 코믹댄스, 유행가 개사곡, 조합원 자녀들의 율동 같은 재롱잔치, 대형 풍선 머리 위로 굴리기 등 강한 결기보다 그 시간을 즐기도록 유도하는 문화가 확실히 있어요. 노는 것으로 1등일 거예요. 현재 민주노총 산하 조직 중에서 가장 잘 싸우고 있는 조직으로도 1등이고요."

전국교육공무직본부는 민주노총 산하, 여성조합원 비율이 압도적으로 높은 대표적인 조직이다. 여성노동자들이 노동강도에 비해 지나친 차별을 겪었고, 그것이 이들을 일으켜 세운 동력이 되어 지난 10년을 만들어왔다. 이제 다가올 10년을 준비해야 하는 안명자 본부장이 최근에 가장 주력하고 있는 사업은 강사직군의 고용안정 문제다. 2014년 정부의 가이드라인에 의해 진행된 무기계약직 전환 제외 직종이 된 강사직군들은 여전히 고용불안에 시달리고 있으며, 집단교섭의 성과에서도 제외되고 있다.

"다른 사람들 모두 처우개선을 말할 때 고용문제로 고통받는 사람들이 강사직군이죠. 아픈 손가락이에요. 방과후 코디 해고 사건 같이 위탁업체가 끼어 있어서 우리가 관장하기 애매한 데다가 교육공무직이나 무기계약직 안에 들어오지 못한 채 언저리에서 고용의 불안을 겪고 있어요. 우리 노조에 들어오고 싶어도 들어오지 못하는 상황, 이 문제를 어떤 방식으로 제 임기 안에 풀어야 할지 고민이 커요. 본부장으로서 우선적으로 해결해야 할 문제지요. 고용안정이 되어야 처우개선이라도 해볼 텐데 우리가 잡을 끈도 없는 사람들의 줄이 되어야 해요."

안명자에게 전국교육공무직본부의 지난 10년은 눈사람을 만들기 위한 눈뭉치가 뭉쳐져 굴러 가기 시작했고, 이제는 그 눈사람을 세워야 할 때라고 한다. 좋은 시절을 만나 따뜻한 햇살 아래서 그 눈이 모두 녹아 없어지는 결말을 기대하고 있다고.

"처음에는 동창들을 피해 다녔고 제가 하는 일을 감췄어요. 하지만 9시 뉴스에 얼굴이 나오기 시작하면서 그냥 자연스러워졌어요. (웃음) 요즘엔 친구들에게 말하죠. 한 번도 부당하다고 생각하지 않고 살다가 부당함을 겪고 인지한 순간 삶이 달라져버렸다고. 이 다음에 죽을 때 우리 아들에게 부끄럽지 않은 엄마로 기억된다면 그거 하나로 만족해요. 뭐가 되고 싶다, 이름을 남긴다 이런 게 아니고 아내, 엄마, 딸, 며느리로서 가장 가까운 이들에게 부끄럽지 않은 사람, 열심히 살았던 사람, 정의롭게 살았던 사람으로 기억되고 싶어요. 여전히 저를 부끄럽게 생각하는 사람이 있다면 그런 사람들을 설득하며 사는 인생이고 싶어요.

안명자에게 노동조합이란?

"노동조합이 저에게 준 의미는 예뻐짐이라고 할까요?

제 억울함이 저를 세우고 이곳에 몸 담게 했지만 지금은 사명감이 자리하고 있어요. 노동조합에 몸 담으면서 많은 것들이 변했어요. 친구를 좋아하고 여행을 좋아하고 배우는 것을 좋아했지만 그 좋아하는 것들이 달라졌죠. 친구 대신 조합원을 만나러 다니게 되고 여행 대신 지역을 돌아다니게 되고 다양한 다른 노동조합의 싸움을 배우게 되고 왜 비정규직이 철폐되어야 하는지를 배우게 되었어요.

처음 이 일을 하게 되었을 때 친구들이 제일 이해를 못했고 어울리지 않는다, 그만해라, 너 답지 않다는 이야기를 많이 했어요. 하지만 지금은 잘 어울린다, 멋지다, 너답다고 해요. 무엇이 저다운 건지는 모르겠지만 최선을 다 했다고는 자부할 수 있어요.

내 맘에 오래 남아 있는 어떤 글이 있어요.

'중국의 황하강으로 흐르는 샛강에게 길가는 나그네가 물었다. 왜 더러운 황하강으로 흐르냐고, 깨끗함을 유지하기 위해서 작은 웅덩이로 있으면 안 돼냐고. 그 샛강이 말하길 내가 황하강으로 흐른다고 황하강이 맑아질 거라 기대하지 않는다. 다만 더 탁해지는 건 막을 수 있지 않느냐, 그리고 웅덩이로 남는다면 언젠가는 썩을 것이다. 나 같은 샛강이 많아진다면 언젠가 황하강도 변할 것이다.'

“우리는 그 샛강과도 같다고 생각해요. 우리의 저항이 무모해 보일지라도 여성 비정규직 노동자로써 비정규직 철폐를 위해, 보이지 않는 서열이 존재하는 학교를 바꾸기 위해 우리는 노력하고 있어요. 노동가요가 가슴에 와 닿고 타인의 삶이 가슴에 와 닿는 지금이 어쩌면 과거의 저보다 더 예쁘지 않을까 싶어요. 저는 지금 예쁘다고 생각해요. 노동조합 간부로써 저의 삶이 늘 당당하고 멋지고 예뻐요.

이제 새로운 꿈을 꿀 때가 되었어요. 지금까지 성장해온 우리가 사회에 기여하며 노동의 중심이 되고 있듯이 앞으로 우리의 작은 노력이 나비효과처럼 세상으로 나아가 결국엔 세상을 바꿀 태풍이 될 거라 믿어요.”

● 인터뷰 3 · 배동산 본부 정책국장

배동산 정책국장은 2009년부터 공공운수노조 사무처에서 활동하기 시작했다. 공공운수노조는 중앙에 전회련 지원담당을 두고 있었고, 2012년 8월 전회련 담당자의 요청에 의해 일시적으로 파견되었다가 현재까지 자리를 지키고 있다.

"지원담당으로 왔던 8월, 9월에 파업학교를 진행중이었어요. 전임간부가 없던 시절이었는데도 다들 열정적이고 비정규직 차별문제를 바꿔야겠다는 에너지도 넘쳤어요. 2012년에 공공운수노조 집회 때 전회련 조합원들도 결합했는데 그 다양한 무리들 중에서 연두색 조끼를 입은 사람들만 열심히 구호를 외치는데 그게 참 보기 좋더라고요. 행진할 때는 기존 공공운수노조 조합원들의 상당수가 대오에서 이탈했는데도 전회련 사람들은 끝까지 남아서 행진을 했어요. 경찰이 옆에 오면 무서워서 행진 대오가 쪼그라들다가도 다시 대오를 유지하며 끝까지 가는 모습도 좋았고요. 공공운수노조의 기존 정규직 남성중심의 사업장에선 볼 수 없었던 모습이었어요. 그런 에너지나 현장감이 좋아서 파견을 보내 달라 노조 임원과 담판 짓고 이듬 해 정기 인사 때 와서 지금까지 활동하고 있어요."

학교비정규직 양대 노조가 생기기 전, 2008년 당시 공공운수노조(당시 명칭은 공공노조) 안에 학교비정규직 조합원이 300명 가까이 있었다. 당시 공공운수노조가 학교비정규직을 남겨둔 상태로 전국적 조직을 구축했다면 현재와 다른 판도가 되었을 것이라는 평가들이 있다. 전국학교비정규직노동조합은 지역별로 만들어진 학교비정규직 노조가 통합하면서 만들어졌는데, 일부 지역에선 당시 공공노조의 소속된 학교비정규직 조합원들이 탈퇴해 이탈한 경우도 있었다. 비슷한 시기에 전회련은 노조 가입 부담을 줄이기 위해 연합회를 지향하며 등장했다. 학교비정규직 특성에 맞춰진 조직들의 태동이었고, 오래 걸리지 않아 양대 노조가 주류를 형성해 갔다.

"2012년은 학교비정규직 노동운동의 분수령이 된 해였지만 본부 사무처 체계가 없이 그냥 이태의 본부장과 이시정 사무총장, 유유 선전국장 정도만 있었던 시절이었어요. 모든 실무가 말로 전해지고 실행됐는데도 정말 놀랄만큼 많은 사업들이 진행되었어요.

저희 노조의 제안으로 전국학교비정규직연대회의가 시작되었는데 경쟁은 하더라도 같이 교섭하고 투쟁하는 조직을 만들자는 의미였어요. 법률원과 준비한 초안을 바탕으로 기본협약서를 만들고 교육공무직법도 공동 발의하고요. 교섭학교도 공동으로 진행하고, 4월엔 교육부장관과 교육감을 상대로 단체교섭을 요구하기 시작했고, 교육감 직고용 조례 제정을 위해 지역별로 활동도 활발히 하고 있었어요. 교육공무직법 토론회에는 문재인 당시 대선 후보가 축사를 했고, 조합원들의 증언대를 지켜봤어요. 그 뒤 TV 첫 유세에 학교비정규직 노동자들을 언급해 모두 열광했던 게 기억이 나요. 또 학교비정규직 제도개선, 국정감사, 예산싸움 등 이런 문제들을 노조 정책팀에서 지원을 받아 시작했어요. 2012년은 학교비정규직 노동조합 활동의 다양한 전형이 만들어지기 시작한 의미있는 해였어요."

2012년의 교섭은 진보교육감이 있는 서울, 경기, 강원, 광주, 전북, 전남 등 6개 지역만 진행됐고, 교육부와 나머지 11개 시도교육청들은 교육감은 사업자가 아니라며 교섭에 불응했다. 11월 9일에 진행된 파업'비정규직을 구하는 119 도시락데이'의 중요한 의미는 학교에서 유령과 같았던 존재가 세상으로 나왔다는 것이다. 일반적으로 교섭 과정에서 파업은 노사간 입장차이를 확인하고 진행하지만 2012년 학교비정규직의 파업은 그런 의미에서 조금 다른 성격을 띤다. 교육감이 교섭에 응한 6개 지역은 교섭 결렬의 파업이고 나머지 지역은 일종의 인정파업(노조로 인정받고 교섭에 나오게 하기 위해 교섭력을 보여주는 파업)이었다. 유령에서 세상으로 나왔다는 교육공무직본부의 슬로건은 2012년 교섭과 파업을 상징적으로 보여주고 있다.

"2012년 정부와 교육감에게 교섭을 요구하면서 교섭 거부 관련해서 쌍방 간에 소송이 이어지고 판결이 나기 시작했어요. 그 결과 2013년 상반기를 지나면서 교육부를 비롯한 대부분의 교육청이 교섭에 나섰어요. 본격적인 교섭의 시대가 열린 거죠. 교섭을 시작한다는 건 여러 의미가 있어요. 노사관계 측면도 있지만 교섭에 나설 사측과 사측 담당자가 정해지기 때문에 전담해서 고민하는 당사자가 생긴다는 점에서 더욱 의미가 커요. 문제가 생길 때 찾아갈 수 있는 통로가 생긴 것도 중요하고요.

노조가 전국에서 임금과 단체교섭 투쟁을 벌였고, 그 중 강하게 요구한 것이 급식비 같이 차별받는 수당이었어요. 이 시기 본부에서 직종별 현황과 요구안에 대한 설문조사를 벌인 뒤 공통사항을 중심으로 전국 처우개선 현황표를 만들었어요. 첫 단체협약은 2013년 5월 1일 강원도에서 체결됐어요."

2013년 전국 지부 사무처 상황은 상근 활동가도 현장 전임자도 소수였던 시기여서 투쟁을 본부가 주로 이끌어 갔다. 이 시기 본부 사무처도 체계가 잡히기 시작했다. 급식비 투쟁도 중앙 농성단을 운영하면서 중앙을 중심으로 전국이 움직였다. 초기의 지부는 연락 책임자가 있는 수준에 가까워서 채용직인 상근 활동가들이 주도적으로 역할을 할 수밖에 없었다.

"중앙 중심의 투쟁 방식이 바뀌기 시작한 건 2015년 이후였어요. 단협의 결과로 전임이 생기기 시작했고, 지역에서 분위기가 만들어졌어요. 이제 본부는 6월 투쟁, 하반기 투쟁 등 큰 틀만 잡고 그 흐름에 따라 지역이 주도적으로 끌어가요. 일상 투쟁은 지역에서 독자적으로 해결하고 있고 최근엔 그런 분위기가 더 강화됐죠. 또 2015년 이후 중간 조직 강화 차원에서 지회를 활성화하는데 총력을 기울이고 있어요. 교섭은 여전히 중앙 중심의 성격이 강해요. 2017년부터는 집단교섭도 시작됐어요."

학교 비정규직의 임금 체계만으로 보면 가장 많은 변화를 보인 시기는 2011년과 2012년으로 각종 수당(장기근무가산금, 교통보조금, 가족수당, 명절휴가비, 자녀학자금 등)이 생겼고, 수당이 오르기 시작했다. 2014년엔 연봉제 방식이던 근무일수제가 월급제로 바뀌었고, 2년에 1만 원이던 장기근무가산금이 1년에 2만 원으로 인상돼 근속년수에 따라서 임금이 적지만 매년 오르게 되었다. 그리고 2017년 말 집단교섭을 통해서 근속년수 1년당 3만 원이 가산되는 근속수당제도가 도입되어 호봉제와 유사한 임금체계가 마련됐다. 하지만 여전히 학교비정규직의 근속은 제대로 존중받지 못하고 있어서 개선해야할 점들이 많다.

2014년 월급제가 실시되면서 방학 중 무급으로 인한 방학 중 생계곤란 문제가 발생했다. 방학 중 생계대책이 요구되었고, 그 결과 명절휴가비 인상과 정기상여금 제도 도입 등의 부분적인 처우개선도 쟁취했다. 경기도의 경우 방학 중 무급에 대한 반대여론이 높아 타지역보다 늦은 2018년부터 월급제가 시행되었다.

"2014년 정부 주도의 무기계약 전환도 학교 비정규직의 주요 변화 중 하나입니다. 2012년 파업 은 이듬 해 1월, 2월 교육부 앞 노숙 농성으로 이어졌어요. 이 시기 비정규직 노동자들은 학교뿐 아니라 노동계에서 투쟁을 선도하고 있었고, 특히 학교 비정규직은 노동 조건의 열악함에 여성이라는 측면까지 있어서 박근혜 정부에서도 마냥 무시할 수만은 없었어요. 그래서 2013년 7월 30일에 당정청 협의로 상시지속업무의 경우 1년 이상 근무 시 무기계약 전환을 내용으로 하는 대책을 발표하기에 이르렀죠. 다른 공공부문 비정규직에 비해 학교가 빨리 진행된 거예요. 학교에 대한 특별 대책이었던 거죠. 14년 무기계약 전환에서 제외된 직종은 2015년까지 전환이 됐어요. 문재인 정부가 들어선 후 제외 직종들은 다시 기대했지만 강사 직종은 여전히 안 됐고 초단시간들만 무기계약 전환이 이뤄졌어요."

2015년 이후 본부의 사업은 임금 단체 협약 중심으로 진행되고 있다. 한 해의 주요 과제를 내놓고 본부가 전체 노동계와 시기를 협의한다. 6월 말과 11월 전국노동자대회에 맞춰서 투쟁계획을 세우는데 2016년부터는 전국교육공무직본부가 민주노총의 주요 대오로 등장하기 시작했다.

"조합원은 2012년 파업 이후 급격하게 늘어난 이후 13년~15년 단

체협약 시대가 열리면서 가파르게 양적확대가 이뤄졌어요. 2015년 이후에는 완만하게 평행적으로 확대되는 시기에 들어갔고요. 전체 학교 비정규직 중에서 지역별 차이는 있지만 무기계약인 경우 60% 이상 조직됐어요.

공공기관 정규직 조직률이 평균 60%대 수준인 것과 비교해 보면 급격한 성장세는 꺾일 시기가 됐어요. 하지만, 아직도 무기계약이 아닌 기간제 노동자들, 단시간 노동자들, 청소, 야간당직, 시설 등 노동자들은 조직률이 낮아요."

2019년 본부의 주요 사업은 임금 관련해서는 정규직의 80% 수준을 맞추는 것이고, 영어회화전문강사, 초등스포츠강사 등과 같은 강사직종을 포함해 아직 많은 기간제 노동 자들을 최대한 무기계약 방식으로 전환하는 것, 그리고 조직확대와 간부 양성이다. 전국 200개 지회장이 다 세워지는 게 중요한 목표이다. 2019년 말에는 본부와 지부/지회 임원 선거 또한 기다리고 있다.

"간부에 대한 고민이 많아요. 간부가 많아야 조직이 튼튼해지니까요. 지금부터 선거 준비를 잘 해야 해요. 얼마나 많은 간부 입후보자들이 나올지 모르겠지만, 이번 선거를 계기로 간부들이 확대되면 좋겠어요.

지부까지는 그리 걱정하지 않지만 가능하면 더 많은 주요 활동들이 지회를 통해 진행되어야 하니까 지회 집행부까지 구성해야 해요. 본부도 걱정이긴 해요. 본부는 서울을 중심으로 사업이 이뤄지고 조합원들이 대부분 여성들이다 보니 생활 근거지를 떠나는 게 쉽지 않아서 본부 간부들이 수도권에 치우치는 것도 문제거든요. 과거에는 지역별 거점 지부장이 부본부장을 하는 방식으로 했는데, 지부장이라는 직책만으로도 버거운 조직이어서 권역까지 커버하는 게 만만치 않아요."

배동산 정책국장이 전국교육공무직본부에서 보낸 지난 시간 중 가장 강렬했던 기억은 첫 파업이었다. 파업과 투쟁을 통해서 협약체결 등 성과들이 나타났고, 주요 집회마다 형형색색 조끼를 입은 사람들 사이에서 연두색 조끼를 입은 여성 비정규직 노동자들이 활발하게 움직이는 것을 볼 때면 매번 감동했다고 한다.

그리고 개인적으로 결코 잊지 못하는 것은 제주 영어회화전문강사나 광주 돌봄전담사 투쟁과 같이 해고를 막기 위한 고용안정 투쟁이라고 한다.

"해고 싸움은 특히 마무리할 때가 힘들어요. 100% 승리가 잘 없어요. 처우개선은 100%가 아니어도 다음이 있지만, 고용싸움은 100%가 아니면 누군가 해고되는 거니 참 아프죠. 무기계약 전환이 당장 안 되는 경우에는 고용안정대책 수립이나 해고를 최소화시키는 선에서 마무리가 되기도 하지요. 미래의 해고 가능성을 남겨둔 채 끝내는 거예요. 그러다 보면 현장에서 의견이 갈려요. 받아들이는 사람도 있지만 분노하는 사람이 있고 그 칼날이 조직 내부를 향하기 때문에 힘들어요. 본부가 붙어서 최대한 노력하지만 마지막 마무리는 결국 지부의 몫이 되니까 지부 간부들도 힘들 거예요. 매일 볼 수 있는 관계가 아니다 보니 1년에 한 번 교섭 때가 되면 요구도 평가도 극단적으로 하게 되고 서로에게 상처를 남겨요. 직종별 요구도, 직종별 고용불안 문제도 단결을 강화하고 요구를 쟁취하는 긍정적인 발전 에너지로 바꾸는 게 지금 중요한 과제예요.

2018년 집단교섭엔 상대적으로 그동안 잘 안 됐던 직종별 투쟁의 성과가 나오기 시작했어요. 그동안 안 해본 교섭과 투쟁이라 혼란도 있었지만 결과적으로는 잘 된 것 같아요. 직종별 처우개선에서 제외된 노동자들은 실망도 크고 그게 때론 서로 공격하거나 분열로 나타나기도 하지만 통합해서 잘 만들어 가야죠. 다양한 직종별 요구와 과제들을 쟁취하면서도 직종간 단결을 강화시키는 것은 현재 우리 조직의 중요 과제에요."

정책국장으로 일하면서 가장 힘들었던 시간인 2016년 제주 영전강 투쟁과 2017년 광주 돌봄 투쟁에서는 끝까지 자리를 지키며 교섭하는 간부들에게 힘을 실어준 잊지 못할 조합원들이 있다고 한다.

광주 돌봄 교섭 때는 정문 옆 당직실 같은 초라한 곳에서 마지막 교섭을 시작하는데, 이를 지켜보던 조합원들이 창문을 쾅쾅 두드리면서 이런 데서 교섭하지 말라며 소리를 높였어요. 조합원들의 항의와 요구로 결국 교섭장소를 교육청 회의실로 바꾸어 냈어요. 노동조합으로서 최소한의 자존심을 조합원들 스스로가 지켜냈던 것이죠.

"제주 영전강 투쟁은 마무리 단계에서 두 가지 합의안이 도출됐고, 열시간이 넘는 총회를 열어 한가지 안으로 결정했지만 이해관계가 부딪혔어요. 지역에서 연대한 동지들은 노조가 싸워볼 여지가 있는 안으로 관철시켜야 한다는 입장이었고 저는 조합원들의 토론으로 결정하는 게 맞다고 봤어요. 힘들게 총회를 마쳤는데 다음 날 반대 의견을 가진 조합원 그룹에서 총회 결과를 수용할 수 없다면서 해당 직종 조합원 반 이상이 총회 재 개최를 요구했어요. 지부집행부, 찬성의견자, 아무도 오지 않은 상태에서 총회가 다시 열렸어요. 의외로 만장일치로 첫번째 총회결과를 수용하면서 2차 총회가 끝났어요. 회의실을 나오는데 총회장에 들어오지 못한 조합원이 그 긴 시간 동안 조끼를 입고 대기하고 있었어요. 당시엔 참석한 조합원들 아무도 조끼를 안 입었고 노조 간부들도 오지말라는 분위기였는데, 그 조합원은 무슨 이야기가 오가는지 들리지도 않는 상황에도 회의장 밖에서 조끼를 입고 혼자 서 있었어요. 그 조합원이 그랬어요. 나만이라도 어떡하든 조끼를 입고 있어야 할 것 같았다며."

배동산에게 노동조합이란?

"자기의 권리를 집단적으로 요구하고 주장하고 쟁취해 나가는 경험들을 하는 곳이라고 생각해요. 그런 경험을 가진 사람들은 타인의 권리에 대해서도 같이 생각하게 돼요. 다르게 표현하면 연대이고요. 그럴 때 감동적이에요. 자신의 권리를 주장하면서 타인의 권리를 위해 나아가는 것, 그게 노동조합입니다."

2_경기지부의 역사

경기지부의 시작

교육공무직본부의 전신인 '전국교육기관회계직연합회(이하 전회련)는 2009년 2월 오산 세마대 고개 한 식당에서 회칙을 마련하고 준비위원회(대표 강경순, 사무총장 이시정)로 시작해 수원시 정자동 기능직 공무원노조 경기지부 사무실에 거점을 마련하고 2009년 3월 16일, 1호 소식지를 통해 역사적인 탄생을 세상에 알렸다. 그로부터 4개월 후인 7월 13일 오후 3시 비가 엄청 많이 내린 날, 경기도 교육복지종합센터 소강당에서 창립총회를 열고 이태의 준비위원장을 초대 경기지부장으로 추대하고 윤선옥 부지부장과 문순희 사무처장 등 1기 임원진을 소개하며 본격적인 출범을 알렸다.

경기지부의 현재

이태의 1기 지부장을 시작으로 안명자, 김영애를 거쳐 2018년 성지현 지부장 체계가 출범했다. 2009년 한 명의 상근자로 시작한 경기지부 사무처는 현재 현장 상근 8명, 채용 상근 8명으로 모두 16명이 근무를 하고 있다. 연령대는 초기보다 젊어져 40대 중반이 가장 많고 이중에서 지부장이 가장 젊다고.

경기지부의 특징

인원이 많아서 조금만 모아도 집회 때 1,000명, 2,000명 쉽게 모이는 게 장점이고 갑자기 양적확대가 된 것에 비해 질적확대를 이루지 못한 것이 단점. 지부 규모로 볼 때 중간 간부가 500명은 되어야 하는 상황인데 현재 절반밖에 안 되는 상황이라고. 조합원 교육이라든가 노조와 조합원 간의 소통과 신뢰가 더 중요하다는 걸 절감하는 게 요즘이라고.

경기지부의 분과

경기지부의 분과는 전국에서 가장 다양하다. 분과장 25명. 100명 미만의 분과부터 1,000명이 넘어가는 분과까지 있다. 2015년부터 적극적으로 활동해온 유치원 분과가 여전히 조직도 많이 되고 활발한 편이다. 노조 초기의 급식분과 만큼이나 소외받고 조건이 열악한 곳이 바로 유치원 분과. 단시간 근무, 열악한 임금, 인권 문제, 초중고와 법령이 다른 문제 등 산재한 문제들이 많지만 지회 모임도 안정화되어 회의 체계도 잡혀 있고 투쟁도 조직적으로 하고 있다고.

상대적으로 아쉬운 분과는 초단시간 초등보육전담사 분과로 인원도 많은 편이다. 돌봄 교실 교사들이 그들이다. 대통령 핵심 사업이어서 2018년 여름부터 무기직 전환은 이뤄졌지만 임금이나 수당 등의 처우개선은 여전히 그대로라고. 올 해 경기지부의 가장 중요한 전략 사업이 바로 초등보육전담사들의 조직화와 분과 안정화라고 한다.

또 하나 급식 분과도 짚고 넘어가자. 급식실은 10년 전에 비해 처우나 환경이 많이 개선되었지만 여전히 산재나 노동안전의 문제가 남아 있어서 열악한 상황이다. 집단적인 조직 문화에서 비롯되는 따돌림이나 갑질 행위 등이 끊임없이 발생되고 있어 내부 문화 개선 운동이 필요하다고.

● 인터뷰 4 · 성지현 경기지부 지부장

성지현 경기지부장은 2004년 4월, 용인 시골의 제일초등학교에서 교무보조로 학교 생활을 시작했고 2011년 무기계약직이 되면서 바로 노조에 가입했다. 출산과 육아 문제로 취업과 경력 단절을 반복하는 동안 계약직으로 여러 학교를 돌아다녔다. 당시만 하더라도 시골 학교는 경력자를 좋아해서 취직은 어렵지 않았다. 하지만 육아 휴직이 불가능했고 야근 강요가 있어 아이 키우는 입장에서 문제가 생기면 사직 말고는 선택의 여지가 없었다.

"처음엔 타 노조 조합원이었어요. 행정실에는 노조가입 팩스가 많이 오는데 회계직연합이 무슨 노동조합이냐 싶어서 '전국학교비정규직노동조합'을 선택한 거죠. 노조 가입의 특별한 계기가 있었던 건 아니었어요. 저한테 노동조합은 그냥 당연한 것이었거든요. 2012년 첫 파업 때는 타 노조 조합원으로 파업에 참가했죠. 1차 파업이 끝나고 2차 파업에 대한 이야기가 나올 때 아우름이라는 학교비정규직 카페에서 확인해보니 2차 파업은 전회련이 주도하고 있었어요. 타 노조는 대선 문제로 발을 빼는 것 같아서 탈퇴하고 2013년에 전회련으로 옮겼죠.

카페 활동으로 많이 알려진 사람이어서 초기에는 안명자 본부장과 이준형 국장이 혹시 프락치가 아닐까 경계했다고 하더라고요. (웃음) 카페를 벗어나 노조활동을 적극적으로 하기 시작한 건 2014년이었어요. 2012년부터 실시된 행정실무사 제도의 문제점이 나타나기 시작했는데 도저히 가만히 있을 수 없었거든요."

2012년 경기도교육청은 혁신학교 정책의 일환으로 교무보조, 행정보조, 과학보조, 전산보조, 구 육성회까지 묶어 행정실무사라는 제도를 시작했다. 쓰레기통 비우기, 차 심부름, 책상 정리 같은 허드렛일이나 단순보조가 아닌 행정실무사만의 고유업무를 지정하고 호칭을 선생님으로 통일하는 내용의 공문이 왔고, 교직원들과 행정실무사만의 새로운 업무 통합과 분장이 시작됐다. 행정실무사들은 자신들을 교육주체로 인정해 주는 새 제도를 반기며 업무 분장을 적극적으로 받아들였다. 하지만 제도 시행 1년 뒤 첫번째 평가부터 부작용이 나타나기 시작했고 2년차 3년차가 되면서 더 심각해졌다.

"처음에는 교사와 교직원들이 넘기는 일을 무조건 받았어요. 업무가 폭발적으로 늘어났어요. 기존에 우리가 해왔던 단순 잡무도 그대로 우리 차지였죠. 우리는 선생님이고 단순 보조, 허드렛일 하는 사람이 아니라는 공문이 의미가 없었어요. 결국엔 일은 일대로 주면서 선생님으로 존중하지 않는 상황이 고착화되었어요. 학교 선생님들은 우리를 여전히 단순 교무보조, 행정보조 시절의 직책 정도로 생각하고 있었고 교육청에서는 자꾸 조사하면서 100%이관을 부추겼어요. 교육청은 이관이 잘 된 학교 명단을 홈페이지에 올렸기 때문에 학교는 주는 게 무조건 성공이 되고 우리는 무조건 받는 게 성공이 되어버렸어요.

무분별한 업무분장의 폐해로 정규직과 비정규직 간의 경계, 교사와 행정실무사 간의 경계가 무너지고, 교육공무원과 행정실무사 간의 경계도 무너지는 상황이 됐지만 여전히 우리는 그들을 모시는 사람으로 남아 있었죠. 그래서 싸우기 시작했어요. 우리는 선생님을 모시는 사람이 아니고 교육을 지원하는 사람임을 주장했죠.

자존감과 주체성을 높이는 투쟁을 지금까지 이어오고 있는 거죠."

경기도에만 8,000명의 행정실무사가 있었고 조합원 가입도 많이 되어 있었다. 단체행동을 하면 업무도 정리되고 처우개선도 될 거라 생각한 성지현 지부장은 용인에서 자칭 사무분과장을 하며 노조 활동을 적극적으로 하기 시작했고, 용인지회 사무장을 지내면서 경기지부의 시무직분과를 주도적으로 이끌었다.

2013년 충북과학실무사의 죽음을 계기로 직종통합 이슈까지 급부상했다. 충북에서 집회할 때 전국의 조합원 간부들이 연대 집회를 갔고, 2014년 가을에는 사무직분과 주관으로 행정실무사 관련 토론회도 진행했다.

연 이은 사업과 투쟁은 성과로 나타났다. 교육청이나 학교의 막무가내식 직종 통합은 동의가 필요하도록 만들었고, 2015년부터는 업무분장에 관해서도 선을 긋기 시작했다. 그 결과 조합원도 증가해, 현재 경기도 내 3개 노조 중에서 사무직군은 전국교육공무직본부에 50%이상 가입되어 있다.

"지회 간부로서 지부에서 회의도 하고 지부가 돌아가는 상황에 적극적으로 개입하기 시작했고 운영위원회의도 참석하면서 이듬 해인 2015년 지부 사무국장(지부장 김영애)을 맡았어요. 제가 적극적으로 나서는 스타일이서 그럴 거예요. 지금도 회의에 와서 조금만 적극적으로 나서면 감투 두 세 개씩 쓰는 건 금방이거든요.

사무직 분과 일을 하던 당시에 안명자 지부장에게 편지도 보내고 그랬어요. 사무직을 조직하고 투쟁하고 사업하겠다고 제안했죠. 그 시절엔 드문 일이라 이상한 사람처럼 느꼈을 거예요. 타 노조에서 넘어온 터라 경계를 하는 듯 대체 얘는 뭐지? 하는 게 느껴지기도 했죠. 안명자 당시

지부장이 오라고 해서 만났어요. 직접 만난 뒤에는 적극적으로 지지를 해줬어요."

2018년 2월 1일 성지현 지부장은 코디분과 해고철회를 위한 오체투지 투쟁으로 경기지부장의 임기를 시작했고 2월 6일부터는 단식에 돌입했다. 다행히 명절 직전에 해고가 철회되었다.

코디분과는 경기도에 250명 정도가 있고 전국적으로 조직되지 않은데다 당시에는 조합원 수도 적어 노동조합에서 소외된 사람들이었다. 정식 명칭은 방과후 코디네이터로 방과후 수업 운영지원 및 행정업무를 담당하는 15시간 초단시간이며, 처음엔 학부모들을 대상으로 한 봉사 개념의 5시간 노동 업무로 시작된 후 정규 채용 업무가 된 10년 차 사업이다. 정부의 비정규직 정책에 따라 정규직 전환 심사가 있었지만 제외 직종으로 되면서 사업종료로 인한 재계약 금지 공문이 내려온 것이다. 3월 1일 해고를 앞두고 있었지만 노조의 신속하고 적극적인 투쟁과 교육감 선거라는 시기적으로 유리한 국면을 타고 국회의원과 언론의 관심을 끌면서 해고를 막을 수 있었다. 이 일을 계기로 코디분과에서 110명 정도가 노조에 가입을 하고 함께 투쟁을 벌였다.

"싸움을 하면 이길 수 있을까 불안하지만, 적어도 이건 꼭 이겨야겠다, 이길 수 있다는 자신감을 갖고 해요. 결과적으로 승리했지만 개인적으로는 단식문제로 내부에서 욕을 먹었죠. 사무처와 협의하지 않고 기자회견장에서 단식 결의를 했거든요.

무기직이 아니라는 이유로 해고가 되는 상황이어서 좀 막막했고, 이시정 조강위원장을 비롯해 현장에 모인 사람들과 대화를 나누던 중에 단식 얘기가 나와서 제가 흔쾌히 받아들였어요. 사무처 사람들은 준비되지 않은 상태에서 독단적으로 결정한 것에 대해 지적을 했어요. 잘못 했죠(웃음). 사람들이 농담으로 삭발 얘기를 꺼내면 삭발도 해보고 싶다고 넙죽 받아요."

코디분과 해고철회 투쟁으로 시작한 2018년의 경기지부엔 많은 일들이 성지현 지부장을 기다리고 있었다.

3월 말부터 시작된 근로계약서 작성 거부 투쟁은 6월 말까지 이어졌다. 2004년 정부 방침으로 이뤄진 연봉제 계약을 2014년에는 전국 교육청을 통해 월급제로 바꾸기 시작했다. 연봉제가 근로기준법의 전액지급, 직접지급 원칙에 어긋난다는 것이 이유였다. 경기를 제외한 전국이 월급제로 바뀔 때 경기는 노조와 교육청의 합의하에 연봉제를 유지했다. 방학 때 월급이 없으면 불편하다는 조합원들의 요구를 반영한 결정이었다. 하지만 이 결정은 이후에 세 가지 문제를 낳았다. 하나는 노동법 위반이었고, 다른 하나는 임금 체계가 달라서 집단교섭에서 불편한 일이 벌어졌고, 마지막으로는 토요일 유급인 월급제에 비해 연봉제는 토요일이 무급이라서 임금이 가장 적었다.

월급제로 전환하면서 교육청이 노동자들에게 결코 유리하지 않은 신규직원 채용 계약서를 들이밀었다. 그래서 다른 2개 노조와 달리 전국교육공무직본부만 단독으로 거부 투쟁에 들어간 것이다. 과반수 이상이 거부하면서 교육청이 망신을 당하자 학교행정실을 압박하며 사인을 종용했다. 학교는 수시로 조합원들을 불러 협박했고, 조합원들은 불안해하며 노조에 전화를 하곤 했다. 지부의 지침을 따르기 위해 현장에서는 힘든 시간을 견딘 것이다. 결국엔 교육청이 손을 들었다. 그 일을 계기로 교육청은 작은 것까지도 노조와 협의하기 시작했다.

"그동안 학교는 갑을 관계가 다른 곳보다 심한 곳이었고, 사인 요구가 들어오면 묻지도 따지지도 못한 채 사인을 해줬어요 그런 것들이 결국엔 족쇄가 되어 돌아왔죠. 사인을 편하게 해주려면 노사간에 신뢰관계를 바탕으로 해야 하는데 이재정 교육감 2년차엔 교육청도 이미 신뢰가 깨진 상황이었어요. 신뢰를 형성하지 못한 건 그들의 잘못이죠.

근로계약서 거부 투쟁은 우리의 권리를 찾기 위해 신뢰를 찾기 위해 하는 것이었고, 임금이나 수당 올리는 문제하고는 다른 자긍심을 심어준 투쟁이라는 점에서 의미가 컸어요. 교육청이 저한테 그랬어요. '교육공무직은 단 한 명도 그냥 넘어가는 조합원이 없냐, 자질구레한 것까지 왜 신경 쓰냐'고. 그래서 제가 말했죠. 돈도 중요하지만 우리의 자긍심에 관한 것들도 놓칠 수 없다고요."

근로계약서 거부 투쟁이 벌어지던 2018년 봄에서 여름, 전국적으로 퇴직금 적립 방식을 바꾸는 투쟁이 벌어졌고, 경기지부도 학교장 면담을 다녔다. 적립 방식에 따라 금액의 차이가 심했기 때문이다. 학교장에 따라 쉽게 해결되는 곳도 있지만 교육청 핑계를 대면서 삐딱하게 구는 학교도 많았다. 2012~13년에는 35%였던 DC(기여형 적립)가 노동조합의 활동으로 2018년 봄엔 8%까지 내려갔다. 퇴직금 적립 방식의 문제는 학교별로 다르겠지만 행정실장이 직원들의 유,불리 보다 자신들의 편의나 은행의 상황을 더 고려했기 때문에 발생한 문제였다. 선택할 자유없이 무조건 통일을 강요했던 것이다. 2018년 겨울 끈질긴 투쟁으로 경기도교육청이 직접 퇴직금을 변경하게 만들어 냈다. '질기게 싸우면 이긴다'라는 는 말을 실감하는 값진 투쟁이었다.

“2014년까지는 받는 돈도 적었지만 노조를 믿고 억울함을 세상에 표출하고자 했던 의지가 컸어요. 지금보다는 좀 거시적이었죠. 알려야 한다는 당위성도 있었죠. 현재는 처우개선이 어느 정도 이뤄져서 그런지 조합원들도 구체적인 성과를 따지기 시작했어요. 파업을 하면 뭐가 이뤄지냐, 왜 우리만 매번 파업하냐 등의 목소리도 나오고. 분위기가 많이 달라졌어요. 과거나 지금이나 늘 참석하시는 분들은 노조는 이렇게 시끄럽게 떠들어야 한다는 말도 해요. 조용히 있으면 교육청이 알아주지 않는다며.”

2009년 전회련 설립 당시 해고와 임금 인상을 토로하는 상담으로 불이 났던 전화기는 이제 많이 조용해졌다. 전화 상담 자체가 줄기도 했지만 해고 상담은 무기직 전환에서 제외된 몇몇 직종을 제외하고는 거의 없는 상황이다.

“요즘엔 겨울이 되면 업무분장 상담이 많아요. 또 교장이 괴롭혀요, 교사가 막말을 하고 괴롭혀요, 이런 문제들, 또 최근에 가장 많이 받은 전화는 월급제로 바뀌면서 발생한 문제들을 상담하는 경우였어요. 과거에 비해 상담 내용이 더 디테일해지고 전문적으로 바뀌었어요.”

조합원이 되기 전부터 카페에서 건강하고 제대로 된 노동운동과 노동조합의 길에 대해 자주 강조했던 성지현 지부장에게 전국교육공무직본부가 걸어온 10년은 바로 자부심 그 자체이다. 민주노총 성장의 주력

부대였던 대사업장 노조가 현안 문제 해결을 위한 연대 투쟁으로 나아가지 못한 채 임금 문제로 오히려 공격을 받고 있는 상황에서 전국교육공무직본부가 민주노총의 중심으로 우뚝 선 것이다.

"비정규직 단위에서는 우리가 대사업장이에요. 지금까지 잘 해왔어요. 임금문제 뿐만 아니라 사회 구조적인 문제에도 적극적으로 참여를 해왔고요. 다만 현실적으로 지금 중간 간부들이 활성화되어 있지 않고 조합원들을 동원하기 위해서라도 자극적인 이슈들을 자꾸 만들어내는 상황이라 한계에 봉착할 때가 많아요. 그래도 앞으로 우리가 해야 할 역할이 더 크다고 생각해요. 연대하고, 사회문제에 적극적으로 나서며 다가올 10년을 맞이 해야죠."

전국에서 가장 오래된 역사와 가장 많은 조합원을 자랑하는 경기지부, 성지현 지부장 임기 2년 차에는 지나온 1년의 시간보다 더 많은 일들이 기다리고 있을 것이다. 성지현 지부장은 처음 노조 가입할 때 그랬듯이 건강한 노조활동, 제대로 된 노동운동에 대한 뚜렷한 그림과 흔들리지 않은 마음가짐으로 당연한 선택의 결과를 받아들일 것이라고 한다. 쉬운 일은 아니지만 힘들다 생각하지 않고 가겠다고.

"2~3년 전만 해도 모든 지역이 경기도를 비교했는데 지금은 처우개선 임금교섭 모두 경기도가 전국 꼴찌 수준이예요. 이제는 저희가 다른 지역의 사례를 비교해 경기도 교육청에 요구하는 상황이 되었죠. 상위권이었던 지부가 중위권도 없이 하위권이에요. 다시 올라갈 일만 남았어요.

초창기에는 사람답게 살고싶다 등의 절박한 요구를 내세우고 앞장선 지도부를 절대적으로 따르며 진행해왔는데 지금은 조합원들의 냉정한 평가가 생겨나고 사소한 오해로 문제가 발생하기도 하는 상황이잖아요. 소통하는 운영체계가 조직적으로 갖춰져야 할 시점이죠. 중간간부의 확대 및 역량 강화가 어느 때보다 필요해요. 토론문화, 소통문화를 적극적으로 만들어가고 싶어요."

성지현에게 노동조합이란?

"글쎄요…… (눈물) 아들이 둘이에요. 남편은 정규직이고 저는 비정규직이죠. 남편이 이해를 많이 해주고 신뢰하고 존중해줘요. 미래를 살아야 할 우리 아들들에 대한 고민을 갖고 투쟁하러 가요. 아이들이 농담으로 나중에 돈 많이 받는 직장에서 일할 거라고 해요.

정규직, 비정규직을 떠나서 기분 좋게 일하고 돈도 벌 수 있는 사회가 되었으면 좋겠는데 현실은 그렇지 않다는 것이 가슴 아파요. 학교를 바로 세워서 세상을 바꾸고 싶고 학교에서 비정규직을 철폐하자는 마음으로 투쟁을 하고 있어요."

● 인터뷰 5 • 이준형 경기지부 조직국장

이준형은 전회련 시절 초창기 멤버 중 한 명이다. 현재 전국 지부에서 활동 중인 조직국장 중 한 지역에서 가장 오랫동안 자리를 지킨 사람이기도 하다. 전국교육공무직본부가 걸어온 10년은 곧 학교 비정규직 노동조합 활동가 이준형의 역사이며 경기지부의 역사라고도 할 수 있다. 인터뷰하는 날 이준형이 들고 온 10권의 낡은 다이어리에는 그 세월이 고스란히 담겨 있었다.

이준형이 교육공무직본부와 인연을 맺은 것은 경기교육감 보궐선거 운동이 한창이던 2009년 3월이었다.

"교육감 선거 운동을 도와 달라고 이시정(당시 전회련 사무총장)에게 연락이 왔어요. 이시정과는 20여 년 전 노조 활동하면서 알게 되었고 노조 일을 안 할 때도 계속 연락하며 지내던 사이였죠. 선거운동원으로 활동하며 학교 비정규직 노동운동을 돕던 기능직공무원 노조의 이성기 지부장과도 같이 일했어요.

선거 끝난 뒤 한동안 연락이 없다가 다시 이시정에게 연락이 왔어요. 전회련을 만들었고 조직 사업 중이라 상담 전화가 많이 온다며 오후에만 상담을 도와달라고 했죠. 당시에는 저녁에 대리운전과 주차 알바를 하고 있어서 오후라면 시간이 있었고 부탁을 거절할 수도 없고 해서 2009년 9월부터 일을 돕기 시작했어요. 조직이 어느 정도 되면 활동비도 줄 거라 기대를 안 한 건 아니지만, 생각보다 열악한 상황이라 한동안 돈도 못 받고 일했어요.

2009년 말에서 2010년 초까지는 지역청 별로 학교회계직 교육이 진행됐는데 여기서 집중적으로 조직화 사업을 벌였어요. 저도 이시정도 둘 다 생계를 위한 일을 하고 있던 상황이라 제가 먼저 가서 선전물이나 필요한 것들을 준비해 놓으면 일 끝나고 온 이시정에게 맡기고 저는 일하러 가고, 같이 할 때도 있었지만 그렇게 일을 나눠서 했던 기억이 나요."

열악한 환경에서 고통받는 너무 많은 노동자들과 노동조합 신고도 되지 않은 연합회 형태의 조직 하나, 그리고 한 명의 현장 출신 노동자와 한 명의 조직활동가, 이들을 돕는 다른 노조의 활동가 외에 사무실도 책상도 변변한 것은 아무 것도 없는 곳에 아무 조건없이 달려올 수 있었던 것은, 이준형에게 전회련은 잠시 머물다 떠날 곳이었기 때문이다. 잠깐 돕는 것이었기 때문에 이시정의 부탁을 편하게 받아들일 수 있었다. 하지만 그가 현장에서 목도한 현실은 예상보다 더 참혹했고 할 일은 너무 많았다.

"전화 상담이 주된 업무였어요. 초기에는 노동조합이라고 하는 것 자체에 대해, 연합회냐 노동조합이냐 묻는 전화도 많았고, 임금과 관련된 하소연도 많았는데 100만 원만 넘으면 소원이 없겠다고 그것만 해주면 사무실 가서 밥 많이 사주겠다, 이런 전화도 기억나요. 전화를 받기 시작한 초기에는 학교 현장에서 일어나는 일에 관한 상담이 많았어요. 겨울이 오기 전에는요. 해고는 겨울에 시작되니까요."

당시에는 노조가 해결해야 할 가장 시급한 문제가 해고였고 2010년 겨울부터 이준형은 거기에만 매달렸다. 2009년까지 이시정이 주로 담당했던 학교 방문을 넘겨받았는데 주된 업무가 대부분 계약해지 건이었다.

노조에서 방문을 하면 학교측은 계약만료지 해지가 아니라며 자신들의 입장을 고수했고, 노조 측에서는 기간제법을 거론하며 위반 사항을 구체적으로 고지하기도 하고 신규채용보다 일하던 사람이 낫지 않겠냐며 회유하기도 했다. 둘 다 안 될 때는 언성을 높일 수밖에 없었다.

학교 방문 민원은 이 세가지 방법으로 거의 해결되었다고 한다. 학교장들이 평판에 민감해 큰 소리가 나는 걸 극도로 부담스러워했기 때문이다. 당시 학교 비정규직은 거의 교장 계약 사항이라 노동법에 상관없이 자신들의 의지로 무엇이든 결정할 수 있다고 생각한 사람들이 대부분이었다. 노동법을 잘 몰랐기 때문에 벌어진 상황들이 많았다.

"한 번의 학교 방문으로 쉽게 해결이 되는 편이었지만 자신의 입장을 고수하며 버티는 교장들도 있었어요. 광명의 한 학교는 첫 방문에서 너무 완강해 교육청을 중간에 내세워 해결점을 찾았더니 두번째 방문에서는 순순히 받아들였어요. 또 석식 문제가 발생했던 동탄의 한 학교는 처음 갔을 때 얘기가 잘 됐어요. 근데 두 번째 방문에서는 내가 언제 그랬냐며 시치미를 뗐어요. 대화가 통하지 않자 석식 업무를 중단해 버렸죠. 교장이 사과하기 전에는 석식을 안 하겠다고 통보했고. 두 달이나 끌었어요. 결국 교장이 교육청을 통해서 사과의사를 밝혀왔고 지부장, 저, 조리사가 교육청 회의실로 갔더니 교장과 행정과장이 그 자리에서 사과를 하더라구요. 바로 다시 일을 재개했죠."

해고, 근무 환경 개선과 함께 초기 노조가 가장 공을 들였던 사업이 바로 처우개선, 수당 문제였다. 학교비정규직은 근속수당을 포함한 어떤 수당도 받지 못하는 열악한 상황이었다. 경기도의 경우 김상곤 교육감이

2009년 후보시절 공약으로 명절상여금과 맞춤형복지비를 약속했고 2010년, 2011년 두 가지 수당을 모두 받아냈다. 그런데 때마침 정부 차원에서 명절상여금 20만 원을 학교비정규직에게 지급하라는 지시가 내려왔고, 경기도 교육청은 이미 지급했다는 명분을 내세우며 정부 예산으로 내려온 돈을 내놓지 않았다. 전회련 대표이자 경기지부 지부장 이태의와 이준형은 천막을 실은 봉고 차를 타고 교육청으로 달려갔다. 경기지부 최초의 천막 농성이 시작되고 있었다.

"전교조가 교육청 바로 앞 주차장의 농성 천막을 걷는 날 우리가 같은 자리에 폈어요. 교육청에서는 놀랐죠. 걷기로 한 천막이 다시 세워지고 있는 상황이었으니까요. 교육청 담당자가 제지하려고 해서 우리가 그랬죠. 정규직(전교조)은 암말 안 하면서 비정규직이라고 천막도 못 펴게 하냐고. 기세게 항의를 했어요. 결국 천막을 치긴 했는데 실상 그 천막도 이성기 지부장이 폐교된 어느 학교에서 빌려온 거였어요. 학교 이름이 천막에 버젓이 있어서, 학교 이름있는 쪽은 교육청에서 안 보이게 했던 기억이 나요. 천막 뿐인가요? 우리한테는 정말 아무 것도 없던 시절이었어요."

천막 농성에 돌입한 지 2주 정도 흘러 교육청과 문제가 해결됐다. 명절상여금 외에도 경기도교육청 내 비정규직 방중 비근무자들의 근무일수를 245일에서 255일로 만들었다. 첫 농성은 신속하고 효과적으로 마무리됐다.

천막 농성이 끝난 지 얼마 되지 않아 2011년 7월 21일 물방울소송단 출범 첫 상경투쟁이 벌어졌다. 두려워하고 부담스러워하는 사람들을 설득하고 용기를 북돋아 경기도에서만 거의 2,000명 정도 서울로 올라갔다.

"첫 상경 투쟁 때는 소리 내는 것도 팔 올리는 것도 어색해 했죠. 밥값달라, 정기상여금 달라, 임금 내 수당 포함 문제를 제기하며 수당 분리하라, 이런 구호들을 외쳤어요.

그 순간 많은 생각이 스쳐갔어요. 당시에는 내가 주인이라는 생각이 없었어요. 항상 얼마 있다가 갈 사람이라 생각했죠. 여기 오기 전에 노조 활동 안 하겠다 도망갔던 사람이기도 했고요. 노조 일을 다시, 그것도 지금까지 할 거라고 생각조차 못 했던 때였죠. 개인적으로 여러 가지가 안 좋을 때였는데 오히려 그 사람들에게 위안 받고 가는 상황이 되었어요. 나도 힘들지만 아직도 더 어렵게 사는 사람들이 더 많고, 내가 도움을 줄 수 있다는 사실에 위안을 받았던 것 같아요.

떠나지 않겠다고 마음을 굳힌 특별한 계기는 없었어요. 그냥 시간이 점점 흐르면서 내가 갈 데가 없어지는 구나, 라고 생각했어요. 임금을 많이 받을 수 있는 것도 아니였고요. 2~3년 전에 그만두겠다고 한 번 말했더니 전국 지부 조직국장들의 항의와 방문이 빗발쳤어요. 고참들이 찾아와서 우리 모두 힘들다. 더 버티자, 고 했어요. 동지들과 다시 뜻을 모았죠."

7월의 첫 상경투쟁이후 11월의 전국노동자대회 참가, 2012년 11월의 첫 파업까지, 연 이은 대외 투쟁과 상경 투쟁을 통해 노동조합은 세상에 그 존재감을 드러내기 시작했고 조합원들은 노동조합의 의미와 성과를 깨닫기 시작했다. 투쟁의 결과로 따낸 수당이 큰 자극이 된 것 또한 부인할 수 없는 사실이다. 2012년 첫 파업을 계기로 조직 규모가 양적으로 가장 많이 확대됐고 이 추세가 2015년까지 이어졌다. 2013년 당시 5,000여 명이었던 경기도의 조합원 수는 현재 1만 3,000명에 달한다.

"현재는 학교비정규직 전체적으로 임금인상 이슈가 많이 약해져 있고 탈퇴하는 사람들도 있어요. **직종 별로 역할을 만들어갈 시기가 온 거죠. 국내 노동조합 중 가장 많은 직종이 모여 있는 곳이 교육공무직본부예요. 노조 역사상 유사 사례가 없는 조직이지요.**

언제나 이슈는 직종별로 안배를 잘 해야 해요. 직종 문제를 하나 해결해도 다른 직종이 소외되면 분란이 생겨요. 교육청이 아니라 우리가 힘들어지는 거예요. 지금도 지회마다 분과 중심이냐 지회 중심이냐를 두고 여러 말이 나오지만 우리 조직의 원칙은 지부 밑에 지회가 있다는 입장이죠. 지부나 지회에 따라 분과 별 인원이 다른 문제도 있으니까요."

전국교육공무직본부는 지부, 지회, 분과 모두 챙기는 것을 기본으로 생각하고 있다. 지부 사무처에서는 그 문제들을 다 해결해야 하기 때문에 활동가들의 업무가 많을 수밖에 없고 업무 강도가 셀 수밖에 없다. 경기도만 하더라도 2,000개 사업장이 있고, 학교마다 10개 또는 20개 직종이 있다. 현장 출신 간부들도 자기 직종이 아닌 경우엔 다른 직종을 모르기 때문에 분과 모임에 꼭 가야하고 설명을 들어야 한다. 다양한 문제들을 이해하지 않으면 직종을 이해할 수 없다. 분과 모임을 이해하지 못하면 사업을 벌일 수 없다.

"학교비정규직 중에서 투쟁을 주도하는 것은 아무래도 급식실이죠. 직종별로 어느 한 직종이 일주일 정도 일을 멈춘다면 확실한 파급효과가 있지만 지금은 하루 이상 파업하기 쉽지 않기 때문에 인원으로 밀어붙여야 해요. 급식실 인원이 가장 많기도 하지만 언론과 일반인들의 즉각적인 반응으로 이어지기 때문에 파급효과가 확실하죠. 급식실 다음으로는 지역마다 사안마다 다르긴 하지만, 교무행정 등 사무직군 인원이 적극적이고, 경기도는 특히 유치원분과가 열심히 해요. 오늘 아침(2018년 12월 13일 경기지역 임금교섭 점거농성)에도 유치원분과는 눈 맞아가며 60여 명이 남아서 집회를 하고 갔어요."

학교 밖으로 세상으로 교육공무직본부가 당당하게 서기까지 조직의 밑거름이 되어준 수많은 사람들이 있었다. 그 출발이 된 경기지부의 시작에도 많은 이들의 노력이 있었다. 아무도 아무 것도 없던 시절을 함께 지나온 이준형은 특히 그 사람들에 대한 기억이 남다를 것이다.

"저녁에도 알바를 하느라 적극적인 활동은 못했지만 전회련 초대 대표로 모든 명의를 내어준 급식실의 강경순 전 대표, 또 초기 노조활동에 적극적으로 참여했던 분 중에 본인 이름으로 학교장을 고발했던 급식실의 김상윤 선생님, 이 분은 지금도 퇴근하면서 맛있는 음식들을 싸가지고 노조 사무실에 들렀다 퇴근해요. 언제나 열심이어서 어떤 자리에 세우려고 하면 말 주변이 없다고 빼는데, 막상 학교에 가서 담당자들과 업무 미팅을 할 때면 혼자서도 잘 해요. 그냥 앞에 나서는 걸 꺼려하는 거죠. 무슨 일이든 믿고 맡길 수 있는 분이에요. 파업이나 집회 관련해 명단 들고 학교 방문도 다니고. 지금은 많이 안 움직이지만 초기 사무실에 사람이 두세명 있을 때는 항상 들러 일을 나눠 가셨어요.

당시 수원지회장이던 조덕임 선생이랑 늘 같이 다녔어요. 조덕임 선생님도 빼놓을 수 없죠. 조용히 따라다니는 것은 참 잘하는 분이셨어요. 사람 조직하고 그런 건 약하지만 본인이 할 수 있는 범위 안에서의 모든 일을 열심히 했죠. 사람이 필요한 곳에는 항상 그 분이 있었어요. 그래서 제가 항상 사람 조직하는 것부터 하라고 잔소리 많이 했죠. 전회련 초기에 잠시 입었던 노란색 조끼도 조덕임 선생님의 주도로 수원지회에서 구입해 준 것이었어요."

그리고 화성오산 지회장을 지냈던 조리사 출신의 윤선옥은 이준형에게 유난히 안타까운 사람으로 남아 있다. 학교 조리원들 중에 혼자 조합원으로 가입했던 그는 장애아를 돌보는 힘든 상황이었지만 급식실의 강도 높은 육체노동을 마친 뒤에도 늘 늦게까지 남아서 노조 일을 했다. 그러나 아이 문제에 여러 사정이 겹쳐 학교를 떠나며 노조도 떠날 수밖에 없었다. 누구보다 열심히 노조 활동을 했던 사람이라 그가 그만둘 당시 모두 모여 의논을 했지만 결국 남아서 일을 계속하기 힘든 상황이었다. 가장 힘든 시기에 같이 고생했지만 떠난 사람들은 이준형에게 두고두고 아픈 손가락으로 남았다. 그렇게 떠난 사람도 있지만 끝까지 남아 전국교육공무직본부의 수장이 된 안명자 본부장도 이준형에겐 빼놓을 수 없는 사람이다.

"2010년, 2011년은 조직 활동 때문에 지역모임을 만들고 다닐 시기였어요. 지회를 만들기 위한 지역 모임이 곳곳에서 시작됐죠. 지역 모임을 만들기 위해서는 조합원들 모두에게 전화를 해요. 사람이 적어서 일일이 방문하는 건 생각도 못했고, 전화도 혼자 돌리다 보면 저녁 무렵에는 귀가 윙윙거릴 정도가 되죠. 급식실처럼 통화가 힘든 사람들은 대표 한 사람과 통화를 하고, 대표가 머뭇거리면 그 학교의 주도적인 사람을 소개받아서 통화해요.

안명자 본부장은 본인은 참석 못하지만 적극적으로 지지한다는 발언을 했는데 그 수많은 통화 중에서도 뭔가 분위기가 남달랐어요. 꼭 오라고 몇 번을 당부했어요. 그런데 못 온다고 했던 사람이 지역모임에 나타났죠. 제가 이름까지 대며 기억하니 안명자 본부장이 놀라더라구요. 기세를 몰아 거의 반강제로 사무장에 추천했죠. 본인은 적극적이지 않다고 말하지만 자신이 있어야 할 곳에는 늘 자리를 지켰던 사람이에요."

지난 10년 전국교육공무직본부의 성장을 지켜보며 함께 해온 이준형은 현재 조직의 시급한 과제로 조직강화를 위한 의식교육의 중요성을 꼽았다. 또 하나 그가 강조하는 것이 현장의 처우개선, 일하는 사람들의 환경을 더 적극적으로 일하기 좋은 곳으로 바꿔 나가는 것이라 말한다. 그게 곧 직종 별로 발생하는 문제들과 그로 인해 파생되는 문제들이 모두 해결될 길이라 믿고 있다.

"우리 노조는 확실히 조합원 중심이에요. 일부 조합원들은 너무 오라 가라 귀찮게 한다며 다른 노조로 옮기기도 하지만 되려 그 노조가 너무 일을 안 한다고 투덜거리며 다시 돌아오기도 해요. 투쟁 시기마다 조합원 가입 수가 늘어나는 걸 보면 이제는 우리 노조만의 방식이 된 것 같아요.

투쟁에 참가하지 못하는 조합원들도 노조에 대해 자신의 의견을 피력해요. 물론 이런 부분이 문제가 없는 것은 아니지요. 돈만 내면 된다는 생각을 바꾸기 위해 우리가 의식화 작업을 더 해야 하지만, 긍정적으로 보면 의견과 생각이 다양하기 때문에 더 건강한 것이기도 해요."

지금까지 학교에 근무하는 사람들에게 희망이 되어온 것처럼 앞으로도 멈추지 않고 나아가는 것이 전국교육공무직본부의 영원한 소명이라는 이준형은, 전회련 초창기 노동조합의 문을 두드렸던 수많은 사람들의 이야기를 전하며 전국교육공무직본부의 다가올 10년에 대한 바람을 전했다.

"아무도 아무 것도 없던 그 때, 사람이 부족해 제대로 된 조직 사업이 불가능한 상황이었는데도 학교 현장에서 직접 느끼고 입소문을 듣고 노조를 찾아온 조합원들이 우리의 시작이었어요. 스스로의 힘으로 꿋꿋하게 걸어온 10년처럼 앞으로 10년도 또 꿋꿋하게 만들어갈 거예요. 우리 조합원들은 활동가로서 자부심이 정말 커요.

만약에 처음 노조와 인연을 맺었던 2009년으로 다시 돌아가, 그때 제가 했던 일을 도와 달라고 다시 연락이 온다면 당연히 할 거예요. 그게 맞아요. 어렵게 고민할 문제가 아니죠. 제가 시간이 안 되면 못 하겠지만 시간이 된다면 그 때나 지금이나 다를 게 없어요. 마음이 해야 한다고 말하면 그냥 하는 거예요."

이준형에게 노동조합이란?

"어려운 시기에 교육공무직을 알게 되었고, 교육공무직 덕분에 그 시기를 잘 지나갈 수 있었고 삶의 자신감도 갖게 된 것 같아요."

3_충북지부의 역사

충북지부의 시작

충북지부는 2010년 초 지부장 김미경을 비롯 급식분과와 특수, 사무분과 등 50여 명이 자장면 집에서 첫 설명회를 가지며 출발했고 그해 10월 29일 창립식을 했다. 초창기에는 김미경 전 지부장의 학교 사무실과 회의실이 지부 사무실이나 마찬가지였다고. 충북영양사회의 네트워크가 충북지부 초기 조직의 바탕이며, 전국공공운수노조 학교비정규직 평등지회가 결합되면서 제천 지역까지 조직이 확대될 수 있었다. 2014년 충북은 이미 지회 설립이 완료되었다고.

충북지부의 현재

1기~2기를 책임졌던 김미경 지부장을 이어 2015년의 3기, 2017년의 4기를 우시분 지부장이 이끌고 있다. 현재 사무처에는 현장 상근 7명과 활동 상근 3명을 합쳐 모두 10명이 활동 중이라고.

충북지부의 특징

간부들의 자기 희생이 강한 곳이 충북이라고. 연차나 병가를 모두 털어서 활동하고 자기 구역을 정해서 관리하게 하는 등 초기부터 조직운영이 체계적이었다고 한다. 또 지역 내 연대활동이 특별히 더 활발한 곳이 충북지부다. 전국에서 지역을 중심으로 상대 노조와의 연대를 제일 먼저 시작한 게 충북이기도 하다. 민주노총 지역본부가 중심이 되어 공공운수노조, 학비노조, 전국교육공무직본부가 학교비정규직협의회를 구성해서 회의도 같이하고 투쟁도 같이 하고 있다.

충북지부의 분과들

충북의 분과들은 다른 지역과는 달리 비슷한 수준으로 평준화되어 있다. 참석률도 활동력도 거의 비슷하다. 예전에 잘 안 움직이던 분과들도 운영위에 적극적으로 끌어들이면서 더욱 활발하게 되었다고 한다. 대신 그만큼 이기심이 있어서 조합원들이 노력하는 만큼 노조에 강하게 요구를 하는 상황이라고.

● 인터뷰 6 • 김미경 충북지부 초대 지부장

학교 급식이 직영화되기 전인 2002년, 캐터링 위탁업체 영양사로 근무를 시작한 김미경은 작은 개인 사업체 직원이었지만 경력이 쌓여가는 동안 임금도 꾸준히 인상됐고 평가 점수에 따라 상여금도 받는 등 적절한 보상을 받으며 일했고 특별한 불만은 없었다. 하지만 같이 일하는 조리원들의 급여를 보게 된 어느 날부터 김미경의 삶은 조금 다른 쪽으로 흘러가기 시작했다.

조리원의 급여는 시급도 형편없었지만 그 시급 안에 명절상여금이나 밥값 같은 게 모두 포함되고 의료보험, 주휴수당, 연차수당같은 것도 없었다. 또 조리원들은 출근하는 날만 돈을 받았고 방학에는 생계를 위해 아르바이트를 해야 했다. 김미경이 위탁업체 시절 마지막 3년을 일했던 중학교의 업체가 특히 심해 아이들 학원비나 반찬 값 정도의 최저임금 수준도 안 되는 상황이었다.

"2006년 12월, 다음 해 연봉 협상을 하던 중이었어요. 조리원들과 의논을 했어요. 지금 와서 생각해보면 그게 일종의 파업 모의였던 거죠. 일단 출근하되 학교에 오지 말고 근처에 모여 있으라 했어요. 제가 전달한 요구 금액이 받아들여지면 차질없이 급식을 할 수 있도록 업체에 다음 날 급식재료까지 주문해 재료 준비까지 모두 마쳐 놓았죠. 당일 바로 볶고 지지고 할 수 있게요. 지난 해 평가가 좋았으니 대우를 해달라며 업체에 조리원들의 요구 금액을 전달하고 퇴근을 했어요. 사장은 받아들이지 않았어요.

다음 날 혼자 출근해서 사장에게 전화를 했어요. 직원들이 출근 안

했고 전화를 안 받는다고. 천안에 여중, 여고 등 업장이 많았던 사장이 40분 만에 학교로 왔어요. 바로 교장실에서도 연락이 왔죠. 교장에게 조리원 급여가 동종업계 최악이라며 열악한 상황을 전달했어요. 교장이 사장과 담판을 지을 테니 모두 학교로 돌아오라고 하더라구요.

잠시 후 얼굴이 벌겋게 돼서 교장실에서 나온 사장이 내 방문을 발로 뻥 차면서 들어왔어요. 문자를 보냈고, 조리원들이 학교로 돌아온 지 1시간반 만에 급식을 만들어 제공했어요. 사장도 그제서야 모든 걸 알게 됐죠.

조리원들이 급식실로 돌아오는데 서로 쳐다보지 못했어요. (눈물) 눈물이 날 것 같아서. 나중에 그 이른 시간에 어디 가 있었냐고 물었더니 동사무소 가서 커피믹스 뽑아 먹고 있었다고. (또 눈물) 그렇게 열악한 조건에서 일했던 거죠. 제 생애 첫 파업은 2012년이 아니었어요."

충북에서는 직영 전환 시 많은 학교들이 이미지 쇄신 차원에서 영양사부터 교체를 했다. 하지만 김미경의 학교는 교장의 신뢰가 있어 원활한 고용승계가 이뤄졌다. 당시 급식실 멤버들이 이후 충북지부 노동조합을 만드는 주력들이 되었다. (2006년 파업 당시의 조리사는 책임을 물어 해고됐고 새로 온 조리사는 지금까지 같이 노조활동을 하며 김미경의 소울메이트가 됐다)

2008년 김미경은 학교장과 계약을 한 뒤 학교 소속이 되었다. 당시에는 학교장 계약만으로도 고용이 안정된다 생각해서 모두 흥분된 분위기에 휩싸여 급여가 얼마인지 체크하지 않았다. 하지만 첫 급여를 받은 김미경은 어디 가서 말도 못할 정도의 금액에 충격을 받았다. 그리고 9월, 노동조합의 문을 두드리게 될 결정적 사건이 터지게 되는데 그게 바로 명절상여금이었다.

“공공기간이니 당연히 명절상여금이 나올 거라 생각했어요. 명절 연휴 전날이었어요. 저는 나름대로 조리원들 선물로 식용유를 사 놓고 학교가 부르기를 기다렸죠. 그런데 퇴근시간이 됐는데도 상여금 받아가라는 연락이 없어 행정실 여직원에게 물었더니 급여에 다 포함되어 있다며 웃더라구요. 그제서야 파악이 됐어요. 명절상여금까지 포함된 창피한 급여를 12개월에 나누어 받고 있었던 거죠. 결국 제가 산 식용유 하나 덜렁 주며 조리원들을 퇴근시켰어요.

그때부터 인터넷을 뒤지기 시작했어요. 학교 회계직 임금 체계, 공무원 임금 체계, 영양사 임금 체계 등을 찾아보며 카페를 뒤지다가 전회련을 알게 되었어요. 누군가는 목소리를 내야겠다 생각했죠. 당시 카페에는 경기 지역 조리팀들이 대부분이었어요. 그래서 게시판에 영양사들 욕하는 게 많았죠. 영양사들은 일도 안 하면서 왜 돈 받아가냐, 이런 내용들이요. 제가 나서서 오해는 풀어주고 타 직종 험담하지 말고 대책을 세우자고 분위기를 만들었죠.”

당시 사무총장이던 이시정은 카페에서 김미경이 계속 발견되는 걸 지켜보며 곧 전화를 받을 것 같다는 예감이 들었다고 한다. 아니나 다를까 며칠 후 김미경은 전화를 했다. “거기는 뭐하는 곳인가요?” 하면서.

자장면집에서 50여 명이 첫 모임을 가졌다. 김미경과 우시분이 주축이 된 영양사와 조리사 외에도 특수, 사서 등 다양한 사람들이 참석했다. 이시정이 경기도의 상황을 전하며 전회련이 진행 중인 맞춤형복지비 사업의 서명을 독려했다. 모두 이시정의 말에 혹 했다. 뭔가 될 것 같은 분위기가 공유됐다.

“제가 생각없이 저질러 그 자리를 만들었으니 책임져야 한다는 생각이었고, 또 거기서 다음을 위한 토대를 만들지 않으면 그냥 끝나버릴 것 같아 두려웠어요. 모임의 대표가 필요하다는 말에 아무도 대꾸하지 않길래, 모이자고 한 죄가 있으니 제가 총대를 메겠다고 했죠. 사람들이 모두 박수를 치며 뒤에서 많이 도와줄게요, 했어요. 당시 우리가 뭘 알기나 했겠어요? 뭘 도와줘야 할지도 모르면서 박수를 치고 박수를 받았죠. 정말 앞으로 뭘 해야 할지 아무도 몰랐어요.”

그 해 바로 맞춤형복지비를 받아내는 첫 성과를 거뒀다. 그리고 2010년 10월 29일 충북지부는 창립식을 하고 힘찬 출발을 선언했다.

“복지비를 받고 나니, 노조의 말이 거짓말이 아니구나, 뭔가 되겠구나 했죠. 창립식을 잘 끝내고 집행부가 도의회 교육위원들에게 인사를 하러 갔어요. 당시 한나라당 의원의 첫 마디가 ‘어어, 교무실에서 일하는 미스 리’ 였어요. 우리 모두 그 순간 얼음이 되었죠. 지금이라면 당장 책상을 뒤집어 엎었겠지만 그때만 해도 학교장 갑질에 숨 못 쉬고 눈치 볼 때였으니 가만히 있을 수밖에 없었죠. 그 교육위원의 말이 당시의 우리를 상징처럼 보여줬어요. 각 분과 대표들이 돌아가면서 자신의 어려운 점을 얘기하는데 첫 번째 선생님이 울기 시작하면서 모두 울어버렸어요.”

그 눈물의 미팅에서 김미경은 교육감 직고용 조례를 만드는 일에 앞장섰던 민주당 이광희 도의원을 처음 만나게 되었고 이광희 의원은 이후 충북지부와 많은 사업을 함께 하며 도의회와 도교육청에 학교 비정규직의 현실을 알려 나갔다.

그리고 2012년 11월, 2차에 걸친 총파업은 개인 김미경에게도 충북지부의 조직 사업 면에서도 눈부신 도약을 맞이하는 계기가 되었다. 충북은 다른 지역에 비해 유난히 파업 전후에 학교측의 탄압이 많았다.

"첫 파업한 주말에 친정에서 김장하고 있는데 교감에게 전화가 왔어요. 운영위원과 자모회가 급식거부 투쟁을 결의하고 있으니 회의에 나오라고요.

학부모들이 내년부터 파업하지 않겠다는 각서를 쓰라며 회유하기 시작했고 저는 못 쓰겠다고 버텼어요. 파업은 합법적인 것이라 주장하며 급식 거부 투쟁을 하더라도 우리는 똑같은 분량의 음식을 준비할 거라고 말했어요. 아이들이 안 오면 음식은 버려질 것이고, 그 사진 찍어서 무상급식비 반 이상을 대는 도지사 이시종한테도 보내겠다, 학부형들이 아이들 선동해서 명분 없는 급식 거부를 한다, 이렇게 따졌더니 학부형들이 말을 못 했죠.

운이 따랐던지 월요일 점심 메뉴는 아이들이 좋아하는 것이었어요. 나중에 알고 보니 도시락을 대여섯명 정도는 싸왔고, 1교시 끝나고 다 먹은 뒤에 엄마가 급식 먹으러 가지 말라고 했는데도 종소리와 함께 급식실로 달려왔다고 하더라구요. 결국 학부모들은 할 수 있는 게 아무 것도 없는 상황이 됐고, 교장은 억울해서 속병이 날 정도가 되고, 그 후엔 급식실에 아예 안 오더라구요."

모든 학교에서 관리자들이 조합원이 있는 학교를 무력화시키기 위해 개인적으로 불러 회유하고 친인척까지 동원했다. 작은 아버지가 장학

사인 사서는 불려 가서 탈퇴 압박을 당하기도 했다. 지부장 학교가 본보기를 보여줘야 한다며 교장이 운영위원과 자모회를 소집한 것이었다. 교장이 김미경을 잘라야 한다, 급식 거부하자, 등 여론을 조성하며 학부모들을 선동했다.

마침 자모회 멤버 중에 민주노총 총무가 있어 그 사람이 모든 내용을 녹음해 충북지부에 전달했고 이는 학교장 고발로 이어졌다. 이후 교육청 차원에서 부당노동행위에 관해 공무원 교육을 실시했고 그에 관한 자료가 업무 메일로 내려오기도 했다. 당시 교장이 고발되어 빨간 줄그어졌다는 소문이 충북 밖으로 퍼져 나갔다.

"내가 당하고 나니 다른 사람들이 걱정되기 시작했어요. 내가 무너지면 안 되겠다고 생각했어요. 채려목 조직국장이 우리 학교에 항상 5분 대기조로 상주하고, 무슨 일만 생기면 민주노총이 차 끌고 들어오고, 지킴이 아저씨가 민주노총 차 빼라고 맨날 항의하고.

조직화를 빨리 끝내는 게 무엇보다 중요하다고 판단했어요. 피라미드식으로 엮어 모임들을 찾아내서 조직으로 끌어왔어요. 사모임들을 찾아내는 게 참 힘들었어요. 지역 별로 조직을 다녔다면 더디기도 했을 것이고, 그 시간동안 관리자들에 의해 제압당했지도 몰라요. 회유나 탄압에, 소문까지 나면 끝날 거라는 우려가 있었지요. 이시정이 나에게 안 배워도 본능적으로 알아서 잘 한다고 칭찬했던 기억이 나요."

'최강충북'은 전국에서 가장 잘 싸우기로 소문난 충북지부의 자부심이 담긴 표현이다. 충북지부는 노조를 만나주지도 않는 3선 보수교육감과 싸우면서 처음부터 투쟁으로 단련된 조직이었다. 공문이 잘 못 와서 문제가 생기면 다른 지부는 공문에 대한 수정을 먼저 의논하지만 충북 지부는 일단 쳐들어가는 스타일이다. 충북지부 만의 특징이라고 한다. 어느 지역보다 가열찬 투쟁으로 전국의 선봉에 섰고 어떤 싸움도 마다하지 않았다. 가려서 싸우지 않은 지역이었다.

"현장은 우리가 생각하는 것보다 훨씬 더 단단하다고 생각해요. 믿고 가면 절대 실패하지 않아요. 조합원에 대한 자신감이 필요해요."

김미경은 충북지부장의 임기를 마치고 2016년부터 서울 본부로 가 수석부본부장으로 일하며 전국 지부들을 지원하는 역할을 맡게 되었다. 본부에서 지낸 시간 동안 김미경을 힘들게 한 건 상대 조직과의 기싸움이었다. 연대교섭위원으로 조직을 대표해 회의에 들어가면 싸움닭 역할은 김미경의 담당이었다.

전국교육공무직본부 조합원만 챙기고 가기도 힘든데 다른 조직과 교섭하면서 상황을 만들어내는 건 쉽지 않았다. 김미경에게 경쟁 조직을 상대하는 일은 보수교육감과 싸우는 것보다 훨씬 힘들었다. 본부 간부 생활을 하는 동안 정파에 대한 내막을 알아가면서 현장에서는 한 번도 느끼지 않았던 노조에 대한 거부감도 생기기 시작했다.

"아이가 유치원을 다닐 때 노조 활동을 시작했는데 그 아이가 초등학교를 졸업했어요. 저도 힘들었지만 그간 지지해준 남편도 본부 생활을 시작한 이후 결국 방전이 되어버렸어요.

처음 노조 활동을 할 때는 시어머니가 뜯어말려도 어찌 할 수 없을 정도로 미쳐 있었어요. 그래도 지부에서는 일요일 하루 쉬었고 매일 집에 들어갔죠. 가정적이고 항상 집에 있는 남편의 분위기가 좀 이상해지면, '우리 남편 또 이혼하자고 한다. 남편 좋아하는 캠핑 한 번 갔다 와줘야겠다', 하고 잠깐 다녀올 수도 있었고요. 그런데 본부 일이 시작된 후에는 집에 올 수 없는 시간이 많았어요. 월화수목금금금으로 전 지역을 다녔으니까.

2년 동안 개인적으로 많이 성장했고 깊고 넓게 일해본 게 밑천이 되었지만 가정과 일 두 가지를 다 해낼 수는 없었어요. 딸아이가 중 학교 입학하면서 남편이 그만두라 암시를 하고 저도 지치기도 했고, 허리를 다쳐 집회 가서 앉아있을 수도 없는 상태라 후임도 구하지 못한 채 청주로 다시 내려왔어요."

엄마로서, 노동조합 간부로서, 현장 조합원으로서 세 가지 일을 동시에 해야 하는 상황은 김미경에게도 힘든 일이었다. 그는 노조활동을 하면서 페미니스트가 아님에도 불구하고 잘못된 구조와 불평등을 피부로 깨달았다고 한다.

노동운동을 하는 것뿐 아니라 여자들은 목소리를 내는 데에도 자유롭지 못하고 한계가 많은 나라라는 사실, 여건도 조성되지 않은 사실, 몇천명이 떼로 덤벼도 공고한데 그렇지 않은 곳은 더 열악할 거라는 두려움을 뼈저리게 느꼈다. 처우개선이 이뤄질 때마다 비정규직이 이 정도면 됐지, 여자는 이 정도면 됐지, 라는 말을 수없이 들으면서 여기까지 온 것이다.

충북지부의 영원한 최강불독 김미경이 꿈꾸는 전국교육공무본부의 미래는 어떤 모습일까.

"우리 학교 당직용역 아저씨에게 늘 저녁 도시락을 갖다 드리곤 했어요. 어느 날 아저씨가 저한테 '나도 이제 연두색 조끼여' 라고 했어요. 뭔가 한 대 얻어맞은 느낌이었어요. 잠깐 잊었던 무언가가 문득 떠올랐어요. 노조가 살아있는 이유가 이런 것이구나, 싶었어요. 그런데 나는 왜 그들이 위탁으로 있을 때 함께 하자고 손 내밀지 못했을까요? 우리 사이에서도 구분이 있었던 거죠. 우리가 직고용이 되는 건 당연한 결과라고 생각하면서도 용역 아저씨들에게 생각이 미치지 못한 거예요.

영어회화 전문강사(이하 영전강) 문제도 그랬어요. 초창기 노조 임원들이라면 영전강에 대한 부채감들이 있을 거예요. 본부장이 영전강을 소개하며 받아주자고 할 때 모두 반발했어요. 강사는 우리랑 다르니까 내 코가 석자니까 남까지 신경 쓸 겨를이 없었던 거죠. 지금도 예술강사, 스포츠강사, 강사 붙은 사람들은 우리 사람이 아니라고 생각하는 사람들도 여전히 있어요.

그 때 같이 가야한다고 왜 말하지 못했을까요?

지금까지는 우리의 요구만 생각하며 앞만보고 달려온 거라면 이제 모든 학교 비정규직 노동자, 여성 노동자들의 문제, 빈민의 문제까지도 우리가 앞장서서 함께 행동하고 끌고 가는 조직이 되어야 한다고 생각해요. 또 공공기관 여성 비정규직 노동자로서 단결투쟁을 포기하지 않으면 끝내 이루어진다는 걸 보여줘야 한다고 생각해요."

김미경에게 노동조합이란?

“지부장 퇴임할 때도 그랬고 여러 방에 마지막 인사할 때 썼던 말이기도 한데 노동조합은 제 인생에 가장 찬란했던 부분이었다고. 이제 그만큼 하래도 못하고, 시켜도 못해요. 제가 가진 걸 다 쏟아내고 미쳐서 일했던 최고의 순간을 보내고 나니 여한도 없고 애정만 남았어요. 현 집행부 보면 안쓰러워요. 이번 교섭결과에 일부 직종이 집단행동을 해서 분란이 일어났는데 그럴 때의 허탈감을 알기 때문에 공감도 되고.

돌이켜 생각해보면 타협하지 않고 너무 내 식으로 밀어붙인 건 아닌지, 그 속에서 상처받는 사람들은 없었을까 생각하지만 당시에는 그게 최선이었을 거라고 지금도 스스로를 위로 해요. 그때는 앞으로 나가지 않으면 절대 아무 것도 되지 않을 거라는 시간적 압박도 있었잖아요. 만약에 이런 활동을 하지 않았으면 이미 그 학교를 뛰쳐나갔을지도 몰라요. 제가 일하는 시간에 대한 보상이 너무 말도 안 돼서요. 때를 잘 만난 것 같아요.

내년에 전보를 갈 예정이에요. 남성중학교, 위탁 때부터 직영전환 후 지금까지 다녔던 학교고, 거기 과학실에서 충북지부 발기인 대회를 하고 노조 사무실이었던 제 방에 모두 모여 회의하고 그랬죠. 충북지부 하면 빼놓을 수 없는 이름들 채려목, 문설희, 김용직, 조종현, 박옥주…… 그 모두가 저에겐 의미예요.”

● 인터뷰 7 • 우시분 충북지부 지부장

"노조 가입 당시 저는 중학교 급식실에서 일하는 조리사였어요. 조리사 교육을 가거나 우리끼리 모일 때면 이 사람들이 노조를 만들면 큰 힘이 되겠다, 이런 말을 자주 했어요. 워낙 다양하고 많은 사람들이 모이니까. 그 때는 그냥 말뿐이었어요. 그런데 위험수당 5만 원을 공무원 조리사에게만 준다는 말을 듣고 조리사협회를 탈퇴하면서 우리만의 뭔가를 만들고 싶었지만 길이 보이지 않았어요. 그 때 김미경의 연락을 받았어요. 어느 날 갑자기 현실로 다가왔죠.

자장면집에서 이태의와 이시정을 만났어요. 설명회라고 하길래 당연히 정장차림의 사람들을 생각했는데 맨발에 개량한복 같은 걸 입고 와서 뜬구름 잡는 말만 늘어놓는 거예요. 교육감 직고용, 교육공무직법 등 우리는 상상도 못했던 일이었어요. 그분들을 잘 모르니까 사이비교주 아닌가 할 정도로 처음엔 좀 이상했어요. (웃음) 모임을 나와 이틀 뒤, 학교의 조리실무사 선생님들과 함께 노조에 가입했어요. 우리는 노조에 대한 갈증이 있었던 사람이라 오래 고민하지도 않았어요. 그게 시작이 돼 여기까지 왔네요."

우시분 지부장은 결혼 전 다니던 회사에서 퇴사하기 직전에 노조 결성을 지켜본 경험이 있었다. 노조활동을 한 것은 아니지만 노조는 차별받고 힘없는 학교비정규직이 도움을 받을 수 있는 조직이 될 거라는 정도는 알고 있었다. 그 때의 경험 덕분에 노조에 대한 막연한 갈증과 희망을 품었고 전회련과의 인연은 그를 세상 밖으로 이끌었다.

"능력이 있어 간부가 된 건 아니예요. 당시 노조의 상황이 조합원도 필요하고 간부도 필요한 상황이라 활동을 하든 안 하든 역량이 있든 없든 사람을 세워야 했어요. 청주지회장을 맡아 달라고 해서 이름만 올려놓고 한동안은 아는 사람들에게 가입권유만 하는 정도 외에 아무 것도 안 했어요. 늘 고생하는 사람들에 대한 마음의 빚이 있던 상황에, 지부 운영위 회의에 참석하라는 연락을 받았어요. 같은 지역의 모 고등학교에 현안 문제가 있으니 소식을 전달하라는 부탁과 함께요.

퇴근하고 학교에 갔죠. 학교 관리자가 입구에서 노조 사람이라고 저를 막더라구요. 그때 저 안에 노조원들이 있는데 여기서 밀리면 안 되겠다, 간부라는 사람이 와서 관리자들한테 밀리고 갔다는 이야기를 조합원들이 들으면 안된다, 그런 생각이 들었어요. 밀리지 않으려고 일부러 더 큰 목소리로 배운 대로 녹음한다고 대처했더니, 관리자가 들여 보내줬어요. 학교 일을 마치고 운영위에 오는 동안에도 화가 가라앉질 않는 거예요. 지부 차원의 대응을 부탁했죠. 상근 활동가들이 다녀오고 그 관리자에게 사과 전화를 받고, 조합원들도 노조가 다녀간 후 변화가 있었다고 고마워했어요. 뿌듯했어요. 그 일이 적극적으로 나서기 시작한 계기가 되었죠."

2011년, 당시 우시분 지회장은 이미 변화가 시작된 노조 간부로서의 삶에 결정적 전환을 맞게 될 조합원의 상담 전화를 받게 된다. 늦게 들어왔다는 이유로 영양교사에 의해 강제전보를 가게 된 조합원은 절박해서 노조의 문을 두드렸고 우시분은 일단 사태파악을 하기 위해 무작정 학교로 향했다. 영양교사는 말을 자르며 우시분을 교장실로 보냈다. 교장을 만날 계획 같은 건 꿈에도 없었지만 물러설 수 없어서 죽이 되든 밥이 되든 뭐든 되겠지 한 번 가보자라는 심정으로 교장실에 들어갔다.

"제가 경험도 없는 데다 지식이 있는 것도 아니어서 학교장과의 면담 자리는 큰 부담이었어요. 그냥 있는 그대로 말했어요. 알고 보니 영양교사가 교장이나 실장에게 보고도 하지 않고 자신보다 약한 사람들을 쥐고 흔드는 상황이었던 거죠. 서류는 영양교사 임의대로 교육청에 넘어가 있었어요. 교장이 그 자리에서 교육청과 사실관계를 확인하더니 어떻게 하고 싶으냐고 물었어요. 교장이 바로 해결해주었고, 조합원은 학교에 남게 되었어요. 그 일을 계기로 그 학교의 비조합원들이 바로 조합가입도 하게 됐어요.

면담을 끝내고 교문을 나서며 그만 다리에 힘이 빠지면서 주저앉았어요. 교장실에 가는 순간까지도 교장을 왜 만나야 되는 거지? 만나서 뭐라고 해야 하는 거지? 만나는 게 맞나? 온갖 고민을 했거든요."

당시만 해도 노조가 초기여서 자리를 잡아가는 과정이었고, 조합원들은 지회장과 카톡방에 직접 연결되어 있었다. 같은 조리사여서 더 가깝게 느낀 것이라고 하지만 그 일을 계기로 청주지회 조리사들은 문제가 생기면 바로 우시분 지회장을 찾아 상담을 하곤 했다.

"처음 파업할 때가 기억에 많이 남아요. 아이들이 우리가 만든 따뜻한 밥과 국을 먹는 모습을 보면 참 예뻐요. 정말 보고만 있어도 배가 부르죠. 그런 아이들에게 따뜻한 밥을 못 해주는 우리 심정은 어떻겠어요. 당시에 급식실에서 제가 제일 막내였어요. 언니들한테 파업 가자고 했더니, 언니들이 그랬죠. '아이들 밥 얼른 주고 파업하러 가자.' 파업과 집회

도 구분 못하는데 어떻게 하는 건지는 더 몰랐죠. 청주에서 4개 학교 급식실이 파업을 나왔어요. 우리 학교는 첫 파업부터 지금까지 파업에 한 번도 빠지지 않은 사람들이에요."

당시 우시분의 학교 교장은 급식실을 잘 챙기는 우호적인 사람이었고 조리사들과 관계도 좋았다고 한다. 하지만 파업 참가 의사를 밝혔을 때 배신감에 말을 잇지 못하던 교장은 불만이 있으면 해결해주겠다고 회유하기 시작했다. 우시분은 파업 의사를 분명히 밝혔지만 다음 날 교장 측근인 덩치가 큰 체육교사가 불이익을 당할 수 있다며 협박하기도 했다. 핸드폰을 꺼내 녹음하겠다고 당당하게 받아 치는 우시분 앞에서 덩치가 두배는 되는 교사가 꽁지 빠지게 도망을 갔다. 노조가 가르쳐준 대로 잘 대처했지만 우시분의 마음은 더 씁쓸해졌다 한다. 왜 그런 대접을 받아야 하는지, 자신들이 학교에서 이런 존재밖에 안 되는 건지 해서.

2014년 9월 충북교육청과 단체협약을 체결 후 우시분은 노조 사무실의 전임으로 출근하면서 본격적인 노조 활동을 시작했다. 부지부장으로 1년 일한 뒤, 2015년 2대 지부장이 됐다.

충북은 거의 모든 게 전국보다 앞서 가는 상황이었다. 2014년 단체협약후 2017년 2기 단체 협약에서는 충북만 보건휴가, 장기 재직휴가 등 전국에 없는 것을 유급으로 만들어냈다. 앞서 나가다 보니 조합원들은 점점 더 큰 걸 요구하는 상황이어서 지부의 간부들은 선두의 자부심만큼이나 일도 많고 걱정 또한 많은 게 사실이다. 다른 지부와 비교해 충북지부가 특히 집중하고 성과를 만들어낸 사업으로 우시분 지부장은 돌봄 전담사 투쟁과 퇴직연금 투쟁을 꼽았다.

돌봄 전담사는 오후에 업무가 이뤄지기 때문에 시간제로 일하고 있고 40시간, 25시간, 20시간 등 학교별로 근무시간이 모두 달랐다. 그러다 보니 처우개선도 학교마다 사람마다 차이가 컸고 해당이 안 되는 사람도 있었다. 충북지부는 2014년부터 2016년까지 '주 40시간 쟁취' 투쟁을 벌이기 시작했다. 지원하는 조합원에 한해 학교별 교장 면담을 시작했고 반응은 천차만별이었지만 결과는 성공적이었다. 다른 지역은 초단시간 돌봄 문제로 여전히 싸우고 있지만 충북은 이미 해결이 됐다. 그 후 충북 교육청은 이 사례 때문에 전국의 교육청으로부터 항의를 받아야 했다.

퇴직연금의 경우 2015년과 2016년 집중적인 투쟁의 결과로 본인이 원하지 않는 학교나 정보를 모르는 학교를 제외하고 충북은 90%이상 적립방식을 DB로 전환시켰다.

우시분에게 2016년은 정기상여금을 새로 받아 내기 위해 지부장 삭발 투쟁을 한 의미가 남다른 해이기도 하다. 교육청은 상여금 절대불가의 입장이어서 다들 힘들게 투쟁을 이어가던 상황이라 조합원들의 분위기를 띄우는 차원에서 삭발을 결의하게 된 것이다.

"하필이면 친정 아버지 팔순을 1주일 정도 남겨놓은 상황에서 삭발을 하게 됐어요. 가정주부이다 보니 남편이나 아이들과 상의를 하지 않을 수 없었죠. 내 머리카락이지만 가족이 반대를 하면 고민은 해보겠다고 했죠. 남편은 침묵으로 일관했고, 아들은 반대를 했고, 딸은 어떤 결정을 내리더라도 엄마 편에서 존중하겠다며 응원해줬어요.

삭발하는 당일엔 아무에게도 말하지 않았는데, 여성노동자의 삭발 소식은 지역에서 이슈가 됐고 가족들이 뉴스를 보고 말았죠. 친정 오빠가 전화해서 당장 내려오라고 난리가 났어요. 남편이 혼자 친정에 갔어요. 화를 내는 오빠에게 남편이 그랬대요. '내 식구다. 내가 괜찮다는데 아무리 오빠라도 지나치게 관여하는 건 아니다.' 라고. 우리 엄마는 동네 사람들 입방아에 '지가 하고 싶어서 하는 거고. 우리 딸이 똑똑하니까 그렇지 똑똑하지 않으면 누가 그런 걸 시키겠냐'고 되받아 쳤다 하더라구요. 팔순 잔치에는 어쩔 수 없이 가발을 쓰고 갔는데 동네 어르신이 삭발했다 들었는데 머리가 왜 그대로냐고 해서 그냥 웃었어요."

2016년 삭발로 한바탕 큰 소동을 겪었던 우시분 지부장에게 2017년은 전국 지부장 단식이 또 기다리고 있었다. 2017년은 학교비정규직 최초로 3개 노조의 집단 교섭이 벌어진 해였다. 교육청들끼리 뭉치니까 더욱 쉽지 않았다. 서울 교육청에서 밤새 이뤄진 교섭이 타결될 기미를 보이지 않자 전국 지부장들이 집단 단식을 결의했다. 지부장들은 단식 중에 추석을 맞았다.

"다들 주부들이고 엄마들이라 단식 중에 맞은 추석은 여러모로 곤란했어요. 피치 못한 사람은 내려가고, 남은 사람은 남고, 내려갔다가 돌아온 사람도 있고 그랬어요. 저도 6남매의 맞이라서 난감했지만 단식이란 말은 꺼내지도 않고 농성 중이라 못 내려간다고 했어요. 10일간의 단식이 끝나고 결국 앰뷸런스를 타고 내려왔죠. 병원에 도착해서 가족들에게 연락했어요. 가족들도 그제서야 단식 상황을 알고 난 뒤 딸은 내 몰골 보면서 울고, 다들 말을 잇지 못했어요. 하룻밤 병원에서 자고 다음 날 체중계에 올라갔더니 10일 동안 5~6kg 빠졌던 몸무게가 그대로 돌아왔더라고요. (웃음)"

2019년의 충북지부는 선두에서 앞만 보고 달려오느라 놓친 것들에 집중하는 한 해가 될 것이라고 한다. 조직이 커지면서 조합원들의 요구사항도 크고 다양해졌다. 하지만 거기에 못 미치는 게 조합원 교육이라서 조합원 교육, 간부 교육, 직종별 교육, 오직 교육 생각만 하고 있다고.

또 다가올 임금교섭에는 직종별 요구안을 구체적으로 만들어내는 게 목표라고 한다. 학교에는 60개가 넘는 직종이 있고 교섭 들어가는 직종도 20개가 넘는 상황이다. 지금까지는 공통요구안 중심으로 교섭을 진행해왔는데 2018년부터는 직종별 요구안이 많아지기 시작했다.

"직종별 요구는 학교비정규직의 전국적인 흐름이기도 하지만 그게 직종이기심으로 번지면 간부들 입장에서는 참 아프고 힘들어요. 우리 지부가 조합원수도 많고 직종도 많아서 자신들 일에 집중해주지 않는다고 임원들이 타 노조로 옮기는 상황이 발생했어요. 700명의 조합원이 있는 교무실무 분과였죠. 조합원들의 이탈로 이어질까 걱정했지만 지부가 총력을 기울인 덕에 2, 30명 정도의 탈퇴로 마무리되었어요.

돌봄 40시간을 위해 함께 싸웠던 사람이 다른 노조로 간 것도 상처가 됐죠. 노조 활동하면서 제일 힘든 순간이었어요. 믿었던 사람이었는데…… 제 앞에서는 아무렇지도 않게 웃던 사람이 뒤에서는 다른 일을 꾸미고 있었다 생각하면 마음이 아파요. 사람의 관계, 이런 게 언제나 힘들어요."

노조에 대한 갈증은 있었으나 길을 몰라 헤매던 급식실 조리사에서 전국 최강 지부의 지부장을 4년 동안 책임져온 지부장으로 성장한 우시분은 전국교육공무직본부 지난 10년의 성과로 근속수당이 만들어지면서 임금이 많이 인상된 것을 꼽았다. 아쉬운 게 있다면 처우개선 위주로 오면서 간부들도 조합원들도 노동조합 조합원으로서 스스로를 점검하지 못하고 온 것이라 한다.

"노동조합 활동을 하고 있으면 당연히 스스로가 노동조합이라는 생각을 가져야 하는데 조합원들의 대부분이 본인은 노조가 아니고 집행부가 노조라는 생각을 갖고 있어요. 그래서 무조건 간부들이 다 해줘야 한다고 생각하는 거죠. 거기에 직종 이기심이 결합되면 문제가 심각해져요. 이것을 어떻게 완화시킬 것인가, 고민이에요. 더 커지면 커졌지 줄어들지 않을 것 같아서 부담도 되고요. 3,500명이 넘는 조합원들을 어떻게 교육을 시켜 상생하게 할 것인가, 나만 가려고 하는 마음을 버리게 할 것인가, 이 질문들에 대해 무조건 해결책을 찾아야죠. 다가올 10년을 위해서라도."

우시분에게 노동조합이란?

"저에게 노동조합은 새로운 인생이었어요. 인생을 바꿔 놓았죠. 개인적으로 저는 뭘 따지는 성향이 아니었어요. 그동안 살면서 좋은 게 좋은 거라는 생각으로 살았거든요. 전임된 후 조합원들이 연차를 묻고 급여를 따져보라고 할 때 가장 힘들었어요. 그런 제가 어느 날부터 좋은 게 누구한테 좋은 거냐고 따지기 시작했고 지금은 같이 좋아야 하는 거라고 생각하게 되었어요. 그런 의미에서 노동조합은 저와 저의 삶을 바꿔 새로운 삶을 살게 만들었어요.

조합원들에게 '노조는 보험이라 생각해라'고 말하곤 해요. 우리가 현장에서 부대낄 때 노조 말고 누구한테 가겠어요. 보험도 아프고 힘들 때 기대려고 드는 거잖아요. 조합원들한테는 그렇게 말해도 아주 가까운 사람한테는 다르게 말해요.

'노조가 보험은 아니야, 노조는 보험회사도 아니고. 하지만 내가 어렵고 힘들 때 기댈 수 있으면 좋은 것 아니겠냐고.'”

● 인터뷰 8 • 구철회 충북지부 조직국장

민주노총 충남본부와 충남지부에서 활동했던 구철회는 2012년 10월 30일부터 전국교육공무직본부 충북지부 조직국장으로 근무하기 시작했다.

"열악하다. 이게 저의 첫 느낌이었어요. 해마다 고용안정 싸움을 해야 한다는 사실도 충격적이었지만 퇴직금을 주지 않기 위해 1~2일 부족하도록 의도적인 계약을 하는 게 더 충격적이었어요. 당사자들이 자신의 계약서가 어떤 상황인지도 모르는 데다가 교육청은 자신들의 잘못이 아니라 발뺌하고. 그런 사람들을 보면 속상하면서 원통했고 교육청의 태도에 화도 나고 그랬죠. 학교에 비정규직이 이토록 많았나 싶었어요. 제가 학교 다녔을 때도 있었겠죠. 제가 미처 깨닫지 못했을 뿐.

상담 전화를 걸어 놓고 자신이 누군지 밝히지 못하는 사람들이 그들이었어요. 같은 편에 전화한 거니 걱정말라고 해도 끝끝내 자신을 밝히지 못했던 사람들이 기억에 많이 남아요."

구철회가 일을 시작한 시기에 노조는 첫 파업을 준비하고 있었다. 지부의 모든 일이 파업에 집중되어 있었고 그도 학교를 다니며 파업 조직하고 노조가입 독려로 바빴다. 이미 전국적으로 분위기가 형성되어 있는 상황이었고, 현장 분위기도 총파업에 대한 두려움 보다는 설렘 섞인 흥분이 더 컸다.

"학교에 가서 파업에 대해 말하면 다른 곳을 쳐다보며 멀뚱멀뚱 하거나, 아무 반응이 없거나, 옆 학교에나 가지 왜 우리한테 왔냐거나, 다른 학교 안 가면 자신들도 안 간다는 등, 다른 사업장 노조들과는 조금 다른 분위기였어요. 그러면서도 해도 되는지, 다음 날 출근하는지 등 궁금해했죠. 파업 첫날 교육청 앞에 200명이 모였는데 200명이 많은 숫자는 아니지만 조직규모가 1,800명 정도였던 걸 볼 때 많이 나온 거죠. 얼굴을 다 가리고 왔는데 구호 외치는 것도 처음이라 한 사람 한사람 붙잡고 시범을 보이며 일일이 가르쳤어요.

충북은 1차 파업에 이어 2차 파업까지 하면서 오전에 2시간 진행하는 부분 파업도 진행했는데, 12시 급식에 타격을 주기 위함이었죠. 그런데 부분 파업을 하고 간 조합원들이 12시까지 급식을 만들어내는 기적을 만들어내고는 부분 파업이 더 힘들다고 투덜거렸죠. (웃음) ”

구철회는 전국교육공무직본부와 조합원들에 대해 '숨죽여 살아왔던 시절과 그 순간이 너무 많은 사람들'이라는 표현을 했다. 그가 만난 사람들은 학교 실장과 교장에게 말 한마디 못한 채 억눌려 살아온 세월이 너무 길어서 눈물도 그렇게 많았다고 한다. 조합원들의 눈물은 속상함의 눈물이기도 하고 그 시절에 대한 복받침의 눈물이기도 했다.

"교육감과 첫 협상을 위해 상견례를 하러 갈 때였어요. 노조와 교육청은 대등하게 싸움을 하는 것이다, 부탁이나 청원이 아니다, 당당하고 멋지게 굴고 인사할 때도 고개 숙이지 말라고 했는데, 그렇게 당부를 하고 또 하고 했는데도 교육감이 나타나자 마자 일어서서 자동으로 폴더 인사를 하더라구요. 긴 세월 몸에 배여 있던 게 나타나는 거죠.

학교 비정규직 중에 어떤 이들은 연말이면 실장에게 정관장을 사다

주던 사람도 있었어요. 그런 이야기들을 들으면 절로 화가 나요. 여자들이어서 더 속상하다기 보다 그냥 열 받고 화가나는 거예요. 눈물이 핑 돌 때도 많고, 너무 화가 나서 교육청 직원을 때리고 싶을 때도 많았어요."

노동조합의 조직국장 입장에서 볼 때 2012년에서 2014년까지 3년은 간부들의 의식이 발전하고 노조 간부로서 사고방식을 갖춰 나간 시기라고 평가했다. 초기만 하더라도 모두 노조가 처음이었고 간부들 사이에서도 동지, 평등 이런 게 체현되어 있지 않은 상황이었다.

김미경 전 지부장은 특히 영양사라는 직종에서 비롯된 관리자적 사고 방식때문에 스트레스를 많이 받기도 했다고 한다. 그 시기는 전국의 지부 사무실에서 일하는 사람들 모두 같이 일하는 직원에서 동지로 의식이 발전되어 가는 과정에 있었고, 전국에서 가장 돋보이게 변화된 사람 중 하나가 충북지부의 김미경 전지부장이라고 구철회는 자신 있게 말했다.

이 시기는 지부 내적으로 노조다워지고 성숙해졌던 시기임과 동시에 현안별로 다양한 투쟁들이 쏟아졌던 시기이기도 했다. 그 중에 2014년 1월부터 3월 사이에 벌어진 사립학교를 상대로 한 고용안정 싸움은 교육감이나 정부가 권고를 할 수 없는 상황이어서 힘들었지만, 노조가 생긴 이후 첫 사립학교 사례여서 더욱 이길 필요가 있는 싸움이었다. 노조는 이 싸움을 통해 의미 있는 절반의 성공을 얻게 된다.

"청석재단이라고 청주대학교를 비롯 여섯 개의 초중고를 운영하는 재단의 대성여상에서 영양사가 해고를 당한 사건이었는데, 사립학교는 보통 비정규직이 3년차가 되기 전에 해고를 시켰어요. 기간제법에 의해 당사자에게 결격사유가 있지 않는 한 당연히 무기계약이 되어야 하는데도 사립학교는 아랑곳하지 않았어요. 집회까지 하면서 크게 격화된 최초의 사립학교 고용안정 싸움이었어요. 싸움을 잘 만들어서 법적으로 가면 우리가 이기는 판이었는데 당사자가 뒷심이 없었어요. 노조가 개입한 후에 싸우지 않아도 5개월이 지나면 무조건 복직할 수 있다는 걸 본인이 알게 되었어요. 결국 중도에 포기했어요. 5개월 후에 복직도 됐고요.

이 싸움이 중요했던 이유는 재단 이사장이 제왕적 사고를 갖고 있었고, 학교에 오래 있으면 나태해진다며 경영 효율성을 빌미로 인사이동을 시켰고 동의하지 않으면 해고를 했어요. 표적 해고였죠. 그래서 더욱 이길 필요가 있었는데 끝까지 가지는 못했어요. 조합원들의 경우 남편이 목사라서 경찰이라서, 동네 소문이 나서, 시어머니가 수술을 해서 등 핑계가 많은데 이 영양사의 경우 조용히 살고 싶다고 했어요.

하지만 사립학교와의 첫 싸움을 크게 붙은 뒤라서 이후 다른 사립학교 문제들은 수월하게 해결되었어요."

사립학교는 재단이사장의 군림이나 전횡으로 문제가 벌어지지만 국립학교는 사용자가 교육부 장관이라서 문제가 생기기도 했다. 충북 지역에는 특히 국립학교가 많아서 사립학교에 이어 대 국립학교 싸움이 벌어졌다. 이 싸움은 임금교섭에서 따낸 급식비가 발단이었다. 다른 학교들은 급식비를 다 받았는데 6개의 국립학교가 교육부에서 공문이 안 왔다며 급식비 지급을 미루고 있는 상황이었다.

"학교별로 들어가서 교장이랑 욕하며 싸웠어요. 학교는 교육부 공문이 없어서 못 준다고 하고 교육부는 자신들이 교섭한 게 아니라 공문을 못 내린다는 입장이었죠. 학교 통장에 돈이 있는데도 지급을 안 하는 어이없는 상황이었어요. 그 웃기는 싸움을 한 달을 했어요. 6개 학교는 자기들끼리 눈치를 보며 관망하고 있고. 결국 해결됐지만 학교 비정규직의 구조적인 문제, 관리 문제를 대표적으로 보여주는 사건이죠."

2014년 학교 비정규직 보건교사들의 싸움도 충북지부만의 특별한 사례 중 하나다.

공무원들은 보건교사 임용 티오를 주는데 보건교사가 없는 학교에는 비정규직이 보건 담당이 된다. 전국에서 비정규직 보건 담당자는 보건업무 보조교사라는 이름으로 충청북도와 강원도만 있었다. 충북 지역에서는 2010년에 만들어져 최초에 31명이 임명됐다. 당시 교육청 보건 담당자가 영양사 단가로 해야 하는 걸 실무사 단가로 책정해버렸고, 학교와 교육청의 회계기준이 달라서 발생한 기지급분을 교육청이 환수하겠다고 나서면서 문제가 불거졌다. 행정기관은 당연히 환수를 해야 하고 법적으로도 돌려줘야 하는 이유가 있지만 교육청의 무신경과 홀대, 행정기관 편의주의에 당사자들이 제대로 화가나 교육청을 상대로 싸움이 벌어진 것이다.

"이 분들은 2014년 8월에 노조가입을 했어요. 가입하자 마자 반년 동안 교육청 점거하고 항의 피케팅 하고 투쟁을 엄청 했어요. 냉정하게 따지면 돌려줘야 하는 돈이지만 논리적으로 근거를 잘 만들어서 법적으로 노동부에서 지급하라는 해석을 만든 사례죠. 교육청 관리 불철저에 대한 통렬한 항의였어요.

이제 막 가입한 사람들이 단결하고 투쟁해서 교육청을 무릎 꿇게 한 사례로도 의미 깊고, 지부 차원의 조직적 지원도 잘 됐어요. 충북 전역의 31명이 1주일에 한 번씩 모여 회의를 하고, 퇴근해서 오고, 피케팅 하러 오고. 노조 가입해서 노조가 뭔지도 모르는 사람들이 교육청에 눌러 앉아 욕도 하고 싸움도 하고. 물론 욕은 지부장과 제가 주로 했지만요. (웃음) 교육청 눈치만 보던 신입들이 실천적 경험을 하면서 성장했던 귀한 사례지요. 비슷한 일이 서울에서도 있었지만 싸움도 못 해보고 끝났어요."

구철회는 전국교육공무직본부 활동 상근가들 중에서 초기에 들어온 사람에 해당한다. 들어온 시기에 따라 업무 중에 발생하는 어려움에도 차이가 있겠지만, 구철회 국장처럼 초기에 들어온 사람들은 현장 출신 간부들이나 조합원들과 마찬가지로 학교 비정규직 노조가 처음이어서 힘들고 어려운 점이 있다고 한다.

노조답게 조직을 운영하고 가치판단하고, 기풍과 문화를 만들어가야 하는 시기였기 때문에 회의할 때, 의견을 세울 때, 사업 준비를 할 때, 교육청을 만나거나 사업할 때 그 모든 지점마다 판단의 기준이 필요했고, 첫 경험을 올바른 방향으로 해야 한다는 책임감이 부담으로 다가오는 것이다. 당시의 상근자들에겐 그게 요구되었다.

"현장 간부들에게 우리 상근 활동가는 나이가 어리든 많든 바로미터인 거죠. 우리가 하라는 대로 그들이 움직이니까. 그게 어려웠어요. 밖으로 말하지는 못하고 속으로 앓는 내면의 어려움이죠. 그래서 그 시절에 있던 사람 중 못 견디고 떠난 사람이 많아요.

지금은 조직이 안정되어서 그런 것은 사라졌지만 여전히 남아 있는 문제도 있어요. 오래 있었다는 이유만으로 더 의존적인 모습을 보이기도 하니까요. 그런 면에서 책임감과 부담은 여전히 유지되고 있어요. 제 경우엔 일의 과중보다 정신적 부담이 더 커요.

10년간 양적인 발전은 어느 정도 임계점을 향해 가지만 앞으로 10년은 질적인 방향으로 변화해 나가야 해요. 끊임없이 조직을 돌아보며 노조답게 가고 있는 건가 계속 질문을 던지면서.

우리끼리 모이면 우스개 소리로 곧 망하겠다는 말을 자주 해요. 조합원들은 처우에만 관심을 두고, 처우가 아닌 다른 것이 시급한데 우리는 고민만 하며 사업 방향을 잡지는 못하고, 그럴 때면 답답하죠. 하지만 조금만 다르게 생각해 보면 조합원들의 그런 모습은 본능적인 것이기도 해요. 우리가 그런 그들을 10년간 어떻게 이끌고 왔는가, 우리의 반성이 필요한 거죠. 혁명적 사고까지 갈 것도 없이 처우개선 투쟁 일변도를 이제는 바꿔야 한다고 생각해요."

구철회 조직국장이 전국교육공무직본부 10년의 가장 큰 성과로 꼽는 것은 교육감 직고용 조례사업이다. 노조는 만들어졌는데 교육청에 인정받지도 못했고 교육감은 만나기도 힘들었던 그 시기에 대중적 서명운동과 의회사업 경험을 활용하여 법률적 근거를 만들어냈다는 것은 중요하고도 큰 성과였다. 그것을 따내는 과정, 숨죽여 있고 존재를 드러내기도 무서워했던 사람들이 서명, 토론회, 의회의 사람들을 만나서 승리의 경험을 만든 그 과정 자체가 무엇보다 의미 있는 성과인 것이다.

반면에 아쉬운 점은 10주년 사업이 좀 더 의미 있게 진행되지 못하는 점을 들었다. 어떤 관변의 기념행사 같은 걸 원하는 게 아니라 10주년을 같이 웃고, 울고, 추억하면서 나아갈 방향에 대해 다짐을 하게 하는 성대한 문화행사 정도는 할 수도 있지 않냐며.

"마지막으로 꼭 드리고 싶은 말씀은 이거예요. 조합원들의 의식수준이 처우개선 일변도라면 지부 간부들은 어느 지부든 바쁘고 피곤해요. 대부분이 여자 간부들이다 보니 그들은 육아까지 해야 하는 상황이잖아요. 이들의 일도 조합원들의 민원전화, 학교 방문 등 모두 처우개선에 국한되고 있고 일에 치여 퇴근해요. 조합원이 10을 보면 간부는 20을 보고 방향을 제시해야 끌고 갈 수 있는데, 지금으로서는 그들을 성장시킬 계기와 조건이 마련될 수가 없어요. 바쁜 사람들을 어떻게 부르냐 그렇기 때문에 집중해서 하는 거라고 말은 하지만, 그것만 가지고는 부족한 상황이죠. 너무 지쳐 있기 때문에.

이런 문제들이 결정적 한계지점, 한계를 넘어 오류라고도 할 수 있는 문제를 드러내고 있어요. 재생산이 어려운 구조. 사명감이 아니면 유지하기가 어렵고, 간부가 발굴되고 육성되어 올라와야 하는데 자연발생적으로 만들어지는 건 드문 상황이죠. 재생산 구조를 만들어 가고 있는데 안 되는 것과 재생산구조를 구현해낼 생각조차 안 하고 있는 것은 달라요. 분기별로 사람들을 결속시키게 하는 정기 행사나 모임들에 대한 기획사업 등 전방위적인 관점에서 전투적으로 고민할 때라고 생각해요."

구철회에게 노동조합이란?

"조합원들에게 따뜻한 곳이고, 세상을 알게 해준 곳, 수많은 사람들의 모습을 가까이서 볼 수 있었고, 비정규직 직종, 정부 정책, 교육청, 의회, 수많은 곳들이 어떻게 형성되고 운영되고 있는지 그 안에서 비정규직들이 어떻게 숨죽여 살아왔고 지금도 자기 목소리를 내는 걸 두려워하는지, 이게 얼마나 정말 화가 나고 바꿔야 하는 건지를 피부로 느끼게 해준, 그런 면에서 세상을 알게 해준, 그리고 참 소중한 사람들을 알게 해준 곳.

노동조합이 대단히 소중한 조직이라는 생각을 하게 되었어요, 이 일을 하면서."

4_전북지부의 역사

전북지부의 시작

2010년 중반 영양사와 조리사들이 중심이 되어 초등학교 급식실에 40여 명이 모여 첫 설립 모임을 가졌고, 2010년 12월 20일 창립식을 갖고 최영심 지부장과 명민경 수석부지부장 체계로 지부가 출범했다. 민주노총 지역본부에 거점을 두고 활동하다가 2013년 정식으로 사무실을 갖게 되었다.

전북지부의 현재

현장 상근 2명, 채용 상근 1명으로 출발한 전북지부는 현재 현장 상근 3명, 채용 상근 2명, 무급 상근 1명 등 총 6명이 근무를 하고 있다. 시작 당시 200여 명이었던 조합원은 3,000명을 넘어선 상황이다.

전북지부의 특징

전북지부는 학교 방문을 가장 열심히 하는 곳이라고 간부들 모두 입을 모았다. 최영심 전 지부장은 투쟁 면에서 어떤 지부에 뒤지지 않는다고 자부하기도. 본부 지침이 있으면 힘들어도, 전북지부가 안 해도 되는 상황에도 빠지지 않고 투쟁에 앞장섰다고.

2014년 민주노총 전북본부에서 수여하는 모범조직상을 받았고,

2016년에는 공공운수노조 중앙에서 주는 모범조직 상도 수상했다고.

전북지부의 분과

초기부터 공을 많이 들였고 집중해온 급식 분과가 가장 활발하게 활동을 하고 있다. 학교 안에서 소비자와 직결된 직종이라 급식이 중심을 잡는 것은 사업의 결과에 미치는 영향도 큰 것이 사실. 그래서 가장 많이 방문한 것도 급식 분과다. 전북에서 60%를 유지하고 있다고.

반면에 아쉬운 직종은 교무실무사들이다. 한 학교에 한 명씩 사립 포함 780명 정도 있다. 교무실무사들은 관리자들과 같은 사무실에 있어 눈치를 많이 봐야 하고 혼자라서 더욱 나오기가 쉽지 않다고. 늘 아쉽고 좀 더 뛰어 주기를 갈망하는 직종 중의 하나라고.

민주노총
전국공공운수노
전국교육공무직

● 인터뷰 9 · 최영심 전북지부 초대 지부장

크고 잘 웃고 딴지 잘 건다고 동료들이 추천해 전북 노조 설립 모임의 대표가 되었다는 초대 지부장 최영심(현 전북도의회 도의원)은 경기 이태의, 충북 김미경과 더불어 초기 전회련을 이끈 핵심 간부들 중 한 명이다. 그는 2018년 6.13 지방선거에서 정의당 비례대표 1번으로 도의원이 됐다.

최영심과 전북의 영양사들은 동료 영양사들의 해고 문제를 해결하기 위해 방법을 찾다가 2010년 중순 노조 활동을 시작하게 되었다. 노조 활동 초기에 최영심과 노조가 할 일은 여기저기서 발생하는 해고문제를 막는 것이 대부분이었고 지부장이라고는 하지만 아무 것도 모르는 상황에다 학교장한테 전화할 자신조차 없었지만 무작정 학교장이나 교육장을 찾아다녔다.

"기술도 없고 용기도 없고 해결해야 한다는 마음만이 가진 것의 전부였죠. 교육장 만나서 대판 싸웠던 일이 기억나요. 키가 자그마한 교육장님이었는데 2월에 정년을 앞두고 있었어요. **저는 해고를 막아야 하는 상황이니까 악이 받쳐, 이렇게 누구는 자르고 당신은 정년 퇴임할 거냐고 소리지르면, 교육장이 '지금 협박하는 겁니까?', 그러면 제가 협박은 해고하겠다는 교육장이 하고 있다, 이러면서 큰 소리를 냈어요. 지금이라면 부당노동행위 같은 고급 언어를 쓸 수 있겠지만, 그땐 아무 것도 몰라서 그냥 싸웠죠.** 갈 때는 늘 심장이 두 근 반 세 근 반 했어요."

영어회화 전문강사(이하 영전강), 스포츠 강사 등 초기 전북 지역도 해마다 해고 문제가 터졌다. 지금은 선배들과 동료들이 있어 배워가며 일할 수 있었지만 당시엔 모두 처음이어서 최영심은 맨땅에 헤딩하는 심정이었다고 한다. 초기 전북지부 성장에 큰 도움이 된 것은 지역의 운동하는 동지들이었다고.

전국에서 단체교섭요구안을 가장 먼저 만든 곳이 전북 지역이었는데 2011년 교육감이 전보를 이용해 영양사를 해고를 한 일이 발단이 되었다. 전국에서 유일하게 교육장이 영양사를 임명하는 전라북도의 조건을 이용해 교육감과 교섭할 것을 본부의 이시정이 권유했다. 여름에 통화를 한 후 6개월이 걸려 2012년 초에 단체교섭안이 만들어졌고 2013년 합의가 이뤄졌다.

"이시정 사무처장이 전국에서 1번으로 해보라고 자꾸 밀어붙였어요. 저는 병아리 지부장이라 아무 것도 몰라서 죽어도 못하겠다는 말을 하고 싶었어요. 하지만 그 말은 차마 못하고 준비는 해보고 해야 되면 해야지, 하는 마음으로 '그라지요' 했어요. 그게 당시의 교육감 직고용조례와 맞물리면서 준비해 놓은 단체교섭안을 도교육청 차원으로 쓸 수 있게 되었죠. 강원도에 이어 두 번째로 단체교섭을 했어요. 우리 지역 교섭안 중 병가 60일을 따낸 것이 특별한 성과였고, 노조 사무실도 2013년에 바로 생겼어요. 전임은 이미 나왔지만 사무실이 없어서 저를 포함해 3명이 민주노총 지역본부 사무실에 책상 두 개 빌려 일했거든요. 그 때도 저는 목소리 크고 당당했죠. 나중에 들었는데 주인들이 되려 저희 눈치를 봤다고. (웃음)"

2012년 전북지역 3개 노조 중 유일하게 단독 집회를 하면서 요구했던 영양사 위험수당을 강원, 광주, 대구, 경북, 충남에 이어서 2013년 2월에 받아냈다. 그동안 위험수당은 조리사, 조리종사원에만 해당되는 것이었다. 전국교육공무직본부는 영양사와 조리사가 한 팀이라 생각하고 한 팀으로 움직였다. 영양사였던 최영심 지부장은 영양사들이 갑질하면 먼저 찾아가서 문제를 지적했다.

200여 명으로 시작해 약 500명까지 늘었던 조합원 수가 2011년 물방울 소송 투쟁 이후 근속, 가족, 교통비 수당들이 생기면서 입소문을 타고 급격히 늘어났고, 2012년 파업을 기점으로 기하급수적으로 늘어났다. 동시에 노조도 양적으로 내적으로 성숙해지는 시기를 겪고 있었다.

"처음엔 조합원을 왜 그렇게 늘려, 많이 늘려봐야 민원도 늘고 우리만 힘들다고, 이러며 장난삼아 말했는데 조합원 수가 갑자기 늘면서 엄청 바빠졌어요. 가입하는 이유는 다양했어요. 소식지 들고 가서 노조가 싸워서 얻었다고 하면 처음에는 오지 말라고 했던 사람도 나중에는 미안하니까 가입하고, 3개 노조 비교해보면서 가입하는 경우도 있고, 물론 비교해본 뒤에 타 노조로 가기도 했고요. 타 노조가 우리보다 능수능란하고 교묘하게 움직였어요. 우리는 아마 교육받아도 그렇게 못 할 거예요. '민주적으로 회의해야 합니다', '민주노조가 할 짓이 아닙니다', 우리는 아마 이러지 않았을까요.

선거제도도 민주적인 우리 노조의 모습 잘 보여주는 사례지요. 전국적으로 편차가 있지만 노조가 먼저 생긴 곳은 간부들의 임기가 3년차, 4년차가 되기 시작했어요. 준비가 안 돼 있어도 본부 차원에서 강제로 연임을 끊었어요. 본부에서 너무 민주적인 걸 추진하다 보니 준비가 부족한 지부장이 급하게 자리에 올라 힘들어하기도 했죠. 우리 지부도 내부적으로 가슴앓이를 많이 했어요. 대신에 그렇게 했기 때문에 선거제도는 빨리 정착이 되었어요."

2018년 3선이 된 전북의 김승환 교육감은 진보 교육감 중에서도 노동에 관해 진보적이지 않은 데다가 고집도 세고 권위적인 편이었다. 하지만 교육감의 보좌진들이 진보적인 사람들로 포진되어 있어, 다른 지역보다 다소 수월하게 뒤처지지 않고 갈 수 있었다고 한다.

"보좌진 중에 교육감의 오른팔이었다가 지금은 교육청을 떠난 사람이 있어요. 사회운동을 하다가 들어간 운동 선배이자 친구였는데 그 사람의 도움이 정말 컸어요. 민주노총에서 배운 것보다 그 친구를 통해 배운 것이 더 많았죠. 초창기에 전북은 뭐든지 1등으로 달려갔어요. 분위기가 좋았죠, 항상 선두를 유지하지는 못했지만 뒤처져서 가지는 않았어요. 아마 그 사람이 없었다면 모든 부분에서 느리게 나아지고 저의 성장도 더디 진행되었을 거예요. 내가 노조 생활을 잘 할 수 있게, 몰랐던 부분의 기준을 잡아주고 합리적인 결정을 내릴 수 있도록 조언을 해준 사람이 외부에서는 그 친구였고 내부에서는 김기자 조직국장, 이 두 사람이었어요.

김승환 교육감과 싸울 때 교육감 임기 중에는 무조건 노조를 할 거라고 으르렁거렸는데 지금은 같은 공무원이 되어서 얼굴을 보고 있어요. (웃음) 임기가 같이 끝나요. 말이 씨가 됐죠. 오랫동안 같은 교육감이라서 노조도 교육감도 서로 지친 측면이 있어요. 이제 교육감이 노조를 상대로 분위기 봐서 요구하라며 유들거리기도 하구요."

최영심은 노조활동 하던 시기 가장 기억에 남는 투쟁으로 충북에 연대파업 갔던 일을 떠올렸다. 2013년 파업 당시 이시정이 초등학교 교무실무사(과학실무사)의 죽음으로 규탄집회 중이던 충북에 연대 투쟁 갈 것을 제안했고, 최영심은 연대를 왜 가는지도 모른 채 사람들을 데리고 충북으로 향했다.

"서울 상경 투쟁을 제외하고 다른 지역으로 연대 파업간 것은 그때가 처음이었어요. 파업한 사람들을 실은 버스 2대가 갔죠. 조합원들은 지부장이 가자고 하면 무조건 가는 건 줄 알았어요. 저도 본부에서 하라고 하면 무조건 했죠. 제가 들은 대로 조합원들에게 전달하는 거죠. 어차피 파업이라 할 일도 없는데 그냥 가자, 했죠. 그러면 왜 가요? 소리를 하는 조합원이 한 명도 없었어요.

나중에 다른 사람들에게 들은 얘기인데 조리종사원들 사이에서 제가 한 때 우상이었다고 하더라고요. 최영심이 선두에 서 있으면 조합원들이 무조건 따른다고. 당시엔 우리 모두 뭘 몰라도 노조가 하는 말은 다 좋은 얘기라고 생각했으니까 가능한 일이었죠. 아무튼 1등지부가 꼴등지부 가서 응원해주자, 했지요. (웃음) **우리를 비롯한 다른 지역의 성과가 충북으로 이어질 것이니 지치지 말라고 발언했던 게 지금도 기억나요. 경기와 전북의 연대 투쟁으로 충북 조합원들은 잔뜩 기가 살았고, 같이 집회를 마치고 도시를 행진했어요. 정말 기분이 좋았어요."**

반면에 전북에서 가장 안타깝고 아쉬웠던 싸움은 2015년의 영어회화 전문강사와 스포츠 강사의 해고 철회 투쟁이라고 한다. 영전강은 전국 영전강 대표가 전북 교육청 옥상으로 올라가 고공 농성 투쟁까지 벌였지만 해고를 최소화하는 선에서 마무리되었고, 스포츠 강사는 교육청의 잘못된 정책으로 발생한 무더기 해고여서 노조가 할 수 있는 일은 그리 많지 않았다.

"스포츠 강사는 교육청의 잘못으로 두 배를 뽑았다가 2013년에 반을 해고했어요. 몇 명의 조합원을 빼고 대부분이 노조에 대한 거부감과 두려움이 커서 노조 가입을 하지 않은 상황이었죠. 노조는 우리 조합원 몇 명을 위해 계속 교육청에 가서 싸웠어요. 그 사이에 타 노조가 다 책임지겠다고 해서 모두 그 쪽으로 가입을 했어요. 하지만 말과 달리 아무 것도 해결되지 않으니 다시 우리 노조로 왔어요. 하지만 이미 시기가 많이 늦어 있었죠. 반토막이 되기 전에 노조 가입이 되어 있었다면 결과는 달라졌을 거예요."

2016년 최영심은 명민경 지부장에게 자리를 넘겨주고 물러났다. 노조활동을 하는 동안 가족들은 반대를 하기보다 다른 역할의 일을 하느라 바쁜 것이라고 이해해줬다. 자신의 이야기를 잘 하지 않는 남편은 잔소리도 하지 않았지만 손이 많이 가는 성장기였던 아이들은 신경을 많이 쓰지 못해 미안한 마음이라고 한다. 착하고 건강하게 싸가지가 있게 커준 것이 최영심의 자랑이라고.

초기 전회련을 이끌었던 간부 중 한 사람으로서 전국교육공무직본부 간부들에게 꼭 하고 싶은 당부의 말이 있다고 한다.

"본인을 내세우는 게 우선인 사람은 간부가 되면 안된다고 생각해요. 지부장이라고 나에게 결정권이 있다고 생각하거나 지부장을 자랑하고 싶은 욕심으로 그 자리에 오르면 결국 조합원들과 노조에 피해가 돌아가요. 제가 정치에 발을 들여놓으면서 더욱 그런 생각을 많이 하게 되더라구요. 또 우리 노조의 간부들은 많이 들을 줄 알아야 해요. 우리 노조는 늘 조합원이 우선이죠. 조합원이 우선인 사람이 간부를 해야 해요. 조합원을 설득해서라도 조합원들이 결정을 내린 뒤에 일을 하는 게 옳다고 생각해요."

최영심은 전국교육공무직본부가 앞으로 정치, 사회 다방면으로 열심히 활동하고 영향력 있는 사람들을 키울 수 있는 곳으로 성장했으면 하는 바람을 전한다. 노조 설립의 경험을 살려 노조를 처음 만드는 곳에 강의를 다니는 것도 의미 있고, 여성들이 설명하는 게 거부감을 줄이는 좋은 방법일 것이라고. 또 내적으로는 투쟁 일변도의 조직에서 사람을 끊임없이 키워낼 수 있는 조직이 되어 지부와 본부가 함께 성장하는 게 더없이 중요하다고 강조했다.

"전북지부는 투쟁을 다른 지부보다 많이 했어요. 진보교육감임에도 불구하고 파업도 많이 했고요. 우리는 본부 지침이 있으면 힘들어도, 우리가 안 해도 되는 상황에도 했어요. 간부들이 잘 따라주었고, 입에 쓴 내 날 정도로 학교를 돌아다니면서 열심히 조직했어요. 본부에서 싸우는 투쟁에 단 한 번도 빠지지 않고 투쟁한 건 경기, 전북, 충북 이렇게 세 지역이에요. 경기는 수도권이라서 사안에 따라 더 하기도 했겠지만, 우리는 지방임에도 불구하고 잘 했다고 자신해요.

제가 정계에 진출한 것은 정치를 하고 싶어서가 아니에요. 학교 비정규직 노동조합의 일원으로서 목소리를 내고 할 일을 해야 한다고 생각해서 결심했죠. 전북 전 지역을 두 번이나 돌면서 조합원들을 만나 설득하는 과정을 거쳤어요. 우리 조합원들이 과거엔 정의당을 찍어야 하는 지도 몰랐는데 이번에 처음으로 정의당 정당투표를 했어요. 그 때의 마음, 그 때 들었던 이야기를 놓치지 않고 살아갈 거예요.

교육공무직본부 전북지부는 영원히 저의 자부심 그 자체예요. 우리 조합원들이나 교육공무직, 학교 비정규직들이 안 잘리고 모두 건강하게 퇴직하는 것이 꿈이랍니다. 조합원들이 안 아프고 안 다치고 정년퇴직 잘하고 늙어서도 만나고 그랬으면 좋겠어요. 해고자없이 가는 게 큰 꿈이지 더 큰 꿈이 있겠어요?"

최영심에게 노동조합이란?

"삶이 완전히 바뀐 터닝포인트였어요. 학교에서 영양사로 있었다면 지금까지 영양사로 살았을 거예요. 노조 활동하면서 또 하나의 직업을 가졌고, 그걸로 인해 여기 도의회까지 오다 보니 삶이 완전히 바뀌어 버렸어요.

살아가는 방식과 생각하는 방법, 듣는 방법과 판단하는 방법, 추진력 같은 것들이 더욱 단단해졌고 성숙해졌어요. 지금도 잘 듣는 편은 아니지만 과거보다는 들으려고 노력하게 되었어요. 정말 제 인생의 터닝포인트지요."

● 인터뷰 10 · 명민경 전북지부 지부장

"학교니까 청렴하고 학교니까 잘 대우해줄 것이고 학교니까 무조건 믿었는데 2년, 3년, 4년 지나면서 의문이 들기 시작한 건 내 선배와 내가 인건비가 똑같다는 사실을 확인하면서 부터였어요. 근무일수도 245일밖에 안됐고, 처우도 알바와 다를 바가 없다는 사실이요. 학교는 조리사들에게 위생관념같은 지켜야 할 것은 강하게 요구하면서 우리를 챙기지는 않았죠.

조리사협회 활동을 하고 있었고 시의회, 도의회, 교육부 사이트도 들어가 보고 그러다가 전회련을 알게 됐어요. **나하고 같은 처지의 사람들이 남긴 글을 봤어요. 저도 카페에 가입하고 우리 지역 상황을 댓글로 달았어요. 시간 있을 때마다 카페에 들어갔어요. 전국 상황이 올라오는데 내 마음과 똑같은 일들이라 거기에 매달릴 수밖에 없었어요.** 거기서 전북 창립대회 공지를 보고 우리 학교 사람들을 다 데리고 가서 노조 가입을 했어요. 연합회라 부담없이 가입했던 것 같아요. 그 때가 2010년 12월 20일이었고 조리사 생활 8년차였어요."

민주노총 전국 학교 비정규직 노동조합 추진위(노조 통합 준비시기의 추진위 명칭)가 주최하는 2011년 1월 18일의 교과부 앞 서울 상경집회 소식을 접한 명민경은 가고 싶었지만 겁이 나서 참석하지 못했다. 그 후 명절상여금 10만 원이 생겼다. 그 전에는 오후가 되면 땀에 절어 녹초가 돼 있는 조리사들의 상황 같은 건 생각지도 않고 사무실로 불러 치약이나 식용유를 줬다. 땀에 절어 선물을 받으러 가면 자존심이 상했지만 그것도 안 주는 학교가 많았다고 한다. 1월의 그 추위 속에서도 집회에 참석한 사람들을 생각하며 못 가서 미안한 마음이 컸던 명민경은 그 후 카페나 전북지부의 일이라면 적극적으로 참여하는 열성 조합원이 되었다.

"집회도 참석하고, 경기도에서 진행되는 운영위 회의도 참관하고 그랬죠. 교육청 앞에서 피켓을 들라고 할 때는 얼굴 가리고 했어요. 팔뚝질도 처음 해보고. 집이 정읍이라 전주에서 끝나고 집에 가는 게 쉽지 않았지만 같이 하는 사람들의 노고가 늘 마음에 걸렸거든요.

2011년의 민주노총 비정규직 노동자대회에는 우리 학교랑 최영심 지부장 학교, 두 학교만 버스에 열 몇 명이 타고 서울로 올라갔어요. 버스 한 대 못 채우고 간 죄책감이 참 컸어요. 겁나게 미안했죠. 올라가는 길에는 갔다가 무사히 돌아올 수 있을까 걱정했던 기억이 나요. 집회를 마치고 무사히 돌아올 때는 뭔가 해냈다는 느낌에 정말 뿌듯했고요. 다음에 올 때는 앞에서 움직이는 사람 힘 안 빠지게 옆에 학교도 데려오자고 다짐했어요."

2011년에 물방울소송단에 참가한 일을 계기로 명민경이 노동조합 조합원이라는 사실을 학교가 알게 되었다. 다행히 교장이나 행정실장은 그 사실을 문제삼지 않았다. 첫 파업 때는 오히려 교장이 힘이 돼 주었다고 한다.

"그 때 우리 교장은 누군가는 해야 하는 일이고 본인들이 열심히 일하는 모습을 보면 더 해주고 싶지만, 예산도 그렇고 인건비 문제로 교장의 의지로 해줄 수 있는 게 없다며 파업으로 좋은 성과를 거두길 바란다고 했어요. 2차 파업까지 나가서 학부모의 반대가 있었어요. 당시에 교장이 급식실 주변을 배회하길래 무슨 일이 있냐고 물었더니 학부모가 전화를 해서 파업하면 급식실을 부수겠다 협박했다고, 혹시라도 학부모가 오면 교장실로 보내라고 하더라구요. 힘들겠지만 힘내서 하라며, 일한 만큼의 대우는 받아야 하는 거라고 말하는 거예요. 너무 맞는 말만 하길래 처음엔 나를 시험하는 건가 의심도 했어요. 2012년에 교섭위원으로 나갈 때도 일 잘하고 말 잘하고 오라고 응원하더라구요. 노조 일이 힘들 때면 당시를 떠올리곤 해요. 그 때 교장이 나를 말렸으면 안 했을까, 하구요."

2013년 첫 단체협약으로 많은 것이 달라졌다. 급식실에 특히 필요했던 병가 60일이 생겼고, 유급휴일, 개교기념일에도 출근하고 교사공무원이 8시간 일할 때 9시간 일하고 노동절에도 출근했던 학교비정규직들의 처우에도 변화가 생겼다. 특별휴가도 생겼고, 노동절에 근무하면 1.5배 수당을 주라는 교육청의 지침도 내려왔다. 노동조합은 2013년부터 눈부신 성과들을 만들어냈고 2015년 명민경이 전임으로 나올 당시에는 많은 것이 바뀌어 있었다.

"당시 전북은 '1등전북' 이었어요. 그 후에 오히려 교육청이 되려 자제하려 들었죠. 2선이 되면서 더욱 몸을 사렸어요. 김승환 교육감이 현재 3선인데 교육감이 우리 앞에서는 노동자편에 서서 처리하라고 말하지만 교섭위원들은 교육청들끼리 눈치 보며 전국 집단교섭에만 신경 써요. 지역마다 현안이 다 다른데도요. 이번에 교섭하면서 교육감 3선은 절대 안 된다는 걸 뼈저리게 느꼈어요. 지난 선거에서 우리가 그 사람 당선시키려고 얼마나 열심히 노력을 했는데요. 본인이 교육감협의회 의장이다 보니 더 자제하느라 2018년엔 신설수당을 하나도 못 받았어요. 2019

년에는 우리가 준비를 많이 해서 다른 지역에서 생긴 수당을 우리도 꼭 따내려고요."

명민경은 2015년 전임으로 사무실에 나오기 시작했고 2016년에 지부장이 됐다. 사는 곳이 멀고 노조활동에 대한 부담도 여전해서 전주 지역에 누군가가 나서 주기를 바랐지만 사람이 없어 어쩔 수 없이 나오게 됐다고 한다. 나서서 말하는 두려움과 무서움이 있어서 하고 싶지 않은 마음이 컸고 전 지부장 최영심의 그림자가 너무 커서 나서는 게 더욱 쉽지 않은 상황이었다. 그래도 바꿔야 할 것들은 여전히 많았고 절실한 마음이 커서 결국 결심을 하게 되었다.

"최영심 지부장은 혼자 교육청과 담판 짓고 지부를 잘 챙겨갔어요. 교섭위원들도 관리자들이라 처음에는 말을 꺼내기 쉽지 않았어요. 최영심 지부장이 다 말하니까 더 가만히 있으려 들었죠. 하지만 교섭장을 나설 때마다 말 한마디 못하고 듣기만 하는 자신에게 늘 속상하더라구요. 그 때는 다른 직종에 대해서는 밥만 하는 내가 뭘 알아서 말을 하나, 이런 생각도 했죠, 자신감이 없었어요. 이제는 어떤 얘기라도 다 할 수 있게 됐지만요."

2018년에 전북지부는 급식실 급식비 문제를 해결하느라 바쁘게 움직였다.

2013년 전국적으로 릴레이 한끼 단식을 하며 부정 탈까 봐 학교에서 간도 안 보면서 정성을 기울였던 급식비 투쟁은 2015년 8만 원을 받아내는 성과를 만들어냈고, 영어회화 전문강사와 스포츠 강사 등 제외되는 직종은 있었지만 교육공무직 직종은 거의 받아냈다. 2018년에 급식비가 13만 원이되면서 교육청과 학교가 그간 급식실에 현물로 제공해온 밥값을 징수하려고 나섰고 조합원들이 반발하기 시작했다. 교육청앞에서 피케팅을 하고 운영위원들을 만나고 학교별로 투쟁을 나서면서 결국은 면제하는 것으로 합의를 봤지만, 다른 직종과의 형평성 문제가 대두되어 '식수인원 제외'라는 문구를 적용하기로 했다.

"다른 문구가 없을지 고민을 많이 했어요. 급식실 사람들의 자존감과 관계가 있었거든요. **그동안 급식실은 학교 본 건물과 외따로 떨어져 일을 하다 보니 노조가 생기기 전에는 정말 인정을 못 받았어요. 유령에서 인간으로 떨쳐 나왔다는 교육공무직가의 가사처럼요.** 급식 종사원도 같은 교직원이라는 운동을 벌이고 있는 상황에서 '식수인원 제외'라는 문구는 오히려 역행하는 게 아닐까 하는 우려가 있었어요. 노조 안에서 다른 분과 사람들의 공격적인 말도 상처가 됐어요. 밥값을 받으면서 밥값을 학교에 왜 내지 않냐고. 어떤 학교에서는 밥값 안 내니까 간도 보지 말라는 관리자도 있었어요. 교육공무직 안에서도 밖에서도 서로 상처를 많이 남긴 싸움이었어요."

조합원을 모으고 조직하는 것이 노조 활동 하면서 가장 힘든 점이라고 명민경은 말한다. 교육이 필요하고 교육을 통해 바뀔 거라 말하지만 실상은 현장이 넓은 지역에 흩어져 있어 물리적인 어려움이 여전히 존재하고, 당사자의 일인데도 본인들의 일이라 생각하지 않는 것도 고민이 되는 지점이라고. 공통 사항을 주로 교섭했는데도 직종별로 따지고 들어 직종 이기심으로 비화되고 있는 것은 전국적인 상황이고 전북도 마찬가지

다. 이런 문제를 해소하기 위해 전북지부는 단체협약 갱신의 해인 2019년에 직종별 간담회를 하면서 직종의 요구를 수렴하고 집중하는 것을 목표로 삼았다.

2019년의 또다른 주요 사업은 지회나 지회분과가 좀 더 안착될 수 있게 노력하는 것이라고 한다. 지난 3년간 전북지부는 지회, 분회 활성화를 많이 노력했고 그 결과로 이제는 지부가 각 학교마다 방문하지 않아도 될 정도로 지회장을 주축으로 활성화가 되어있는 상황이다. 2018년 11.10 투쟁 때는 지회와 지회 분과가 참가했다고 한다. 목표했던 인원에는 조금 모자라 아쉬웠지만 앞으로의 가능성을 입증한 것이라고.

노동조합이 고마워서, 열심히 하는 사람들에게 미안해서, 노동조합을 위해 자신이 할 일이 있을 것 같아서 활동을 적극적으로 시작했던 명민경 지부장이 전국교육공무직본부 10년에 거는 기대는 무엇일까.

"우리가 힘을 실어줘야 본부가 힘있게 움직일 거라는 마음이어서 그런지 모르겠지만 본부가 하는 얘기는 다 옳은 것 같아서 반론을 제기하지 못한 채 돌아오고 지부에 와서는 깨지는 상황이 반복되고 있어요.(웃음)

지난 10년 동안 우리 노동조합이 노동이 존중받고 학교가 바로 설 수 있도록 지금까지 해온 것처럼 열심히 투쟁하면 머지않아 학교가 바로 서고 세상도 바로 설 수 있을 거라 생각해요. 노동조합에 특별히 바라는 거라면 다가올 10년도 지금처럼 계속 걸어주는 거예요. 힘들고 고단하겠지만 다른 노조 비교하며 흔들리지 말고, 우리 본부의 중심에 우리 현장 노동자들이 있으니까 우리 현장 노동자와 사회의 모든 노동자를 보며 흔들리지 않고 가면 굳건히 잘 갈 수 있을 거라고 생각해요."

명민경에게 노동조합이란?

"꿈이요. 이상을 실현할 수 있게 해준 곳이에요.

제가 자라오면서 노조를 봤던 거랑은 다르다는 걸 활동하면서 느꼈어요. 이제 노동조합은 저에게 꿈, 희망이 되었어요. 조합원들이 함께 같이 뭔가를 하면 내가 바라는 세상을 만들 수 있고 그렇게 좋은 세상을 아이들에게 물려줄 수 있다고 믿고 있어요."

● 인터뷰 11 • 김기자 전북지부 조직국장

김기자 조직국장이 전북지부에서 근무를 시작한 것은 2012년 9월 25일로, 지부장 최영심이 상근자 한 명도 없이 학교 근무를 하며 퇴근 후에 노조 일을 하던 시기였다. 도움이 필요하다는 본부의 연락을 받고 잠시 도와주러 온 것이 지금에 이르렀다. 노조활동을 한 경험은 있지만 학교 시스템에 대해 전혀 몰랐던 김기자는 출근 둘째 날 해고를 해결해달라는 지부장의 전화를 받고 당황했던 기억이 지금도 생생하다고 말을 꺼냈다.

"한 선생이 해고당할 상황이라며 교육장에게 항의전화를 하라는 거예요. 용어들이 너무 낯설고 뭐가 뭔지 몰라서 지부장에게 불러 달라고 부탁했죠. 무기계약자에게 왜 해고 통보를 보냈냐, 교육장은 어떻게 책임질 거냐, 그런 내용이었어요. 교육장에게 전화해서 전화로 받아쓴 거 그대로 읽었어요. 교육장은 알았다며 전화를 끊더라구요. 바로 다음 날부터 교육지원청 앞에서 피케팅을 했어요. 피케팅 하고 있을 때 길 건너 정육점에서 저를 향해 계속 손가락질을 하는 거예요. 왜 저러나 싶어 열 받았는데 나중에 보니 피켓이 거꾸로 되어 있었어요. 얼마나 정신이 없었으면 그랬겠어요. (웃음)"

지부 사무실도 없이 학교 근무 중인 지부장과 유일한 상근 조직국장이 전북지부의 전부였던 시절, 지역 연대회의를 가면 지부장은 경험이 없다고 김기자 국장은 학교 시스템을 모른다는 이유로 타 노조들이 두 사람을 많이 무시했다고 한다. 두 번째 회의를 하고 돌아와, 타 노조를 이길 수 있는 방법은 조합원 수밖에 없다고 판단 내린 그는 그때부터 학교를 방문하기 시작했다고 한다. 하루에 평균 10개 또는 12개 학교를 돌았는데, 얼굴을 먼저 익힌 뒤 휴게시간 확인해서 소식지를 전달하고, 같은 학교를 두 번 세 번 방문하며 전북 지역을 세 번 돌고 난 결과, 처음 연대회의에 참가할 당시 비슷했던 3개 노조의 조합원 수를 전회련이 앞서 가기 시작했다.

조직 활동과 더불어 전화 상담은 김기자의 주된 업무 중 하나였는데 조합원들은 해고 문제뿐만 아니라 근무일수, 업무 지시 편애, 존중하지 않는다, 임금 계산 문제, 동료 간의 트러블 등 해결 방법은 없으나 누군가에게 말을 하고 싶은 온갖 일들을 모두 노조에 상담했다.

"처음에 제가 **좀 놀랐던 것은 본인의 얘기를 싸우듯이 화난 것처럼 말하는 사람들이었어요. 궁금한 것을 물어보고 자문을 구하고 있는데도요. 대부분이 중년의 여성이었고, 자식 문제나 남편 문제로 민원을 넣고 큰 소리를 내야 해결이 되는 그런 상황에 익숙한 삶을 살아왔기 때문인지 남에게 묻는 게 서툴었고 금방 흥분부터 했어요.**

마음이 참 아팠어요. 그래서 전화 통화를 할 때면 더 친절하게 더 부드럽게 하려고 노력했어요. 처음에 전화를 하는 사람에 대해서는 극도로 친절하게 대했어요. 수도 없이 망설이다가 겨우 전화한 것일 수도 있으니까요. 언제라도 전화하라고 하고, 와달라고 하면 어디든 갈 것이라고 당부하기도 하고. 어떤 문제들은 대화를 나누는 과정에 해소가 되기도 했고, 본인이 문제의 결론을 내면서 전화를 끊기도 하고. 마치 심리 상담 전화처럼 느꼈던 것 같아요. 보람을 많이 느꼈어요. 그게 모두 신뢰를 쌓아가는 과정이라고 생각해요."

본부에서도 인정하고 평가하듯이 전국에서 학교 방문을 가장 열심히 하는 곳이 전북이다. 조합원을 조직하기 위해 전 지역을 빠짐없이 돌았던 초기 지부의 경험은 지금까지도 모든 간부들의 일상에 녹아 있다. 전북지부 6명의 간부들은 발 하나는 사무실에 발 하나는 밖에 두고 600여 개의 학교를 1년에 한 두번 꼭 돈다고 한다. 가면 많은 이야기를 듣게 되고, 그것을 반영하면 정책이 되고, 그걸 해내다 보면 조직이 되는 것, 모든 답은 학교에 있다며 김기자는 현장의 중요성을 강조했다.

2016년의 정기상여금 투쟁은 현장을 중요하게 여기는 전북지부의 노력에 확신을 심어준 계기가 됐다. 교육청은 꼼수를 부리며 다른 기존 수당에 얹어서 적당히 30만 원 정도로 마무리를 하자는 제안을 했고 다른 두 개 노조는 승낙을 했다. 하지만 조합원들과 최소 50만 원의 정기상여금 신설을 약속했던 전북지부는 협상장을 뛰쳐나왔고, 타 노조는 전국교육공무직본부를 협상 결렬의 주범이라며 비난하기 시작했다.

"우리는 조합원 속으로 가기로 했어요. 도교육청에서 집회를 하면 모두 모이기 힘드니까 전주, 남원, 군산, 김제 지역 지원청을 돌며 릴레이 집회를 했어요. 그동안 보기 힘들었던 조합원들도 정말 많이 나왔어요. 특히 군산의 경우는 조합원 80%가 참석했죠. 참석한 조합원 수를 보고 교육청이 더 놀랐어요. 조합원이 이렇게 많았냐며. 군산부터 분위기가 우리에게 유리하게 돌아가기 시작했어요. 김제 집회를 끝으로 4개 지원청 집회를 마친 뒤 결국 정기상여금이라는 명칭으로 50만 원에 타결을 봤어요.

조합원들은 우리 노조가 따낸 돈이라며 더 좋아했어요. 또 본인들이 직접 만들어냈다는 자부심을 줬구요. 조합원에 의해 조합원 투쟁을 통해서 성공한 사례였죠. 지회 집행부랑 지회장들도 마이크를 처음 잡고, 이길 때까지 싸우겠다고 결의하면서 지회 간부들이 자신감을 갖고 설 수 있는 기틀을 마련했어요. 개인적으로 그 당시의 투쟁이 꽃이었다고 생각해요."

난타패로 대표되는 전북의 소모임, 동아리 활동도 활발한 지회 활동의 성과물 중의 하나다. 2016년 급식분과를 중심으로 만들어진 난타패는 처음엔 십여 명으로 시작해 팔목 통증으로 중도에 그만둔 사람을 제외하고 현재 6명이 활동하고 있다. 취미의 일환으로 시작됐지만 지금은 지역의 노동절 행사, 임금투쟁, 전국 간부연수회에서 공연을 할 정도의 수준이라고 한다. 난타패의 성과를 바탕으로 2019년에는 지역본부 차원에서 노래패와 지역 풍물패를 꾸리는 과정이라고.

"개인적으로 난타가 멋지다고 생각해서 제안을 했어요. 처음엔 돈이 없어서 상근 집행부들이 각 지역에서 공수해온 꿀과 고사리 10근을 팔아 마련한 100만 원으로 난타북을 샀고, 민주노총 지역본부의 문화패 지원 비용도 받았어요. 우리가 힘들다고 가서 사정했더니 들어주더라고요. 본부 지원은 2017년부터 받았어요. 부족한 수업료는 제가 보태고, 열성적으로 연습했어요. 2018년부터는 안착이 돼서 공연비가 생기면 비축해 놓고 구성원들이 돈을 좀 내고 본부 3만 원, 지부 7만 원 지원금으로 난타패가 굴러가고 있어요, 난타패를 계기로 지부의 동아리 지원금액 7만 원을 원칙으로 만들었어요."

2018년 전북지부가 가장 공을 들인 사업은 문재인 정권의 공공기관 비정규직 정규직 전환 정책의 일환으로 시작된 돌봄, 코디, 청소, 당직, 시설 등 단시간 전환 직종의 투쟁과 조직화였다. 그 중에서도 돌봄은 전북

지부에서 13년부터 초단시간(주 15시간 미만)을 단시간으로 늘리는 투쟁을 벌여오던 차에 무기직 전환이 된 것이라 더욱 의미가 있었다. 하지만 전북지부가 직종 투쟁에 집중하고 있을 때 타 노조가 조직 사업에 몰두하면서 전체 돌봄 교사 780명 중 300여 명이 타 노조에, 200여 명이 전국교육공무직본부에 가입해 다소 아쉬운 마무리가 됐다고 한다.

"13년도 봄에 돌봄 교사 한 명이 찾아왔어요. 노조 가입하겠다고. 당시에 교육감의 정책은 돌봄의 외주화였거든요. 그 때 그 선생님과 2시간 동안 울면서 얘기 나눴어요. 당시 돌봄은 4시간 일하고 80만 원에 만족하는 사람들이 대부분이었고 잠시 거쳐가는 곳이지 직장은 아니라고 생각할 때였죠. 이 조합원 한 명이 교육청 면담을 이어갔고 그러던 중에 조합원 한 명이 더 늘었요. 처음 돌봄 조합원은 외주화되면서 학교를 떠났고, 뒤에 온 돌봄 조합원과 함께 지금까지 왔어요. 그 과정에 무기직 전환이 이루어졌죠. 그 두 명의 조합원들이 없었다면 투쟁을 이어올 수도 없었고 무기직 전환도 요원했을 거예요. 훌륭한 노동자들이 많아요.

돌봄 교사들은 마인드가 참 좋은 게 선배들의 투쟁 사례가 있어 자신들이 무기직 전환이 되었다며 고마워해요. 현재 4시간 근무하는 단시간을 개선해 정상적인 직장인으로 가기 위한 투쟁을 이어가겠다며 의지도 아주 강하구요."

2019년 전북지부의 주요 사업 중 하나는 직종별 요구안에 집중하는 것이다. 임금투쟁 기간에 직종별 릴레이 파업을 한다든가 해서 그동안 중앙에 집중되면서 억눌려 왔던 직종별 사안을 분출할 계기를 마련하는 것이 계획이라고.

2018년 임금투쟁 시기에 교무실무사 직종 교육을 교육청 마당에서 집회 형식으로 했는데 교무실무사 직종의 성과는 없었지만 조합원들이 뭉쳐서 해보자는 결의를 하며 자신감을 갖고 현장으로 돌아갔다고 한다. 투쟁현장은 노동자들에게 학습의 현장이고 그것이 진리임을 다시 한 번 느낀 순간이었다고 김기자 국장은 힘주어 말했다.

"분과, 지회를 어떻게 하면 잘 세워낼 것인가에 고민을 집중하고 있죠. 지회 집행부가 각 직종별 대표를 세우고 그들이 모인 지회 집행부가 만들어지도록 하려구요. 이게 잘 굴러가면 학교별, 직종별 소통이 가능해질 거예요.

예전엔 지부 집행부에 의해 일이 굴러갔어요. 그래서 일요일이 오는 게 싫을 정도로 일은 많고 시간은 모자랐어요. 학교 현장에서부터 본부까지 잘 이어져야 하는데 사업장이 흩어져 있는 근본적인 문제와 복수노조로 인한 경쟁의 불안감 때문에 그동안 힘들게 왔거든요. 노동조합이 조합원 한 명 한 명에게 뿌리내릴 수 있도록 지회 집행부를 구성해 지역의 지원청과 해결할 수 문제는 지회 집행부가 직접 가서 협상을 할 수 있도록 하는 게 궁극의 목표랍니다. 지회에서 안 될 때 지부가 지회와 같이 도교육청으로 달려가는 그런 날이 곧 올 거예요."

전국교육공무직본부 전국 상근 활동가 중에서 장기 근무자에 속하는 김기자는 상근 활동가의 입장에서 힘든 점으로 조합원들이 보이지 않고 움직이지 않는 것, 또 열심히 노력했는데도 직종 간 불화를 일으키며 불만을 털어놓는 것, 현장과 지부 사이 매개 역할의 부재로 365일 바쁜 것, 이 세 가지를 꼽았다. 그리고 조합원들이 자신의 삶을 개선하기 위해 만들어진 조직이기 때문에 채용된 활동가들이 조직에 많이 포진되는 것에 다소 회의적인 입장이라고.

"오래 전 돌아갈 현장이 있는 곳에서 노조 집행부일을 할 때 노조는 나의 것, 나의 일이었어요. 하지만 지금의 제 삶, 상근 활동가의 삶은 도움을 주는 것일 뿐 제 삶이 아닌 것 같은 생각이 들어요. 힘들 때면 지속적으로 해야 할 필요가 있나 싶은 생각도 자주 해요. 그래서 가능하면 현장 출신 전임들에게 많은 이야기를 하고 주도적으로 일하도록 이끌어요. 이것은 당신들의 삶이다, 라고 강조하고 또 강조하지요. 구심점을 이루게 하고 우리 같은 사람들은 빠져야 명실상부한 노조합이 아닐까요?"

그래서일까? 김기자 국장에게는 조합원들이 퇴근하고 회의하러 오고 피케팅 하러 나오고 하면서 열심히 싸워 교섭이나 협상에서 좋은 성과를 거둔 뒤 '내가 만든 거야', '투쟁하니까 진짜 되네' 이런 말을 할 때가 가장 뿌듯한 순간이라고 한다. 투쟁의 과정에서 스스로 자존감을 키워 나가는 조합원들의 모습이 보람이고 힘이고 더 앞으로 나갈 수 있는 동력이 된다고.

"노조 안에서의 제 꿈은 복수 노조를 극복하는 거예요. 같은 조합원을 두고 3개 노조가 경쟁하는 구도이다 보니 우리도 조합원들도 피로감이 크거든요. 단일 노조로 만들고 싶어요. 가끔 상상을 해봐요. 전북만이라도 노조들이 모여 전북 학교 비정규직 노조를 만들어서 그동안 경쟁에 쏟던 에너지를 조합원들에게 전부 쏟을 수 있게 되면 얼마나 좋을까. 일단 다 탈퇴를 한 뒤에 다시 단일하게 가입을 하고 조합원 투표를 거쳐서 상급단체에 가입하는 것, 그런 상상이요.

개인적인 꿈은 귀농하는 거예요. 자연과 벗 삼아 살고 싶어요. 자그마한 매실 밭을 사서 매실나무를 심었는데 작년부터 수확을 해서 팔기도 해요. 주말에 가끔 그곳에 가면 아무 생각이 나질 않고 정말 휴식이 돼요."

김기자에게 노동조합이란?

"노조는 저 자신이에요. 예전에 노조를 경험했을 때 노동조합을 통해 모든 것이 될 거라는 꿈을 갖고 실제로 그렇게 해왔던 과정을 겪었어요. 제 삶에 엄청난 변화를 가져왔지요. 자신감이랄까, 판단이랄까, 가치관도 완전히 바뀌었어요. 그 모든 게 노조를 알았기 때문에 얻은 삶이라고 생각해요. 그 확신이 있기 때문에 노조가 얼마나 좋은지에 대해서 조합원들에게 얘기해주고 싶었어요.

하지만 노조 활동을 오래 하다 보면 조직을 지켜 내기 위해서 노조운동을 하는 조직, 조직 그 자체가 주된 목적이 되고 조직을 보존하기 위한 수단으로 되기 쉬워요. 그런 것들이 나타나기 시작한 조직은 깨져야 한다고 생각해요. 조직은 틀일 뿐 조합원이 주인이고 중심이어야 해요. 절대 조직을 보존하기 위해 존재하면 안 되는 거죠. 강한 저의 소견이에요."

5_서울지부의 역사

서울지부의 시작

신년 연휴가 막 끝났던 2011년 1월 4일, 사당역 커피숍에서 이태의, 이시정, 박영순, 최춘월이 처음 만났고, 그 후 사당동 뒷골목 동태찌개 집에서 이시정과 급식실 조리사(박영순, 최춘월, 하순호 이상 조리사회 임원들), 전산(손용대), 특수(조순옥) 등 5명이 모임을 가지면서 서울지부가 시작됐다. 시간이 조금 흐른 뒤 6명이 다시 어느 식당에 모여 작은 현수막 걸고 약관을 만들고, 회의록도 작성하며 서울지부를 출범시켰다. 지부 출범 초기 박영순 초대 지부장은 퇴근 후 집에 바로 들어가본 적이 없고, 조순옥과 손용대는 노조 일에 빠져 가정이 풍랑을 맞기도 했다고.

서울지부의 현재

2012년 조형수 초대 조직국장이 유일한 상근자였던 서울지부는 2015년 단협을 맺고 현장 전임을 포함한 간부 5명과 채용 상근 2명 등 모두 7명이 근무하고 있다. 출범 당시 조합원 100명이 모두의 소원이었던 서울지부는 조합원 5,000명을 향해 가고 있다. 박영순 초대 지부장에 이어 2013년 조순옥 지부장, 2016년 윤영금 지부장 체계로 이어진 후 현재 연임 중이다.

서울지부의 특징

전국에서 다양한 사람들이 모이다 보니 폐쇄적인 성향이 강한 서울지부, 말도 많지만 할 때는 반드시 해내는 게 서울지부의 특징이라고.

그리고 전국에서 가장 많은 5개의 학교비정규직 노동조합이 활동하고 있어서 조직이 많은 만큼 경쟁도 심해 교섭할 때마다 우여곡절이 많다고. 교육청과 싸우는 게 제일 쉬웠어요, 라는 말이 나올 정도로 조직간의 신경전으로 인해 그동안 지부의 발전도 더디게 진행된 것.

서울지부의 분과

특수 분과, 사서 분과, 영양사 분과가 틀이 잡혀 있어 분과 활동이나 노조 활동을 잘 하고 있고, 사무 분과는 의견이 많은 것에 비해 활동이 활발한 편은 아니라고.

급식 분과는 조리사들이 많고 협회 차원에서 움직이다 보니 규모에 비해 활동이 미약해 아쉬운 분과라고 한다. 앞으로는 조리사와 조리실무사를 분리해서 사업을 진행해볼 계획이라고. 또 처우가 열악한 유치원 분과와 특수 분과는 지부 차원에서 좀 더 집중해 좋은 성과를 내는 것이 목표라고.

분과로 강하게 존재하는 분위기를 2014년부터 지회 강화로 방향을 돌렸지만 여전히 지회는 잘 굴러가지 않는다고 한다.

● 인터뷰 12 • 박영순 서울지부 초대 지부장

교육공무직 처우 개선 성과의 하나인 정년 60세 연장으로 5년 전 퇴임한 박영순 서울지부 초대 지부장은 갓난 손녀를 돌보다가, 오래 전 노동조합을 알기 전 자신이 일했던 급식실이 떠올랐다고 한다. 월급 50만 원에 아무 수당도 없이 조리사 한 명당 300명의 학생을 담당하며 에어컨도 없이 더위를 견뎠던 살인적인 노동의 현장, 그 시절의 급식실 말이다.

"손녀가 졸립다고 울면 안아주고, 불편하다고 울어도 안아주는데 그러면 울음을 멈춰요. 손녀를 품에 안고서 생각했어요. 불편하다고 힘들다고 처우가 나쁘다고 더 일찍 소리 높이고 말했다면 더 빨리 개선됐을까? 우리가 가만히 있어서 아무도 바꿔주지 않았던 걸까? 왜 더 일찍 더 빨리 말하지 못했을까…… 이런저런 아쉬운 생각이 들었어요.

개인적인 문제로 처음 노동조합을 만났고, 정년이 얼마 남지 않은 제가 위원장 자리를 맡았을 때부터 제 바람은 후배들이라도 더 나은 곳에서 일하며 더 나은 혜택을 누리는 것이었어요. 퇴직하고 집에 있으면서 학교 비정규직 후배들과 관련된 좋은 뉴스가 나오면 얼마나 뿌듯하고 기분이 좋은 지 몰라요."

2011년 압구정초등학교에서 조리사로 근무하던 박영순은 새로 부임한 영양교사의 인권 모독과 복종을 강요하는 상식적이지 않은 태도에 부당함을 느껴 노동조합에 문을 두드렸다고 한다. 당시 그는 조리사회 활동을 하고 있었고 경기도에 노조가 생겼다는 소식은 들었지만 서울에 노조가 있는지는 몰랐다. 교무행정실로 온 전회련의 팩스를 8번 만에 처음 전달받은 후 그는 노동조합으로 바로 연락해서 이시정과 이태의를 만났다.

"영양교사들과 항상 잘 지내왔는데 새로 부임한 영양교사랑 조리사들이 자꾸 부딪히기 시작하는 거예요. 이상한 사람이라는 소문을 들었을 때도 일로 부딪힐 일은 없다고 자신했어요. 서로 맞춰가며 잘못은 시정하면 된다고 생각했거든요. 하지만 그 영양교사는 상식적이지 않았어요. 자기는 가방끈이 길고, 당신은 가방끈이 짧아서 그렇다는 식으로 모멸감도 줬어요. 당시만 하더라도 어디 가서 어떻게 하소연하고 해결해야 할지 방법을 몰라서 그냥 견디다가 노동조합 사람들을 만나게 됐죠.

그 사람들이 우리 문제를 더 잘 알고 있어서 놀랐어요. 제 문제도 중요하지만 우리 모두의 처우 개선을 해야겠다 생각하고 서울에서 노조 결성을 추진하게 됐어요."

박영순은 서울지부의 위원장(2011년 당시의 직책)이 된 후 노조 내 다른 영양사들을 통해 얻은 정보와 레시피를 바탕으로 논리적인 근거를 만들어 영양교사에게 반박하기 시작했다. 그러던 중 영양교사의 독단으로 엄청난 양의 잔반이 발생했고 박영순은 사진을 찍어 교장, 교감에게 알린 뒤 모니터링을 하는 학부모들에게도 보냈다. 결국 교장과 교감이 개입했고, 학부모회가 교육청에 항의서한과 연판장을 제출하자 교육청에서 학교로 감사가 나왔다. 학교 내부에서도 조리사들을 지지하는 분위기가 형성되어 갔다.

"제가 서울지부의 위원장이니까 제 문제는 제가 해결해야 된다 생각했어요. 큰 소리가 났지만 적극적으로 아닌 건 아니라고 했어요. 잔반 사진도 저를 변호하기 위해 찍었고, 저의 무고함을 스스로 증명해냈어요. 교육청 감사는 부임한 지 얼마 안 된 영양교사를 바로 보낼 수 없으니 참고 지내 달라며 저희에게 부탁하더라구요. 얼마 지나지 않아 다른 학교로 갔어요. 옮겨 간 학교에서도 오래 버티지 못했다는 말을 들었죠. 그 뒤 교육청에서 연륜 있는 영양교사를 우리 학교로 보냈어요. 근데 그 사람이 오자 마자 영양교사를 쫓아낸 조리사라며 얼마나 드세면 그러냐고 입을 떼는 거예요. 그래서 제가 한 달만 서로 겪어보고 그 때 가서 얘기하자고 했어요. 한 달 뒤 새 영양교사는 모든 걸 인정했어요.

제가 노동조합 조합원인데다 영양교사와의 문제 때문에 다들 거칠고 문제 있을 거라는 선입견으로 대하더라구요. 시간이 흘러 서울시 행사 때문에 영양교사들과 만나 대화한 적이 있는데 소문과 다른 사람이라며 의아해 했어요. (웃음)"

불합리하고 독단적인 영양교사 한 사람이 박영순의 인생에 미친 파장은 아주 긍정적인 방식으로 계속 이어졌다. 학교 근무에 노동조합 활동을 하면서 공부를 시작한 그는 검정고시로 방송통신고등학교를 졸업했다. 또 노조 내에서 영양사, 영양교사와 적극적으로 교류하면서 학교 내의 답답한 문제들을 해결할 수 있었고, 다른 분과들을 아우르고 포용해야 함을 깨닫는 계기가 되었다.

"영양교사와의 일이 제 시야를 넓어지게 했어요. **편견을 버리면서 많은 것이 달라졌어요. 급식분과의 입장에서 생각할 수밖에 없었던 과거와는 달리 다른 분과의 입장들도 고려해 더 넓게 유연하게 처리할 수 있**

었어요. 학교 선생님들도 제가 노조활동을 하는 것을 알고 있어서 그런지 더 잘 대해줬어요. 일하며 노조 활동에 공부까지, 지금 생각하면 그걸 어떻게 다 했는지 모르겠어요.

제가 급식분과 모임에 가면 늘 하는 말이 있어요. 너희의 세상은 지금과 달라질 것이니 항상 공부해라, 고등학교를 나왔으면 대학을 가고 대학을 나왔으면 영양사 자격증을 따고, 자격증이 하나 있으면 두 개 따고 두 개 있으면 세 개 따고…… 저희 임원진부터 자격증을 일곱 개씩 보유했어요. 당시에 대학도 많이 갔는데 제가 근무하던 강남 지역에서는 특히 많았어요. 이 모든 게 그 선생님 한 명 때문에 벌어진 일파만파였어요."

박영순과 서울지부 임원들은 조직사업부터 시작했다. 서울 학교 비정규직은 다른 지역에 비해 투쟁에 나서는 것보다 조용히 원하는 걸 얻는 쪽을 선호했고, 박영순은 노조가 왜 필요한 지 노조는 어떤 일을 하는지를 알리는데 노력을 기울였다고 한다.

박영순에게 급식 분과는 가장 익숙한 직종이면서도 조직하기에 가장 힘든 직종이었다. 급식 분과는 인원이 가장 많지만 집단성이 강해 한 사람이라도 빠지면 모두가 거부하는 일이 잦았고, 가입은 해도 활동을 하지 않거나, 회비를 낼 수 없다고 하거나 핑계도 사연도 다양했다. 월급이 워낙 작다 보니 회비를 부담스러워하는 사람도 많았지만, 노동조합으로 인한 성과가 하나씩 나타나기 시작하면서 가입이 늘기 시작했다. 박영순은 거의 매일 근무 시간이 끝나면 사람들을 만나러 갔고, 11시가 넘어 집에 들어가는 날이 점점 늘어나자 남편이 그의 활동에 불만을 표현하기 시작했다.

"이혼한다고 난리쳤어요. 남편도 도시철도공사 직원이며 노동조합 조합원이기 때문에 노조에 대한 불만이라기 보다 나이도 많은 사람이 뭘 그렇게까지 하냐고…… 집은 엉망이고, 혼자 있는 시간도 많으니까 불만이 쌓여 반대를 한 거죠. 어쩔 때는 밥 먹는 시간도 놓치고 집에 들어가는 경우도 많은데 집에서 밥 먹으면 밥도 안 먹고 돌아다닌다고 눈치를 줘서 그 뒤로는 배고파도 물만 먹고 잠든 날이 많았어요.

자꾸 그만두라고 화를 내길래 동네 부녀회장이면 그냥 관둬버릴 수 있지만 이건 그런 일이 아니다, 혹시 뭔 일이 생긴다면 젊은 사람이 잘못되는 것보다 쫓겨나도 나이 많은 내가 쫓겨나야 된다고, 임기 마칠 때까지 할 수밖에 없다고 했어요. 이혼하자면 어쩔 수 없지만 관둘 수는 없다고 열정을 가지고 말했죠. 충돌은 있을 수밖에 없어요. 일단 본인들이 불편하고, 여자가 허구한 날 나돌아다니고 전화가 수도 없이 오고 그러니까 싫었을 거예요. (웃음)"

서울, 특히 강남, 송파는 보수적인 사람들이 많은 지역이라서 교육받으러 왔다가 공산당 쪽이다, 불온하다, 남편이 공무원이라서 안 된다, 이런 이유들로 중간에 뛰쳐나가는 사람들도 많았다. 54년생인 박영순도 반공교육을 받은 세대이고 그런 문제에 민감했지만, 의외로 그는 처음 노조를 만날 때부터 이념이나 사상 문제와 관련 지어 생각한 적이 없다고 한다. 그래서 박영순은 사람들을 설득할 때 자신을 그대로 보여주고 자신에게 생긴 변화를 진심을 다해 설명하려 노력했다고.

"우리는 정치하려고 하는 게 아니다, 우리의 처우개선을 하려고 나온 것이고 전회련은 우리의 처우개선을 위해서 일하는 곳이라고 설명하

며 다가갔어요. 전국교육공무직본부로 이름이 바뀌고 공공운수노조 산하로 들어갈 때에는 아무리 열심히 해도 우리 힘만으로 어렵기 때문에 힘 있는 상부 조직의 도움을 받는 것이라고 제 생각을 그대로 전달했어요.

제가 만남의 복, 인복이 정말 많아요. 당시 급식실 상황에서 1인분의 노동력이 빠진다는 것은 엄청나게 힘든 일이었는데도 누구 하나 불만 없이 저를 지지하고 도와주었어요. 제가 그 학교에 없었더라면 후배들도 덜 힘들었을 텐데 이런 언니를 만나서 고생이 많았지요. 후배들에게 늘 했던 말이, 너희는 너희 자리에서 열심히 해라, 모든 것은 내가 책임진다. 그만둬도 내가 그만두지 너희에게 절대 피해가 가지 않게 할 것이다……. 저에 대한 믿음에 어떡하든 보답하고 싶었어요. 나이도 많은 사람이 자기들과 똑같이 일을 하면서도 노조일을 열심히 해내고 또 자신들을 위해 일한다는 것, 후배들이 그런 점을 특별하게 인정해주고 고마워했어요."

박영순이 노동조합 활동을 시작할 당시 급식실 조리사의 정년은 57세였다. 처우개선 사항 중 요구가 많았던 게 정년을 60세로 연장하는 것이었고, 박영순은 모두의 바람대로 60세에 퇴직을 했다. 노동조합 활동을 시작한 뒤로 급식 외의 일을 아무렇지 않게 시키던 학교는 일을 시키기 전에 한 번 더 생각하게 되었고, 그런 일이 계기가 되어 노조에 가입하는 사람이 늘어나기도 했다. 그리고 시작할 때 50만 원이던 월급은 퇴직할 당시 100만 원 정도가 되었고 공무원들이 14가지 수당을 받을 때 하나도 못 받았던 비정규직에게 박영순 퇴직 당시에는 5가지 수당이 생겼다.

"제가 퇴직할 때 교장선생님이 비정규직의 정년퇴임은 처음이라며 교사들과 똑같이 퇴임식을 해줬어요. 강당에 교직원들과 학부모들이 모이고 송공패와 표창도 받고. 전 날 미리 준비했던 답사도 낭독하고요. '지하철역에서 학교로 걸어오는 길이 사시사철 예뻤고, 아이들이 밥을 맛있게 먹어줄 때 늘 보람 있었고, 선생님들이 인격적으로 대해주고 잘해줘서 고마웠고, 동생들에게 감사하고, 사진첩에 보관된 사진처럼 하나하나 모두 기억하겠다' 그런 내용의 답사였어요. 노조에서는 감사패와 14K 노조 모범 조합원 배지를 선물로 주더라구요. '내 처음은 미약하였으나 그 끝은 창대하리라'는 성경 말씀대로 모든 것이 그렇게 되었어요."

박영순의 자녀들은 이미 독립한 뒤라 엄마의 노동조합 활동을 잘 몰랐고, 방송을 타더라도 앞모습은 나오지 않게 조심했지만 손녀가 목소리를 알아듣는 바람에 가족들이 구호 외치는 그의 모습을 모두 봤다고 한다. 자녀들은 맹렬 여성 어머니에게 지지를 보냈고, 방송을 본 영어회화 전문강사 조카가 자랑스럽다며 전화를 걸어왔고, 대한항공 기장이었던 조카사위는 박영순이 공공운수노조 대의원인 걸 보고 뿌듯해 했다고.

"힘들었던 건 별로 기억이 나질 않아요. 물론 그 당시는 어려움도 많았는데 지나고 보니 그 또한 다 지나가는 거였고 그것조차 희망적이었고, 모두 행복한 걸로 마무리가 돼요. 후배들만 봐도 너무 좋아서 그냥 좋았던 것만 기억나요. 하순호, 최춘월 오래 함께 한 조리분과 사람들, 조순옥, 손용대 등 처음에 같이 일했던 모든 사람들이 고생했지요. 다같이 힘든 일을 하지만 희망이 있었고, 우리가 움직이면 뭔가를 이룰 수가 있구나, 함께 한다는 것의 의미를 깨달아서 좋았고. 회비 안낸 사람들은 일일이 만나 앞에서 열심히 뛰는 사람들이 있는데 그 사람들을 위해 우리가 월급이라도 줘야 되지 않겠냐 잔소리하기도 하고. 제가 나이가 있어서 그런지 뭐라 하면 다 들어주기도 했어요.

만약 제가 많이 배워서 어떤 조직에 있었더라면 더 큰 일을 할 수도 있지 않았을까, 그런 자신감도 생겼지요. 전문직 여성들의 성취감같은, 결혼하지 않고 일을 하는 그런 것들도 공감할 수 있게 됐고. 저한테 그런 기질이 있었는데 다만 기회가 없었을 뿐이라는 생각을 처음 하게 됐어요."

박영순에게 노동조합이란?

"노동조합은 저에게 큰 깨달음을 줬어요. 처음엔 개인, 소를 위해 시작했지만 저를 제가 가진 것보다 더 큰 그릇으로 만들어준 계기가 되었어요. 노조 활동을 하면서 나가 아닌 우리, 우리가 얼마나 중요한지, 우리 속에 있어야 한다는 것, 그런 정신이면 못할 게 뭔가 하는 깨달음도 얻었어요. 노조에서 지혜를 받고, 용기를 얻고, 제가 곧 노조를 대표했기 때문에 스스로 노력해야 했고 결국엔 해냈어요."

● 인터뷰 13 • 윤영금 서울지부 지부장

"사회 생활을 하다가 특수교육실무사로 학교에 들어갔어요. 아이들과 지내는 게 너무 좋았고, 방과 후에 머리 쓸 일도 없고, 오전 수업만 있는 날엔 퇴근하고 산에도 다니고 처음엔 학교 생활이 좋았어요. 그런데 모든 것이 교사의 지침이나 통제 하에 있어서 자유 시간이나 생리적인 시간을 쓰는 것조차 점점 불편하더라구요. 불합리하다고 교장에게 말했는데 규정대로 한 것이라 문제없다며 우리의 입장을 조금도 생각해주지 않았어요.

그 후 돌봄 자격증이 있어 직종을 바꿔 지원하려고 하는데 교장이 아는 사람이 올 자리라며 저한테 하던 거나 계속하라고 하더라구요. 도저히 참을 수 없어 싸움을 시작했어요. 2012년 2월이었고, 4월부터 학교 게시판과 국민 신문고에 인권침해로 글 올리면서 혼자 싸우다가 이명숙 특수 분과장의 소개로 이태의를 만났고 노조에 가입했어요."

교장은 학교 자문변호사를 동원해 윤영금이 올린 글에 대해 반박하는 등 집요하게 싸움을 벌였다. 노조와 수시로 의논하면서 싸워가던 윤영금은 수련회 인건비 문제를 임금체불로 고발했고, 실태파악을 나온 근로감독관의 시정 명령에 이어 교육청의 학교 청렴도 검사까지 이어지자 교장은 본인의 비리를 감추기 위해 정년퇴임 3년을 남겨두고 퇴직해버렸다.

그 후 학교 안의 다른 비정규직들도 자연스럽게 노조에 가입하게 되었고, 윤영금이 서울지부 최초로 노조에 요청해 학교 회의실에서 노동조합교육을 진행하기도 했다.

"그때부터 노조에 대해서 알려고 노력했어요. 사람들 몇 명을 데리고 가서 같이 이야기를 들은 게 도움이 많이 됐죠. 그 후 사람들에게 노동조합을 알려주고 싶어서 주변 사람들에게 가입 권유하고, 제가 교장과 당당하게 싸우는 거 보며 가입하기도 하고, 그렇게 제 주변인들은 전부 조합원이 됐어요. 당시엔 제가 방통대를 다니고 있었는데 본부 근처에서 스터디가 있어 갈 때마다 가입서 몇 장씩 꼭 들고 갔죠.

학교에서도 예전에는 내 일만 끝나면 퇴근하기 바빴는데 그 후에는 이 방 저 방 다니며 소식지가 오면 나눠 주기도 하고. 집회 있다고 하면 모아서 데리고 나가고. 일이 있으면 지부장이 저에게 따로 연락했을 정도로 서울지부 관악구의 일은 대부분 도왔어요. 분회장의 역할을 하는 열성 조합원이었죠. 오라는 데 다 가고 하라는 건 다 했어요. 원래 좀 시작하면 끝장을 보는 게 있는데 내가 필요해서 들어 갔던 거라 더 성실하게 했어요."

2012년 첫 파업 후 학교 내 조합원이 과반수가 넘으면서 복잡한 퇴직금 적립 문제도 다른 곳과 달리 수월하게 진행이 되었고, 그 뒤로는 학교 내 노동조합의 위상도 조금 달라졌다고 한다. 교육공무직과 교사들을 구분해 행정실장이 임의대로 책정하던 협의회비(회식비)는 정식으로 항의한 뒤 교육청의 지침대로 시정이 됐고, 통학 차량 선생이 화장실 청소를 하는 문제, 차량 도우미 학부모가 우유 나눠주는 일을 하는 문제 등 학교 안의 많은 사안들을 노조와 상의하면서 윤영금이 해결해 나갔다.

"당시 서울지부는 조형수 국장 혼자 상근하고 있었고, 중요한 행사라도 있으면 본부가 서울지부를 도와줘야 될 정도였어요. 조합원들 대부분이 인맥으로 알음알음 가입한 상태였고, 가입할 사람이 있다고 연락해도 지부에서 못 갈 형편이었죠. 본부도 사람이 많지 않아서 지방 조직하느라 바빴고. 타 노조가 서울을 훑으면서 조직하러 다닌 거에 비하면 우리는 열악했어요. 그렇게 노력했는데도 불구하고 현재 우리와 조합원 수에 큰 차이가 안 나는 건 아이러니해요. 다른 목소리에 휩쓸리지 않고 우리 노조가 꾸준하게 커왔다는 거겠죠."

윤영금이 지부장 제안을 받은 건 서울대 시민대학을 다니며 대학원 과정을 생각하고 있을 때인 2015년 10월경이었다. 조순옥을 비롯한 20여 명의 사람이 지부운영위를 끝내고 윤영금을 만나러 왔다. 이미 내정된 수석부지부장과 사무국장이 열심히 도와줄 거라며 조순옥 전 지부장이 간곡하게 부탁했지만 윤영금은 거절했다고 한다. 두 번 거절한 뒤 이시정에게 연락이 왔다. 무릎 연골에 문제가 있어서 못한다는 윤영금의 말에 이시정은 현장보다 지부장 자리가 더 편하다며 윤영금을 설득했고, 윤영금은 이시정의 말을 믿지 않았지만 지부장으로 나설 사람이 없는 열악한 상황을 모른 척할 수가 없었다.

"아이들이 대학을 시원찮게 나와서 주례 서 줄 사람이 없다니까 이시정이 지부장만 하면 주례를 책임져주겠다고 했고. (웃음) 그래도 제가 연륜이 있으니 지부가 자리매김할 수 있도록 다음 사람을 위한 길 정도는 만들 수 있겠다 생각해서 결의를 했어요.

그 날 바로 서류 다 올리고, 운영위가 벌어지고 있어서 인사하러 갔는데 막 결심하고 온 거라 잘해보겠다는 말도 제대로 나오지도 않더라구요. 옆방으로 가서 맞지 않는 조끼 억지로 입은 채 사진 찍고, 일주일 후 투표가 끝나고 지부장이 됐어요. 당선되자 마자 시설분과 농성장이 꾸려져 매일 거기로 출근하고. 건강이 좋지 않았던 전 지부장이 급히 떠나면서 인수인계없이 캄캄한 상태에서 일을 시작했어요."

2016년 2월 전임으로 나온 윤영금은 뭘 해야 할지 몰라 전화만 받고 있었다고 한다. 경위서 써 달라는 비조합원의 전화에 경위서 쓰다가 사무국장에게 혼나는 지부장, 윤영금은 지부장 초기 자신의 막막했던 모습을 이 한마디로 정의했다. 그래도 자신이 속한 특수분과 밖에 몰랐던 윤영금은 다양한 민원 전화에 따라 규정을 들여다보고, 물어보고 처리하면서 지부의 일을 빠르게 파악할 수 있었다고 한다. 그 후 처음 전임 나오는 사람들에게는 전화 받는 업무부터 시키게 되었다고.

2015년 12월에 시작돼 거의 두 달 동안 지속된 시설분과 고용안정 투쟁은 당시 서울지부의 상황을 여러모로 보여주는 대표적인 사건이다. 박근혜 정권 당시의 서울지부는 교육감 직고용 조례에 상관없이 학교장에 의해 다양하게 발생하는 해고 사건을 처리하는 게 지부의 주요 업무였다.

2014년 조희연 교육감이 당선되면서 고용안정 투쟁의 성과를 기대하게 되었고, 시설관리업소 50명의 계약직은 상시지속직을 주장하며 교육청 앞에 농성장을 꾸렸다. 해를 넘기지 않을 거라는 시작할 때의 기대와 달리 농성은 장기화됐다. 노래 부르고 구호 외치는 등 일부러 소란을 피워 경찰이 출동해야, 교육청은 겨우 조형수 국장을 불러 면담을 했고 다시 면담을 하기 위해서는 같은 상황을 반복해야 했다.

"12월 31일에 조형수 국장의 둘째가 태어난다고 해서 그가 충북으로 내려간 뒤 계속 서울과 충북을 왔다갔다 했어요. 가뜩이나 사람도 없는 서울지부가 할 수 있는 일이라곤 농성장을 지키는 것밖에 없었어요. 2월 2일에 교육감이 농성장으로 와서 무기계약 약속하고 해고자 복직을 약속했지만 그 뒤에 말을 바꿔 재 시험을 치르게 하고 조합원 포함 7명을 해고시켰어요. 노조의 항의가 이어지자 다시 복직시켰다가 또 1명을 해고시키고. 여전히 11월짜리 계약은 사라지지 않은 상태에다 무기계약이 진행된 사람들의 급여는 삭감되는 등, 여전히 그 싸움은 진행 중이에요. 진보 교육감에 대한 기대가 무색했던 투쟁이었어요. 당시 정훈록 분과장이 현재 수석부지부장으로 열심히 활동하고 있어요."

2016년 4월 1일에 진행된 학기 초 파업은 시작부터 끝까지 우여곡절이 많았다. 2016년엔 서울과 충북 등 5개 지역은 파업을, 인천과 대전 등 9개 지역은 총궐기 투쟁을 벌이기로 대대에서 결정을 했다. 윤영금은 다른 지역에 비해 조직력도 떨어지고 분과 간의 이기주의가 심했던 서울지부의 상황에 파업은 무리라고 판단했다. 그러나 지부에 대한 운영위원들의 불만과 분과 간의 경쟁이 지부운영위에서 촉발하며 파업 결의라는 의외의 결과로 이어졌다.

몇 개 분과가 경쟁하듯이 할 수 있다며 서로 목소리를 냈지만 많이 조직하지 못해서 57명이 참석했고, 연대에서 100명이 와서 파업 집회를 열었다. 참석률은 비참했지만 정작 학기초 파업은 처음이어서 매스컴에서는 이슈가 되었다. 그러나 경찰이 소음 기소를 하는 바람에 윤영금 지부장은 재판을 받게 되었다. 조형수 국장이 변호사를 불러 그에게 재판 교육을 시켜주며 초임 지부장 길들이는 것이니 기죽지 말라 당부했다.

"재판 교육까지 받아서 뭐 대단한 건 줄 알았는데 사실 별 거 아니었어요. 판사가 어떻게 지부장이 됐냐 물어서 아무도 안 한다고 해서 됐다, 이런 대답했고 기소유예로 판결이 났어요. 아무튼 4월 1일 파업의 경우 조직은 제일 적게 됐지만 매스컴은 난리 나고 저는 기소까지 되고, 지부장 되자 마자 그 난리가 났어요. 정기상여금 신설을 요구한 집회였는데 처음이라 그런 말이 눈에도 안 들어올 때였죠. 그냥 정신없이 지나갔어요.

저희 지부는 분과 간의 문제가 많아서 무슨 일이라도 생기면 지부장 잡아먹으려 드는데 저는 그냥 덩치로 버텨요. 오히려 너무 잘 우는 부지부장이 걱정이죠. 김용균 죽음에 관한 기사를 보면서도 우는 사람이랍니다. 저는 혼자 울어도 사람들 앞에서는 눈물로 감정을 드러내고 싶지 않아요. "

이렇게 당당하고 씩씩한 윤영금 지부장이 눈물을 펑펑 쏟은 일이 2017년 집단 교섭 중에 벌어졌다. 지역 교섭을 마치고 김밥 한 줄 대충 먹고 교섭장으로 향한 윤영금을 기다린 건 집단 단식이었다. 교육부와 교육청이 예산 가지고 서로 떠넘기기를 하고 있어서 교섭이 진전되지 않았고 연대회의에서는 단식을 결의했다.

"아무런 대비도 없이 마음의 준비도 없이 얼떨결에 단식을 시작했어요. 저는 혈압약을 비롯해 약을 많이 먹는 체질인데 그 약들이 모두 공복에 먹으면 안 되는 약들이어서 걱정이었어요. 처음엔 혈압약만 먹다가 나중에 그것마저 안 먹었어요. 남편 환갑 때문에 잡아 놓은 식사 약속도 취소하고, 5일째부터는 몸이 나빠지는 게 느껴졌어요. 병원에 갔더니 심장에 무리가 온다며 단식하지 말라고 하는데 포기하면 반역자가 되는 것 같아서 농성장으로 돌아왔어요.

7일째는 현기증에 마비가 오고, 본부장도 9일째 실려갔어요. 저는 좀 더 버티다가 화장실 가려고 일어서는데 갑자기 눈 앞이 캄캄해지며 고꾸라지듯 주저앉았어요. 제가 독해서 원래 잘 안 우는데 그 때부터 눈물을 주체할 수가 없더라구요. 이렇게 죽는가 싶어 울고, 병원에서 하지 말라고 했는데 하며 울고. (웃음)

10일째 결국 쓰러졌는데 정인용 사무처장이 말 안하고 쓰러졌다고 혼내더라구요. 막판엔 물도 먹기 싫어 안 먹었어요. 사무처장은 지부장들 말 지독하게 안 듣는다고 답답해 하고. (웃음)"

단식 중에 추석을 맞아 노조 차원에서 농성장에 공동 차례상을 차렸다. 시아버지 돌아가신 후 첫 차례를 맞은 윤영금은 성공해서 다음에는 거하게 차례상을 차려드리겠다며 울면서 글을 올렸고, 농성장은 일시에 눈물바다가 되고 말았다.

15일 동안 이어진 단식은 10월 10일 교육부장관과 교육감들의 방문이 있은 후 해단식을 가졌고, 그 후 네 차례에 걸친 실무교섭 끝에 근속수당 3만 원 쟁취라는 눈부신 성과로 마무리되었다.

2017년 8월에 시작된 청소 당직 등 직고용 대상자들에 대한 조직 사업은 조직 확대의 의미도 있지만 침체된 지부 분위기가 일을 하면서 안정되어 간 것에 더 의미를 두고 싶다고 윤영금은 말했다.

보수적인 연령층인 것을 고려해 시의원을 통해 공문을 보내고 행정실로 전화해 당직에게 전해줄 것을 당부했지만 전달이 잘 되지 않았다. 1차 설명회를 마친 뒤 방법을 바꿔 저녁 7시에서 9시까지 당직실로 전화를 돌렸다. 당직들과 직접 통화한 뒤 설명회 참석률은 눈에 띄게 달려졌고,

참석한 사람들의 절반은 노조에 가입했다. 그 결과 교육공무직본부 전체 지부 중 서울지부가 가장 좋은 성적을 내며 앞서 나갔다.

"행정실에 전화해서 전달해달라고 하면 그걸 자신들이 왜 하냐고 묻기도 했어요. 당직들과 직접 전화를 했던 게 주요했어요. 전화를 하다보면 이미 코가 삐뚤어질 정도로 마신 사람도 있고, 뭔 말인지 알아듣지 못하는 사람도 있고, 그 중에서도 잘 알아듣는 사람까지 별의별 사람들이 많았어요. 일주일에 두 번씩 석 달이 걸렸어요. 기존에 40명이던 분과가 200명이 됐죠. 직고용 대상자가 1,600명인 걸 생각하면 아직도 많이 부족해요. 가입했다가 탈퇴하는 사람도 많고요. 야간당직분과 권정두 선생은 아무리 먼 거리도 비가 억수 같이 내리는 날도 2시간 먼저 와서 장소를 살피고 사람들을 안내하면서 설명회를 같이 진행했는데 그 분의 도움은 정말 특별했어요."

평균연령 72.3세인 야간당직 조합원들은 정보과 형사 출신의 분과장을 비롯해, 생계 문제도 있지만 단지 일할 곳이 필요해 취직한 사람도 많다. 이들은 대표적인 유신 세대로 노동조합과는 다소 낯선 동거를 하고 있는 분과다. 다들 살아온 전력도 다양하고 생각도 서로 다른 탓에 모이면 예상치 못한 소란이 벌어지기도 해서 난감한 상황이라고 한다. 그래도 자신들이 좋은 일자리를 만들어 다음 사람들에게 잘 물려주고 싶은 마음만은 전국교육공무직본부 모든 조합원들과 한 마음이라고.

2016년 처음 지부장이 되었을 때 서울지부의 느낌은 모래알 같았지만 조직 사업을 통해 사람이 모이고 중심을 든든히 세우면서 조합원 몇 사람에 의해 휘둘리는 분위기가 사라질 수 있었다고. 서울지부를 더 단단하게 하기 위해서라도 조직 사업이 필요하다고 윤영금 지부장은 힘주어 말했다.

"힘들지 않은 게 없었어요. 집에 가도 일상으로 돌아가지 못하고 잠이 드는 순간까지 조직이 커지고 탄탄해져야 한다는 생각뿐이었어요. 투쟁력이나 정신력, 조직력 모두 다른 노조의 상대가 안 되니까 숫자로 따라가 수밖에 없잖아요. 근데 조직 확대에만 신경 쓸 수도 없어요. 교육도 해야 하니까.

대신에 살면서 가장 많은 생각을 꾸준히 했던 것, 지금까지 살아온 어떤 시간보다 깨어 있었던 것, 그것은 무엇과도 바꿀 수 없는 보람이에요. 또 라면 하나도 직접 끓여주던 엄마가 사라진 집에서 남편도 아들도 자급자족을 훌륭히 하게 된 것도 의미가 크지요. 걸레질도 화분 돌보는 것도 남편이 더 잘하고, 냉장고 속 사정도 검토해서 알려준답니다. 서른 살 넘은 아들 밥 걱정에 아파 누워 있다가도 밥 차려주던 저라는 사람을 많이 내려놓을 수 있었던 것, 그게 가장 좋은 일인 것 같아요.

노조를 떠나 정년퇴직을 하더라도 주변을 돌아보고 이해하는 마음으로 살아갈 거예요. 기회가 된다면 지역의 필요한 자리에 가서 한 목소리 거들고 싶은 마음도 있고요. 으하하하하하. (호탕한 웃음)"

윤영금에게 노동조합이란?

"노동조합을 모르고 사는 삶은 더 이기적이라는 생각이 들어요. 모든 것을 혼자 힘으로 해결하고 이겨내야겠죠. 노조가 있어 나 아닌 다른 세상의 존재를 느껴요. 이 세상이, 여러 세상이 친구가 되는 느낌이요. 노조 활동하면서 수시로 문자가 오고 의견을 묻고 하면서 저를 찾을 때, 제가 더 많은 걸 알아야겠다는 생각과 도와줘야겠다는 생각을 했어요. 아픈 사람에게 의사가 필요하듯이요. 노동조합을 통해서 비로소 진짜 세상이 만들어지고 이뤄진다는 느낌이 들어요. 나 하나만의 삶을 살다가 내 가정과 나만 생각하다가 여러 사람을 위한 삶을 살아야겠다는 각오들이 생겼고 앞으로도 그럴 수 있을 것 같아요. 이 모든 게 노동조합 덕분이에요."

● 인터뷰 14 • 이미영 서울지부 조직국장

이미영 서울지부 조직국장은 2011년 겨울 부산지부의 출범과 함께 노동조합 활동을 시작해 2016년 서울지부로 자리를 옮겼다. 대학교 동아리 활동을 하며 학생운동을 경험했고, 졸업을 앞두고 진로를 고민하던 중 노조에서 활동하는 선배의 제안을 받았다. 가족의 권유로 공무원시험을 염두에 두면서도 공무원의 삶이 자신에게 의미가 있을지 고민이 깊었을 때 노동조합이 갑작스레 그의 삶 속에 뛰어든 것이다.

"스트레스를 받고 있었어요. 아버지처럼 공무원이 되는 걸 생각하다가도 공무원 시험으로 그런저런 삶을 사는 게 나랑 맞을 지 고민이었고, 학생운동을 열심히 한 것도 아니어서 사회 단체나 노조에 대한 부담도 있었고요. 고민 많이 하다가 노동조합 활동을 해보는 게 나중에 그만 두더라도 후회를 덜 할 것 같아서 집에 말을 했어요. 부모님에게 엄청 혼났어요. 노동조합에 들어가고 싶으면 공무원이 되어서 공무원 노조를 들어가라고 왜 굳이 직업을 노동조합으로 하냐고. 부모님을 설득하지는 못 했어요. 제가 주장을 굽히지 않으니 내켜 하지 않았지만 더 이상 말리지도 않았어요. 2011년 11월쯤이었고, 전회련이 부산에 노조를 갓 설립한 상태였고 부산지부 출범식을 앞두고 있었죠."

당시 부산지부는 조합원이 늘어가던 중이었고 이시정 사무총장과 공공운수노조 부산지부 조직국장이 출범을 앞두고 집행부를 세우기 위해 고군분투하고 있었다. 출범 전에 지부장을 결의한 사람이 세 번이나 바뀌는 우여곡절 끝에 김미숙 초대 지부장이 결의하면서 12월 21일 전회련의 막내 지부로 그 출발을 알렸다.

이미영 조직국장의 첫 번째 업무는 특수교육실무사의 해고 사건이었다. 조합원의 결의로 학교 졸업식에서 피케팅을 하면서 재계약 요구를 적극적으로 알려 나갔지만 결국 해고되었고, 이미영은 조합원에게 부당해고 구제신청을 제안했다.

"노조가 돈이 없을 때였고 조합원이 노무사 선임하는 돈을 부담스러워해서 국선노무사를 통해 지방 노동위에 구제 신청을 했어요. 처음에는 졌어요. 나이 많은 국선노무사가 제대로 일을 해주지 않아서 중앙노동위원회를 가기로 하고, 제대로 된 노무사를 선임하자고 조합원을 설득했지만 그 분이 포기하고 말았어요. 그 일이 오래 기억에 남은 건 공립 근무기간이 길어서 중앙노동위를 갔다면 분명히 구제가 되었을 사건이었기 때문이에요. 제가 더 설득했더라면 해고되지 않았을 지도 몰라요. 그래서 되게 미안했죠."

2012년에 시작돼 3년 간 이어진 된 방과후전담의 고용안정 투쟁은 조직부장 이미영에게 의미도 결과의 무게도 남다른 사건으로 남았다. 노조 가입을 하고 싶다고 방과후전담 한 사람이 사무실을 찾아왔다. 당시 부산의 방과후 전담은 2009년 봉사직으로 채용이 시작됐고, 4시간에 50만 원, 5시간에 75만 원의 기본급에 4대 보험도 잇따른 민원으로 겨우 가능해졌고, 무기계약 전환에도 제외된 상황이었다.

"저도 일 시작한 지 얼마 안 되었을 때라 그 분이 찾아오셨을 때 걱정이 앞섰어요. 그 분이 모아온 방과후전담들이랑 노조설명회를 하면서 요구사항을 들었고 노조 가입도 이뤄졌어요. 7~8월엔 교육청이 교섭을 하지 않을 때라 담당자를 쫓아다니면서 임금인상과 고용안정을 어필하고, 전회련이 비정규직 관련 토론회 할 때 국회까지 쫓아다니고, 여름 내내 할 수 있는 모든 것을 했어요.

11월 총파업이 끝나고 모두 돌아간 뒤 교육청 담당자에게 전화가 왔어요. 무기계약이 될 것 같다고, 임금도 교육공무직 수준으로 하겠다고. 너무 기뻤어요. 조합원들에게 전화해서 노력이 효과를 본 것이라고 같이 기뻐하고. 근데 얼마 지나지 않아 내부 메일로 온 공문은 우리의 기대와 완전히 달랐어요. 신규 채용을 통과한 사람에 한해 무기계약과 처우개선을 하겠다는 것이었죠. 해고가 발생할 수밖에 없는 상황에 뒤통수를 맞은 느낌이었어요."

중학교 방과후전담은 초단시간으로 전환하고, 초등학교는 24학급 이상은 4시간, 24학급 이하는 초단시간으로 전환하겠다는 내용의 교육청 공문은 사실상 해고를 전제로 한 정책 변경이었다. 방과후전담의 계약기간은 11월 31일까지였다. 교육청에 항의를 한 뒤 12월 3일부터 파업이 시작됐다. 매일 교육청에서 파업 집회를 하고 시간될 때마다 대선 캠프를 찾아가 사정을 알리고 해결을 요구했다. 민주당의 도움으로 처음 교육감을 만날 수 있었지만 교육감은 담당 부서와 같은 말만 반복했다.

"31일까지 이어진 파업기간 동안 포기하고 신규 채용을 받아들인 사람도 있고, 억울하다며 끝까지 싸운 사람도 있어요. 40여 명으로 시작했는데 7명이 남았어요. 이후에 7명을 포함해 14명이 민사소송을 했는데 8명은 1심에서 패소하고 고등법원에서 경력 2년이 넘은 4명만 무기계약 인정을 받았어요. 6명이 대법원까지 갔는데 판결까지 오래 걸리더라구요.

그 사이 교육청에서 복직과 민사합의금을 제안했고 조합원들이 흔들리기 시작했어요. 저랑 분과장도 말리고, 변호사도 대법원에서 승소할 거라 확신할 수 없다고 했는데 남은 사람들은 판결을 기다렸어요. 패소했다는 신문 기사가 나고, 결국 그 분들은 복직하지 못했어요. 알바를 하며 3년을 버텼는데…… 살아남은 사람들은 해고된 사람들에 대한 부채감이 있었어요. 투쟁의 결과로 일부라도 무기계약 전환이 된 거라 믿었고, 노동조합에 대한 고마움으로 노조활동을 이어오고 있죠. 제 입장에서는 더 만들어내지 못한 게 후회로 남았고, 죄송한 마음이 정말 컸어요."

노조 출발부터 교섭, 조합원 확대까지 임혜경 교육감 시절에 다소 더디게 발전되어온 부산지부는 2014년 교수노조 출신의 김석준 교육감이 당선되면서 분위기가 완전히 달라졌다. 첫 단체협약이어서 특별히 한 곳에 집중하지 않았고 여러 면에서 좋은 성과를 남긴 협약으로 평가됐다. 조합원 교육 관련해서 방중 비근무자들이 방학에 교육을 받으면 유급으로 인정해주는 것과 퇴직금 적립 방식에 관한 문제를 교육청에 완전 이관, 변경 기회를 부여하도록 협의를 했다. 이런 성과들이 바탕이 돼 2015년 단체협약과 임금협약을 치른 뒤에는 조합원이 압도적으로 증가했다. 그리고 이듬 해 이미영 조직국장은 부산을 떠나 서울로 자리를 옮겼다.

"노조활동 중에도 부모님은 계속 공무원 시험을 볼 것을 강요했어요. 일하면서 공부하라고 해서 스트레스가 너무 심했어요. 보수적인 집안 분위기는 외박도 쉽지 않아서 독립을 꿈꾸던 중이었는데 이시정 부본부장이 독립하기에 가장 좋은 방법은 발령이라며 서울과 경기를 권했어요.

농담 삼아 나눈 대화였는데, 조형수 국장이 충북으로 옮기면서 서울에 자리가 생겼고 현실이 돼 버렸죠. 집에서는 의외로 수월하게 사실을 받아들였어요. 나가면 못 들어온다고 비수를 꽂기는 했지만요. (웃음) 서울 오는 날 아빠랑 통화를 하는데 힘들면 언제든 다시 내려오라 하더라구요."

서울 근무를 시작한 후 이미영은 부산보다 더 보수적이고 폐쇄적인 서울의 학교를 보면서 당황했다고 한다. 방문증에 서명만 하면 출입이 자유로웠던 부산과 달리 서울은 미리 학교에 허락을 받지 않으면 들어가지 못했고, 허락을 받는 것도 쉽지 않았다. 전화를 미리 해도 허락이 쉽게 떨어지지 않아 무작정 학교로 찾아가기도 했다 한다. 담장 없는 학교를 만든다며 담벼락을 허문 학교도 있는 부산과는 정반대의 분위기였다고.

"서울은 직종 간 갈등이 심했어요. 부산에 있을 당시 갈등이 생겨나고 있었지만 심화된 상황은 아니었거든요. 2016년 임금교섭 당시 부산은 정기상여금을 5만 원 낮추더라도 동결돼 있는 영전강 기본급을 올리자는 제안이 운영위에서 나올 정도로 분위기가 나쁘지 않았어요. 결국 영전강 기본급은 전국 형평성 문제로 따내지 못했지만 모두 웃으며 교섭장을 나왔거든요.

서울에 와서 보니 어떤 직종이 수당을 따내면 다른 직종에서 특정 분과 몰아주기라며 문제제기를 하고, 당연히 운영위 분위기는 안 좋아지고요. 부산도 분과 중심으로 돌아가는데 서울이 이렇게까지 심한 이유가 뭔지 잘 모르겠어요. 조직이 성장세인 지부여서 괜찮을 거라 생각했는데 대놓고 갈등을 드러내서 힘들었어요."

내부 문제로 인한 갈등, 직종 간의 갈등으로 시기하고 질투하는 것, 노동조합 활동하면서 이미영 조직국장은 이런 갈등들이 가장 힘들다고 한다. 학교 안에서 태생적으로 생겨난 갈등의 골이 노동조합에서도 나타나는 것이라 해결 방법을 찾는 것도 쉽지 않다고.

그리고 5개 노조가 있는 서울 지역의 특성상 집회나 연대회의에서 벌어지는 신경전, 또 학교 비정규직과 정규직 사이에 벌어지는 갈등도 활동을 힘들게 한다고 한다.

"학교 업무는 누군가 하지 않으면 다른 사람에게 넘어가요. 정규직에서 비정규직으로, 비정규직에서 다른 비정규직으로 직종 간의 갈등이 많을 수밖에 없어요. 서로 한 발만 물러서서 생각해보면 해결할 수도 있는 문제인데 매번 부딪히기만 하니 수습하는 게 만만치 않아요. 성장세에 있는 지부의 부인할 수 없는 이면이죠.

과거에 집회를 하면 교육청 앞 인도에 충분히 앉을 수 있을 정도로 규모가 적어서 연대로 해결하거나 소규모로 진행할 수밖에 없었는데, 지금은 단독으로 뭘 해도 될 정도로 참석 인원이 늘었어요. 그런 게 보람이죠. 힘들게 발로 뛰어서 조직해 놓은 게 집회 참석으로 드러날 때요. 서울지부는 2016년부터 성장해왔고 앞으로 더 성장할 거라 믿어요.

앞으로도 본부가 노동조합의 역할이 어떤 건지 적극적으로 알려 나갔으면 좋겠어요. 이제 당당하게 노동조합 활동을 할 수 있도록 만들어왔듯이 앞으로 더 폭넓은 지지를 받을 거라 생각해요."

이미영에게 노동조합이란?

"세상을 바라보는 눈을 만들어주는 곳이에요. 노조 활동을 하고 있는 게 세상을 바꿀 수 있다는 믿음 때문도 아니고 세상을 바꾸고 싶어서도 아니에요. 학생 때부터 이 사회가 제대로 굴러가는 사회가 아니라고 봤기 때문에, 이렇게 잘못 굴러가는 사회에 내가 편승해서 살아가고 싶지 않아서 노조 활동을 선택한 게 더 커요. 노조에 있다 보면 보이지 않았던 문제들도 보이고 접할 수 있는 문제들도 많으니까 하다 보면 바뀌는 것도 많이 있겠지요. 어쨌든 저한테 노동조합은 세상을 바라보는 눈을 만들어주는 곳이에요."

● 인터뷰 15 • 조형수 서울지부 초대 조직국장

"2012년 3월부터 일했어요. 가서 보니 전회련이 전국적으로 회원가입을 받고 있었죠. 노동조합으로 조직 형태를 변경하는 시기였고, 서울지부에는 회원으로 불리는 조합원이 500명 정도 있었죠. 노조에서 일을 많이 했는데 여기는 말은 노조라 하지만 노조처럼 운영되지 않았고, 열악한 노동 조건에 고용 불안을 겪고 있어서 뭐라도 한 번 해보자며 모인 정도였어요. 직접 나서기를 꺼려하는 사람들이 조합비 7,000원만 내면 노조사람들이 해줄 거라 생각하며 가입했어요. 매일 사무실에 10장 정도 가입원서가 팩스로 들어왔어요. 대부분 알음알음 소문을 듣고 가입하는 상황이었어요."

조형수 조직국장이 출근할 당시 전회련은 맞춤형 복지비 10만 원을 따내고 물방울 소송으로 교육감을 고발하면서 투쟁의 구심점을 잡아가고 있었다. 교육감 직고용으로 전환되면서 교육청과 교섭을 시작한 본부는 전국 교육청마다 제각각인 근무조건과 처우개선을 한 눈에 볼 수 있도록 비교표를 만들었다.

"비교표가 상당히 효과적이었어요. 지역을 비교해서 차이점과 문제점을 발견하기 용이했거든요. 어디는 명절상여금이 있고 없고, 배치기준이 어떻게 다른 지가 한 눈에 보이고, 저희도 비교표를 보면서 전남에서는 또 뭐 준다는 데 우리는 왜 안 주냐 교육청에 따지기도 했어요. 비교표에서 보면 서울은 모든 면에서 조금씩 뒤처져 있었어요. 노조가 교육청과 교섭을 해야 하는데 노조들이 연대하는 다른 지역과 달리 서울은 한 노조가 독자적으로 교섭하면서 교섭의 힘도 떨어지고, 다른 노조들은 그 노조를 비난하느라 시간을 낭비했고, 그러면서 처우개선이 점점 늦어진 거죠."

조형수 국장은 서울에 근무하는 5년 동안 대표적인 사업으로 꼽을 만한 게 없을 정도로 서울지부는 내세울 게 없다며 부끄러워했다. 서울지부의 발전을 더디게 한 건 노조들 간의 경쟁이었고, 지부 사람들의 스트레스는 매우 심한 상황이었다고.

"교육청이나 학교, 정부와 싸우는 게 문제가 아니라 노조들 간의 미묘한 관계에 더 집중했던 시간이었어요. 서로 경쟁하느라 일은 잘 진행되지 않고, 타 노조에서 조합원을 빼 가기도 하고. 연대나 공동투쟁의 형식을 갖췄지만 외형적으로나 내부적으로 관계는 늘 나빴어요. 제가 연대회의 간사를 3년간 했는데 공동교섭 준비를 할 때 어떤 노조는 자신들에게 많은 직종을 신경 쓰고, 어떤 노조는 골고루, 어떤 노조는 지나치게 치우쳐 있다 보니 조율하는 것도 쉽지 않았어요. 태도나 자세를 분명하게 하지 않으면 교육청에서 우습게 볼 수도 있으니까요. 그런 것들이 힘들었어요.

노동조합은 일반적으로 교육청과 싸우면서 조직확대를 해야 되는데 서울의 경우는 상대 노조를 비방하면서 조직을 하는 구조였죠. 노조의 아름다운 모습만 보고 가입해도 힘든데 서울의 조합원들은 노조끼리 싸우는 걸 보고 가입해야 했으니 안타까웠어요."

전국의 다른 지부들은 노조끼리 싸우면서도 교섭만큼은 공동 연대로 진행했지만 서울만 유일하게 학교 비정규직 연대가 없었다. 3개 노조가 연대를 했지만 조합원 6명이 많은 조직 하나가 대표 교섭 노조로 나서면서 나머지 노조들이 할 수 있는 일이 없었다. 그런 상황에서 교육청과의 당당한 교섭은 불가능한 일이 되고 말았다. 일을 잘 못한 노조를 비난하면서 나머지 노조들이 뭉치거나 시의회를 통해 업무를 해결하는 등 정공법이 아닌 다른 방법을 계속 찾아야 했다.

"교육감 선거 때는 어떻게 기여하느냐가 향후 노동조합에 영향을 미치니까 다른 노조보다 더 신경 쓰고 집중할 수밖에 없었고, 선본이나 인수위에 들어가 있는 동안엔 노조업무를 하는 게 쉽지 않았어요. 상근자 2명 중 1명이 선거일로 바쁘니 상근자 1명이 노조의 모든 일을 하는 건 무리가 있었죠. 이 모두가 경쟁 노조가 많아서 생긴 문제들이었어요."

조형수는 서울에 근무하는 동안 오토바이를 타고 다녔는데 그 이유는 학교 한 곳이라도 더 빨리 더 많이 가기 위해서였다 한다. 서울은 지역도 넓고 인구도 많은 데다가 2015년까지 해고 문제로 상담전화가 많이 걸려왔다. 오래 일한 사람들의 처우개선 만큼이나 근무 경력이 1년도 되지 않지만 불안해서 가입한 사람들의 민원도 처리해야 했기 때문이다.

서울지부가 단협 후 성장하며 점점 노조의 모양새를 갖춰갈 때 조형수는 아내와 아이들이 있는 충북으로 내려갔다. 조형수 부부는 전국교육공무직본부가 탄생시킨 부부 1호다. 2012년 12월 충북지부에 파업지원을 나갔던 그는 이시정의 주선 아닌 주선으로 충북지부 사무국장과 엮이게 됐고 2013년 결혼했다. 3년간 주말부부로 지내다가 둘째가 생기면서 2017년 충북지부로 발령을 받은 것이다.

충북지부의 분위기는 서울과 완전히 달랐다. 전국교육공무직본부가 주도권을 잡고 있는 지역이었고, 노조 간의 알력도 없어 교섭을 힘있게 끌어가고 의미있는 결과들을 끌어낼 수 있는 곳이었다. 충북지부에서 1년을 일한 뒤 조형수는 공공운수노조 충북본부로 자리를 옮겼다. 현장을 다니며 조합원들을 만나는 게 즐겁다는 그는 서울에서 충북으로 지역만 바뀌었을 뿐 여전히 조합원의 문제를 해결하기 위해 바쁘게 지내고 있다.

“**전국교육공무직본부는 다른 노조와 비교해 볼 때 체계적이지 않지만 조합원의 자율성은 어느 노조보다 높은 조직이라 생각해요.** 2017년**부터 집단 교섭을 시행하면서 사회적인 위상이 많이 올라갔어요. 제가 몸담았던 조직이라 그렇기도 하겠지만, 현장 조합원들의 의견이나 고충을 가장 많이 반영하는 조직은 이 노조밖에 없다고 생각해요.** 다른 노조는 별도의 이념을 가진 곳이라 조직운용을 잘 할 뿐이고, 또 다른 노조는 구력은 있으나 세력 문제가 있고, 결국 저희 노조가 대안이 되어야 한다는 생각인데 여길 떠난 지 벌써 1년이 되어서 그 후에 얼마나 바뀌었는지 잘 모르겠어요. (웃음)”

조형수는 전국교육공무직본부가 더 성장하려면 조합원교육도 필요하지만 뚜렷한 아젠다를 제시하는 게 중요하다고 강조했다.

예를 들어 언론노조의 경우 언론운동을 목표로 노조가입을 한 건 아니더라도 사실상 언론운동을 하고 있고, 또 공무원노조는 공무원 사회 내에서 부정부패를 없앤다는 목표가, 공공운수노조는 사회공공성 강화라는 명분이 있듯이 전국교육공무직본부만의 아젠다가 필요하다는 것이다.

“전국교육공무직본부는 사회적으로 대단한 힘을 갖고 있다고 보여지고 있어요. 그런데 지금 조직의 분위기를 보면 마치 초등학생이 칼을 들고 있는 느낌이거든요. 노동조합의 진정한 힘이나 권한을 잘 모르는 상태 같은, 소도 잡을 만한 큰 칼을 가지고 닭을 잡고 있는 그런 느낌이 들어요. 닭 잡을 때는 닭 잡는 칼을 쓰고 과일 깎을 때는 과일 칼을 쓰고, 정말 중요한 싸움을 할 때는 큰 칼을 써야 하는 거죠. 아직 10년이라고 하지만 외부에서 볼 때는 인원이나 조직력 면에서 결코 작은 조직이 아닙니다.

조합원들이 여전히 배고프다는 걸 모르는 게 아니에요. 현재는 정규직의 약 60% 정도이고, 문재인의 공약 대로 정규직의 80% 정도까지 맞추면 그 때 가서 다른 것들을 고민할지는 모르지만 준비는 지금부터 해야 해요. 파업의 정당성을 일반 시민과 학부모에 알리기 위해서 우리가 하는 말들이 있죠. 밥상머리 교육이 중요한데 학생들이 비정규직을 보고 무엇을 배울 것이냐, 이 말이 단지 구호에 그치지 않게 교육기관에서 일하는 하나의 주체로서 무언가를 찾아야 합니다. 단지 월급 올리고 처우 개선하는 것을 넘어 그 이상의 것을요."

조형수에게 노동조합이란?

"개인적으로 보면 크죠. 결혼도 했고.(웃음) 민주노총 서울본부에서 처음 일을 했어요. 거기에서도 미조직 사업을 했죠. 노조에 가입하고 노조를 설립하는 사람을 지원하는 업무, 비조합원을 조합원으로 만드는 사업이요. 정책을 만드는 사람도 있지만 저는 실무형이고 상담이 오거나 선전전을 통해 연락이 오면 그 분들을 만나고 확대해서 지회를 만들든 노조를 만들든 그런 일들을 해왔는데 성공률이 낮았어요. 어떤 사람들은 돈을 받고 노조를 없애기도 하고 또 어떤 사람들은 한국노총으로 가면 회사가 인정해준다며 옮기기도 해요.

교육공무직본부는 오히려 싸우기 쉬웠어요. 싸움의 대상인 교장이나 공무원들은 공공기관 사람들이라 노조가 무서운 게 아니라 노조로 인해서 자신의 처신이 잘못될까 두려워하니까요. 치열하게 목숨을 걸거나 굴뚝에서 400일간 투쟁하는 사업장은 아니라는 거죠. 그래서 개인적으로는 성취감을 많이 느꼈어요. 돈밖에 모르는 악독한 사장 만나서 수십 번 교섭해도 안 되던 것이, 민주노총 조합원인데 왜 우리 조합원이 해고되어야 하는지 설명하라고 하면 척척 풀렸거든요. 그러면서 자신감도 늘고요.

저도 해고자 출신이고 활동하면서도 많이 위축되어 있었는데 교육공무직본부에서 활동한 기간은 예전처럼 자신감을 찾아가는 과정이었어요. 지금도 공공운수노조에서 미조직 사업을 하고 있어요. 처음 만날 때, 노조를 처음 알려줄 때, 그 사람들한테는 제가 민주노총이니까 그 때 노조의 의미와 필요성을 잘 보여주면 그 후에도 조합원들이 잘 해요. 그런 점에서 노조끼리 경쟁하는 것을 보며 가입하는 교육공무직본부 사람들이 안타까워요. 내부에서 갈등이 커가는 것도 그래서 더 안타깝고요.”

6_강원지부의 역사

강원지부의 시작

2011년 봄 가입 교무행정사 100여 명이 모여 공공운수노조의 강원지회로 시작했으며, 2013년부터 15년까지 지부를 이끈 정유정 지부장 체계에 이어 2016년 이상란 지부장을 거쳐 현재 최윤미 지부장, 정유정 수석부지부장이 강원지부를 이끌고 있다.

강원지부의 현재

현장 상근 3명, 무급 전임 1명과 비전임 2명, 채용 상근 2명 등 총 8명이 지부사무실에서 활동하고 있으며 교무행정사 조합원이 가장 많은 비중을 차지하고, 전체 조합원 규모는 상대 노조보다 조금 적은 상황이라고.

강원지부의 특징

경북만큼이나 넓은 17개 지역에 800여 개 학교가 있는 지리적으로 매우 불리한 조건 속에서 8명의 집행부가 열심히 몸으로 뛰고 있다. 직종별 조합원 규모는 큰 차이가 없지만 지역 차이는 크다고. 전국에서 모이면 가장 조용한 편이지만 그 안에 꽉 찬 묵직한 내공을 품은 지역이 강원도라고 한다. 조용한 외침, 강원도의 힘!

강원지부의 분과

조합원이 가장 많은 교무행정사 분과가 활발하지만 오랜 시간 누적된 투쟁 피로도로 인해 잠시 주춤, 다시 조직을 재정비하며 움직이고 있다고. 그 외에도 영어회화 전문강사(이하 영전강) 분과와 돌봄전담사 분과도 빼놓을 수 없는 열정적인 분과고. 영전강의 경우 교육청도 해고를 발생시키지 않으려는 입장이고 전국에서 여러 처우가 가장 앞서 있는 게 강원도 영전강이라고 한다.

아쉬우면서도 집행부들의 숙제 같은 유치원방과후교육사 분과는 지난 파업에서 마무리가 원만하지 못해 조직이 많이 흐트러져 있는 상황이라고. 다시 전열을 가다듬고 투쟁에 나설 수 있도록 하는 것이 앞으로 지부와 분과의 공동 과제라고.

● 인터뷰 16 • 정유정 강원지부 2대 지부장

"2011년 봄 노동조합에 가입했어요. 가입할 당시에는 교무행정사 100여 명이 민주노총 강원본부에서 학교 비정규직 노조를 막 만든 상황이었고 타 노조는 존재하지도 않았어요. 대다수 직종이 무기계약도 되지 않은 2년짜리 비정규직이었고요.

특수교육지도사들이 단체로 노조에 가입할 때 저는 노조에 대한 거부감으로 끝까지 가입을 보류했지요. 그러다 노조에 가입한 동료로부터 우리 직종이 초과근로 수당과 야간근로 수당을 받을 수 있다는 얘기를 들었고 학교에 수당을 요구했어요. 교사가 초과근로 대장을 작성해 오라고 해서 행정실에 말했더니 담당 주무관이 '비정규직은 초과근로 대장을 적을 자격이 없다'고 하더라구요. 너무 기가 막혀서 초과근로 수당 받기 투쟁을 시작했어요. 당시 저는 생계를 책임져야 하는 가장이고 무기계약이 아니었음에도 불구하고 어디서 그런 용기가 생겼는지 모르겠어요. 아마도 울분이거나 오기였던 것 같아요."

정유정은 노조 가입이 되지 않은 상태에서 노조 담당자에게 문의한 뒤 1주일간 행정실과 교장실로 매일 출근 도장 찍기를 했다. 결국 자신은 못 주니까 마음대로 하라는 교장의 말에 노조에서 코치한 대로 행선지는 고용노동부, 사유는 체불임금으로 인한 학교장 고발로 근무상황부에 지참을 냈고, 교장이 바로 정유정을 불렀다.

학교 안에서 홀로 외로운 투쟁을 벌였던 정유정은 결국 교장으로부터 수당을 주겠다는 답을 받아냈다. 투쟁을 벌인 그 해의 수당뿐 아니라 다음 해에는 부족한 수당을 더 편성하겠다는 내용의 확인서도 받았다. 그 일을 겪으며 정유정은 노조의 필요성을 절감하고 뒤늦게 가입을 했다.

"초과근로 투쟁이후 제 문제를 상담해줬던 국장이 무기계약을 요구하는 1인 시위에 와 달라고 하더라구요. 지부 상근자의 눈에 띈 거죠. 1인 시위가 뭔 지도 모르는 상황에서 1인 시위를 하고 또 노사협의회에도 불려 다니면서 자연스럽게 노조활동을 시작하게 됐어요. 그 노사협의회에서 특수교육지도사와 유치원방과후교육사의 무기계약 전환을 합의할 수 있었어요. 그리고 2013년 8월부터 유급전임으로 일하게 되었어요."

특수교육지도사와 유치원방과후교육사의 무기계약 전환은 2013년 강원지부가 전국 최초로 만들어낸 단체협약의 성과 중 하나였다. 그 후 2014년 단체협약에는 돌봄전담사와 도서관실무사의 무기계약 전환을 이뤄냈고, 2018년에는 전국 최초로 강사직종 중 하나인 순회보건 강사의 무기계약 전환을 합의하며 앞서가는 강원지부의 면모를 확인시켰다.

"영어회화 전문강사들은 여전히 비정규직으로 남아있어요. 4년 마다 시험을 봐야 하고 매년 해고자들이 발생하고 있지요. '해고는 살인이다' 라는 기치 아래 남녀 조합원 모두 소복을 입은 채 강원지부의 각종 투쟁에 동참하고 있어요. 열심히 싸웠고 여전히 열심히 싸우고 있지만 고용안정을 이루지 못하고 있는 현실이 매우 안타깝습니다."

2018년 강원지부의 대표적인 투쟁으로 11월 30일에 시작된 직종 총파업을 빼놓을 수 없다. 전국 최초로 강원지부의 특수교육지도사가 특수교육지원 수당을 요구하며 4일간 단일 직종 총파업을 벌였다. 파업 참가

인원에 대한 지부의 우려가 있었지만, 파업 기간 동안 임금을 못 받는 상황에서도 특수교육지도사 분과는 대오가 흐트러지지 않은 채 파업을 이어갔다. 결국 직종별 수당은 절대 줄 수 없다던 교육청은 수당 지급을 합의하기에 이르렀다.

그리고 2018년 강원지부는 특수고용직군 조직 사업과 직종에서 발생하는 사안들을 처리하느라 여념이 없었고, 2019년에는 노동안전 사업과 조직 문화 개선 사업에 조금 더 집중할 예정이라고 한다.

"10년 전만 하더라도 각종 수당은 물론 밥값이니 상여금이니 하는 것들을 생각조차 하지 못했어요. 모두 노동조합을 만들고 10년 동안 투쟁한 덕분이라 생각해요. 교육공무직본부 10년의 중요한 성과예요. 다만, 해가 갈수록 처음 노동조합을 만들며 애틋했던 마음들이 조금씩 사라지는 것 같아 안타깝기도 해요. 잘 되면 내 탓이고 못 되면 노조 탓을 하지요. 게다가 복수 노조이다 보니 마음에 안 들면 마치 노조 집행부를 겁박하듯 다른 노조로 갈아탄다는 발언을 하는 분들을 보면 아직까지도 노동조합에 대한 조합원들의 인식이 부족하다는 생각에 서글프기도 해요. 그런 점에서 저희도 노력하겠지만 본부 차원에서도 상대 노조와의 경쟁에서 우위를 점할 방법들을 적극적으로 모색해줬으면 하는 바람입니다.

한가지 더 꼭 당부 드리고 싶은 것은 방학 중 비근무 직종들의 생계 안정에 도움이 되는 정책들에 대해 고민해줬으면 하는 겁니다. 각종 수당이 생겨도 1년 중 수입이 없는 기간이 있다는 건 그들에게 너무 가혹한 일이라고 생각하거든요."

정유정에게 노동조합이란?

"노동조합에 발을 들여 놓은 지 8년이 지났어요. 홀로 아이를 키우다 보니 아이를 돌봐 줄 사람이 없어 투쟁 현장에 어린 아이를 데리고 다니기도 했죠. 유치원 다니던 아이가 올해 중학생이 됩니다. 엄마 곁에서 보고 배운 덕분인지 남달리 정의롭기까지 해요.

지부장 3년, 부지부장 4년을 하는 동안 강릉과 춘천까지 왕복 5시간 거리를 3년간 출퇴근하면서 내가 왜 이 판에 발을 들였을까 후회도 많이 했습니다. 하지만 2년마다 이력서를 들고 이리저리 뛰어다녀야 했던 비정규직 가장인 저를 정년이 보장되는 노동자로 만들어 준 것이 노동조합입니다. 단돈 100만 원도 안되던 월급봉투가 이제는 2배 가까이 두둑해졌고요. 이 또한 노동조합 덕분이에요.

저는 고등학교에서 아이들의 영어를 가르치는 교사로 11년을 재직하다 개인적인 사유로 이혼과 함께 교사직을 내던진 후 생계를 위해 비정규직이 되었어요. 처음 선택할 때만 해도 정규직과 비정규직의 차별이 이렇게까지 심한 줄 몰랐지요. 비정규직으로 근무하며 당했던 여러 가지 차별과 설움이 저를 더 노동조합으로 이끌었는지도 몰라요. 조합원들의 투쟁으로 어떤 결과를 쟁취하는 기쁨은 누려보지 않은 사람은 모를 겁니다. 그렇기에 저는 앞으로도 노동조합을 위해 계속해서 헌신하고자 해요."

● 인터뷰 17 • 최윤미 강원지부 지부장

전문상담사 최윤미 강원지부 지부장은 지역마다 한 두 명씩 근무하는 소수 직종 평생교육사로 강원교육청에 입사했다. 총 인원 36명의 평생교육사는 도서관과 교육청 두 곳에서 근무를 했는데 그는 5명의 교육청 근무자 중 1명이었다. 2011년 평생교육사 직종 대표가 처음으로 노조 가입 의향을 밝힌 지 얼마 되지 않아 평생교육사 모임은 강원 지역 2개 노조 중 공공운수노조에 가입을 했지만 최윤미는 처음에 가입하지 않았다.

"2012년 직종 교섭의 교섭위원으로 지목당하면서 부랴부랴 노동조합에 가입했어요. 저희 직종 대표가 교섭위원은 자신보다 말을 잘 하는 사람으로 하자고 하니까 사람들이 저를 보더라구요. 저한테 안 좋은 습관이 하나 있는데 처음엔 사양하지만 두 번 권하면 무조건 하겠다고 대답을 하거든요. 그래서 교섭위원이 되고, 그 책임에 걸 맞는 사람이 되고 싶어서 도서관에서 교섭에 관한 자료를 찾아 공부하면서 나름 준비를 했어요. 당시에 **이태의 본부장이 특강을 왔는데 그 때 강의를 듣다가 머리에 징소리가 나는 경험을 했어요. 나 하나만 바라보고 살아온 삶을 반성하게 된 거죠. 살아오면서 제가 받은 만큼 돌려줘야 한다는 부채의식이 늘 있었는데 실천에 옮기고 싶어졌어요.** 그 강연에서 처음으로."

노조에 가입한 건 타의에 의한 일이었지만 짧은 시간 교섭위원으로서 가진 경험은 최윤미의 삶의 방향성을 바꿔 놓았다. 그 후 그는 가장 먼저 궁금한 것들을 확인해 가는 공부를 시작했다고 한다. 노동법, 근로기준법, 그런 법이 규정하는 것에 대해서 노동자가 가진 권리와 주장할 수 있는 배경이 무엇인지에 대한 공부였다. 공부를 시작하면서 주변 사람들에게 끊임없이 질문을 던졌던 그는 지부 상근자들을 가장 많이 괴롭혔다고 한다. 궁금한 것을 해결하기 위해 질문을 던져야 하지만 그에게 노동조합은 질문의 크기를 가늠할 수 없는 새로운 것이었기 때문이다. 그러면서 최윤미는 노동조합에 대해서 조금씩 알게 되었다고 한다.

"교섭위원으로 두 번 더 활동하고 전문상담사로 전직을 했어요. 중학생이던 아이 때문이었어요. 평생교육사는 교육청 근무라서 일주일에 두 번 집에 갔거든요. 여린 성향의 아이라서 어느 순간 공부를 놓아버렸더라고요. 아이한테 엄마의 빈자리가 컸던 거죠. 그래서 아이 곁에 있기 위한 필사의 전직을 시도했어요. 평생교육사 근속을 유지하면서 전보 갈 방법을 찾았는데 담당 공무원도 방법을 몰라 제가 노조와 의논하면서 모든 규칙을 뒤지고 서류 공고, 등재 등을 역으로 제안해서 전직에 성공을 했죠. 그게 2014년이었고, 카페에 올린 인사말 때문에 전교조 지회장한테 찍혀서 (웃음) 홍천지회 사무국장이 됐어요."

지회장, 조직국장, 사무국장의 팀플레이가 눈부셨다는 홍천지회는 2015년 2월, 지역에서 '홍천 단결과 연대의 밤' 행사를 열어 조합원들의 단결과 지역 연대의 공고함을 다졌다고 한다. 행사에서 벌어들인 수익은 지역 연대 투쟁기금으로 전달하고 지원이 열악해 늘 부족한 지회비에 보탰는데, 연가를 쓰고 노동자대회에 참석하는 사람들을 위한 보상 체계도 마련하고, 지역이 넓어 모임에 나오기 쉽지 않은 간부들을 위한 교통비 지원, 상경투쟁 진행비 등 투쟁기금 덕분에 1년 살림살이를 살뜰하게 할 수 있었다고 한다.

"사무국장으로 1년을 일하고 지회장이 됐어요. 당시에 조합원이 100명이었는데 선거를 마치고 처음으로 한 게 조합원과의 통화였어요. 수첩에 명단을 붙여 놓고 매일 몇 명씩 퇴근 후 전화를 하고 문자를 남겨서 인사를 했죠. 어려움이나 궁금한 점 있으면 연락달라고. 카페를 중심으로 뭔가를 퍼 나르면서 계속 소통했어요. 지회 활동을 해보니 생각보다 지부와 지회는 소통이 안 되고 멀게 느껴지더라구요. 지부에서 돌아가는 일은 거의 알 수가 없었어요. 어떤 일이든 결과만 겨우 파악하는 정도였죠. 그래서 제가 지회장으로 있는 동안은 홍천지회 조합원들의 일에만 더 집중했답니다. 지회의 일을 지부가 모두 처리한다면 지회장이 있을 필요가 없으니까요."

지회장 최윤미는 시간 외 수당 미지급분 문제를 직접 처리하고 연가 사용에 대한 제재를 학교장과 협의해서 처리하는 등 홍천 지역에서 일어나는 문제들을 본인의 관할 하에 해결해 나갔다. 그 결과 지부로 올라가기 바빴던 일들이 최윤미에게 집중되었고 그를 중심으로 지회가 돌아가기 시작했다. 그리고 점점 시간이 흐르면서 노동조합 활동이 본인과 잘 어울린다는 것도 깨달았다. 하지만 지회장을 맡고 반년이 지나, 교육청의 위센터 설계일을 맡게 되면서 지회장을 계속하기 힘든 상황이 되고 말았다. 하지만 새 지회장을 맡을 사무국장이 임신하면서 지회일을 할 수 없어, 지회장을 공석으로 둔 채 2017년까지 최소한의 일만 하며 끌고 갔다고 한다. 지회장이 공석인 것도 문제였지만 더 큰 문제는 지부 선거였다.

"2017년 말에 지부 임원에 대한 논의가 있었는데 팀 꾸리기가 쉽지 않았어요. 중간 간부가 부족해 지회장을 지부장으로 올리면 지회장이 결석이 되는 상황이었고, 나서서 십자가를 지려는 사람도 없었고요. 마침 그 시기에 제가 전문상담사 직종 문제로 지부와 상의를 하고 있었는데 상근 동지가 지부장을 권했어요. 처음엔 거절을 했어요. 근데 이시정 부본부장한테 연락이 왔죠. 오지말라고 했는데도 홍천으로 왔어요. 역시 두 번째 요청은 거절하기 힘들었어요. 부본부장과의 만남에서 결심이 100% 서지 않았어요. 오히려 노조에 대해 아무 것도 모르는 남편의 말이 결정적이었죠.

'지부장이면 강원도에서 대장이야? 돌아다니며 사람만나는 거 좋아하고 부당한 거 그냥 못 보는 사람이 당신이잖아. 당신 성향에 딱 맞는데 그냥 해.' 그 말에 마음을 굳히고 1월에 토정비결을 보러 갔어요. 교육청에 근무하는 게 힘들어서 학교를 희망 발령지로 신청해 놓은 상태였거든요. 저한테 2개의 이동수가 있는데 둘 다 좋다고 했어요. 그 중 하나가 말을 타고 호령하러 가는 일이라고 하더라구요. 그게 지부장을 말하는 것 같았어요. 확 마음이 끌렸어요."

강원지부 지부장으로 보낸 2018년, 최윤미는 평소 관심을 갖고 있었던 조합원 교육을 위해 현장을 다닐 계획을 세웠지만 교섭이 중앙과 지역에서 동시에 진행되면서 교섭에만 매달릴 수밖에 없었다고 한다. 지속적인 학습 모임과 의식 교육으로 조합원들의 의식을 제고하겠다는 연초의 목적은 하나도 이루지 못한 채 교섭에만 투자한 효율적이지 못한 한 해였다며 지부장 1년차를 평가했다.

"생애 두 번째 교섭, 지부장으로 참석한 교섭은 (큰 한숨) 마음가짐이 좀 다르더라구요. 사측의 논리를 묵살할 수 있는 정확한 논거를 제시해야 한다는 중압감, 말 실수하면 안된다, 긴장하면 안 된다, 부담이 컸죠. 특히 노조 교섭 시 전술적으로 막무가내 고성을 쓰는 거요, 그게 힘들었어요. 제가 원래 웃으면서 욕하는 사람이었는데 제 성품대로 가고 싶은 마음과는 달리, 열 불나게 하니까 막 소리 지르게 돼요. (웃음)

타 노조와 임금요구안 작성 때부터 답답했는데 교섭장에서 더했어요. 절대 우리가 추구했던 그림대로 갈 수가 없어요. 제가 놀란 건 교육청 사람들의 태도였어요. 그들은 여전히 우리를 비정규직이고 주류에 끼면 큰일 나는 것처럼 굴었어요. 임금 협상은 정책적인 논의와 함께 진행되어야 하는 게 당연한데 싸구려 물건 흥정하듯이 옛다 이거 줄게 하는 심정으로 던져줘요. 너무 화가 나서 마음 같아서는 다 필요 없다고 던져주며 다시 갖춰오라 하고 싶어요. 하지만 그럴 수 없잖아요. 자존심이 상해요."

2019년의 강원지부, 지부장 최윤미는 해야 할 과제가 너무 많다고 한다. 2018년에 하지 못했던 조합원들의 교육, 복수 노조의 폐단으로 노조랑 거래를 하려고 드는 조합원들의 의식 제고, 중간 간부 육성 등 조직 확대와 조직 강화를 위한 세부 기획이 만들어져야 한다고 강조했다. 기존의 방식이 아닌 우리 조직의 특성에 맞게, 여성 조합원이 90%가 넘고 학교라는 공공기관의 특성과 학교 내 다른 구성원들과의 관계를 고려한 복합적이고 획기적인 고민이 필요한 시점이 지금이라고 한다.

"고민할 시간이 없어요. 뭔가 계획을 하면 항상 부딪히는 게 그거예요, 시간. 또 이 큰 땅덩어리의 사람을 어떻게 참여시키나 하는 문제. 2개로 나눠도 문제고, 3개로 나눈다고 한들 현재 6명이 감당하기에 지리적으로 너무 불리한 조건이죠. 노조 일 자체가 고정적으로 뭔가를 해야 하는 일보다 실시간으로 해결해야 할 일들이 많아서 늘 지쳐요. 마음은 더 지치죠. 지부 근무자들 대부분이 자신의 역량과 시간에 상관없이 늘 200%를 해야 하는 상황이니까 임기 마치면 현장으로 돌아가고 싶어해요.

지부장으로서 기초없이 마음의 준비도 없이 어느 날 갑자기 시작한 임기라서 불안한 마음으로 늘 긴장하면서 보냈던 것 같아요. 제 말 한마디 행동 하나에 전체 이미지가 손상될 수도 있고. 강원지부의 얼굴인데 저는 외모에 자신도 없었고. 체격이 주는 자신감 넘치는 이미지, 그런 게 없잖아요. 그래서 존재감을 드러내려고 일부러 머리를 하얗게 염색하고 다녔는데 그게 효과적이었는지는 모르겠어요. 용의 머리보다 뱀의 꼬리로 살고 싶었는데 지금 저는 용의 머리를 가진 뱀이 된 기분이에요. 밖에서 보던 것보다 지부장의 자리는 훨씬 크고 부담스러워요."

전국적인 조직, 비정규직을 대변하는 조직으로 성장한 것이 10년의 성과이며 다양한 직종과 계약, 임금 체계를 통일된 체계로 만들어온 노력도 인정하지만 그 성과가 다른 문제점을 유발한 지금의 상황이 안타깝다고 최윤미 지부장은 전국교육공무직본부 10년을 평가했다.

그는 개인적으로 노조 활동을 하면서 노동조합에 대한 기본 의식이 없는 사람에게 임금교섭이나 직종 사항 등 다소 전문적인 것을 설명하는 게 힘들었다고 한다. 지부는 더 전술적인 고민을 하고 있지만 간단하게 이해시켜야 하는 상황들은 조합원과의 소통을 더 어렵게 만들었다고. 그래도 조합원들의 어려운 일들을 처리해줄 때, 조합원들이 노조가 든든하다고, 안심이 된다고 말을 해줄 때면 미약한 힘이나마 도움이 되어서 좋았다고 한다.

"교육공무직본부 강원지부는 오래 전부터 해왔던 열성 조합원들이 포진되어 있고, 그 분들이 옆에서 지속적으로 독려해주고 있어요. 이미 10년이면 지칠 사람들은 지쳐서, 왜 내가 해야 하느냐 하는 사람들도 있지만 그래도 우리가 해야 한다고 독려하는 조합원들이 자리를 지키고 있죠. 지부가 있어서, 노동조합이 있어서 여기까지 왔다고 생각하는 사람들이죠. 그 분들은 지난 10년 동안 눈에 보이는 성과들을 만들어 왔고 그 경험으로 미래를 만들어야 한다고 믿어요. 저만해도 파업을 하면 당연히 나가야 한다고 생각해요. 참여 안 해서 노조의 힘을 약화시키면 이후에 우리는 제자리 걸음일 수밖에 없다고 생각하는 그런 사람들이 강원지부의 동력이고, 교육공무직본부의 미래가 아닐까요."

최윤미에게 노동조합이란?

"살면서 가치관이 의義, 옳을 의였어요. 옳은 일을 하면 된다고 생각했어요. 저는 객관적인 시각을 키우기 위해 노력했던 사람이예요. 그런 제 가치관과 부합하는 곳이 노동조합이었어요. 노동조합 안에 제가 부분집합으로 포함되기 때문에 저를 위한 일이기도 하지만, 어느 한 부분에 있어서 옳다고 생각하는 것, 그래야만 된다고 생각하는 것을 주장할 수 있는 자리이고 삶 속에 실천해 낼 수 있었어요. 지금까지 지키려고 노력했던 객관적인 것과는 조금 거리가 있지만 나를 포함한 모두에게 적용할 수 있는 무언가를 한다는 것 자체가 그 테두리안에서는 객관적일 수 있어서 의미가 있다고 생각해요."

● 인터뷰 18 • 이상철 강원지부 조직국장

민주노총 강원본부 활동가 출신인 이상철 조직국장은 민주노총에서 3년반 활동하는 동안 조합원과 직접적인 접촉없이 간부나 대표들과 일을 하는 것에 아쉬움을 느꼈다고 한다. 조합원들과 더 밀접하게 활동하는 것에 대해 고민하던 중 강원지부 선임 조직국장의 제안을 받아 2016년부터 강원지부에서 교육선전부장으로 근무하기 시작했다. 초반에는 소식지나 웹자보를 만들어 홍보하고 선전하는 활동에 집중하며, 주말에는 작은 소모임이라도 상관없이 찾아가서 대화를 나누며 다양한 직종을 파악하면서 지부에 적응해 나갔다.

"2016년 강원지부는 간접고용 노동자들이 조합 가입을 하기 전이었고, 분과 체계도 질서도 잡히지 않아서 조합원들이 지부 사무실로 전화하는 경우가 많았어요. 지금은 지회장이나 분과장을 거치도록 체계가 잡혀서 지부로 직접 전화하는 일은 거의 없어요.

또 2016년 여름방학부터 본격화되어 2017년 1월, 3주간의 파업으로 이어진 유치원방과후교육사들의 투쟁은 강원지부에서도 개인적으로도 의미 있는 싸움이었어요. 조합원들의 6~70% 정도가 파업에 나섰는데 단일 분과 최장기 파업 사례로 전국에서 이게 유일할 거예요."

유치원방과후교육사 분과는 2013년 교섭을 시작으로 기회가 될 때마다 방중 전일 근무의 문제점을 제기하며, 2014년엔 안전한 학교 만들기의 일환으로 거리 홍보전을 벌이는 등 지속적으로 시정을 요구했으나 교육청은 해결책을 마련해주지 않았다. 결국 2016년 여름 방학을 시작으로 모든 조합원들이 '교육청이 외면해도 아이들은 우리가 지킵니다'라는 표어가 새겨진 단체복을 입고 방중 근무를 하며 선전전을 벌였고, 9월 춘천에서 진행된 '유치원 방과후 과정 정상화를 위한 결의대회'는 뉴스 보도로 이어지면서 여론을 이끌고 나갔다. 하지만 교육청과 끝내 합의를 이루지 못한 채 2017년 1월 1일부터 파업에 돌입했다.

"유치원의 경우 방학에는 교사가 안 나오니까 하루 종일 쉬는 시간도 없이 일해야 하는 게 문제였죠. 노동 강도도 문제지만 무엇보다 아이들의 안전과 직결된 거라서 해결책이 필요했어요. 선임 국장과 분과장이 오랫동안 준비해온 파업이었어요. 다양한 쟁점들이 제기되는 과정에서 두 사람이 회심의 카드인 교사들의 41조 연수 (방중 자체연수) 문제를 들고나왔어요. 지부 내에서는 투쟁의 정당성이 훼손될 여지가 있다고 만류했지만 기자회견문 형식으로 나가면서 결국 전교조의 항의를 받았어요. 민주노총 강원본부가 중재에 나서 사건은 일단락됐지만 당사자들에게 상처가 되면서 분과장과 선임 국장이 활동을 접게 된 거죠. 저희가 요구한 것만큼의 성과를 거두지 못했지만 그래도 방중 전일 근무의 심각성은 충분히 알리는 계기가 됐죠. 그 성과로 현재는 하루에 4시간씩 도우미를 쓸 수 있는 예산을 확보했어요."

유치원방과후교육사가 주도한 강원지부의 직종 파업은 2017년 초등돌봄전담사 분과로 이어졌다. 하루 5시간, 방중 비근무였던 초등돌봄전담사들은 그동안 업무 과중으로 인한 근무시간 조정을 요구해왔으나 시정되지 않았고, 2017년 당시 행정업무 부가 움직임을 알게 되면서 행정업무 수용을 조건으로 상시근무직을 요구하게 된 것이다. 전국학비노조와 공동으로 2주간 파업이 진행됐다.

"투쟁 결과 근무 시간이 6시간으로 늘어났고, 모든 수당에 적용되던 근무 시간 비례가 없어졌어요. 8시간 적용을 받게 된 거죠. 돌봄 분과의 파업은 시종일관 활기차게 진행되었어요. 집행부에서 그런 분위기를 유도하기도 했고요. 타 노조 조합원이 많아서 파업 행사를 그쪽에서 주도한 날들도 있었는데 프로그램이 색다른 게 없었어요. 저희 조합원들의 불만이 많았어요. 그래서 제가 운영할 때는 핸드폰을 꺼내서 라디오 DJ부스처럼 주제를 정해서 사연 문자를 보내게 하고, 끝번호와 사연을 소개해주는 형식으로 해봤어요. 다양한 직종들의 생생한 이야기들이 전해졌어요. 같은 일을 하니까 공감이 쉽게 이뤄졌어요.

돌봄 교실이 떨어져 있고 출근 시간이 달라 같은 학교 사람인지도 모르고 돌봄의 일을 너무 쉽게 생각한다는 사연에는 모두 눈물바다가 됐어요. 담임 교사랑 같이 가던 아이가 돌봄 교사를 보며 웃으며 선생님이 제일 좋다고 할 때 행복했다는 사연도 기억에 남아요."

2018년 새 지부장과 임원들이 전임을 나오기 시작하면서 강원지부는 청소, 당직 등 간접고용 노동자들을 조직하는 것에 집중했다. 기대했던 만큼 성과를 거두지 못해 아쉬움을 남겼지만, 2박 3일간 강릉에서 먹고 자면서 오직 조직화에 몰두했고 지부장과 수석부지부장, 조직국장 세 사람에게는 그 어느 때보다 많은 대화를 나눈 의미 있는 시간이었다고 한다. 조직화와 집행부 체계, 노조활동을 하게 된 배경 등 비 내리는 밤 술 한 잔과 함께 나누었던 많은 이야기들은 인간적으로 서로를 더 이해하는 계기가 되었다고.

"2018년의 도서 분과 투쟁도 강원지부에서는 중요한 싸움이었어요. 강원도에는 도서관실무사가 있는데 2013년에 독서교육 강화를 내걸며 271명을 채용했어요. 사서와는 임금체계도 다르고 상시직이 아니었는데 예산 문제로 100명이 해고 위기에 처한 적도 있었어요. 강원도 인력관리 심의위원회에서 사서 분과를 만들기로 하면서 도서관실무사들 중에 사서 자격증이 있는 사람은 편입을 시키고 나머지 인원들에 대해서는 대책을 세우지 않은 거예요. 강원도 교육청은 도서관실무사가 자연소멸 되기를 바라는 입장이었죠.

교육청의 방침때문에 처음엔 도서관실무사들 사이에 불편한 분위기들이 생겨났어요. 하지만 흐트러지지 않고 도서관실무사의 처우개선과 사서 자격증 취득을 위한 대책을 마련하라는 공동의 목표를 세우고 피케팅을 하면서 투쟁을 벌였죠."

강원지부는 지역이 넓고 조합원이 산재해 있다는 측면에서 경북지역과 비슷하고, 그로 인해 발생하는 어려움이나 해프닝, 즐거움도 많이 있다고 한다. 지역에 일이 있을 때 당일치기 불가능한 곳이 많아 정선, 태백, 영동 같은 지역은 조직 활동하러 가서 1박하기도 하고, 하루에 많이 돌아봐야 4~5개 학교가 고작이고, 학교마다 조합원이 겨우 1~2명 있는 곳도 많다고. 그래서 강원지부는 직접 찾아가서 조직하기보다 지역모임을 활용하는 방식으로 조직 사업을 벌이는데 이상철 조직국장은 조합원들을 많이 만나는 편이어서 지부차 주행 거리가 전국 어느 곳과 비교할 수 없을 정도로 많다고. 단, 경북지역보다 많을지는 장담할 수 없다 한다.

"정선인가 태백인가 어느 학교에 조합원이 있다고 해서 갔더니 폐교

된 지 1년이 넘었다고 해서 황당했던 적도 있고, 평창지회장의 학교는 조합원 수 1명에 학생도 1명이에요. 교무행정사이신데 관사에서 생활하며 365일 출근하시죠. 텃밭도 돌보며 혼자서 잘 지내고 계세요. 평창 갈 때마다 관사에서 자고 오죠. 제가 경험한 건 아니지만 들은 얘기로는 태백산맥 때문에 2~3월 영동에 눈이 많이 오니까 눈 때문에 회의를 못 오는 경우도 일상적인 해프닝이라고 해요. 강원도는 눈이 왔다하면 폭설이니까요. 예전에 폭설이 오면 다른 지역 선생님들이 파견되어 눈 치우러 간 적도 있다고 들었어요. 강원도는 선거 활동도 모여서 하기 힘든 곳이에요. (웃음)

본부도 신기해 하는 게 지역이 이렇게 넓은데도 파업을 조직하면 조합원들의 40% 정도는 모이고 장기 파업도 많이 해요. 제가 생각해도 신기해요. 강원도 조합원들이 적극적인 것 같아요. 파업 때 동해나 삼척의 사람들은 새벽 밥 먹고 출발해서 돌아가면 밤인데 다음 날도 또 새벽에 나와요. 부산 지역 사람들이 서울 상경 투쟁하는 것과 마찬가지죠. 이유는 의리, 같은 걸까요?"

이상철은 2018년에 도서 분과 문제로 거의 두 달 동안 지역을 돌아다니면서 조합원들 대부분을 만났다고 한다. 안 풀리고 답답하던 것도 만나서 얘기를 하면 풀리고, 각 조합원에 따라 필요한 역할들이 떠오르기도 하고, 그렇게 접촉면을 넓히다 보면 신뢰감이 쌓이고 일도 더 원활해지기 때문에 조직을 위해서는 조합원을 많이 만날 수밖에 없다고 힘주어 말했다.

"전국교육공무직본부로 오기 전 예상했던 것보다 이곳은 훨씬 더 격정적인 조직이더라구요. **조합원들과 밀착도가 높고 반응도 즉각적이어서 쟁점이 형성되고 조합원들의 의견을 모으는 데 걸리는 시간이 엄청 짧아요. 본인들의 의견이 지부로 바로 전달되기 때문에 방침도 빨리 세워야 하고 빨리 움직여야 하는 다이나믹함이 있어요.** 심지어 제가 알지도 못하는 사이에 일이 진행되기도 하고요. 본인들이 부당하다고 느끼는 것을 바로 지부에 연락을 하고 지부의 입장과 대책을 물어보니까 곤란할 때도 있죠. 중간 간부가 없다 보니 생기는 문제이기도 해서 중간 간부들 양성하는 게 지부의 숙원 사업입니다. 2019년에도 계속 해야죠."

'당신들은 대우받을 자격이 있다.', 이상철 조직국장이 조합원들에게 항상 하는 말이라고 한다. 전국교육공무직본부 10년의 성과는 아무도 거들떠보지 않았던 사람들, 처우나 인식이 바닥이었던 사람들이 노조를 통해 싸우며 성장하고 부당한 것들을 바꿔 나간 것이고, 또 한편으로는 주체적이지 못했던 여성 노동자들이 조직되며 한국 사회의 의미 있는 큰 진전을 이뤄낸 것이라고 한다. 앞으로는 처우개선도 중요하지만 조금은 다른 방향과 장기적인 비전을 가지고 지역 사회와 밀착하고, 또 여성 노동자로서 나아가야 할 길을 함께 찾아야 한다고 전국교육공무직본부의 미래에 대해 덧붙였다.

"우리 선생님들이 투쟁이나 파업을 하면서 학교나 집밖에 몰랐던 인생에서 노조를 만나 다른 것들을 보고 생각할 수 있는 계기가 되었다는 말을 할 때면 정말 뿌듯해요. 반면에 조금 더 자기 목소리를 내도 될 텐데 너무 기대려고 하고 위임하려고 할 때면 답답할 때도 많고요. 노조가 되었든 뭐가 되었든 본인의 생각으로, 자기의 목소리로 부당한 것을 표현하는 게 노조의 기본이라고 생각하는데 과거보다 나아졌지만 아직도 완전히 바뀌지 않았어요. 그래서 상담할 때에 당사자의 목소리를 낼 수 있도록 유도해요. 주체성을 기를 수 있도록 훈련도 필요한 것 같아요."

이상철에게 노동조합이란?

"한마디로 정의하긴 어렵지만 성인이 된 후엔 세상을 바라보는 눈을 제시한 곳이 노동조합입니다. 제 인생에서 노조를 빼곤 설명할 수 없을 정도로 노조를 위해 살아왔고 앞으로도 그럴 거예요. 노동조합은 저에게 눈이었고, 발이었어요."

7_경북지부의 역사

경북지부의 시작

전회련 카페에서 활동하던 이복형의 요청으로 봇짐 하나 메고 이태의(당시 경기지부장)가 내려온 2011년 2월 16일, 교무, 과학, 조리원 등 20여 명이 안동 해미찜에서 첫 모임을 가졌다. 36명의 CMS 명단으로 안동지회를 시작한 후 2011년 5월 19일 포항에서 경북지역 학교비정규직 노동조합 설립 총회를 개최하고 7월 2일 안동에서 전회련 경북지부 노조가 출범했다. 지부장 이복형, 부지부장 이상욱의 1기 집행부로 시작한 경북지부는 2016년 안명화 지부장 직무대행 체계 이후 2018년부터 지부장 안명화, 수석부지부장 김원순의 5기 집행부가 활동하고 있다.

경북지부의 현재

2013년 만천동 공공운수노조 사무실에서 1명의 상근자로 시작한 경북은 2017년 2월 단체협약 후 새로 생긴 현재의 사무실에서 현장 상근 2명과 채용 상근 3명이 일하고 있다. 교육청이 대구에 있을 때는 전국교육공무직본부 대구지부 사무실에 함께 있다가 안동으로 도교육청이 이전하면서 전교조 사무실로 옮기는 등, 다른 지부에 비해서 많은 곳을 떠돌며 고생을 많이 한 곳이 경북지부다. 급식실 위주의 상대 노조들에 비해 영양사, 조리원, 돌봄, 교무, 전산, 행정 등 다양한 직종이 포진되어 있다.

3개의 노조 중 어느 한 조직이 압도적인 규모가 아니라서 다른 지역에 비해 관계도 좋은 편이고 연대도 잘 이뤄지고 있다고.

경북지부의 분과

경북지부는 타 지역에 비해 분과가 적어 10개 정도이고, 제일 활발한 곳은 2012년부터 무기계약 전환 투쟁을 성공적으로 이끈 돌봄 분과로 지금도 열정적으로 싸우고 있다. 의제가 많은 데도 업무가 많아 잘 못 움직이는 유치원 분과와 인원이 가장 많지만 움직이기 힘든 교무 분과의 활동이 가장 아쉬운 상황이라고.

● 인터뷰 19 • 이복형 경북지부 초대 지부장

과학보조 출신의 이복형 초대 지부장은 2003년부터 근무하던 학교에서 2007년 무기계약 전환이 됐지만, 교장이 바뀐 후 새로 온 교장으로부터 2년 동안 회유 섞인 해고 협박을 받으면서 노동조합에 관심을 갖게 되었다.

발단은 일자리 창출과 학업 성적 미달 학생을 위한 학력 상승을 목표로 2009년 교과부가 시행한 '초단기 비정규직 인턴교사제'였다. 교장은 학교운영비로 채용하는 과학실무원을 인턴교사로 바꿔 정부로부터 임금을 받을 목적으로, 이복형을 포함한 4명의 과학보조에게 부당한 요구를 한 것이다. 이 제도가 한시적 사업이고 시행 목적이 교장의 생각과 완전히 달랐지만 교장에게는 문제가 되지 않았다.

"너무 억울했어요. 한시적 사업으로 나오는 돈 몇 푼을 받겠다고 무기계약직을 자기 맘대로 자르니 마니 하는 걸 이해할 수 없었어요. 아이가 그 학교 1학년이었는데 그렇게 잘리는 것도 창피하잖아요. 무엇보다 제가 일하던 학교는 50학급을 보유한 안동에서 가장 큰 학교였어요. 우리 학교 교장이 교장회의에서 바람을 넣고 있었고요. 큰 학교에서 과학보조가 해고되면 작은 학교들은 더 쉽기 때문에 제 생계와 자존심도 문제지만 안동 전체 과학보조들의 운명이 달린 문제였어요.

남편이 학교 비정규직도 힘을 모아보는 게 어떻겠냐고 권유했어요. 경북이 보수적인 지역이라 선뜻 용기가 안 났지만 인터넷을 뒤져보다가 전회련을 알게 됐어요. 지푸라기라도 잡는 심정으로 **이태의 경기지부장에게 전화해서 살려 달라고 울면서 통화했어요. 얼굴도 본 적 없는 사람**

이 3시간 동안 저를 위로하며 희망과 용기를 주는 거예요. 아직도 그 얘기만 하면 눈물이 나요. 그 일이 계기가 되어 경북에 나 같이 억울한 사람이 더는 없었으면 좋겠다는 마음으로 노조를 시작하게 됐어요."

2010년 전회련 카페에서 자신의 문제를 상담하며 활동을 시작한 이복형은 경북지부 설립에 대한 의지를 강하게 피력했고, 2011년 2월 안동에서 교무, 과학, 급식실 사람 20여 명이 모여 이태의 당시 경기지부장과 경북지부의 첫 모임을 시작했다.

"학교장 마음대로 해고할 수 없다며, 몰라서 해고당하는 거라는 말을 하는 거예요. 또 경기도에서는 진보 교육감과 소통 경로가 있어서 일을 협의한다는 말도 하는데 완전 다른 세계, 그냥 신세계였어요. 우리 모두 그 사람의 입만 바라보며 계속 질문하고, 오후 5시 정도에 시작된 모임이 12시가 다 되어 끝났어요. 그 모임 후 선생님들끼리 모여서 정말일까? 가능할까? 물음표가 생기기 시작했어요. 그리고 사람들을 더 모아 보기로 했죠. 그 뒤에 모임을 더 갖고 이시정 사무총장도 내려오고, 연락 담당을 해달라고 해서 제가 맡으며 그렇게 지부장이 됐어요. 어느 일요일 경기도에 한 번 올라오라고 해서 갔더니 그 뒤로 계속 부르더라구요. 남편한테 동의를 구해 2년 허락받고 10년간 활동하고 있어요. (웃음)"

안동 모임 후 울진, 경주, 상주 등 지역 간담회를 열어 나가면서 36명으로 시작한 경북지부의 조합원은 점점 증가하기 시작했다. 그 중에서 울진 교육지원청에서 진행된 간담회는 당시의 보수적인 경북의 상황을 감안할 때 의미가 남달랐다고 한다. 교무보조였던 울진지회장 김수경은 지역 종가 며느리로 도의회, 시의회 등과 친분이 있었고 교육지원청과도 관계가 좋아, 지원금을 받으며 학교비정규직 동아리를 이끌어가고 있었다. 그 모임이 울진지회를 시작하는 토대가 된 것이다.

"경주여중의 한 선생님은 간담회를 공문으로 처리해 학교 안에서 당당하게 진행했어요. 학교 식당에서 몰래 만나는 게 대부분이었던 그 시절에요. 여름 즈음에는 구미 교육연수원에서 학교 비정규직 500명이 모여 연수 중이었는데 담당 주무관이 쉬는 시간에 노동조합에 대해 말할 수 있도록 마이크를 줬어요. 그 분도 공무원노조 조합원이었어요. 그런 것들이 너무 신기하고 감동적이고 그랬어요. 그 때는 노동조합 활동이 한참 재미있었거든요. 노조 활동을 하면서 카페에서도 지역에서도 이복형을 아는 사람도 많아지고 알아보는 사람도 많았죠.

그 시기에 물방울 소송이 진행되면서 우리 학교 교장이 여기저기 다니며 제 욕을 엄청 했다고 하더라구요. 계속 싸우다가 결국 교장이 저를 불러 사과했어요. 과거를 잊어버리고 열심히 해보자고. 저는 받아주지 않았어요. 사과하고 다음 해, 교장이 성추행 사건으로 구속됐는데 이복형이 교장을 고발했다는 소문이 돌았어요. 악랄한 교장 잡는 이복형이라고. (웃음) 그 후부터 우리 학교는 교장들이 가장 꺼려하는 학교가 되어버렸죠. 노조 지부장 이복형이 있는 학교."

장기근무가산금을 받게 되면서 당시 경북에서 노동조합은, 이복형의 표현대로 한참 잘 나갔다고 한다. 그리고 맞이 한 2012년의 첫 파업은 이복형에게 일종의 축제 같은 것이었고 그 분위기는 조합원들에게도 그대로 전염되었다. 그 결과 400여 명이 교육청 앞에 모였다.

"조합원들한테 파업 소식을 빨리 알리고 싶어서 신나게 돌아다녔어요. 너무 자랑하고 싶어서 핸드폰 메인 화면에도 올려 놓았죠. 우리 이만큼 하고 있다고. 과거에는 학교 안에서 비정규직 선생들끼리 친하지 않았는데 파업하면서 서로가 독려하는 모범적인 분위기가 막 연출되고요. 겁내는 선생님들에게는 내가 다 책임질게, 선생님들은 문제없어, 이복형이 가자고 해서 갔다 말해, 그러면서 다녔어요. 당시에 저는 노조에서 모든 걸 다해주는 줄 알았거든요. 이태의나 이시정이 알아서 해줄 거고, 파업이 문제되면 60만 조합원이 있는 민주노총이 알아서 해줄 거라고. 노조를 거의 맹신했다고 봐야겠죠. 그 때 생각하면 지금도 뿌듯해요. 멋진 투쟁, 멋진 조합원!"

이복형에게 2012년은 축제 같은 파업도 있었지만, 돌봄들의 무기계약 전환 투쟁이 심화된 해이기도 하다. 돌봄 투쟁은 2012년부터 2015년까지 3년에 걸쳐 진행된 경북지부의 대표적인 직종 투쟁이며, 지부장 이복형에겐 평생 잊지못할 경험을 남긴 자랑스럽고도 아픈 기억이다.

2010년 돌봄 강사라는 명칭으로 확대 시행된 돌봄 교사는 학교 별로 1일 5시간씩, 주 15시간 이상 근무하는 직종으로 무기계약 전환 대상이었다. 하지만 도교육청 담당 장학사가 공문이 아닌 내부 메일로 교장, 교감 등 담당자에게 무기계약 전환하면 학교가 책임져야 한다는 내용의 메일을 보냈고, 해고가 발생하기 시작했다. 2012년 봄 남승희를 비롯한 돌봄 교사들이 노조에 가입했고, 그 해 9월부터 2013년 2월까지 5개월에 걸친 돌봄 무기계약 전환 투쟁이 펼쳐져 3월에 무기계약으로 일단락되었지만 경북 지역의 돌봄 전원에게 해당되는 것은 아니었다. 2014년까지 학교별, 사안별로 이어가던 투쟁은 2015년 회유에 의한 시수 조정으로 무기계약 전환이 안된 조합원들이 쇠사슬 투쟁을 벌이면서 정점에 이르렀다. 결국 2015년 2월 16일 농성자들과 지부장이 경찰에 강제 연행되었다.

"구치소에서 보낸 이틀은 냉탕과 온탕, 지옥과 천국을 왔다갔다한 시간이었죠. 나 때문에 노조가 깨지면 어쩌지, 교육청은 얼마나 고소해할까, 우리 아이들, 가족은 어떡하지? 노조 하다가 결국 저렇게 된 것이라며 사람들은 비난하겠지, 그러다 내가 또 뭘 그렇게 잘못해서 싶어지며 마음이 편해졌어요. 밖에선 난리가 났더라고요. 본부와 지부는 말할 것도 없고, 남편도 아는 인맥 총동원해서 판사로 일하는 친구 형님한테도 전화하고 자신의 모든 것을 내려놓고 마누라 살릴 생각만 했다고. 나중에 재판받으러 갔을 때 전국에서 사람들의 서명과 탄원서가 빗발쳐 판사가 놀랄 정도였다고 했어요."

첫 재판에서 징역 1년이 구형됐을 때 이복형은 어디서 어떻게 살지를 먼저 고민했다고 한다. 안동은 물론 경북에서는 거의 모르는 사람이 없을 정도였고, 카페나 온라인 상에서는 경북이복형이 하나의 브랜드가 되어 검색하면 나올 정도에다가, 서울에서도 자신을 알아보고 악수를 청하는 사람이 있을 정도여서 어디서 무엇을 하며 사는가는 당시에 큰 고민이었다고.

"사람 안 보이는 데서 설거지를 할까? 이사를 가야하나? 그랬죠. 하지만 처음 해미 식당에서 이태의 지부장을 만나지 않았더라면 벌써 해고됐고 새 삶을 시작했겠죠. 2011년에 잘리나 2015년에 잘리나 마찬가지라 생각했어요. 많은 분들이 힘이 되어줬죠. 경찰들까지도요. 조사받는 동안에 수사과장이 그러더라고요. 교육감이 경찰청장에게 강제연행 요청을 한 거라고.

오히려 집안 일이 더 큰 걱정이었어요. 남편은 내 삶을 아니까 허락한 것이지만 집안 어른들은 탐탁치 않아 했어요. 경북에서 노동조합이나 지부장을 하는 것 자체에 거부감도 컸는데 설 명절에 며느리가 구치소에 있었으니 온 집안이 난리가 났죠. 그런데 그 난리통에 집안 제일 어른인 86살 되신 시고모님이 저를 감싸주셨어요. 사니 못사니 부부싸움을 하거나 집안 사람들이 입에 올려 나쁜 소리가 들리면 가만 있지 않겠다고요. 그 연세의 여자 어른이 경북에서 그런 말을 한다는 것 자체도 놀라운 일이거든요. 고생했다는 말 한 마디로 모두들 안아주고 아무 일도 없었던 것처럼 자연스럽게 남편과 집으로 돌아갔어요. 지금도 명절이 되면 그 얘기를 해요. (웃음)"

울고, 웃고, 두렵고, 행복하고, 파란만장했던 노동조합 활동에서 이복형을 힘들게 했던 건 예기치 않은 조합원의 탈퇴였다. 오해 때문에 떠나기도 하고, 지부장 분과만 좋아진다고 음해하며 조합원을 빼 가는 횡포 때문에 안타까운 일들이 있었다고 한다. 또 전국에서 가장 넓은 지역을 가진 경북의 특징 상 찾아가는 것도 모이는 것도 힘들 뿐만 아니라 조직하고 관리하는 게 보통 일이 아니라고.

이영우 교육감 시절 꼴찌를 면하기 힘들었던 경북지부가 다른 지부와 비교될 때면 창피하기도 하지만 고생했다, 노조가 있어서 해고를 막았다, 돈 받아서 고맙다, 이런 말을 들을 때의 보람이란 이루 말할 수 없었고, 무엇보다도 사람들이 학교 비정규직을 보는 시선이 달라진 게 가장 좋았다고 한다. 월급이 60만 원 정도일 때는 남편에게 월급 통장도 보여주기 부끄러웠는데 지금은 보란듯이 자랑할 수 있게 된 것도 보람이라고.

"10년간 많은 일들이 있었고, 우리는 지금도 날마다 새로운 역사를 쓰고 있어요. 투쟁을 통해 학교비정규직을 알렸고 우리 노조가 전체 노동조합을 이끌어가는 조직으로 성장했어요. **제 자신을 찾았고 저를 떠나 우리가 중요하다는 것을 알게 되었고, 조합원, 비조합원 상관없이 주변에 관심을 갖게 됐죠. 정치에도 관심을 가지게 되었고, 부당하고 불합리한 것에 대해 당당하게 의심할 수 있게 되었어요. 교육공무직본부가 그 발판이 되어주었죠.**"

이복형은 전국교육공무직본부가 걸어온 지난 10년이 자랑도 보람도 넘치지만 한계도 꼭 짚고 넘어가야 한다고 말했다. 10년 동안, 시간도 오래 걸리고 말도 많았던 그 수많은 회의를 진행해오면서 제대로 점검하면서 왔는지 다시 점검해야 할 때가 지금이라고.

과연 지부와 본부가 소통이 되고 있는가, 본부의 방침에 지부가 쫓아가기에 급급했던 건 아닌가, 지역 상황을 고려해서 뭔가 이뤄져야 하는데 조합원 몇 명에 목숨 걸고, 조합원의 조직화로 지부를 판단하는 것이 갖는 한계 등은 아쉬움이 남는 지점이라고 한다.

"앞으로 10년도 그동안 해왔던 것처럼 어쨌든 조합원이 만들어가는 노조로 계속 커 가야지요. 뭘 준다, 뭘 해야 준다가 아니고, 하지 않더라도 같이 노조를 만들어갈 수 있는 방향으로 눈을 돌렸으면 좋겠어요. 조합원과 함께 할 수 있는 즐거운 뭔가를 계속 만드는 노동조합말이에요. 지부장 선거도 교육감 선거처럼 더 크게 즐겁게 하면 좋겠다는 생각도 했어요. 우리 노조 지부장은 왜 서로 하려고 나서지 않는지 다들 고민이 많거든요.

처음 노동조합 일 할 때는 하루에 일을 8시간 하고, 노조 일을 8시간 했어요. 새벽에 들어가서도 카페에 글 올리고. 남편이 너는 왜 전회련 밖에 모르냐고 구박해도 즐거웠는데 어느 날 갑자기 힘들어졌어요. 누구를 위해서 일을 하고 있는 건지 회의가 들고요. 그런 순간이 오지 않도록 지부와 본부가 노력해야 하지 않을까요? 왜 안 따라주지? 왜 안 들어주지? 서로 자기 생각만 하는 조합원과 간부들 사이의 동상이몽을 줄여가야 해요."

이복형은 서울에 집회가 있으면 아이들을 데리고 가곤 했다. 넓은 세상을 보여주고 싶었고 엄마가 좋은 일을 하는 걸 자랑하고 싶은 마음이었다고. 밥그릇 투쟁에 함께 갔을 때 아들이 '엄마, 이영우가 누군지 몰라도 어지간하면 밥값은 좀 주지!'라며 든든한 엄마 편이 되어주었다고.

노조를 하면서 남편과의 사이도 더 좋아졌다고 한다. 천막 친다, 집에 못 온다, 서울 간다, 오해를 막기 위해 어디를 가든지 무엇을 하든지 설명이 많아지다 보니 대화가 많아졌고 서로를 더 이해할 수 있게 된 것이다. 이복형 지부장이 있기까지 남편의 내조도 빼놓을 수 없는 큰 힘이었다고 한다.

"개인적으로 지난 10년을 생각하면 애석하게도 구치소의 경험이 가장 먼저 떠올라요. 나의 30대를 경북지부에 바쳤다고 해도 과언이 아니에요. 지칠 때도 많았지만 가정과 노조, 둘 다 열심히 했다고 자부해요. 이태의 전 지부장이 퇴직하면 쓸 계획인 그 책에 이복형 이름이 한 줄이라도 나오고, 교육공무직본부 10주년 책에 이름 석자가 새겨지는 것만으로도 열심히 잘 살아온 거지요."

이복형에게 노동조합이란?

“이복형이 곧 노동조합이에요. 친구가 너 민주노총이야? 묻길래. 우스개 소리로 내 이름도 모르고 나랑 친구했어? 라고 한 적이 있어요. 이복형은 민주노총이고, 교육공무직이고, 앞으로도 그럴 거예요. 제가 계속 활동을 열심히 하건 아니건 그 사실은 변함없어요.

현재는 전보를 가서 강남 초등학교에 있어요. 다들 좀 꺼려하는 곳인데 안동 교육청에서 나를 그곳에 보낸 건 이복형 한 번 당해봐라, 이런 마음이겠죠. 하지만 아이들이랑 너무 즐겁게 잘 지내고 있어요. 지금도 현장에 노동조합을 필요로 하는 사람이 분명히 있을 것이고, 그들이 필요로 한다면 가서 알리는 게 간부와 조합원들이 할 일이에요. 민주노총, 공공운수노조, 교육공무직이 있는 한은 그 중심에 제가 있을 거예요.

예전에 누가 그랬어요. '이복형은 상품이야. 브랜드. 그래서 정말로 나쁜 일이 있거나 힘든 일이 있어도 힘들다고 말하면 안돼. 너를 보는 사람이 너무 많기 때문에. 경북 학교비정규직 하면 이복형이야.'라고. 그만큼 중요한 사람이라고. 우리 아이도 학교에 가서 그랬대요.

선생님, 우리 엄마 누군지 알아요? 이복형이에요.”

● 인터뷰 20 • 안명화 경북지부 지부장

"1999년부터 급식실 조리실무원으로 일했어요. 아르바이트로 3년만 하자고 시작했는데 20년을 했죠. 하루 일당 2만 1,000원, 한 달에 65만 원 겨우 받았어요. 그 돈 받으면서 조리원들의 이동이 있던 시기에는 교장에게 상품권, 과일 등을 사 들고 갔어요. 노동조합이 생기기 전에는요. 2011년 초 봇짐 하나 달랑 메고 수줍음에 말도 잘 못하는 이태의가 오면서 많은 것이 달려졌어요."

당시 경북은 조리사협회가 여성노조에 가입되어 있었고 조리원들의 모임은 없었다. 안명화 지부장은 이태의와 이시정을 만난 후에도 노동조합 가입을 조금 주저했다고 한다. 경북이 전국에서 가장 보수적인 동네인 만큼 본인도 남편도 보수적인 편이어서 노동조합을 선택하는 게 쉬운 일은 아니었다고. 하지만 이시정이 노조 가입하고 뭉치면 곧 100만 원 쥐게 해주겠다 약속해 반신반의하면서 가입을 결심했다. 학교에서 단체로 가입하자는 분위기가 만들어졌지만 동료들은 기다려보자 했고 안명화는 먼저 가입했다. 2011년 조합비 8,000원이던 시절이다. 처음엔 학교에 가입 사실도 숨겼다고 한다. 이태의와 이시정의 약속은 머지않아 맞춤형복지비로 돌아왔다. 복지비를 받고 기뻤던 안명화와 동료들은 다같이 옷을 사 입으러 가기도 했다고. 그후로도 좋은 소식이 계속 들려왔다고 한다.

"처음엔 활동을 많이 안 했어요. 소식지 같은 거 하나 주면 정말 꼼꼼히 보곤 했어요. 전국의 정보들을 얻을 수 있어서 좋았죠. 노동조합 활동에 대한 두려움을 없애 준 건 파업이었어요. 안동, 영주, 봉화 등 급식이 많이 있는 지역을 중심으로 파업을 했는데 봉화는 학교에서 징계를 당하는 불상사가 생기기도 했어요. 하지만 **처음 갔던 서울의 파업 집회에서 본 그 많은 여자들, 제 또래의 저와 같은 입장의 아줌마들을 보면서 정말 위안이 됐어요.** 한 번 파업을 한 후로 학교에서도 무시 못하고, 파업하더라도 일당을 못 받는 것 외에는 문제가 없으니까 점차 두려움도 사라지더라구요."

첫 파업으로 버스에 오른 후 매년 세 번, 두 번은 서울로 가고 한 번은 지역 교육청 임금 교섭을 할 때 버스를 준비하지만 점점 사람들의 참여율은 떨어지고 있다. 10년 만에 200만 원이 된 임금에 만족하는 사람들이 생기면서 조직활동은 더 어려워졌다고 한다.

경북에서는 50대가 가장 많이 움직이는데 젊은 사람들이 좋은 일자리에서 일할 수 있게 1년만 가자, 2년만 가자, 독려하지만 정년 얼마 안 남았다고 그만두는 사람들도 많다고. 최근에는 조합원 20명 이상이 퇴직을 맞기도 했다. 여전히 보수적인 분위기의 지역 상황도 조직화를 어렵게 하고 있다. 지방선거에서 경북 지역만 자한당이 살아 남았 듯이 조합원 중에서도 자한당을 믿는 보수가 많다. 지난 선거에서 교육감은 당적이 없음을 열심히 알렸지만 결국 경북 지역은 진보 교육감을 탄생시키지 못했다.

안명화는 노조 가입하면서 대의원을 맡았고, 4년 동안 지부 운영위 참관과 서울 대의원 대회를 가는 정도의 노조활동을 이어갔다. 대의원 활동을 마치고 지회장을 맡은 그 즈음, 대구에 있던 교육청이 안동으로 이전했고 이복형 전 지부장은 학교로 돌아가야 하는 상황이 발생했다.

"지부장 없는 지부가 되어버렸죠. 자존심이 상했어요. 전임 한 명 없는 지부가 될 수는 없었어요. 우리 경북이 지부장 깡다구 덕에 유명한 곳이었는데 누구든 지켜야 했어요. 이복형이 곧 돌아올 거라 생각했기 때문에 일단 지부장 대행을 맡았어요. 고속승진이나 다름없죠. (웃음) 결국 이복형 없이 1년 동안 제대로 된 일도 못하고 여기저기 기웃거리기만 했어요. 지회장을 하면서 체계를 닦았어야 했는데 그 경험이 없어서 힘들었죠. 사람들이 선거를 치르자고 말할 때 거절했어요. 그 책임을 감당하기에 제가 너무 부족한 것 같아서요. 1년 동안 지부와 지부장의 일을 파악한 뒤 2017년엔 지부장 자격으로 일을 했어요. 제가 할 수 있는 만큼만 끼 안 부리고 최선을 다하려고 해요."

지부장 첫 해인 2017년엔 울진의 교무 보조가 전보 문제로 한 달간 출근 투쟁을 벌였다. 분교가 없어지는 상황에서 교육청이 이 조합원을 본교로 보내지 않고 먼 거리로 발령을 보낸 것이다. 경북에서 첫 장거리 전보였다. 첫 전보에서 조합원에게 유리한 상황을 만들어야 이후에도 교육청을 견제할 수 있었다. 조합원은 매일 조직국장과 통화하면서 울고, 학교에 일이 없어 잡초를 뽑으면서 한달을 버텼다. 결국 노조가 조합원을 지켜냈고, 그는 본교로 출근할 수 있었다.

2017년 7월, 경북지부가 전국에서 가장 마지막으로 교육청과 단체협약을 맺었고 2018년엔 전국 꼴찌 경북에도 하나씩 지역만의 결과물이 생겨나기 시작했다. 2018년 전환 심의위원회에서 2015년 쇠사슬 투쟁을 했던 초단시간 돌봄 교사들은 주 20시간, 기존 무기계약자들은 주 25시간으로 업무 시간이 상향 조정됐고, 교통비 전액을 얻어냈다. 2019년 돌봄 분과는 밥값 쪼개기를 없애기 위해 싸울 예정이라고 한다.

“돌봄, 청소, 용역 등 특수 직군은 밥값과 교통비를 쪼개기 계산으로 하고 있어요. 4시간 일한다고 밥을 반만 먹는 게 아닌데도요. 탁상공론이 이런 거라니까요. 교육부나 국회의원이 이런 걸 좀 알아야 해요. 노동자들의 가장 기본적인 권리임에도 불구하고 우리나라는 아직도 이 정도 수준이죠. 가족 수당과 학자금도 여전히 쪼개기 수당으로 지급돼요. 우리 조합원들 말이 아들도 쪼개고 남편도 다 쪼개 놓았다며. (웃음) 복지후생비는 100% 줘야 마땅하다고 생각해요. 근속 수당도 4시간 근무했다고 반 년 근속한 것은 아니잖아요. 그런 게 불합리하고 웃겨요. 같은 공무원들에게 물어봐도 모두 이상하다고 하는데 왜 안 바꿔주는 걸까요?”

조합원 교육을 시작한 것도 2017년부터다. 경북은 참석률이나 노조에 대한 의식 등 조합원 역량이 타 지역에 비해 많이 떨어지는 상황이다. 조합원 증가가 본부의 방침이지만 경북은 조합원 교육이 더 절실한 상황이라고. 노조활동을 통해 생각도 바뀌고 학교에서도 당당해질 수 있게 의식을 키워야 하는데 참석하지 않는 조합원들을 상대로 할 수 있는 건 없다.

“지난 교육감 선거에는 정말 진보 교육감으로 바꿀 수 있다고 믿었어요. 전교조 출신의 이창교 후보가 2017년에 경북 전체를 돌며 서명운동을 벌이고 교육청 예산 하나도 안 받고 도예산과 시예산을 지원받아서 초등학교 무상급식을 성사시켰거든요. 그 분위기 그대로 교육연대 ‘희망만들기’를 설립하고 집행부, 조합원 모두 달려들었어요. 분위기는 좋았지만 군읍면, 전화번호 곳곳에 스며 있는 보수의 시스템에 밀려 0.2%의 차이로 졌어요. 자유한국당이 사람들 실어 나르고 이장, 통장이 노인들 포섭하고 그랬어요. 2017년 겨울엔 선거운동 하느라 오뎅탕 정말 많이 끓였는데 쓴 맛 제대로 봤죠."

지부장의 갑작스런 공석으로 시작한 지난 4년의 시간 동안 안명화 지부장은 고생했다. 지부장 때문에 좋아졌다며 말 한마디라도 건네 주는 조합원들 때문에 버틸 수 있었다고 한다. 그럴 때 기분이 제일 좋다고. 하지만 집회 같은 걸 조직하러 갔을 때 너무 요지부동이거나 버스 다 맞춰 놨는데 말을 바꾸면 숨을 못 쉴 정도로 답답하다고 한다. 교육청 사람들과 싸우는 건 이골이 났지만 조합원들이 변심하거나 실망을 줄 때는 매번 상처로 남는다고.

"제대로 된 사무실도 생기고 임금 교섭도 본격적으로 시작됐으니까 경북지부가 더 탄탄해지도록 좀 더 힘을 내야지요. 제가 지부장 없이 힘들게 일을 배워서 나중에 현장에 돌아가더라도 다음 지부장을 도와줘야겠다 마음먹고 있어요. 좀 더 수월하게 즐겁게 일할 수 있도록요."

안명화에게 노동조합이란?

“조합원일 때는 필요해서, 보탬이 될 것 같아 가입했는데 지금 저에게 노동조합은 제가 몰랐던 세상을 알게 해줬고, 우리 분과만 중요시했던 제게 미안한 마음을 갖게 했고, 학교 내 모든 사람들이 공평해야 한다는 마음이 들게 해줬어요. 학교뿐 아니라 모든 노동자들의 노동자 연대를 가면서 깨달았는데 배려와 연대는 정말 중요하더라구요.

오십 넘어 배우는 게 많았고 보람도 있어요. 연대 가서 고맙다는 소리를 들을 때면 저는 아무 것도 아니지만 더 열심히 해야겠다는 생각을 해요. 제가 도움이 되어서 좋고요. 나이 먹도록 사회적인 정세나 세상에 대한 고민없이 살다가 이제서야 세상을 보는 눈이 넓어졌어요. 너무 늦지 않았나 싶으면서도 지금이라도 견해를 넓힐 수 있어서 고맙고 좋아요.”

● 인터뷰 21 • 최근성 경북지부 조직국장

노동조합 활동가 출신의 최근성 조직국장은 2013년 선배의 추천으로 당시 전회련 경북지부로 왔다. 일반 노조에 대해서는 잘 알고 있었지만 학교 비정규직 노조에 대해서는 이름을 들어본 것 외에 아는 게 없는 상태였다고 한다.

"첫 느낌은 복잡다단하다, 였죠. 직종도 많고, 다양하고, 지부에 같이 일하는 여성 동지가 있었지만 스스로 알아서 업무 파악하고 일을 해야 하는 상황이었고, 학교 방문도 개인의 주체의지로 무조건 해내야 했어요. 학교에 대해서 아무 것도 모르는 상태였지만요. 제가 운동 선배이지만 지부 안에서는 여성 동지가 선배고 나이 차이도 많이 나서 저한테 말하기 쉽지 않은 것도 영향이 좀 있었겠죠. 혼자서 느낌과 분위기 파악하면서 일거리 찾아 학교도 들어가고 했어요. 그런데 몸이 너무 안 좋아져서 9개월 근무하고 그만뒀다가 2015년 1월에 재입사를 했어요."

2013년은 경북 지역 학교 비정규직이 노조의 존재를 알고 필요성을 서서히 느껴가던 시기였다. 노조 자체를 모르던 2009년과는 분위기가 많이 달라서 급식실에서 자발적으로 가입원서를 팩스로 보내기도 했다. 교육청과 교섭을 전면에 하던 시기도 아니어서 조직국장의 일은 학교 방문 조직 활동이 중심이었다. 최근성이 노조에 와서 처음 대응한 조합원 문제는 재계약을 앞두고 벌어진 영어회화 전문강사(이하 영전강)의 해고였다.

"고용 불안이 소소하게 야기되던 시기였죠. 조합원들과 상담하면서 티오가 빠지면 다른 학교 재배치까지 책임졌던 게 기억나요. 영전강 조합원들이 피케팅도 많이 했고, 경북도교육청 찾아가 면담도 하고 소복 입고 투쟁도 하고. 돌봄 분과도 피케팅을 이어오던 상황이었지만 더 처절한 건 영전강 분과였어요. 정말 가슴 아팠던 게 투쟁 중에 분과장이 해고당하면서 구심이 무너졌어요. 결국 적지 않은 사람들이 해고로 학교를 떠났죠. 지부에서 제대로 대처하지 못한 것도 있고, 영전강 분과 자체의 조직적 한계와 맞물리면서 많이 떠났어요."

최근성이 노조로 다시 돌아온 2015년, 돌아온 지 한달만에 경북 돌봄의 쇠사슬 투쟁이 벌어졌다.

학교별로 논의를 계속했고 학교장과 교육청에 협상안을 제시했으나 어느 곳도 요구를 들어주지 않았다.

"당사자들이 자연인으로 돌아가면 가정주부이고 엄마들인 평범한 사람들이었어요. 얼마나 절박했으면 이런 싸움까지 하나 싶어 가슴이 아팠죠. 노조와 투쟁의 경험이 없는 사람들이어서 인간적으로 가슴 아팠고, 내용적으로는 시킨 대로 일은 다 하면서도 계약이 15시간이라는 이유로 초단시간에 묶여 해마다 고용불안에 시달리고 있는 게 가슴 아팠어요. 어린 아이들을 둔 조합원들이 대부분이었는데 외박도 한 번 안 했던 사람들이 그 고생을 하고 가족들도 고생이고."

2015년 초 쇠사슬 투쟁이 끝나고 경북지부는 교육청과 교섭을 시작했지만 성사되는 건 없었다. 2017년 이영우 교육감 3선 말기, 12년째 마지막 해에 처음으로 임금교섭이 타결됐다. 학교 비정규직 운동에 적대적이고 권위적이었던 이영우는 임기동안 한 차례의 면담도 한 적이 없었고, 담당 부서도 교육감과 같아서 어떤 공문도 받아들여지지 않았다. 전국 공통안을 제외하고 경북지부의 독자적인 지역 교섭은 불가능한 상황이었다.

"교육청이 지부의 어떤 요구안도 들어주지 않으니까 조합원들도 다른 지역의 교섭 결과만 기다렸어요. 투쟁으로 나아가자고 하기에 조직력이 따라주지 않았죠. 경북지부는 파업전선으로 돌파하기 힘든 조건이었어요. 경북이 전국에서 꼴찌라고 노조가 말하면 교육청은 항상 중간은 한다고 우겼죠.

임금교섭을 할 때 교육청 담당자들이 보수 교육감 진영이라서 못 들어준다고 노골적으로 말할 때는 분통 터져요. 교섭 석상에서 공무원이라는 작자가 막말을 너무 대놓고 하면, 박근혜 표현으로 정말 자괴감이 들어요. 분노는 들끓고 응징하고 싶고, 참고 참다가 물병이라도 던지면 그걸 핑계삼아 교섭에 안 나오는 거예요. 이러니 경북지부가 꼴찌를 할 수밖에요."

2017년과 2018년의 교섭에서도 교육청은 노조의 요구안에 진지하게 고민하거나 접근하지 않고 예산부터 들먹이며 변명으로 뭉개 버리는 것을 반복했다.

"신임 교육감을 상대로 한 2018년 교섭은 일찍 시작했어요. 교육감 면담도 형식적으로 한차례 했죠. 하지만 교육감의 스타일만 다르지 학교 비정규직을 대하는 태도는 똑같고, 관리자들도 태도나 자세가 바뀐 게 없어요. 노동조합의 요구를 책임 있게 듣고 검토하는 그런 자세조차 없으니 교섭이 정말 어려워요. 때로는 벽 보고 얘기하는 것 같고 때로는 엉뚱한 소리나 하고. 파업으로 힘으로 관철할 수 있으면 좋은데 입으로만 하다 보니 더 힘든 거예요."

경상북도와 강원도는 넓은 지역에 1,000개가 넘는 학교가 있어 객관적인 조건만으로 한계가 많다. 시 군 단위로 지회 활동이 굴러가야 하지만 경북지부는 활동 간부를 키우지 못해 지부의 상근자가 전 지역을 책임져야 한다. 지역은 전국에서 가장 넓은데 조합원수가 적으니 상근자도 적어서, 조직 강화와 조직 확대는 늘 힘들고 성과도 저조할 수밖에 없다.

"조직이든 사업이든 주체가 사람이잖아요. 노조 활동 30년 중 여기가 제일 힘들어요. 이렇게 다양다종 복잡하고 힘든 곳은 없었어요. 제 때 퇴근 못하는 건 너무 당연하고요. 그나마 일이 힘들어 받는 스트레스는 있어도 우리 집행부들끼리 받는 스트레스는 없어요. 지부장님이 훌륭한 인격의 소유자이기도 하고. 그게 우리 경북지부의 자랑입니다. (웃음)"

조직국장 최근성의 중요한 업무가 교섭이다 보니 전국에서 가장 비협조적인 교육청을 상대하는 게 가장 힘들다고 한다. 어떨 때는 스트레스가 너무 심해서 계속 할 수 있을지 고민에 빠진다고.

"보람…… (한숨) 교섭 잘 되고 조합원 수가 획기적으로 늘고 조직력도 빵빵해지고 그래야 보람을 느끼는 건데 아직은 모르겠어요. 보람을 느끼도록 노력을 해야 하는 상황이죠. 보람을 느끼기 위해 더 노력하고 싶은 마음이랄까요. 힘들어도 버티고 일하는 게 보람일 수도 있을까요? 도망가고 싶은 생각이 하루에도 몇 번씩 들지만 지부장하고 술 한잔 하면서 잊어요. 우리 지부장이, 도망 가면 어쩌노, 버티고 있어야지. 그래야 조합원이 하소연할 데가 있다 아이가, 이러는데 어딜 가겠어요."

최근성은 전국교육공무직본부가 지난 10년 동안 조합원들의 실리적인 측면에서는 비약적으로 발전했지만 전체 민중에 기여하고 노동자계급에 복무하는 것에는 상대적으로 부족했다고 평가했다. 다른 노조와 연대는 열심히 하지만 조합원 주체들의 생각이나 의식을 키워 나가는 데 소홀한 결과, 인간다운 세상을 만들어가는 데 노조가 중요한 무기라는 점을 인식시키지 못한 것이다. 이제 임금 투쟁만으로 노조의 자부심을 불어넣는 것엔 한계가 올 것이라며 새로운 전망을 모색해야 함을 강조했다.

최근성에게 노동조합이란?

"교육공무직본부의 미래는 현재의 한계를 어떻게 극복하느냐에 따라 달라지겠죠. 더 내용을 갖춘 조직으로 전진할 것인가, 주저앉을 것인가, 그 기로에 서 있다고 생각해요. 본부도 지부도 모두 전투적으로 생각하고 있어요.

노동조합을 통해서 인생의 노선이 바뀌었어요. 새로운 가치관, 인간관, 세계관이 형성되었죠.

학교 다닐 때 노동조합 활동을 결심하고 89년 졸업하면서 공장에 들어갔고, 실제로 1년도 안되는 시간에 조직을 했고, 1대 위원장 하면서 여기까지 왔어요. 성인이 된 뒤로 노동조합 운동, 단체 운동, 정당 운동으로 지금까지 해 본 결과, 노동조합의 한계도 느껴요. 조합원들의 이해관계, 임금이나 처우를 바꾸는 것은 노동조합의 힘이지만 노동조합만 가지고 세상을 바꾸는 주체가 될 수는 없어요. 필요성과 당위성을 인정하고 계속 해야 한다고 생각하지만 노동조합만으로는 안 돼요. 이건 노조의 태생적 한계인 거죠. 정치 운동, 정치 권력까지 생각하고 나아가야 가능해요.”

8_울산지부의 역사

울산지부의 시작

2011년 3월 17일 삼산동에서 이태의와 함께 배현덕, 한정아, 임진아 등이 모여 울산 지역 학교 비정규직 권리찾기 모임을 가지면서 울산지부 준비가 시작됐다.

울산지부의 현재

2016년 단협을 맺고 첫 전임이 나오기 시작했고 현재 현장 출신 전임 1명, 무급 전임 1명, 채용 상근 1명 등 총 3명이 근무하고 있다. 1기부터 연임했던 배현덕 지부장 이후 4기 지부장 직무대행을 했던 이명란 부지부장에 이어, 진경연 지부장이 5기 울산지부를 이끌어가고 있다. 전국 지부 중 전국교육공무직본부가 소수로 이루어진 지역.

울산지부의 특징

"너무 조용한 거 아이가!"

울산지부의 특징을 묻는 질문에 바로 튀어나온 지부장의 한마디. 울산지부는 정적이라고 한다, 조용한 게 특징이 될 수 있다면. 그동안 소수 노조의 장점을 제대로 활용하지 못한 것을 반성하며, 앞으로는 소수 노조라는 숙명을 장점으로 만들어갈 계획이라고 한다.

울산지부의 분과

교무, 행정, 전산, 구육성회, 특수, 과학 등 사무직군이 많은 편이고 청소, 당직이 조직되면서 가장 많은 인원을 차지하고 있다. 전반적으로 참여도가 떨어져 특별히 활발하거나 아쉬운 분과가 없다고. 그래서 조용하다고.

● 인터뷰 22 • 진경연 울산지부 지부장

울산지부 조합원들 중에는 12명이 똘똘 뭉쳐 노조활동에 열심인 전통의 울산공고 급식실 팀이 있다. 울산공고 급식실 멤버들은 공사기간 동안 임금 미지급 문제때문에 전회련에 처음 가입했고 노조의 도움으로 월급의 70%를 받게 된 후, 지금까지 노동조합에 대한 의리와 믿음을 놓지 않고 활동 중이다. 진경연 울산지부장은 그 팀의 막내다.

"2011년에 비정규직으로 울산공고 급식실에 입사했어요. 울산공고 사람들 중에는 정년퇴임한 사람이 벌써 3명이나 있어요. 언니들을 따라 저도 노조에 가입하려고 했더니 재계약에 문제가 될 수 있다며 처음엔 말리더라고요. 1년 뒤 무기계약직이 되자 마자 가입했어요. 울산지부에 급식실 조합원이 많이 없어서 그랬는지 2015년 여름 수련회를 갔을 때 지부장이 분과장을 권했어요. 언니들은 안 한다고 해서 제가 제일 젊기도 하고, 또 1년만 하면 되는 줄 알고 분과장을 맡았어요. 당시에는 맡기면 무조건 해야 되는 줄 알았죠. 그게 인연이 되어 지금까지 왔어요."

울산공고 급식실은 노동조합에 가입한 이후 학교 내에서 부당한 일에는 항상 목소리를 내고 적극적으로 문제를 해결하는 것으로도 유명하다. 그래서 상급자인 영양사들도 그들에게 함부로 하지 않는다. 열악하고 척박했던 시절을 노조와 함께 헤쳐온 결과인 것이다.

"언니들이 최근에도 힘들었던 시절을 떠올리며 가끔 화장실 수리비 얘기를 해요. 제가 오기 전에 급식실 전용 화장실 변기가 막혔는데 영양사가 수세미 때문에 막힌 것 같다며 조리사와 조리실무원들에게 돈 모아서 수리하라고 했대요. 근데 수리하고 보니 나온 건 수세미가 아니라 스타킹이었는데 급식실에서 스타킹을 신는 사람은 영양사밖에 없었던 거죠. 억울했지만 당시엔 아무 말도 못했다고 해요. 나중에 교장을 만날 일이 있어 그 이야기를 꺼냈는데, 그 날 이후 영양사가 교장을 못 찾아가게 막았다고 하더라고요.

6년 전에 새로 온 영양사는 저희에게 식당 바닥에 약품처리를 하고 기어 다니면서 철수세미질을 하라고 시키는 거예요. 저희끼리 단결해서 우리 일이 아니라고, 못하겠다고 맞선 일도 있었어요. 지금은 모든 것이 달라졌어요."

진경연의 기억에 남은 노동조합 첫 활동은 2016년 임금교섭을 앞두고 5월 31일 울산시교육청 앞에서 진행된 '울산 교육공무직 투쟁 승리 결의대회'였다. 그에게는 첫 집회였다. 김미경 수석부본부장과 김유미 경남지부장 등이 참석해 조합원 100여 명과 함께 승리를 다진 그 날, 진경연을 비롯한 울산공고팀은 '상여금 좀 주면 어때서'라는 개사곡을 합창하기도 했다. 2016년의 임금교섭은 17차에 걸친 교섭 끝에 50만 원의 정기 상여금이 신설되는 성과를 거뒀다.

"2016년의 11.12 서울 상경 투쟁은 함께 해준 청소 직종의 조합원이 많이 기억나요. 61세 어른이었는데 전 직장이던 효성에서 일할 때도 노조 활동을 했던 분이었어요. 처음에 같이 가자고 했더니 못 간다 하고, 감기로 고생 중이길래 더 말은 못 했는데 서울 가는 날 오셔서 서울 집회까지 같이 하고 내려왔어요. **서울 광장의 그 많은 사람들을 보며 그분이 그러**

셨어요. 꼭 해야 하는 일이라고, 꼭 필요하다고, 다음에도 따라올 거라며 자기가 못 오면 신랑이라도 보내겠다고요. 저도 그 날, 그 많은 학교 비정규직 사람들을 보며 눈물이 났거든요. 울산은 길이 멀어 아쉽지만 먼저 나올 수밖에 없었는데, 너무 추워서 다음에 올 때는 담요를 꼭 챙겨오겠다 마음먹으며 내려왔어요."

급식 분과 분과장이던 진경연이 지부장이 된 데는 남다른 사연이 있다. 2017년 10월 11일, 그는 급식실 언니들의 응원 속에 학교를 나와 자전거를 타고 교섭장으로 가던 길에 넘어져 팔꿈치가 부서지는 부상을 입고 말았다. 깁스를 몇 달 한 뒤 겨우 뼈는 붙었지만 급식실로 돌아가는 건 무리였고, 마침 선거를 앞두고 있던 울산지부는 학교로 돌아가기를 원하는 이명란 지부장 직무대행을 대신해 지부장 할 사람을 찾고 있는 상황이었다.

"일을 하던 사람이 일을 안 하면 몸살이 나요. 지부일이라도 하자는 심정으로 나왔어요. 2017년 선거를 거쳐 지부장이 됐어요. 지부장이 이렇게 힘든 자리인 줄 당연히 몰랐어요. 정말 힘들게 하고 있어요. 처음 본부 운영위에 갔을 때 전 지부의 조합원 수가 드러나는데 저희 지부는 심할 정도로 조합원이 적은 거예요. 원래 말도 없는 편이지만 너무 창피하고 아무 것도 없으니 할 말이 없어서 가만히 있다가 왔어요. 인천과 경기가 제일 자신만만해요. 충북과 전북은 목소리에 자신감이 넘치고요. 그나마 5월에 청소, 당직이 정규직 전환되고 저희가 100명을 조직해서 조합원이 대폭 늘었어요. 본부장에게 칭찬도 받았는데 좋더라고요."

4시 30분에 출근하는 학교 당직 근무시간에 맞춰 밤 늦게까지 학교를 돌아다니다 문전박대를 당하기도 하고, 이 나이에 무슨 노조 활동이냐고 따지는 사람도 있고, 자기가 알아서 내치는 사람, 잘 나가던 시절 이야기하느라 바쁜 사람, 월급 1%의 조합비에 그 정도로 되냐고 적극적으로 나서는 사람 등 사연도 사정도 많은 사람들을 만났다고 한다. 100명의 일시적인 성과가 있긴 하지만 문제는 탈퇴를 한 사람도 많다는 것이다. 청소노동자는 가입도 잘 안 하지만 탈퇴도 잘 하지 않는데 비해, 당직은 전화도 없이 통장을 해지해버리며 탈퇴하는 사람이 많아 곤란한 상황이라고.

또 울산지부가 청소, 당직 조직만큼이나 공을 들인 2018년의 사업은 교육감 선거였는데, 울산에서 최초로 진보 교육감 노옥희가 당선됐다. 진보 교육감에 대한 기대는 자연히 하반기 단체교섭으로 이어졌지만 교육청의 관료들이 바뀌지 않은 상태라 그다지 큰 차이는 없었다고 한다.

"스포츠 강사들 42명 중 41명이 파업에 참여하며 강한 의지를 보여줬는데 무기계약에 준하는 조건을 합의했고, 구육성회 호봉제 문제로 협상이 길어졌어요. 7개 시, 도 중에서 울산, 경북, 제주가 조건이 안 좋은 편인데, 월급제가 많이 개선된 데 반해 호봉제는 지역이나 학교에 따라 차이가 많이 나요. 울산은 행정실장과 말을 잘 해야 겨우 한 호봉을 올릴 수 있는 상황이었어요. 교육청은 월급제로 유도하는 입장이었고, 노조는 호봉제를 없애면 안 된다는 분위기였지요. 결국 호봉을 승급하지만 월급제보다 많이 주지 않는다, 그 정도에서 마무리했어요. 그게 2018년 교섭의 아쉬운 점이에요. 구육성회는 전회련 시절 조직된 오래된 분과고, 교섭 앞두고 피케팅하면서 열심히 싸웠거든요."

울산지부는 욕심내지 않고 작은 거라도 열심히 하는 게 계획이라고 한다. 그 중 대표적인 게 동아리 만들기라고. 주변에 좋은 산이 많은 울산 지역의 특성에 맞게 등산 동아리를 만들어 조합원들과 다니면서 관계를 더 돈독히 할 계획이라고.

"노동조합 활동하면서 딱히 더 힘든 건 없어요. 보람은 있죠. 전화로 조합원들이 물어볼 때 대답해줄 수 있거나 조합원들의 문제를 해결해줄 수 있을 때, 그럴 때 뿌듯해요.

저는 임기를 성실하게 채우고 빨리 학교로 돌아가고 싶어요. 급식실 일이 저한테는 너무 즐겁거든요. 요리하는 거 좋아하고, 남이 먹는 걸 보는 것도 좋아해요. 급식실은 돌아가면서 다양한 일을 하는데 저는 그 모든 일이 다 재미있어요. 다 힘들다고 하는데 저는 별로 안 힘들어요. 재미있으니까 즐거운 마음으로 하니까 안 힘든 건지도 몰라요. 저는 아침에 일어나서 갈 데가 있다는 것만으로도 좋아서 출근 시간부터 즐거워요. (급식실 이야기할 때 가장 행복한 표정의 진경연 지부장)"

진경연에게 노동조합이란?

"단체에 가입되어 있는 게 좋은 것 같아요. 이 나이에 고민이 있으면 얘기도 할 수 있고,

같이 활동을 할 수 있다는 게 좋아요. 처음 분과장 할 때 남편이 반대했어요. 일만 하면 되지 거기는 왜

가냐고. 근데 지부장 일을 하고 있는 지금은 되려 남편이 더 적극적이에요. 조끼도 챙겨주고, 늦게 와도 뭐라 안 하고, 생각도 많이 바뀌었고요. 물론 경제적인 것도 무시 못하겠죠?”

● 인터뷰 23 • 김계화 울산지부 조직국장

거제도에서 시민운동을 하던 활동가 출신인 김계화 조직국장은 대우조선 노동조합 조합원이었던 남편을 위암으로 잃고 10년 전 아이들과 함께 울산으로 왔다. 울산에서 생협과 진보신당, 장애인 부모회 활동을 하던 중에 전국교육공무직본부와 인연이 닿아 2017년 1월부터 근무를 시작했다.

"20대에 속해 있었던 카톨릭 노동 청년회 활동이 모든 것의 시작이에요. 그 후 참교육 학부모회 초창기 멤버로 활동했고, 민주노동당 상근직을 하다가 2006년에 기초의원 선거에도 나갔어요. 경남지부장이 울산지부 조직국장을 할 사람을 찾고 있었고, 창원의 아는 사람을 거쳐 울산에 있는 저에게 연락이 왔어요. 당시에 장애인 부모회 활동을 했는데 그 조직이 저랑 안 맞아서 옮길 생각을 하고 있었어요. 울산지부에 대해서는 복수 노조인지도 몰랐고, 체계가 안 잡힌 것은 물론, 인수인계도 못 받을 정도로 열악한 상황인지도 몰랐어요."

당시 울산지부는 배현덕 지부장과 조직국장이 사퇴를 한 뒤 해고투쟁을 하면서 얼떨결에 부지부장이 된 이명란이 지부장 직무대행까지 맡고 있었다. 복수 노조에다가 타 노조에 비해 존재감이 작았고, 분과장도 조직되지 않은 상황에 활동가 인프라 자체가 적어 조직의 체계를 잡는 게 급선무였다. 분과장이 자발적으로 나서는 구조가 아니라 무리해서 조직할 수밖에 없고, 그러다 보니 활동도 활발하게 이뤄지지 않았다.

"울산에서 가장 큰 특수학교인 해인학교가 우리 조합에 속해 있고, 특수학교 특유의 결집력으로 버스 두 대가 늘 상경투쟁을 하니까 본부에서도 울산 지부의 내부 사정을 자세히 알 수가 없었던 거죠. 활동가를 조직하는 것이 우선 과제예요. 서울은 안 가도 되니 회의만 참석하라고 무리해서 분과장을 조직하기 때문에 서울 상경 투쟁 같은 건 꿈도 못 꾸는 거죠. 한계를 품고 시작해요. 전 지부장이 무척 버거워했어요. 현 지부장이 나온 뒤에는 본부에서도 조직 문제로 압박하지 않아요. 서울지부도 내부적으로 힘든 일을 겪었지만 이제 체계를 잡았더라고요. 울산지부의 숙제예요.

한편으로는 오히려 울산이 체계가 잡혀 있지 않아서 만들어가는 재미도 있어요."

오랫동안 시민활동을 해온 김계화가 교육공무직본부에서 일하면서 느낀 바깥 사회와의 두드러진 차이는 학교라는 특수성, 특히 권위적인 질서에 익숙한 사람들이 은연중에 드러내는 위계와 권위였다고 한다. 조합원들 사이에서도 위계질서가 존재하는 것을 보고 다소 의아했다고.

또 노조 일을 하다가 학교로 돌아가는 사람들은 역으로 다시 학교의 위계질서에 적응해야 하고 그로 인해 상대적으로 답답함이나 자유롭지 않아 불편해 한다는 걸 이곳에 와서 처음 알게 되었다고 한다. 이런 것들은 바깥 사회와 다른 학교노동자들만의 특별한 문제라고.

"저는 참교육 학부모회 활동도 했는데 학교에 이렇게 많은 직종들이 있는 줄은 몰랐어요. 직종 간의 시기나 이기심이 나타나는 것도 처음엔 좀 낯설었고요. 어떻게 보면 그런 차별의식이 없으면 노조가 더 안 굴러갈 것 같아요. 가장 열악했던 사람들의 차별에 대한 불만으로 여기까지 온 것이고, 직종끼리의 차별이 없어지기를 조합원들도 바라고 있어요. 혹시 지금은 그게 추동력이 되고 있는 건 아닐까요? 그것마저 없으면 무엇으로 분노하나 싶을 때가 있거든요.

가장 큰 고민은 복수 노조라는 사실이에요. 본부도 부담을 갖고 있고, 그게 눈에 보이니까 저희도 부담스럽고, 그러다 보니 시간이 있어도 다양성을 위한 교육이나 다른 기획에 여유 있게 쓰지 못하고, 뭔가 계속 압박 상태로 휴식조차 부담을 느끼는 거예요.

임금 투쟁은 한계가 있고 벌써 그게 나타나기 시작했어요. 노동의 패러다임이 바뀌고 있는 상황에서 교육 현장에 있는 학교 노동자들은 생각이 더욱 성숙해져야 하는데도 불구하고 유령한테 쫓기듯 여유라고는 없어요. 노동자들은 조직력만 보고 더 큰 조직으로 옮기려 하고, 저희는 그런 힘을 갖추지 못해 아무리 당당하려고 노력해도 잘 안돼요. 그래서 지부장들이 힘들어 해요. 복수 노조의 안타까움이죠."

2017년 첫 임금 교섭을 나간 김계화는 말귀 알아듣는 게 우선 숙제였다. 학교의 질서나 문화, 불평, 불만들을 쉽게 알아듣고 문제를 해결하는 현장 출신들에 비해 학교 내부 사정을 잘 모르는 조직국장들이 근무 초기에 겪는 대표적인 애로사항이 바로 이런 문제들이다. 미리 교육을 받고 교섭에 나가도 조합원들의 사정을 대변해주고 문제를 해결할 정도로 감을 익히는 데는 꽤 많은 시간이 필요했다고 한다.

"임금 교섭에 대해 설명하는 분과 모임을 하려고 전화를 했는데 반응이 너무 없었어요. 임금 교섭 같이 1년 중에 가장 중요한 안건에도 참석을 거의 안 하는 것을 보고 울산지부의 사업 참여 규모를 대충 파악할 수 있었어요. 6.30 파업 조직은 실제 참여 인원이 거의 없어서 억지로 불러냈어요. 그럴 때면 자괴감이 들어요. 본부는 압박하고 지부들은 경쟁하는데 우리는 반응이 없고. 2017년에 비해 조합원이 두 배로 늘어나기는 했어요. 여기는 유니온샵이 아니고 조직하는 대로 들어오는 오픈샵이다 보니 지부장도 조직을 얼마나 하느냐에 따라 힘이 나오고 자신감도 생긴다고 해요. 해마다 숙명처럼 받아들여요. 계속 자괴감만 느낄 수 없어서 할 수 있는 것이라도 잘 하자고 마음먹었어요.

소수 노조의 장점을 살리고 노동조합 활동을 재미있게 하려고 '문화가 있는 노동조합'이라는 컨셉 하에 혼자 가는 여행 같은 문화적인 기획도 했는데, 2018년 상반기는 선거로 하반기는 교섭 등 현안이 생기면서 모든 게 흐지부지 되어버렸어요. 2019년엔 중요 현안이 임금 교섭 뿐이니까 동아리에 집중해 보려고요."

등산 동아리를 준비하고, 운영위원회 회의를 사무실이 아닌 나비문고라는 사회적 기업의 서점에서 한다거나, 녹색 조끼를 벗는 대신 녹색으로 드레스코드를 맞춰서 모이는 등 식상함이나 틀에 박힌 것을 벗어나 신선한 재미를 추구하다 보면 작은 변화가 생길 거라고 한다. 분위기가 가라앉아 있는 조직일수록 식상하면 안 된다고.

2018년 교섭에서 울산지부가 조합원 한 사람의 주문을 반영해 강력히 요구해서 따낸 것이 육아휴직 관련 조항이다. 기존에는 육아휴직이 인정되지 않았는데 이번 교섭을 통해 육아휴직 1년에 2년을 추가할 수 있도록 요구했고, 2019년 3월부터 적용되기 시작했다.

"국제전화가 왔는데 저는 보이스피싱이라 생각하고 전화를 안 받았어요. 지부장님도 몇 번이나 전화를 거부했다가 받은 거예요. 행정실에 근무하는 사람이었는데 휴직계를 내고 태국에 1년을 가 있는 상황에서 연장할 방법을 찾고 있었어요. 지부장이 지속적으로 상담을 해주고, 마침 저희가 교섭에서 따낸 내용이어서 흐뭇한 마음으로 성실하게 알려줬어요. 그분이 고맙다고 노조에 가입하고, 요즘도 가끔 문자를 나눠요. 상담을 할 때 해결이 되든 안 되든 마음으로 보듬어주면 그게 위로가 돼서 가입으로 이어지기도 해요. 그럴 때면 상담의 중요성을 깊이 깨닫죠. 물론 좋은 상담만 있는 것은 아니지만요. (웃음)"

울산지부는 "소수라서 좋아요", "맞춤 민원, 맞춤 상담", 등을 적극적으로 알려 나가며 소수 노조의 장점을 적극 활용할 계획이라고 한다. 또한 명이 참석하더라도 매주 분과 모임을 이어갈 예정이라고. 사무실의 소수 인원이 찢어져서 일을 하기보다 분과 모임과 현장 방문을 동시다발적으로 하는 방법을 찾아 능률적으로 사무실을 운영하는 게 목표 중의 하나라고 한다.

그리고 가장 중요한 간부 찾기! 지난 시간 간절했던 울산지부의 주요 프로젝트는 앞으로도 계속될 거라고.

"처음 왔을 때 '우리는 유령이 아니다' 라는 슬로건을 보며 정말 훌륭하다고 생각했어요. 정말 잘 외쳤어요. 실제로 유령이 아니라 교육공무직이 됐잖아요. 교육공무직본부 10년의 가장 중요한 성과겠지요. 처우 관련해서도 기죽지 않고 잘 바꿔왔고요. 직종이 많은 탓에 아직도 갈 길은 멀지만 숙제를 잘 풀어 가는 것 같아요.

내부적인 성숙 문제, 복수 노조의 압박감, 늘어가는 무임승차 등 이런 것에 대한 전반적인 고민을 본부도 하고 있겠죠? 본부가 압박 받으니 우리도 덩달아 압박 받아요. 그래서 우리는 본부에 불만 있다는 말을 못해요. 사실 우리는 본부에 불만도 없고요. 애쓰고 있는 걸 아니까 어떻게 저희까지 신경 쓰겠냐 싶어서 말 못해요. 저희는 그저 더 힘이 되고 싶고 잘 하고 싶어요. 무급 전임자도 보내줬으니까요. (웃음)"

노조 가입률이 10%도 안 될 정도로 낮은 한국의 상황에 전국교육공무직본부가 전체 노조 가입률에 기여하는 바가 크고, 그런 점에서 자신이 의미 있는 일을 하고 있다는 것, 그게 노동조합 활동을 하는 보람이라고 김계화는 말했다. 또 노동자의 의식을 더 넓게 더 단단하게 만들어야 할 필요성을 강하게 피력했다.

"권위적, 보수적으로 흐를 수 있는 학교라는 직장 자체가 학교 비정규직들의 노동조합이 생기면서 분위기 전환이 됐어요. 교육 관료들의 보수성에 맞서 권위와 보수에 매몰되지 않았다는 건 큰 의미가 있어요. 우리 조합원들마저 없었다면 차별받으면서 스스로 관료화되었을 수도 있어요. 그런 상상을 하면 정말 끔찍해요. 그런 점에서 노동조합은 정말 중요한 것 같아요. 저희는 중간자로서 단순히 현장의 불평불만을 넘고 개인의 피로함을 넘어서 어떻게 상담을 해가야 하는지, 그런 생각을 많이 해요. 힘든 건 제가 좀 더 노력하면 된다고 생각해요. 오늘 인터뷰를 하면서 또 반성하게 되네요.

저희 지부 전임 3명은 모두 전태일 노동대학에 들어갔어요. 노동자의 의식을 더 단단하게 다잡고 넓게 볼 수 있는 안목을 키워야 힘든 시기를 슬기롭게 넘어갈 수 있을 거예요."

김계화에게 노동조합이란?

"장애인 부모회에서 일할 때 힘들었던 것은 처우가 정말 나쁜데 불쌍한 아이들을 위해 희생해달라며 판에 박힌 활동가상을 요구했어요. 이사회 같은 조직이 내부적으로 활동가들의 입장을 난처하게 만들었어요. 저희는 처우개선을 요구하면 안되는 것으로.

차라리 노조는 부당하게 차별받는 사람들을 대변하니까 더 시원할 수 있지 않을까, 일 자체가 싸우기를 요구하니까요. 그래서 개인적으로 외치지 못했던 답답한 것들이 해소될 수 있겠다고 생각했어요. 또 계속 공부하게 만들어요. 제가 답답하니까 공부하고, 또 늘 새로운 관점이 요구되기도 하고요. 학습 소모임을 안 한지 오래되었는데 책 모임도 스스로 하게 되었어요. 늘 새로운 생각을 하게 만든다는 점에서 개인의 발전을 위해 노조일이 괜찮은 것 같아요.

노동조합 활동은 소리칠 수 있는 일이잖아요. 그러면서 해소되는 답답함들, 거기서 느끼는 카타르시스도 있고요."

9_대구지부의 역사

대구지부의 시작

2011년, 영양사 조직의 대표 자격으로 김영순 초대 지부장이 이태의와 이시정을 처음 만난 후 중학교 영양사 80여 명으로 대구지부가 시작됐다. 그 후 영양사들이 조리원과 함께 가입하고 급식실이 가입한 학교의 사무직도 동참하면서 2011년 10월29일 400여 명의 조합원들과 함께 경북대학교 대강당에서 출범식을 가졌다. 출범식과 함께 김영순 초대 지부장과 최태규 부지부장의 1기 체계가 활동을 시작했고, 2014년 임정금 지부장이 이어받아 2015년 2,000 조합원 시대를 열며 사무실을 마련하고 3기와 4기를 이끌었다.

대구지부의 현재

2012년 상근자 1명으로 시작해 현재 현장 상근 4명, 채용 상근 3명, 방학 추가 1명 해서 모두 8명이 대구지부 사무실에서 근무하고 있다.

3개 노조 연대회의는 갈등은 있지만 다른 지역에 대비해 회의와 협의를 거치면서 잘 가는 편이다.

대구지부의 특징

다른 지역에 비해 1시간 내로 모두 모일 수 있는 광역시의 지리적 특징을 적극적으로 살려 2012년부터 다양한 분과 투쟁이 벌어졌다. 그 결과 분과 모임이 활성화되어 있다. 대신 지회 활동은 활발하지 않다. 중앙으로 모이기 쉽기 때문에 지회가 사실 유명무실하다고. 지회 안에서는 이해관계가 없어 다양한 친목 활동을 만들어 지회 활성화를 위해 노력 중이라고.

● 인터뷰 24 • 김영순 대구지부 초대 지부장

전회련 설립 초기 영양사 조직은 많은 지역에서 지부 설립의 토대가 되었다. 대구지부도 그 중 하나이고 김영순 대구지부 초대 지부장도 영양사 출신이다. 그는 1997년 IMF 시기 후 학교 급식이 시작되면서 비정규직 영양사로 채용되어 학교 생활을 시작했다. 당시엔 일자리가 너무 없어서 비정규직에 작은 월급인 걸 알면서도 먹고 살기 위해 받아들일 수밖에 없었다. 하지만 세월이 지나도 비정규직 영양사들의 처우는 나아지지 않았고, 정부는 의지가 없었고 교육청은 방법이 없다고 했다. 여건을 개선하고 싶으면 시험을 봐서 영양교사가 되라고 했지만 정작 그 일자리는 경쟁이 치열했다. 바꿀 수 있는 방법이 없어 그냥 견디며 살다가 영양사들이 뭉치기 시작했다.

"영양사들끼리 단합이 잘 되었어요. 어떡하든 우리 힘으로 만들어보겠다는 의지도 있었고요. 처음엔 여성노조에 먼저 가입했지만 거기가 너무 힘이 없고 인원도 적어서 탈퇴하고, 2년 뒤에 다시 노조 가입 이야기가 나왔어요. 그 때는 영양사들 전국 조직 내에서 대부분 전회련으로 가자는 의견이었어요. 다른 조직으로 가는 사람도 있었지만 목표는 같았죠. 임금을 올리고 영양사들을 위한 정책을 세워보자는 것. 영양교사와 같은 일을 하는데도 비정규직은 근속 1년이나 20년이나 100만 원이었죠. 노동조합이 절실했어요.

노조 가입을 결정하고 대표자를 뽑기로 했는데 나서는 사람이 없었어요. 제가 가장 연장자라 임시로 맡기로 하고 협의해서 대표를 뽑으라고 했는데 그대로 굳어져버렸어요. 당시에 영양사들이 다른 노조와 양다리를 걸치기도 했어요. 너무 절박해서 할 수 있는 건 다해보자는 마음이었고, 한 곳만 바라보다 아무 것도 안 될까 걱정도 많았고요."

2011년 김영순은 영양사 조직의 대표 자격으로 이시정과 이태의를 커피숍에서 처음 만났다. 그 후 한 달에 한 번씩 미팅이 이어졌고, 노조 가입을 유도하라는 요청을 시작으로 노조 활동이 조금씩 시작되었다. 초기에는 대구 시내 영양사들이 공유하는 놉스프로라는 시스템을 이용해 노조 가입을 유도하고 파업에 관한 내용도 전달하는 등 지부의 모든 업무를 진행했다.

"처음엔 **중학교 영양사들만 가입해서 조합원 80명 정도였다가 출범식 할 즈음엔 다른 학교 영양사들과 조리사들, 영양사가 가입한 학교의 사무원까지 가입하면서 400명 정도가 되었죠. 출범식을 앞두고 영험하기로 소문난 대구 팔공산 갓바위에서 정성을 올렸어요.** 결국 임시로 맡은 영양사 대표직이 출범식 때 지부장이 돼 버렸어요. 너무 힘들었어요. 이병수 조직국장이 오지 않았으면 더 빨리 포기했을지도 몰라요."

학교 비정규직의 총파업 소식이 알려지면서 학교에도 기자들이 찾아오고 교장도 눈치를 보며 불편한 마음을 내비치기도 했다. 당시 대구의 분위기는 영양사들의 파업 동의가 절대적으로 필요한 상황이었다. 조리사들은 영양사의 뜻에 따르겠다는 입장이었다. 답답한 현실을 바꿀 방법은 파업밖에 없다고 생각했다. 뭣도 모른 채 뒷일은 생각하지 않고 무대포로 밀어붙였다고 김영순은 당시의 상황을 전했다.

"교육청에 500여 명의 조합원들이 모였어요. 우리 자랑인지 모르겠지만 대구는 집회를 하면 늘 그 정도는 모였어요. 많을 때는 1,000명 정도도 모이고요. 대구 사람들은 화끈해서 화끈하게 잘 모이지만 탈퇴도 화끈하게 해요. 제가 경북 출신이라 그런지 모르겠지만 대구 사람들 참 이해가 안 갔어요. (웃음)

대구는 첫 파업 때 얼굴 안 가렸어요. 집회에서 한 번도 얼굴 가린 적이 없어요. 화끈한 사람들이라 '니 할라면 해라, 자르려면 잘라라' 이런 분위기였죠. 조리사들은 이미 바닥이어서 손해 볼 것 없다는 마음이었어요. 월급 오육십만 원 받고 일하는데 길바닥에 나앉아도 괜찮다, 이래 잘리나 저래 잘리나 똑같다, 그런 심정으로 모두 파업 현장을 지켰어요."

시작은 영양사들이 했지만 뒤를 이어 사무직이 많이 가입한 게 대구지부의 특징이다. 최태규 부지부장을 비롯한 사무직 전산 분과 사람들이 대구지부에서 여러모로 일을 많이 했다. 대구 400개 학교 전산직 3분의1이 조합원으로 가입했다.

전산 분과는 학교 비정규직 직종 중에 시설 분과에 이어 남자들이 가장 많은 곳이다. 방학이면 임금이 없는 275 근무일수와 필요할 때 아무 때나 부르고 임금은 적절하게 책정되지 않아 전산 분과의 많은 남자들은 아르바이트를 해야 생활이 가능한 상황이었다. 그래서 절실함도 컸다.

"전산 분과에 이어 과학실무사들이 가입했고 뒤이어 사서들이 들어왔어요. 사람이 많아지고 일도 많아지면서 분과장들도 금방 생겼어요. 집회가 있을 때마다 최태규 부지부장이 사회를 보고, 전산분과에서 일을 도맡아 하면서 이 분들에 의해 조직이 더 커졌죠. 저는 가이드라인만 잡아주고 실질적으로는 최태규 부지부장이 많이 움직였어요.

대구는 다른 지역에 비해 해고 문제가 그리 크게 발생하지는 않았어요. 몇몇 사립학교에서 문제가 생긴 적도 있었지만 해결이 됐고, 영어회화 전문강사, 사서, 초등 돌봄 등에서 약간 문제들이 있었지만 분과와 노조에서 적극적으로 대응하면서 수습을 했지요."

대구지부 설립의 주역이었던 김영순 지부장은 2014년에 임기를 마치고 학교로 돌아갔다. 전임으로 나오지 않았지만 학교 일과 노조 일을 병행하느라 12시 전에 집에 들어가본 적 없이 살았다. 고등학교 다니는 딸에게 엄마로서 해줄 수 있는 건 아침 도시락밖에 없었다고 한다. 그나마 딸이 공부하느라 바빠서 11시에 들어오는 게 다행이었다고. 김영순은 노조 일보다 학교 일이 편하다고 솔직한 심정을 전했다.

"40대에는 뭐든지 할 수 있을 것 같았는데 50대가 되면서 겁이 나기 시작했어요. 노조에 대한 두려움 때문이 아니라 몸이 많이 피곤했고 뚜렷한 성과가 없어서 회의가 들기도 했고. 다른 분과들의 성과에 비해 영양사들은 그다지 나아진 게 없다며 같은 영양사들끼리 비난을 하는 게 정말 힘들었어요. 나는 죽어라 했지만 영양사들은 자신들이 그렇게 도와줬는데도 노조가 다른 일만 한다며 저를 비난하더라고요. 영양사들끼리 한 쪽은 협회 탓, 한 쪽은 노조 탓을 하며 대치하고 제가 영양사 회장을 사칭하고 다닌다는 헛소문에, 협회는 교사가 되는 방법이 있다며 돈을 내라고도 하고. 몸 힘든 건 쉬면 되지만 그 스트레스를 감당하기 힘들었어요. 그래서 현장으로 완전히 돌아간 뒤에 노조 사람들을 보는 게 더 마음 불편하고 그랬죠."

김영순은 현재 초등학교에서 일하고 있다. 초등학교는 우유 관리에 관련된 업무가 많아서 식단을 짜는 것만큼 번거롭고 바쁘다고 한다. 작은 학교라서 도와줄 사람도 없이 한 달에 두 세 번씩 나가는 모든 안내장을 혼자 인쇄하고 배포해야 하는데 그럴 때면 교육청에서 자신이 미워서 이런 곳에 보낸 건 아닌가 싶은 생각이 들기도 한다고. 그래도 노조 활동을 하면서 모두 고생한 덕분에 임금이 조금씩 올라간 건 큰 보람이었다며 노조를 만든 건 잘한 일이었다고 평가했다.

"목표를 이루기 위해서는 갈등도 있고 싸움도 눈물도 있는 것 아니겠어요? 모두에게 힘든 시간이었지만 이겨냈고 결과적으로 좋은 세상이 왔다는 것, 제 작은 노력이나마 기여한 바가 있고 자부심을 가져요."

김영순에게 노동조합이란?

"삶에 있어서 노조는 필요한 것이라고 생각해요. 우리 삶의 질을 올릴 수 있는 게 노조가 아닐까요. 일을 해보면 5~60만 원 받을 때보다 200만 원 받을 때 행복한 얼굴을 하고 있어요. 힘들지만 대우받는다는 느낌 같은 거겠죠. 자본주의 사회니까 그런 데서 사는 보람을 느끼는 거잖아요. 이제 아이들도 다 크고 적금도 들고 노후 생활도 꾸릴 수 있는 여유가 생겼다는 것, 내 직업이 있다는 것에 큰 의미를 둬요."

● 인터뷰 25 • 이영란 대구지부 지부장

전산 분과 분과장 출신인 이영란 지부장은 지부장을 맡을 때 자신이 먼저 손을 들고 나선 전국에서 몇 안 되는 인물 중 하나다. 전산 관련 전공자인 이영란은 백화점 용역 일, 약국 영업, 조리실무원, 전산보조 등 사회생활을 시작한 이래로 다양한 일을 경험했고 한식조리사, 사회복지사, 직업상담사 등 자격증만 세 개나 갖고 있는 능력자다. 하지만 그가 거쳐 간 일자리들은 모두 비정규직이었고, 비정규직의 삶은 언제나 고단했다.

"지부장을 추대하는 운영위원회에서 제가 이런 말을 했어요. 학교 조리실무원으로 일했던 경험으로 급식실의 사정을 이해하고, 사회복지사 자격증을 가진 사람으로 학교 사회복지사들의 상황을 더 잘 파악할 수 있고, 직업상담사 자격증이 있어 다양한 직업을 잘 이해하는 전문적인 지부장이 될 자신이 있다고요. 선생님들의 아픔에 공감할 마음의 준비가 되어 있다고요.

사회 생활을 시작한 이후 안정적이고 좋은 일자리를 찾기 위해 시간과 노력을 정말 많이 들였지만 저한테는 여전히 너무 먼 얘기였어요. 노조를 알게 되면서 스스로 바꿔 나갈 수밖에 없다고 생각하게 되었어요. 그래서 분과장도 지부장도 해보겠다고 나섰어요. 이제 2년차에 접어든 지부장이라 아직은 부족하지만 2019년엔 더 잘 할 수 있을 거라 생각해요."

이영란의 학교 생활은 2005년 상무초등학교 조리실무원으로 시작됐다. 한식조리사 자격증을 딴 뒤, 부푼 꿈을 갖고 일을 시작했지만 상상과 다른 현실에 놀라고 말았다. 전쟁터 같은 조리실은 정신없이 돌아갔고 작은 사고가 여기저기서 속출했다. 이영란도 고무장갑만 믿고 뜨거운 물에 손을 집어넣었다가 화상을 입었지만 대체 인력이 없어 다음 날 바로 근무를 한 경험이 있었다.

경력 단절 여성이 일자리를 구하기 쉽지 않았고, 적은 돈이지만 그나마 아이 맡기고 일하기에 학교는 좋은 곳이었다. 당시에 월급으로 74만 원을 받았지만 19개월짜리 어린이집 비용으로 42만 원이 나갔고, 일이 힘들어 퇴근 후 한의원 들르다 보면 오히려 돈이 부족했다. 월급 받을 때면 서러운 마음이 들어 1년을 하고 그만둔 뒤, 2007년 9월 전공을 살려 전산보조 학교회계직으로 다시 취업을 했다.

"아이들을 인터넷 원주민으로 교육해야 한다는 시대 요구와 맞아떨어져 제 업무가 스마트 기기를 활용한 교육 지원 쪽으로 변하면서 전자계산학과 출신인 제 전공을 살릴 수 있게 되었어요. 점점 학교에 적응이 되어갔죠. 2012년 5월 행정실에 온 노조가입 팩스 한 장을 보고 바로 적어서 보냈어요. 그러다가 학교 공무원들이 연차 수당 같은 것을 원칙없이 마구잡이로 계산한다는 걸 알게 되었어요. 학교니까 공무원이니까 그냥 믿은 건데 그 얼마 안되는 돈이 책정하는 사람에 따라 다르게 나오는 것을 보고 화가 났어요. 그 일을 계기로 내가 모르면 안되겠다는 생각을 하기 시작했어요.

1년마다 재계약해야 하는 파리 목숨이었고 월급은 100만 원이 넘지 않았죠. 온전한 직업을 갖고 싶었어요. 그런 일을 겪은 뒤라 노조의 필요성을 강렬하게 느낀 거죠."

2015년 교육감이 직고용을 무기로 강제전보를 시행할 때 비슬초등학교로 전보를 간 이영란과 교무, 교행, 과학, 사무직들이 뭉쳐 방중 비근무로 인해 발생하는 불합리함을 개선해달라며 행정실을 압박했다. 방중 비근무자들은 단 며칠이라도 방학에 근무를 하려면 근거 자료가 필요했다. 그나마도 32시간 이상은 불가능했고 어떤 파트는 10시간도 안 주면서 예산 부족을 핑계로 일이 있더라도 학기 중에 하고 방학에는 참으라고 했다. 하지만 업무의 효율 측면에서도 행정 상근에게 과중되는 업무를 줄이기 위해서라도 방중 근무시간을 확보하는 것은 필요했다. 사무직들이 뭉쳐서 이의제기를 계속 한 결과, 교감이 조율해주면서 36시간을 확보하는 작은 성과를 거뒀다.

그러던 중 지부 설립 초기부터 대구지부와 전산 분과를 이끌어온 최태규 부지부장이 직을 내려놓으면서 전산 분과 조합원들에게 장문의 카톡을 남겼고, 이 글은 이영란이 지부 활동에 적극적으로 참여하게 되는 계기가 되었다.

"파업에 참여하라는 부지부장의 전화도 받았는데 참석하지 못해서 마음 속에 부채감은 늘 있었죠. 그동안 힘들었고 본인의 능력에 한계를 느껴 그만 내려놓고 싶다고, 대신할 사람이 없어 문제지만 더 이상은 무리라는 내용이었어요. 그 글을 읽으며 많은 감정이 교차했죠. 사무국장이 분과장을 세워야 한다며 임시 소집을 했어요. 현 전산 분과 분과장인 최정민이 밑도 끝도없이 똑똑해 보인다는 이유로 저를 추대했어요. 아이도 중학교에 들어간 뒤라 그냥 받아들였어요. 추천한 본인은 부분과장을 맡고요."

2017년 분과장을 맡으면서 1년 동안 교육청 앞에서 상시근로 실시를 주장하는 피케팅을 했어요. 그리고 2~3년간 정체기였던 전산 분과의 분위기를 바꿔보려고 조합원들을 만나러 다녔어요. 술 한 잔 커피 한 잔, 얘기 많이. 기존에 투쟁했던 사람들의 성과와 한계도 들으며 나름의 데이터를 마련해 나갔죠. 또 당시의 대구 지역은 전보를 빌미삼아 사무1직군(교무, 교행, 과학, 전산, 행정)의 통합이 이뤄지고 있었어요. 직군에 상관없이 학급 수에 따라 인원을 배치했는데 전문성은 무너지고 업무 폭탄이 떨어졌어요. 교육청은 예산을 빌미로 자연감퇴의 수순을 밟고 있었던 거죠. 분과장으로서 한계를 느꼈어요. 어떡하든 이 문제를 해결하고 싶은 마음에 2017년 하반기 운영위에서 지부장을 하겠다고 말했어요."

지부장이 되자 마자 처음 한 두 달은 간부들이 흔히 말하는 회의 투쟁이라고 본부 운영위, 민주노총 지역본부 운영위, 공공운수노조 지역본부 운영위 등 회의 적응하느라 정신 없었고 그 와중에 현장은 전보가 몰리는 2월에 발생하는 문제들을 해결하느라 바빴다. 그 중 전산 담당에게 과학 업무를 이관시킨 입석초 사태는 교육청의 강제 전보와 사무1직군 업무 통합의 문제를 보여주는 대표적인 사례였다.

"전산 담당에게 과학을 주 업무로 맡긴 거였어요. 담당 선생님은 과학을 모르는데 어떻게 하냐며 그만두고 싶은 심정이라고 말했어요. 이런 식의 업무 통합은 사람을 죽이는 일이나 마찬가지예요. 2016년부터 전보를 통해 인위적으로 인력감축을 하는 교육청의 행태는 점점 심해지고 있었어요. 아무 것도 하지 않으면 암묵적 동의가 된다고 생각해요. 그래서 지부 차원에서 적극적으로 투쟁에 나섰어요."

대구지부는 3월 15일부터 학교 앞에서 피케팅을 하고 항의 방문을 이어가면서, 교사, 공무원, 교육공무직 3주체 토론회를 열어 무분별한 업무 통합의 문제를 적극적으로 알려 나갔다. 업무분장은 여전히 교장 재량이어서 교육장과 조율해도 문제는 해결되지 않았고, 6월 1일을 기점으로 대 교육청 투쟁으로 확산시켜 지회별 분회별 릴레이 피케팅을 벌여 나갔다.

교육청을 상대로 사무직군 통합저지 투쟁을 진행 중이던 2018년 10월, 교육청이 행정실무사를 제외하고 전산, 과학, 교무행정을 합쳐 명칭을 행정실무사로 규정하는 내용을 일방적으로 발표해 또 한 번 교육감 사무실로 쳐들어가기도 했다. 새로 당선된 교육감 면담에서 대구지부는 직종 명칭 표기와 업무를 인정하는 대신 상시근로를 요구했고 주 업무 표기와 방중 근무 10일을 따내는 합의를 이뤄내고 추후를 도모하기로 했다.

또 2018년의 대구지부는 소규모 활동이 적극적으로 이뤄졌다. 현재 간부수련회 동아리 경연대회에서 1등을 한 풍물패 장구동아리와 율동패 펴펴펴(몸펴, 인상펴, 인생펴), 근기법 그기 뭔대? 등 5개 동아리가 활동하고 있다. '근기법 그기 뭔대?' 동아리는 단체협약이나 공문 등 문서들을 검토하고 공부하는 모임으로 단체협약 국면에서 전문적인 실력을 뽐내기도 했다고. '밥묵자'는 7개 지회장들의 정기 소모임으로 지역을 돌며 모임을 갖고 필요할 때는 농성장에 와서 힘을 보태기도 한다. 지역에서 같이 밥 먹던 사람들의 소모임이 집회로 이어지며 적극적인 소통을 이뤄냈다는 측면에서 의미 있는 소모임 사례라 할 수 있다. 그외에도 노동강도가 센 급식분과처럼 퇴근 후 지부사무실에 나오기 힘든 직종을 위해서 찜질방 코스라든지 조합원들의 상태나 요구에 맞는 조직 활동을 다양하게 고민 중이라고 한다.

"2018년 4월에 조직개편을 하면서 조직도를 도표화했어요. 전화나 연락을 취하기 쉽게 지회와 분과를 묶어 놓은 연락 체계를 만들었는데 조직도가 있으면 나눠서 연락하기도 쉽고 불특정 다수에게 보내는 게 아니라서 책임 소재도 분명해지죠. 움직일 때는 쪽수가 중요하니까. 나의 처우, 너의 처우, 우리의 처우를 바꿔서 이후에 내 자리가 비정규직, 아픈 자리, 배고픈 자리로 남지 않고 당당하게 물려줄 수 있는 자리로 만들기 위해서 언제든 빨리 많은 사람이 투쟁에 나설 수 있어야 하거든요."

2018년 선거활동을 그렇게 열심히 뛰었는데도 대구에서는 3.9% 차이로 보수 강은희 교육감이 또 당선됐다. 교육감 당선 후 이영란 지부장은 더 열심히 싸우고 달리기 위해서 신발을 세 켤레나 샀다고 한다. 또 전직종 산보위 교섭 국면을 잘 마무리하는 것도 노조의 당면 과제임을 강조했다. 더불어 간부들에게 맞는 심리 트라우마 치유센터의 필요성 또한 짚고 넘어갔다. 자신이 소진되는 작업을 하는 노조 간부들을 더 이상 방치하는 건 노조의 미래를 위해서도 좋지 않다고.

전국교육공무직본부의 젊은 피답게 할 일과 하고 싶은 일을 열정적으로 쏟아내는 이영란 지부장이 생각하는 노동조합 10년의 성과와 한계는 무엇일까.

"처음보다 임금이 2.5배 상승했어요. 곧 3배가 될 텐데 이것은 아이의 성장에 비교하면 육체적 성장이라고 할 수 있어요. 거기에 비해 우리 조합원 한 사람 한 사람의 정신적 성장은 아직 한계가 있는 것 같아요. 교육공무직본부 안에서도 임금 체계가 달라서 내부 갈등은 그대로 존재해요. 공무원처럼 임금 체계가 통일되어야 한다고 생각해요. 물론 한계는 있겠지만요."

이영란에게 노동조합이란?

"새로운 도전이죠. 2010년에 사회복지사 공부를 해보니 사회복지사라는 직업은 사회에서 소외받는 사람들에 대한 행정적 배려를 하는, 일종의 브로커 같은 것이더라고요. 그 후 직업상담사 공부를 해보니 상담은 마음을 어루만져 주고 공감해주는 게 전부여서 어떤 한계를 느꼈어요. 제게 남은 생이 어느 정도인지 모르겠지만 열심히 즐겁게 하고 싶은 것을 하며 살고 싶어요. 노조에는 다양한 직군과 사고를 가진 사람들이 있잖아요. 다양한 사람들을 대하며 적극적으로 귀 기울이고 소통하면 그게 전부 경험이며 공부라고 생각해요.

아픔, 애환, 기쁨 이런 걸 많이 느껴요. 사람 사는 냄새도 느끼고요. 가슴에 담아두기만 하지 않고 어떤 형태로든 표출할 수 있도록 해줘요. 힘들지만 기쁘고, 성취감도 있는 곳이랍니다."

● 인터뷰 26 • 이병수 대구지부 조직국장

대구지부의 조직국장 이병수는 민주노동당 대구시당위원장이던 2011년 유시민 계열과 민주노동당이 통합하는 것에 반대하며 탈당 후 공공운수노조 대경본부장의 추천으로 이시정을 만나면서 전회련에 첫 발을 내딛었다. 노동 현장에서 봉사하고 싶은 마음을 늘 가지고 있던 터라 오래 고민하지 않고 2012년 2월부터 대구지부에서 일을 했다고 한다.

"대구지부 출범식 소식은 사진으로 먼저 접했어요. 노조라고 해봐야 보통 몇 십 명인데 경북대에서 몇 백 명이 출범식을 하는 걸 보고 놀랬던 기억이 있어요.

일을 시작하면서 더 놀랐죠. 일반적으로 학교 같은 공공 부문에 대해 갖는 기대와 달리 우리 사회의 온갖 나쁜 짓은 다하고 있는 곳이 학교더라고요. 연평균, 매일 19시간 일하는 학교 당직경비는 80년대부터 노동운동을 해온 제 입장에서도 최초의 사례였어요. 300명이 10개월에 한 번씩 퇴사를 당하는 사서들도 정말 이해가 안 갔어요. 계속 근무를 해야 하는 상황인데도 말이죠. 급식실 사람들은 모두 아팠어요. 무릎, 관절, 허리, 어깨, 목, 일반 직장보다 아픈 사람들이 많은데도 그냥 방치하고 있었어요. 그리고 사무직 남자 노동자들은 저임금에 방학 동안은 임금이 없어 학교 근무 후에 알바 하러 가더라구요.

그냥 나쁜 건 다 모아 놓은 게 학교였어요. 최악이였어요. 당직경비는 기네스북에 오를 정도가 아닐까 싶었죠. 게다가 사용자들에게 근로기준법에 근거해 시정을 요구해도 잘 받아들이지 않고, 교육청 공무원들은 노동자들이 이겨서 오면 그제서야 일을 처리해줬어요. 법에 대한 태도가

지 나빴어요. 하나하나 총체적으로 심각했지요."

대구지부도 겨울이면 해고 전화가 많이 걸려왔지만 개별 사안은 학교장들이 잘 들어줬고, 단체 해고는 교육청에서 거의 수용해주면서 노조의 투쟁으로 거의 해결했다고 한다. 현재까지(2019년 1월 기준) 해고된 조합원을 1명도 예외없이 모두 복직시킨 것은 대구지부의 자부심이기도 하다. 아주 특수한 잘못이 있는 경우를 제외하고 조합원이 아닌 경우도 해고 문제는 해결해야 한다는 생각으로 투쟁했다고.

그 중에서 2012년 2월, 복현중학교에서 해고된 사서가 찾아오면서 시작된 사서 해고 철회 투쟁은 지부가 출범한 후 치른 가장 치열했던 싸움이었다. 무기계약 전환을 앞두고 사서를 해고하려는 대구 교육청의 움직임이 발단이 됐다. 교장이 복직을 약속한 상황에 경북 지방 노동위원회에서 '사서 해고는 부당 노동 행위가 아니라는 판결'이 나면서 교장이 해고를 선택하고 말았다. 결국 교육청으로 가서 피케팅을 시작했다. 투쟁 의제를 해고 철회에서 그치지 않고 대구 지역의 학교 도서관 문제로 확장시키며 지역에서 공청회를 벌이고 국회를 찾아가 호소했다. 대구 지역 아이들의 자살률이 높던 시기여서 아이들의 인문학적 소양을 높이기 위해 학교 도서관을 활성화하고 교육 문화를 바꿔야 한다며 지역 여론을 만들어 갔다. 결국 교육청이 사서 무기계약 전환을 약속했고 300여 명 전체가 복직했다. 그 후 우동기 교육감과 교육청도 인문학적 교양을 더 강조하는 정책들을 펴 나갔다. 직종 싸움이 교육 의제로 확산되며 교육의 변화를 이끌어낸 투쟁이었다. 노동자들은 자신감을 얻었고 조합원들은 노조를 점점 신뢰하게 되었다. 이 투쟁을 계기로 사무직들의 노조 가입이 폭발적으로 늘어났다.

또 하나, 대구지부가 자랑할 만한 대표적인 사업이 간접고용 형태였던 학교 당직경비들의 처우개선에 앞장선 것이다. 당시 당직경비들은 19시간 노동에 급여는 7시간만 책정되는 상황이었다. 이 사업은 2012년부터 2015년까지 3년에 걸쳐 진행되었는데 2018년 문재인 정부가 공공부문 정규직 전환 정책으로 청소, 당직을 직고용하기 전, 전국에서는 대구지부와 서울지부만이 유일하게 이 사업을 진행했다.

"상근자는 저 혼자였을 때였죠. 당직 경비들의 상황이 너무 열악해서 어떡하든 방어를 해야겠다고 생각했어요. 용역회사의 체불임금을 고발하고, 용역회사에 단체협약서를 내밀었어요. 큰 업체부터 유도해서 4분의3에 해당하는 6개 용역회사와 협약, 합의서를 만들었어요. 그 합의서를 교육청에 보냈죠. 전국에서 우리가 최초였어요. 평일 7시간, 토일 11시간 급여를 보장하고, 다른 지역이 170시간, 180시간으로 급여시간을 줄여 나갈 때 우리는 240시간을 지켰어요. 4시간의 휴식 시간을 포함하고 연속으로 2일 이상 근무를 하지 못하게 못박았어요. 근무시간을 줄이고 싶었지만 당사자들의 수입 감소와 직결되는 문제가 있어서 그건 어쩔 수 없었어요."

간접고용 처우개선 사례는 또 있다. 2014년 돌봄의 경우, 무기계약 전환을 앞두고 교육청이 외부에 재단을 만들어 간접고용으로 전환시킨 걸 대구지부가 직고용으로 되돌려 놓았는데 이것도 전국 최초의 사례라고 한다. 학교에 남아있던 사람은 무기계약으로 전환이 되었지만 외주로 나간 사람들은 직고용보다 임금도 낮았고 계약직 상태였다. 재단 이사장과 교섭을 시작했고, 나중엔 교육청과 3자 대면까지 가면서 결국엔 모두 직고용을 만들어냈다.

"문제가 최악이면 무조건 돌파하는 방식으로 해결했어요. 조합원이 아니더라도 시급한 문제는 해결하려고 노력했죠. 지부장들과 나, 우리 모두 같은 생각이었고, 적극적으로 임원들이 밀어주고 공감해줘서 일을 해나갈 수 있었어요."

2012년 전국에서 동시에 시작된 직종 통합 반대를 내건 사무직 투쟁은 대구지부의 돌파력과 적극성을 보여주는 대표적인 사업 중 하나다. 대구지부는 2014년부터 5년 동안 정원 확보를 요구하며 싸웠다. 다른 지역이 상시근로를 조건으로 직종 통합을 받아낼 때 대구만 버티고 있다가 2018년 정원 규정 만들 때 주 업무를 기재하는 것으로 다소 해결했고, 방학 연중 10일 근무를 따내면서 상시근로의 기반을 마련했다.

"전산 분과가 2012년부터 사무직 투쟁을 선도해왔지만 긴 시간 진행된 지리한 싸움으로 좌절을 겪었어요. 이영란 지부장이 분과장을 하면서 다시 전산 분과가 앞서 나가고 있어요. 현재 전산 분과가 150명 정도인데 2018년 11월 21일 전국파업 때는 전산 30여 명이 파업을 하며 분위기를 만들어 나갔어요. 사무직군 내에서 이견이 발생하면 서로 싸우면서도 협의를 해 나갔어요. 사무 분과가 대책위 협의회를 꾸려 공동 대응을 해 나간 사례도 대구지부가 처음일 거예요. 2018년 당선된 강은희 교육감실엔 수시로 올라갔어요. 교육청이 일방적으로 정책을 펼치지 못하게 하는 투쟁을 한 거죠."

이병수 조직국장을 포함한 대구지부 간부들은 2017년 하반기부터 매주 목요일마다 학습을 하는데 2018년 민주노총 총파업 전까지 거의 빠지지 않고 있다고. 노동법, 노동운동사, 비정규직 문제에 관한 특집, 경제학 철학 초고, 맑스주의, 자본주의 경제에 대한 이해 등 노동운동을 하는 사람들에게 필요한 공부에 집중한 결과 간부들의 사회적 문제의식이 상당히 높은 수준에 이르렀다고 한다. 자신들이 속한 곳의 문제에만 머무르지 않고 전체 노동자들의 싸움, 계급적 연대의식, 계급의식의 차원에서 문제를 바라보고 활동하려 한다고. 파인텍 같은 중앙의 연대투쟁이 있을 때면 토요일이라도 대구지부 간부들이 항상 출동하는데 참여율도 높은 편이다.

교육청 앞 천막에서 거의 살다시피 하며 수시로 교육감실로 올라가고, 학교로, 국회 앞으로, 서울로, 전국으로 대구지부의 이름을 걸고 활동했던 모든 순간이 조직국장 이병수에게는 보람이지만 그 중에서도 전국노동자대회의 중심으로 우뚝 선 조합원들의 엄청난 변화와 발전이 가장 눈부시다고 한다. 2017년의 최저임금 투쟁에서는 학교 비정규직 노동자들이 주도적으로 이 싸움을 이끌었다. 학교 교장에게 찍소리도 못하고 자기 처우도 개선하지 못해 열악한 상황에서 허우적댔던 사람들이 변화하며 자기 정체성을 찾아나가는 것을 볼 때면 정말 뿌듯하다고.

"우리가 노력해서 해고된 사람들이 복직되는 것을 보는 것도 정말 보람이죠. 그런데 또 속상할 때도 있었어요. 열심히 싸워 겨우 복직시켰는데 그 사람이 탈퇴하겠다고 해서 안 된다고 했더니 내용증명까지 보낸 적이 있는데 그 때는 마음이 참 안 좋더라구요. 이렇게까지 할 수 있는가 싶어서.

지난 8년 간 힘든 건 모르고 지냈어요. 개인적으로 사람들의 역동적인 에너지를 받을 수 있어서 좋았거든요. **한국노동운동사에서 정규직으**

로부터 비정규직 노동운동으로 넘어가는 페이지의 중심에 우리 노조가 있어요. 싸우고 이기고를 반복하면서 계속 성장하는 것도 역동적이고, 바닥에서부터 전진하는 드라마틱한 변화도 역동적이에요. 그 한 가운데 저도 있었잖아요. 그래서 힘들다고 생각해본 적 없어요.

다만 감당할 수 없는 일들이 양적으로 밀려들 때면 다 해결 못하는 것이 안타까워요. 어떤 상담을 시간 부족 때문에 감성 소통을 하지 못하고 기본 답변만 하고 끊은 건 아닐까, 그래서 혹시 상대방에게 상처를 준 게 아닐까 해서 안타깝고, 또 어느 순간 그게 나한테 익숙해져 버린 게 아닌가 싶어 안타까워요. 불가피했다고 스스로를 위로해도 속상하죠. 또 닥친 일에 급급하며 장기적인 대비를 못하는 것도 안타깝고 그나마 학습이 장기적인 대비라서 유일하게 쥐고 있는데 그것도 여의치 못할 만큼 바쁠 때면 더 안타까워요."

전국적으로 비슷한 양상이지만 이병수 국장에게도 경쟁 노조가 있어서 생기는 곤란한 문제들이 가장 풀기 어려운 숙제들이다. 투쟁에 대한 모든 계획을 세워도 타 노조에 따라 수위 조절이나 대응도 달라지고, 노동자들의 정서와 규율을 최소한이라도 지켜야 하는데 조합원의 노조가입이 영업처럼 되어버리는 등 사람들이 점점 실리적으로 변해가는 게 다른 어떤 것보다 사람들을 힘들게 만들고 있다.

전국교육공무직본부의 10년에 부쳐 요즘 이병수는 질문과 걱정이 더 늘었다고 한다.

'나의 밥 먹을 권리를 당신들이 박탈할 수 있는가', 이 질문에 답할 수 있는가, 우리를 반대하는 사람의 질문에 답할 수 있는가, 우리의 실리만을 추구해온 것이 아닌가, 그리고 그 질문들에 답하기 부족한 내 자신에 대한 걱정, 돌파하려는 우리의 의지가 부족한 것은 아닌가에 대한 걱정, 답을 만들지 못해서 이 노동조합 운동에 해가 될까 걱정…… 수많은 질문과 걱정 앞에서 좌절할 때도 많지만 언제나 같은 결론에 이른다고 이병수는 말한다. 수많은 사람들의 피땀과 노력이 헛되지 않게 무엇을 해야 할까를 끊임없이 고민하고 노력하는 것 말고 다른 길은 없다고.

한 초등학교에서 전교조 선생이 아이에게 물었다. 급식실 노동자들이 파업하는 것에 대해 어떻게 생각하냐고. 65%가 찬성을 했는데 찬성한 아이들은 몸을 다치니까, 자신들의 몫을 찾아야 하니까, 등의 답변을 했고, 반대하는 아이들은 왜 자기들의 이해 때문에 우리들이 밥을 굶어야 하냐고 답변했다.

이병수 국장은 반대하는 아이의 답변 속에 전국교육공무직본부가 나아갈 앞으로의 과제가 있다고 한다. 우리가 싸우는 것은 우리의 권리만을 위한 것이 아니라고, 너희들이 성장했을 때 비정규직이 없게 만들기 위해 싸우는 것이라고, 추상적인 선언뿐 아니라 구체적인 내용을 가지고 접근해야 반대하는 사람들을 설득하고 포용할 수 있음을 강조했다.

"제 소망은 비정규직을 양산하는 제도를 실제로 바꾸는 과정에 우리가 중심이 되는 거예요. 비정규직이 사회에서 사라질 때까지 단지 구호가 아니라 구체적인 계획으로 실행해 가는 것. 2017년 가을부터 내부적으로 문제의식을 갖기 시작했지요. 2018년 김용균 노동자의 죽음을 계기로 비정규직 철폐에서 파견법과 기간제법 철폐로 나아가는 시대의 중요한 흐름에 우리가 중심이 되어야 해요. 제도 전체를 바꾸기 위해 우리의 모든 에너지를 쏟아야 한다고 생각해요. 우리 아이들에게 비정규직을 넘기지 않기 위해 타 노조와의 경쟁 관계 속에서도 대의를 놓치지 않고 서로 격려하며 독려하고 나아가야지요. 현실에 매몰되면 다시 자극 주며 서로를 일으켜 세우는 진정한 승부를 하면서요."

이병수에게 노동조합이란?

"운동을 한 지 40년 되어 가는데 개인적으로 저를 돌이켜볼 때 그런 생각을 많이 해요. '내가 노조를 안 했으면 뭘 했을까', 아마 아주 나쁜 인간이 되었을지 몰라요. 분노가 많은데 그 분노를 제대로 표현하지 못했더라면 나쁜 쪽으로 빠졌을 거예요. 살인을 일삼는 사람들이 분노를 표출하지 못해 사회적 범죄자가 되는 것처럼. 그런 상상을 하면 섬짓해요. 내 분노를 사회의 건강한 에너지로 만들어준 게 노동조합이에요.

운동이 사회에 갖는 의미가 그런 게 아닐까요. 개개인의 분노를 사회의 건강한 에너지로 만들어주는 것, 우리 사회를 바꾸는 무기, 세상을 바꾸는 무기, 이윤 중심의 사회에서 사람 중심의 사회로 바꾸는 무기가 되는 것이 노조 말고 어디에 있겠어요."

10_경남지부의 역사

경남지부의 시작

2012년 4월 조해진 현 수석과 전세영 초대지부장, 조리실무사들 50여 명이 주축이 되어 전회련 경남지부가 시작됐다. 2013년 타 노조에 있던 김유미를 비롯한 사서 45명이 전회련으로 옮겨온 뒤 분과장이었던 김유미가 지부장으로 추대되면서 전세영 지부장의 남은 임기 1년을 책임졌고, 그 후 4년간 연임하며 경남지부를 이끌었다. 2018년 손두희 지부장의 5기 체계가 출범했다.

경남지부의 현재

현재 경남지부는 지부장, 창원지회장, 조직부장 등 2명의 현장 상근자와 2명의 채용 상근자가 활동하고 있으며 조합원이 1,500명 정도이다. 전국에서 타 노조 대비 조합원 수가 가장 적은 곳 중 하나가 경남지부다. 초기에는 민주노총 경남본부 내부에서도 큰 노조 중심의 분위기였기 때문에 살아남기 위해 안과 밖으로 기죽지 않고 싸우며 지금에 이르렀다고.

경남지부의 특징

경쟁 노조와 가장 많이 부딪히는 곳이라서 복수 노조로 인해 발생하는 모든 문제점이 생기는 곳이지만 잘 극복하면 그것도 보람이 되는 곳이 경남지부라고.

본부에서 거리상 가장 먼 곳이라 회의 한 번 집회 한 번 가기 힘들지만, 한 번씩 빠져도 본부가 이해해주는 곳이 경남지부라고.

경남지부의 분과

경남지부는 급식직군이 가장 약하고 사무직군이 가장 많다고 한다. 1학교 1명씩이 대부분인 사무직군의 특성상 밀어붙이는 힘이 약해 파업 동력이 되기는 힘들지만, 꾸준히 오랜 시간 공을 들인 끝에 지부 사업에 적극적으로 나서기 시작했다고.

매년 고용 안정 문제가 발생하고 있긴 하지만 50여 명의 영전강 분과의 분위기가 좋고 잘 굴러가는 편이라고. 현재 경남의 영전강은 근속수당까지 따내 처우면에서 전국 최고라고 한다.

정규직임금
80% 쟁취
교육공무직제 쟁취
임단투 승리
비정규직 철폐
전국교육공무직본부
학교비정규직노동자를 교육공무직으로!

● 인터뷰 27 • 김유미 경남지부 2대 지부장

김유미 전 지부장에게 전국교육공무직본부는 두 번째 노동조합이다. 김유미가 노동조합에 가입한 2007년 경남 지역은 타 노조가 학교 비정규직 노동운동을 적극적으로 벌이고 있었다. 2006년 3월 사서로 학교에 근무하기 시작한 김유미는 10개월 일하고 해고된 후 2007년에 1년 계약직으로 같은 학교에 다시 왔다. 당시 학교 동료의 부당한 사례를 지켜보며 노조를 알게 되었고, 회비만 내는 조합원이었지만 경남의 사서 중에서는 두 번째 노동조합 조합원이 됐다.

"노조를 가입하기는 했지만 사서연합회의 필요성을 많이 느꼈어요. 전국학교도서관사서회 카페를 통해 다양한 지역의 활동을 지켜보다가 경남에서도 사서연합회를 만들기로 했죠. 당시 경남 사서는 100명 정도였고, 저와 몇 명의 사서들이 모여, 경기도 사서들의 연합회 활동과 노조활동을 벤치마킹하면서 사서연합회를 만들었어요. 그러면서 학교 사서들에게 노조에 가입하자는 제안을 했지만, 연합회는 쉽게 참석해도 노조가입은 모두 꺼려했어요. 그 당시에 경남의 학교 노동자들이 가입하던 타 노조에 가입되어 있는 사서는 총 45명이었죠."

2012년 보수 교육감 지역이었던 경남의 사서는 1년 계약직이었고, 매년 학교 공모제를 통한 전담사서 배치와 전담사서 인건비 50%를 도교육청이 지원하는 방식이어서 사서끼리 경쟁해야 하는 상황이었다. 근무환경의 불합리함을 개선하고 싶어 노조와 상의했지만 집회 몇 번 한 뒤 통합진보당 문제가 터지면서 노조 상근자들이 사서들의 투쟁은 제쳐 두고 서울로 향했다. 그 당시엔 사서들이 주도적으로 움직이면 노조가 겨우 결합하는 방식의 투쟁이었다.

“저희의 실질적 어려움을 공감하고 해결해주려 하지 않았어요. 결국 신뢰에 금이 갔고 전학사련(전국학교도서관사서연합회)을 통해서 전회련을 알았어요. 그 후 대구지부에서 주최하는 사서 토론회에도 가보고, 경남에서 토론회를 할 때는 전국의 정보들이 공유됐고 다른 지부에서 저희를 적극적으로 도와줬어요.”

2012년 5월 30일부터 사서연합회는 고용 안정 투쟁을 시작했다. 교육청 앞에서 사서의 무기계약과 공모제를 반대하는 내용의 피켓을 들고 1인 시위를 하다가 집단 피케팅을 이어 나갔다. 학교장들은 학교에서 해줄 것이 없다는 입장이었고, 교육청은 쉽게 움직이지 않았다. 7월엔 여성노조와 전회련이 사서연합회와 함께 도의회에서 토론회를 열었고, 그 해 연말까지 피케팅을 계속 했다. 도의원들과 언론을 상대로 홍보를 하고 기사와 라디오 방송도 탔지만 바뀌는 건 없었다. 도교육청 행정사무감사에서 여영국 전 도의원(현, 국회의원)이 사서의 무기계약을 권유했고 의원들의 지적이 이어지면서 청신호가 켜지기 시작했다.

“ 당시 고영진 교육감은 ‘책 읽는 경남’을 공약으로 내었지만 사서 수만 늘렸고 책임을 지지 못한 거죠. **학교장 권한이 클 때라서 교장의 권한을 침해하는 일은 하지 않으려 했어요. 그냥 교육 정치인인 거죠. 교육 정책에 대한 고민 없이 선거를 위해 정책을 내걸고, 다음 선거에도 이기기 위해 학교 교장들의 눈치나 보는. 우리의 상황을 학교 밖에서는 모르니**

스스로 목소리를 높일 수밖에 없었어요.

라디오, TV 인터뷰도 덜덜 떨면서 했던 기억이 나고, 학교에서 도교육청까지 미니벨로 자전거를 타고 매일 같이 갔던 게 기억에 많이 남아요. 건강에 문제가 생겨서 자전거를 탈 수밖에 없었는데 사서들의 투쟁도 시급했거든요. 통영, 거제 등 경남 전역의 사서들이 퇴근, 조퇴를 하면서 도교육청으로 와서 피케팅을 이어가던 12월은 너무 추웠어요. 추운 날 고생하는 게 마음 아파서 크리스마스에는 쉬자고 해도 선생님들이 멈추지 않았어요. 정말 비가 오나 눈이 오나 쉬지 않고 피켓팅을 했어요."

2013년 2월, 사서들은 무기계약을 명문화한 공문을 받았다. 스스로의 힘으로 싸워 이겨낸 값진 경험이었고, 그 과정에서 사서연합회는 전회련을 신뢰하기 시작했다. 하지만 그 결과가 바로 노동조합 가입으로 이어지지는 않았다. 연합회가 노조 역할까지 해냈던 사서 투쟁 이후 사서들은 이념적인 성향이 강한 노조보다 연합회를 더 선호했다. 보수적인 사서들 중엔 교육청에 내용증명을 보내 김유미를 고발한 사람도 있었다.

"사서연합회 회원 150명이 될 때까지 노조 조합원 100명 만드는 게 목표였지만 쉽지 않았어요. 우리도 노조를 잘 모르고 노조들이 어떻게 다른 지 유용한 정보도 없어서 총회를 열어 결정했어요. 자율적으로 선택하기 보다 전국적 연대를 하기 위해서라도 전략적으로 움직이는 것에 합의했고 전회련에 신뢰가 생긴 상황이라 타 노조에서 전회련으로 옮겼죠."

사서연합회가 전회련에 가입한 시기, 경남지부는 지부장도 없고 집행부 체계도 잡혀 있지 않은 채 상근 조직국장이 혼자 사무실을 지키고 있었다. 경남지부는 조리실무사들이 시작했지만 사서 조직이 들어가면서 제 1분과가 되었다. 김유미는 사서 분과장으로 일하다가 2013년 운영위의 추대로 지부장이 됐다.

"조합원 중심으로 움직이는 것에 호감을 갖고 전회련을 선택했지만 지부의 세부 상황까지는 알 수 없었죠. 막상 옮겨 가서 보니 상근 국장이 혼자 일을 다 처리하고 있었어요. 얼굴 마담식으로 이름만 올려 달라고 부탁해서 어쩔 수 없이 받아들였어요. 노조를 옮긴 마당에 저라도 나서서 책임을 져야 했으니까요. 지부장 생활 5년 중 학교 일하면서 회의만 참가했던 게 3년이고 전임은 2년을 나갔어요. 학교와 노조일을 같이 하느라 저는 나름 힘들었어요."

2013년 3개 노조가 연대해서 교육청과 첫 교섭을 시작했고 지부장으로 참석했다. 교섭에 대한 간단한 교육은 받았지만 현장에서 김유미는 아무 말도 할 수 없었다. 조합원 규모가 큰 노조가 스스로를 대표 교섭단이라 생각하며 일방적으로 주도했고, 그들의 과도한 요구는 교육청에서 받아주지 않았다.

"학교 일도 제대로 못 하고 교섭은 열심히 쫓아다녔어요. 우리 모두 미숙했지만 그 와중에도 타 노조 지부장은 기에 눌리지 않고, 조직화에 유리하도록 교섭의 외적인 내용에 신경쓰더라고요. 전회련은 출발부터 내용에 충실하자는 입장이어서 타 노조의 요구안이나 교섭방식에 스트레스를 많이 받았어요."

김유미는 첫 교섭 후 교섭력을 키우기 위해 조합원 확대가 시급함을 깨달았다. 교섭에서 알게 된 노조의 교섭 권한 등을 적극적을 알리며 조직활동에 집중했지만 조합원은 쉽게 증가하지 않았다. 노조에 대한 인식조차 없거나 노조를 불신하는 사람에게 노조의 필요성을 설명하는 건 힘든 일이었다.

"선동하는 제 입장에서는 무조건 된다고 말해야 하는데 사실 저도 확신이 없었어요. 그 고민도 깊었어요. 되냐 안되냐를 묻는 사람에게 해보면 되지 않겠냐, 정도의 말 밖에 할 수 없었고, 그 정도의 말로는 사람들이 안 움직였어요. 먼저 가입한 사람들이 제 말대로 일이 진행되는 걸 겪은 뒤에야 신뢰를 하고 노조 가입도 하더라구요. 저를 학생운동 출신이라고 오해하는 사람들도 많았어요. 학생운동을 하지는 않았지만 사회과학 책을 찾아 읽기는 했어요. 인물이나 사상에 관한 책들이요. 직업이 사서라서 그 정도는 읽어야 하지 않을까 하는 마음으로 찾아 읽었죠. 그런 책들의 영향을 받은 거겠죠."

김유미는 다른 지부장들과는 달리 전임을 결심하는 데만 2년이 걸렸다고 한다. 학교 교장이 전임을 나가면 자신이 할 수 있는 모든 걸 하겠다는 식으로 김유미의 발목을 잡았다고 한다. 교장과 잘 해결하고 싶은 마음과 도서관을 떠나고 싶지 않은 마음이 갈등을 일으켰고, 무엇보다 전임을 감당할 자신이 없어 긴 시간을 고민하며 학교와 노조일을 병행했다고.

"선출 첫 해 2달 간 전임을 나갔지만 급식실 조직을 위해 급식분과조합간부에게 전임 티오를 주고 다시 학교로 왔어요. 당시에는 전임을 나가지 못하는 이유가 제게도 있었어요. 매주 책을 정해서 시험을 보는 주초 고사에 보조를 구하기 쉽지 않은 상황, 학부모들의 항의를 받고 싶지도 않았고, 교장과 사이가 나빠지고 싶지 않았고…….

근데 지부장 마지막 임기 2년에 전임을 나와서 보니 그 때 제가 생각했던 이유는 전부 핑계였더라구요. 그냥 민주노총 간부로 출근하기 싫은 거였어요. 그때의 저는 노조를 잘 몰랐던 것 같아요. 그래서 학교와 노조, 양다리를 걸치는 게 몸은 힘들어도 마음이 편했던 거죠. 더 정확하게 말하면 노조 일을 하면서도 노조 일이 뭔지 명확하게 잘 몰랐어요. 양다리 상태일 때는 교육도 잘 가지 못했으니까요. 처음에 배태선 동지가 '지부장은 조직하는 사람'이라고 말하길래 그것만 열심히 했어요. 그것도 학교에 앉아서. 당시에 제가 한 일은 텔레마케터 조직국장이었을 뿐 지부장이 아니었다는 걸 전임을 나가고서야 깨달았어요. 모르니까 두려워서 그냥 피하고 싶었던 거예요."

2016년 3월 전임으로 나온 지부장 김유미는 임기 동안 주 사업 목표를 조합원 교육으로 잡았다. 본인의 체험에서 비롯된 눈높이 교육이었으며, 지부 설립 4년 차에 접어든 조직이 한 단계 성장하기 위해 필요한 맞춤 교육이었다. 노조와 교섭 등 조합원 기본 교육을 하지 않고서 조직의 확대와 강화를 기대하기란 힘들었다. 찾아가는 조합원 교육, 간부 교육 등 교육 내용을 대상에 맞게 꾸렸다. 시간 제약으로 세세하게 진행할 수 없는 본부 차원의 교육을 보완하는 것에도 공을 들였다. 투쟁 사업비로 추가 모금한 돈의 일부를 과감하게 교육 사업비로 돌리고, 부산에서 교육 선전을 담당한 경험이 있는 양성민 상근 국장과 함께 2016년 1년을 교육 사업에 매달렸다.

전임 2년차인 2017년에는 본부 방침에 따라 직고용을 앞둔 청소, 용역의 조직화에 사활을 걸고 창원, 밀양, 통영 등 7개 지회에서 설명회를 열었다. 경남에서 가장 보수적인 동네인 진주에서는 여성들이 강의를 맡아서 노조에 대한 거부감을 없애려고 노력했다.

"민주노총은 뿔난 사람들이 있는 데인 줄 알았다는 진주 할아버지들(야간 당직)이 차분하고 자세한 설명을 듣고 많이 고마워했어요. 없는 돈으로 밥까지 사주려고 하셨죠. 설명회를 하는 것보다 설명회를 알리는 게 더 힘들었어요. 2017년 교육청 농성 중에 힘들게 소식지를 만들어서 유치원을 포함한 1,000개 학교에 다 보냈는데 받았다는 사람이 없는 거예요. 행정실에서 전달을 안 해줬더라구요. 그래서 서울 사례를 벤치마킹해 밤마다 학교로 전화했어요."

2년의 전임을 마치고, 5년의 지부장직을 끝낸 뒤 학교로 돌아간 김유미는 지부의 업무를 의도적으로 멀리하려고 노력했다 한다. 새 지부장이 힘들게 결심하고 맡은 자리니만큼 그만의 스타일로 밀고 나가는데 방해가 될까 싶어 자신이 먼저 차단한 것이라고. 하지만 부족한 자신이라도 의논의 대상이 된다면 언제든 도울 거라며 현 집행부에 대한 깊은 진심을 전했다.

"지부장을 하고 남는 게 있다면 뭐냐고 지금 지부장이 묻더라구요. 나를 조금 알게 되었다고, 나라는 사람이 어떤 문제에 부딪혔을 때 소통하고 극복하는 과정을 보면서 자신이 생각하던 나와 행동하는 나가 어떻게 다른 지 깨달았다고 대답했어요. 책으로 이해한 것과 행동으로 옮기는 것은 정말 달랐거든요.

저는 노조 생활하면서 제 안의 문제로 제일 힘들었어요. 모르는 길을 갈 때는 누구나 두려운 것이지만 저는 남들보다 스트레스를 더 많이 받는 스타일이어서 그걸 극복하는 게 쉽지 않았어요. 지나고 나서 생각해 보니 5년 동안 두드러지게 한 게 없더라구요. 싸운다고 싸워도 모든 것을 이길 수 없고, 승리한 게 아니라도 잘 한 싸움이 있잖아요. 매 순간 좀 더 의연했더라면 하는 아쉬움들…… 경험도 부족하고 생각의 품이 넉넉하지 못하다 보니 예민해져서 배려하고 위로하기 보다 제가 더 힘들어했던 것, 마음의 정리가 안 되어서 과정과 결과 모두 혹독하게 받아들였던 순간들이 부끄러워요."

한편으로는 후련하게 한편으로는 한없이 아쉬운 마음으로, 자신이 가장 아끼고 사랑했던 학교와 도서관, 책과 아이들이 있는 곳에 돌아간 김유미에게 노동조합은 여전히 자부심이며 더 나은 미래를 위한 숙제로 남아 있다. 그는 지금 어떤 꿈을 꾸고 있을까?

"실천하는 사람으로 살아가고 싶어요. 좋은 생각, 공부도 좋지만 현장에 접목시킬 수 있는 용기나 실천력을 갖춘 사람, 어떤 문제를 맞닥뜨렸을 때 좋은 게 좋다가 아니라 어떻게 하는 게 옳은 지 선택하는 사람, 나이 먹었다고 안주하지 않는 사람, 그런 사람으로 살아가고 싶어요. 문제가 생기고 이해 관계가 얽힐 때 그 안에서 현명하게 푸는 사람이면 더 좋고요. 계속 그렇게 살고 싶어요."

김유미에게 노동조합이란?

"노조를 하면서 이론적으로 아는 것과 실제 경험에서는 큰 차이가 있었어요. 인문사회과학 책을 통해 알고 있었던 막연한 옳고 그름의 문제의식과 현실에서 부딪히며 발현하고 해결하고 힘을 갖춰가는 것은 완전히 다른 차원이었어요.

다른 지부장들도 그렇지만 저도 어떤 막연한 문제의식만 가진 채 정답에 대한 확신도 없이 이 길을 갈 수밖에 없었어요. 지금 생각해보면 그런 경험들이 내가 은연중에 가지고 있었던 것, 책으로 읽었기 때문에 나름 알고 있다고 생각했던 것을 완전히 깨부수는 기회가 되었고, 힘을 모으는 과정에서 조직활동이라는 것이 얼마나 힘든 길이었는지 느꼈고, 그 과정에서 나 자신을 타인에게 드러내면서 내가 어떤 사람인지 객관적으로 파악할 수 있는 계기가 되었어요. 돌이켜 보면 인간적으로 많은 성찰을 할 수 있던 시간이었어요. 이 시간들이 앞으로의 삶에도 반영되고 개선이 되면 좋겠지만, 여전히 모르겠어요. 실천은 언제나 어려운 것 같아요.

노조활동을 하는 과정엔 노력과 헌신을 했던 상근동지들과 동료들의 힘이 필요했고, 그런 토대가 있었기에 저도 함께 나아갈 수 있었어요. 실천하지 않으면 아무 소용이 없다는 것을 깨달은 게 노동조합 활동의 가장 큰 의미예요."

● 인터뷰 28 • 손두희 경남지부 지부장

"2013년에 전문상담사로 학교에 들어갔어요. 임금이 너무 열악하긴 했지만 학교 근무가 마음에 들었고 비정규직이라서 어쩔 수 없다 생각했어요. 시간이 흐르면서 타 직종의 상황들이 눈에 보이기 시작했지만 뭘 해볼 생각은 못 했어요. 그러다가 전문상담사들이 협의회를 만들었어요. 모임에 갔더니 노조 사람이 와 있더라구요.

저는 10대에 노조 활동하는 사람과 인연이 닿았다가 안 좋은 경험을 해서 노동조합에 마음을 닫고 있었어요. 협의회와 달리 노조는 처우개선과 교섭권이 있다는 말에 활동은 하지 않더라도 가입은 해야겠다 생각했죠. 가까운 사람이 가입원서를 주길래 써서 냈는데 나중에 알고 보니 동료들과 다른 노조에 가입이 됐더라구요. 교육공무직본부 경남지부의 전문상담사 1호 조합원이 된 거죠. 2014년이었어요."

손두희 지부장은 동료들의 탈퇴 권유에 문의 전화도 했지만 귀찮기도 하고 노조는 똑같다는 생각에 그냥 남았다고 한다. 나중에 필요한 일이 생기면 그 때 모여도 상관없다 생각하며 남은 게 계기가 되어 경남지부에 전문상담사 분과가 생겼고 분과장을 거쳐 2018년엔 지부장까지 맡게 되었다.

"제 탈퇴 상담 전화를 기억하는 상근자가 있었어요. 저는 기억이 안 나는데 1시간 동안 통화를 했다고 하더라구요. 그 분이 탈퇴를 막아서 지금의 지부장 손두희가 있는 거라고. (웃음) 그 때 다른 노조로 옮겼을 생각을 하면 지금도 아찔해요. 저는 우리 노조 조합원이라는 것에 자부심이 있거든요. 혼자 있으면서도 조직화를 해야겠다 생각했어요. 교사 동일 업무인 영양사, 사서, 전문상담사 중에 사서가 우리 노조에 있으니 상담사도 같이 모여 있는 게 이후를 도모하기에 유리하겠다 판단한 거죠. 하지만 노조가입 독려는 쉽지 않더라구요."

조직화의 한 방편으로 손두희가 참여한 것은 경남지부가 주관하는 정책토론회였다. 2015년 10월7일 '학교도서관과 wee클래스가 만들어가는 행복한 학교'라는 주제 하에 행복전담사서와 전문상담사의 공동 정책토론회가 개최됐고 손두희는 발제자로 나섰다.

"학교 안에서 전문상담사의 역할, 외국 사례, 전망 등에 대해 발제를 했어요. 토론회는 대성공이었어요. 노조 주최 정책토론회로는 이례적으로 준비한 100개의 좌석이 넘쳐서 사람들이 밖에 서 있고 그랬죠. 전문상담사들도 많이 참석했고. 노조에서 먼저 제안을 했는데 노조의 도움이 없었다면 불가능했겠죠. 파급효과는 컸어요. 전문상담사를 단지 비정규직으로만 보지 않고 전문가로 인식하게 되었어요. 또 그 토론회 이후 전문상담사들 사이에 손두희가 있는 노조에 대한 긍정 이미지도 생겼고요. 토론회의 여세를 몰아 조직화 작업으로 밀고 갔어야 했는데 그걸 못해서 조합원이 그다지 늘어나지 않았어요. 그래도 전문상담사들이 두 개 노조의 성격을 완전히 파악하는 계기가 됐죠. 동료들이 우리 노조가 인원은 적어도 교양 있는 곳이라 생각하기 시작했어요."

경남지부의 조합원 확대는 2015년 9월의 첫 단협과 2016년의 연대파업 성과 이후 폭발적으로 이뤄졌다. 손두희는 파업에 찬성표를 던졌지만 1실에 1인인 사무직의 특성상 파업에 참가하기 힘들었다고 한다. 노조 활동을 하면서도 떳떳하게 드러내지 못했던 것도 이유가 됐고, 학교 안 비정규직이 두 개의 노조로 나뉘어진데다 손두희와 영전강, 두 사람만이 전국교육공무직본부에 속해 있어서 파업 참가가 쉽지는 않았다.

전문상담사 분과는 2015년 단협에서 처우개선 직종 안에 들어가기 위한 투쟁을 시작해 2016년까지 투쟁을 이어갔다. 전문상담사들의 처우개선 요구안은 2016년에 거의 해결됐지만 이 투쟁을 주도한 건 노동조합이 아니었다. 당시 경남 지역은 두 개 노조가 모두 전문상담사 분과에 집중하지 않던 시기여서 전문상담사협의회가 직접 나설 수밖에 없었다. 협의회가 모든 것을 주도했고 노조가 교섭을 마무리해주었다.

"2016년에 교육청에서 20일 넘게 노숙 농성을 했어요. 교육공무직본부 조합원은 저 혼자였죠. 15일을 거기서 잤어요. 투쟁하는 동안 노조와 갈등도 많았어요. 노조는 적정선에서 합의하기를 바랐고 저희는 모든 요구사항이 수용될 때까지 싸우겠다는 입장이었죠. 노숙할 때는 서럽더라구요. 비정규직이라도 나름 공부할 만큼 했는데 땅바닥에 앉아서 지나가는 사람을 보는 게 창피하기도 하고. 어떤 선생님 남편이 아침 도시락을 갖다 줬는데 그걸 보며 왜 그렇게 눈물이 나던지 우리끼리 부둥켜안고 울었어요. 마지막 타결의 순간은 모두 환호성을 질렀죠."

경남의 박종훈 교육감은 전국 진보 교육감 중에서도 노조에 호의적인 입장이지만 담당 과와 총무과는 쉽사리 요구안을 받아들이지 않았다. 만나고 조율하는 지루한 과정을 거치고서야 투쟁은 끝이 났다. 경남 박종훈 교육감은 일단 교육청에 자리만 깔면 불러서 이유를 묻고 방법을 찾는 편이라 다른 지부의 부러움을 사고 있다 한다. 하지만 최근엔 선출직 교육감이라서 모든 걸 다 들어줄 수 없다며 말을 좀 바꾸고 있어 실망이라고.

"지부장…… (깊은 한숨) 지부에서 저를 차기 후보로 점 찍었다 하더라구요. 혼자 있으니까 교섭에 전문상담사 대표로 나가고 정책토론회도 한 것인데 지부에서는 간부감으로 생각한 거죠. 노조와 어떡하든 엮이지 않겠다 생각했는데 그게 쉽지는 않았어요. 간부를 떠나서라도 제가 지부의 이런저런 일에 관심을 보였거든요. 그게 지부의 눈에 띈 거죠.

서울 투쟁에 꼭 참여해야 한다는 인식이 있었고, 운영위도 시간 잡아서 참석하려고 노력했어요. 하지만 그 때 제가 경험한 노조활동은 재미가 없었어요. 따분하고 경직되고. 사용하는 용어들이 생소했고, 운영위원들은 한 달에 한 번씩 오는 거니까 못 알아듣는 이야기도 많았고 지루하니까 졸기도 하고요. 너무 침울한 이야기만 하니까 부담스럽고. 운영위를 올 때의 내 기분은 즐겁지 않고 짜증나고, 몇 시간 어떻게 버틸까 하는 생각을 많이 했던 것 같아요. 노조에 힘을 더 싣고 싶은 마음이 생기지 않았어요. 2016년까지 분과장을 하고 대학원 진학을 했어요."

2017년 연말 즈음 전 지부장이 지부장 결의에 대한 의향을 물었을 때 손두희는 딱 잘라서 거절했다고 한다. 본인 분야를 더 깊게 공부하고자 박사과정을 준비중이었고, 지부 일에 대한 부정적인 인식도 영향을 미쳤다. 하지만 전문상담사 분과에서 손두희를 적극적으로 추대하면서 빠져나갈 수 없는 분위기를 만들어갔다.

"분과에서 저 모르게 손두희를 지부장으로 만들겠다고 결의를 했대요. (웃음) 혹시라도 조합원이 너무 적은 분과는 불리할까 봐 모두 달라붙어 조직화에 나서고. 그 결과로 2018년에 우리 분과장이 모범 조합원상을 받을 정도로 조합원이 늘었어요. 지금은 40여 명의 조합원이 있죠. 전문상담사협의회에 갈등이 있는 상황이었는데 그걸 잠재우기 위해서 제가 지부장을 할 필요가 있다며 협의회 분들도 저를 설득하고요.

비슷한 시기에 정당에서 영입 의뢰까지 들어와 고민이 깊었죠. 두 가지를 들고 점집까지 갔어요. 둘 다 힘든 일이지만 노조가 사회에서 배제된 사람을 도와주는 것이니 차라리 같이 힘들 거면 보람 있는 일을 하라며 점집에서 노조를 선택해줬어요. (웃음) 전문상담사 분과에서 '손두희 지부장 만들기 대책위원회'를 만들었다며 서명을 받아서 맥도날드로 저를 불렀어요. 그 날 결심을 했어요."

지부장이 된 후 손두희가 가장 매진하고 있는 것은 재미있는 노조, 개방적인 노조 만들기라고 한다. 과거에는 노조가 교섭만 하는 곳이라고 생각할 정도였고 지부의 분위기나 느낌이 전혀 감지되지 않아서 임기 동안에 바꿔보고 싶은 욕심이라고. 노조가 재미만으로 될 수 없다는 건 알지만 조합원이 노조를 떠올렸을 때 어쩔 수 없이 가는 게 아니라 끈끈한 느낌이나 보탬이 되려는 마음이 생기면 더 좋은 결과를 끌어낼 수 있으리라 기대한다고 한다.

"노조에 대해 편협된 시각을 벗어나게 만들자, 간부들과 끈끈해야 한다, 이렇게 목표를 정했어요. 같이 근무하는 사람들의 관계가 좀 형식적이에요. 이전 집행부 내부에서 생긴 갈등이 여전히 남아 있기도 하고요. 지금도 잔소리 아닌 잔소리를 하는 상황이죠.

8개 분과의 밴드 관리도 제가 하고 있어요. 운영위원은 말할 것도 없고 조합원들은 지부가 뭘 하는지 모르는 게 문제라고 생각했거든요. SNS를 적극 활용해서 조합원들이 고민하지 않고 문을 두드리게 하기 위해 제가 먼저 오픈을 했어요. 밴드에 소식이 많아져서 좋다는 칭찬을 듣고 있어요. 간부들이 지부의 활동 상황을 가장 먼저 받아보고, 제 일정을 다 파악하고 있어요. 간부들이 지부 일정을 알게 되면서 뭐라도 보탬이 되어야겠다 생각하는 것 같아요. 우리 지부로 간식도 많이 와요. 어느 순간 느낌이 호의적으로 바뀌었다는 걸 느껴요. 감정이 전류보다 빠르잖아요. 확 밀려오는 게 느껴지더라구요."

손두희 지부장의 이 같은 노력의 결과 경남지부가 고질적으로 겪어왔던 운영위원회 성원 문제가 완전히 해결됐다고 한다. 두 차례의 운영위원회를 거치는 동안 간부들이 자발적으로 참가하고 있다고. 운영위원회의 성격도 바뀌었다. 지부장은 팩트만 알리고 간부들의 토론에 의해 지부의 모든 사항이 결정될 수 있도록 유도함으로써 시계만 보던 사람들이 적극적으로 회의에 참여하게 되었다.

"회의 내용을 벗어나더라도 그대로 두다가 필요한 순간만 제가 나서서 잡아주고 있어요. 간부의 자리가 특별히 일은 안 해도 부담이 많다는 걸 저도 겪어 봤잖아요. 그 힘든 마음들을 알아주려고 노력해요. 또 지회 별로 충실한 분과 모임을 갖도록 유도하고 있어요. 지난해 중요 지역은 사서와 상담사 모임을 다 진행했답니다. 모든 지역을 다니는 게 힘들긴 했지만 지부장 얼굴을 그렇게 다 보여주고 나니까 지난 6월 상경 투쟁에는 버스 5대에 사람이 차더라구요. 11월에도 4대가 꽉 차서 갔어요. 예전엔 겨우 2대가 움직일 수 있었으니 많이 달라졌죠."

소통하는 노조, 열린 노조를 위해 손두희 지부장이 집중하고 있는 대표적인 사업이 동아리 활동이다. 어버이날엔 생화로 꽃바구니 만들기를 진행했는데 꽃꽂이 경험이 없는 중년의 조합원들에게 반응이 좋았고, 11월에 진행한 고추장 만들기는 대박이 났다고 한다.

"예산에 맞게 강사도 구하고, 50명 규모의 행사로 준비했는데 처음엔 다 모일 수 있을까 걱정했어요. 조직부장이 회의적이어서 인원이 부족하면 분과에서 차출하기로 하고 밴드에 올렸어요. 근데 30분만에 50명이 넘어버렸어요. 그 날 너무 신났어요.

저는 **노조가 뿔 두개 달린 사람들의 집단이 아니라는 걸 우리 조합원들에게 보여주고 싶었지만 조합원들이 노조 사무실에 올 일이 없으니까 그들이 가볍게 자발적으로 올 수 있도록 만들어준 거예요. 노조 사무실이 있는 건물이 온통 빨간색이 아니라는 걸 보여주고 싶었고, 그저 좀 더 열의가 있는 사람들이 노조간부를 하는 거라고 알려주고 싶었어요.** 조합원들이 자연스럽게 사무실에 오가다 보니 사무실 분위기도 자연스럽게 좋아지더라구요."

정작 이 행사를 준비한 손두희 지부장은 고추장 만드는 날 교육청에서 영어회화 전문강사 문제로 복도 투쟁 중이었다고 한다. 고추장 만들기에 참가한 사람들 중에는 생전 처음 노조 사무실에 온 사람들도 많았지만 거부감 없이 행사 자체를 즐겼고 전통주도 만들자며 노조에 숙제를 남겼다고. 노조 조직사업의 일환인 행사지만 관심있는 사람이나 관심있는 사람들한테 끌려온 사람이나 노조가 결국 함께 하는 사람들의 모임이라는 걸 인식하는 계기가 된 것이다.

"2018년 하반기 교육할 때, 고추장 만들기에 참여한 조합원은 모두 참석해 그때의 감동을 이야기하더라구요. 노조에서 이런 사업이 왜 필요하냐고 말하는 사람들도 있겠지만 제 생각은 조금 달라요. **학교 안의 노동조합은 조금 다른 성격을 띄어야 한다고 봐요. 우리 집행부들에게도 어디 함께 갈 때나 우리 지부로 방문할 때 조합원을 대하는 태도는 항상 따뜻하게 하라고 말을 해요.** 사무실 사람들은 스트레스를 받죠. 학교 안의 사람들은 모두 을의 위치에 있기 때문에 자기 잘났다고 하는 사람도 그 안에서는 위축이 되기 마련이에요. 그런 프로그램을 통해 밖으로 끌어내는 것이 중요하고, 노조를 떠나서 릴렉스 하면서 웃고 즐기지만 결국 큰 틀은 노조 안에 있는 거잖아요. 오늘 아침 선전전에서 보여준 사무행정 분과의 모습이 바로 제가 기대하던 그 변화예요."

보통 직무연수에 선전전을 나가면 규모가 압도적으로 큰 타 노조에 밀려 다수의 핑크색 조끼 사이에 연두색 조끼 몇 개가 섞여 있는 게 다반사였는데 처음으로 연두색이 많아진 것이다. 전국교육공무직본부 조합원들이 스스로 와서 노조 조끼를 챙겨 입고 입장하는 사람들 사이에서 적극적으로 조합원들을 챙기며 소식지와 간식을 나눠줬다고 한다.

"우리가 할 일이 없어졌어요. 구육성회 분과장님은 걷는 모습도 당당하게 사람들 속을 헤치고 다녔어요. 정말 뿌듯했죠. 분과로 결속시키며 중간 간부를 끌어안으니, 중간 간부는 조합원을 끌어안더라구요. 중간 간부지만 그 날 처음 본 사람이 연두색 조끼를 입고 조합원들을 챙기는 모습이 너무 아름다웠어요.

사무행정 분과 조합원들과 학교 밖에서 만나 천연 샴푸와 초콜릿을 만드는 즐거운 모임을 갖고 밴드로 소통하고, 노조가 한 일은 그것밖에 없었거든요. 동지들을 통해서 감정적으로 힐링할 수 있는 계기를 마련해주는 것, 그런 역할을 더 많이 해야겠다는 생각이 들었어요. 그 모습을 보고 타 노조가 긴장했죠. 갑자기 전화를 걸어 지역 간부들을 동원해 핑크색 조끼를 입히고 내내 우리를 지켜보더라구요."

2019년 손두희 지부장이 계획 중인 경남지부의 중요 과제는 새 집행부를 만들어내는 것과 조직화 사업에 더 집중하는 것이라고 한다. 그동안 영양사가 한 명도 없었던 경남지부에 영양사들이 가입하기 시작해 더 확대하는 것이 우선적인 목표이고, 청소, 당직의 고용 안정은 개인적으로 조금 더 관심을 갖고 있다고 한다. 그리고 중간 간부층을 더 단단히 해서 모든 행사나 조합원 교육 일정은 중간 간부의 역량으로 해낼 수 있게 하는 것에 전력을 다하고 있다고.

"지난 해까지 지부가 전부 달라붙어 하니까 에너지 소모가 너무 심하더라구요. 상반기에 제가 한 번 한 후에 하반기에는 지회와 지부를 러닝메이트로 묶어서 지역 조합원 교육을 하도록 만들었어요. 올 해 처음 민중의례를 지회장이 진행하도록 맡겼어요. 조합원들이 자발적으로 하도록 자꾸 유도하는 거죠. 이번 여름 조합원 교육에는 지회장이나 간부들의 발언을 더 적극적으로 행사에 포함시킬 거예요. 우리 모두가 덕지덕지

붙어야 공이 굴러 간다는 걸 보여주기 위해서라도 상근자나 러닝메이트에게 직접 다 하지 말 것을 강조해요. 분과장이나 중간 간부들의 참여 유도, 소속감을 느끼고, 심리적으로 워밍업이 되도록 우리가 노력해야 해요. 간부들이 겁을 내지만 시키면 또 다 하거든요. 직접 말하는 게 두려운 사람들을 위해 대본을 써줘고 읽는 것이라도 하게 만들 거예요. 강의도 한 파트씩 넣고요. 집행부와 조합원이 섞여서 같이 움직이고 돌아가야 한다는 게 제 철학이고 방침이에요."

과거에는 지부가 선전전을 나가는지 아닌지 관심있는 몇 명 외에는 전혀 알 수가 없었다고 한다. 하지만 지부와 지부장의 모든 활동이 공유된 후부터 지부장이 움직이는 곳에 지회장이 나타나게 되었고, 직접 다녀간 지회장은 지부 사람들의 노력을 적극적으로 알리며 조합원들의 참여를 자연스럽게 유도하게 되었다. 일의 양에 비해 인력이 턱없이 부족한 지부의 상황에서 지회가 활성화되는 것만큼 좋은 소식은 없다.

모든 상근자들이 그렇듯이 손두희도 지부장을 하면서 집에 일찍 들어가본 적이 없다고 한다. 에너지 소진이 심하기 때문에 힘든 것도 많지만 몸 힘든 것보다 더 힘든 것은 언제나 사람들에게서 느끼는 속상함이라고. 자신들의 요구를 주장하며 벌어지는 분과들의 갈등은 지부가 나서서 한 번만 참아 달라고 해도 소용없을 때가 많다고 한다.

또 지부에서 해결하기 힘들어서 본부에 기댈 때마다 지부에서 판단하라는 의례적인 답변들만 돌아올 때 더 지친다고 한다. 시간이 흐를수록 본부에 보고해야 할 사항만 하게 되고, 소통 자체를 포기하게 되는 지점이 생길 수밖에 없고 그러다 보면 점점 제외된다는 느낌에 섭섭함 또한 커지게 된다고.

"지부장이 되어서 남들이 못한 걸 특별히 했다고 생각하지는 않아요. 조합원으로서 조합원을 보는 것과 리더의 자리에서 여러 사람들을 보게 될 때의 느낌은 확 달라지더라구요. 인간을 좀 더 폭넓게 이해하게 되었고, 거친 사람도 다독여서 끌어안을 때는 보람이 정말 커요.

또 전 지부장이 많은 토대를 만들어 놓고 갔지만 제 임기에서 청소, 당직의 직고용을 위해 노력을 많이 기울이고 있어요. 관련 주무관과 긴밀한 협의 과정을 거치면서 자활에서 생계형으로 넘어온 사람이 많아요. 우리가 교육청과 긴밀히 만나고 협의하는 걸 아무도 모를 거예요. 남편에게도 의견을 구하고. 알아주고 안 알아주고를 떠나서 이런 과정들이 뿌듯함으로 남아요. 담당 주무관에게 늘 말하곤 해요. 이 시대에 중요한 일을 한 사람으로 기록될 것이다, 라고. 그런 마음으로 힘들더라도 의견을 모아서 해보자고 해요.

노조의 제대로 된 가치나 이념을 좀 더 일찍 알았으면 어땠을까 싶어요. 마구잡이로 투쟁만 하는 곳인 줄 알았는데 직접 겪어본 후 느끼고 배우는 게 많아요. 과거에 더 열심히 간부 활동을 하며 많이 도와줬으면 어땠을까 아쉬움이 남아요."

손두희에게 노동조합이란?

“노동조합은 국가나 사회가 끝없이 배제하려는 사람을 가이드라인에서 밀려나지 않게 막아주는 버팀목이에요. 버팀목을 잘못 이해해 노조는 조합원들이 원하는 것을 무조건 해주는 곳이라 생각하는 사람들도 있지만요. 그럼에도 불구하고 노조는 정책이나 우리 사회가 비정규직이라는 허울을 만들어 우리를 밀어내려고 하면 끊임없이 받쳐주려고 노력하죠.

본부에 가면 본부의 임원들이나 상근자들이 참 존경스럽다고 생각해요. 앞으로 제 인생에 있어서 임기 이후에 이 다양한 사람을 만날 기회가 있을까요? 다양한 삶을 이해하게 하고 더 성숙하고 건강한 어른으로 만들어주는 곳이 노조예요. 교육공무직 중에서도 임금이 높은 사람들이 찡찡거리면 꽃밭에 갇혀서 그런 소리하지 말라고 거기만 나오면 세상은 너무 치열하다고 그나마 학교 안 비정규직이라서 우리가 보호받는 측면도 있다고 말해요.

교육공무직은 다른 곳에 비해 일하는 환경이나 처우가 낮지만 앞으로 더 개선될 것이라 생각해요. 지금도 복리후생이 좋아졌잖아요, 조합원들의 기대에는 좀 못 미치지만요.”

● 인터뷰 29 • 박미란 경남지부 조직부장

저소득층 일자리 관련된 일을 하는 지역 단체의 활동가 출신인 박미란 조직부장은 건강 상의 이유로 휴양하던 중 지역 활동가의 제안을 받고 2017년 3월 전국교육공무직본부와 인연을 맺었다. 노동조합 경험이 없었고 노조 간부 활동에 대한 두려움이 있어 처음에는 거절했지만 소박한 사무업무만 하면 된다는 추천인의 말만 믿고 자의 반 타의 반 출근을 결심하게 되었다.

"끌려왔어요. 전혀 모르는 조직이었고, 금속 노조만 많이 봐서 공공영역은 잘 모르기도 했고, 노동조합 간부 활동은 저에게 큰 결심이 필요한 일이었고요. 제안한 사람에게 마음의 빚이 있어서 무조건 안 한다 할 수 없었고, 현장에 나갈 필요 없이 회계 회의록 작성이나 전화 등 제가 자활단체에서 하던 일을 그대로 하면 된다는 말에 속은 거죠. (웃음) 처음 한 달은 자료 보면서 여유를 좀 부렸지만 6월에 전임이 퇴사하면서 모든 일이 한 번에 넘어왔어요. 4월 이후 칼퇴를 해본적이 없어요. 제가 들어온 시기가 지부 확대 시점이었고 준비도 안 되어 있는데 바로 교섭에 들어가야 하는 상황이었죠.

저한테 업무 강도는 문제가 아니었어요. 제가 보기와는 달리 싸우는 것에 스트레스를 많이 받는 성격인데 이곳이 복수 노조에 우리가 소수 노조라서 타 노조의 횡포에 시달리고 사사건건 부딪히는 일이 대부분이었어요. 타 노조에서 저와 같은 위치에 있는 사람이 경력이 많아서 더 힘들고요."

전국교육공무직본부의 전국 지부들이 복수 노조의 문제를 비슷하게 겪고 있지만 경남은 유독 정파 싸움이 강한 지역이다. 노조와 정파는 달라야 한다고 생각하는 박미란은 정치적인 것을 우선에 두는 상식적이지 않은 행동을 감당하는 것도 힘들지만, 다수 노조로서 가진 자의 여유 없이 소수 노조를 누르려고만 하는 것을 볼 때면 노동조합 활동을 왜 하는지 회의가 들 때도 많다고 한다.

경남의 경우 파업도 독자적으로 진행하고 있는데 2016년 처음으로 20여 명이 참가한 가운데 집회 형식이 아니라 교육 및 보고대회로 파업을 진행했고, 2017년 타 노조에게 연대 파업을 제안했지만 독자 행보로 민주노총 건물 강당에서 200여 명이 참가한 가운데 파업 결의대회를 가졌다.

2017년은 임금교섭에서 근속수당을 처음 도입하면서 호봉 체계가 들어오기 위한 토대를 마련한 것이어서 전략적으로 조직화에 집중했고, 4명의 상근자가 생기면서 지부 내부의 역량도 채워지는 시기였다. 또 2016년 첫 파업에서 조합원들이 안전하다고 인식하면서 파업 참가 인원도 폭발적으로 늘었다. 이 시기에는 조합원도 연 2~300명씩 늘어났다.

"교섭의 효과도 있지만 타 노조와 다른 운영 체계라는 소문이 퍼지면서 미가입자들이 가입을 하기 시작했어요. 미안함과 고마움으로 가입하기도 하고 조합원들이 적극적으로 유도하면서 꾸준히 늘고 있어요. 우리 노조의 회의 체계, 분과 활동 내용, 자료를 오픈하고 모든 사안들에 조합원 의견을 듣는 운영 방식에 대한 소문이 확산됐어요. 지역을 찾아다니며 설명을 하고, 조합원들의 가입과 이동이 쉽다는 것들이 알려지기 시작했죠. 특히 타 노조에 있다가 온 사람들은 더 뚜렷하게 느낀다고 하더라구요.

다수 노조는 조합원들을 편하게 내버려두지만 공개적이지 않은데다

지시형이고 안 가면 벌금을 내도록 강제하는데 비해, 우리는 모든 투쟁에 가자고 사람들을 독려하면서 귀찮게 하지만 결코 강제하지 않아요. 세 노조가 섞여 있는 학교 안에서는 노조들의 장단점이 비교가 되면서 현장에서 입소문이 퍼지는 거죠."

경남지부는 2018년부터 간부들에게 운영비 회계 내용을 공개하기 시작했다고 한다. 운영위원회는 오랜 회의를 거쳐, 타 노조와 비교 우위의 민주적 운영 원칙을 강조하기에 회계 공개는 필요하다는 결정을 내렸다. 일반 조합원들에 대한 공개 여부는 간부들의 판단에 맡기기로 했다.

운영비 회계 내용을 공개한 뒤 변화가 나타났다. 조합원 수가 늘어나고 조합비가 늘어나는 것을 보며 본인이 속한 조직에 긍정적인 생각을 가지게 되었고 적극적으로 다양한 제안을 하기 시작했다. 그 후, 경남지부에서는 조합비 어디다 쓰냐는 말은 완전히 사라졌다고 한다.

"이곳에 처음 와서는 부정적인 생각을 많이 했어요. 체계도 없고, 축적된 자료도 없는데 어떻게 돌아가지? 싶었죠. 근데 신기하게도 잘 돌아가는 거예요. 이 조직은 사람이 움직이면서 모든 것을 만들어가는 곳이고, 과거에 제가 있던 곳은 사업팀장의 계획에 따라 사람이 움직이는 곳이에요. 그 차이였어요. 큰 틀의 계획만 있고 현장을 따라 유연하게 움직이는 곳이 여기예요. 그렇다 보니 뭘 만들어 가기 좋아요. 만들어가는 재미도 더 크고요.

또 처음에는 우리 본부가 타 노조보다 항상 늦는 게 불만이었어요. 정책 제안 같은 중요한 것도요. 일을 해본 뒤에야 늦을 수밖에 없는 조건이란 걸 알았어요. 민주적인 회의 체계를 갖다 보니 시급한 것들을 제외하고 의견을 듣는 절대적인 시간이 필요한 거죠. 공공운수노조의 분위기이기도 하지만 교육공무직본부는 더 강해요. 게다가 여기는 사업장이 많으니 더 오래 걸리고요. 간부들도 느리다고 말하다가 상황을 파악하면 금방 이해해요. 띄엄띄엄 소식을 듣는 조합원들은 아직도 결정 안되었냐고 말하기도 해요.(웃음)"

조합원 하나 하나 살리는 게 더 중요하고, 민주적인 운영에 대한 강박관념에 가까운 절차때문에 본부에서 지부, 지부에서 분과, 지회, 조합원까지 수렴하고 설득하고 토론하다 보면 가끔 처음의 내용이 마지막에 가서 바뀌는 웃지 못할 일도 벌어진다고 한다.

반면에 본부와 지부의 관계에 있어 지부에 방법은 제시하되 지부의 판단을 우선시하고 모든 결정을 맡기는 것은, 때로는 지부의 곤란한 상황을 배려하지 않는 것으로 다가올 때도 있다고 한다.

"우리의 역량 부족으로 헷갈리는 경우가 생기면 기댈 때라고는 본부밖에 없잖아요. 근데 그런 경우에도 본부는 지부에서 판단하라고 해요. 그럴 때면 기운 빠져요. 뭘 '하자', '해라'라는 말을 결코 하지 않아요. 저희끼리 해결이 가능할 때는 모르지만 해결에 부담을 느낄 때는 정말 어려워요. 저희 지부는 경력 있는 사람이 없잖아요. 그래서 지부장이랑 둘이 의논하다가 본부에 올리는 건 데도 말이예요. 이제 본부에 물어보자 하다가 지레 포기해버려요. 뻔한 답변이 돌아올 테니까. 다행히 우리 지부장이 1년 밖에 안 되었는데 특유의 지도력으로 빨리 자리잡아서 지부가 잘 굴러가고 있지요."

경남지부에서 가장 많은 비중을 차지하는 직종은 사무 직군이고 지부의 주력부대이다 보니 지부의 일하는 방식도 이들의 영향을 많이 받는다. 사무직군의 특징이 학력이 높은 편이고 학교 안에서 차분하게 공문 받아보고 일을 처리하는 데 익숙해서, 급식실이 많은 타 노조에 비해 밀어붙이는 힘은 약하고 모든 안건에 대해 설명하고 이해시켜야 하는 어려움이 있다고 한다.

"교섭안에 대해서도 근거자료로 공문을 요청하는 타입이죠. 노조스럽고 아줌마스러운 분위기를 안 좋아해요. (웃음) 지부장 성향의 조합원들이 대다수인 거죠. 파업보다는 지회 모임, 꽃바구니 사업 등 노조스럽지 않게 가려고 노력하고, 현장에서 늘 접대하는 사람이다 보니 노조에서는 대우받을 수 있게, 간부로, 조합원으로서 대우받을 수 있게 해주려고 신경 쓰고 있어요.

노조에 와서 가끔 폭발하기도 하지만, 학교에서 자신이 일을 처리하는 방식에 익숙하고 노조가 그렇게 해주기를 바라요. 타 노조가 사서 노조라고 비방하면 너희는 급식노조라고 되받아 치고, 이런 게 지부 활동이나 사업 방향에도 영향을 미쳐요. 신뢰를 쌓아가는데 긴 시간이 필요했어요."

긴 시간을 들여 소통하면서 박미란 조직부장은 조합원들이 노조를 싫어하는 게 아니라 노조스러움을 싫어한다는 걸 깨닫게 되었다고 한다. 노조스럽지 않음을 발견하면서 스스로 적극적으로 변해간 것이라고. 이 모든 것이 사서 분과 출신의 전 지부장과 전문상담사 출신의 현 지부장이 오랫동안 꾸준히 신뢰를 쌓아온 결과라고 한다.

2016년부터 시작해 2017년과 2018년에 그 성과를 거두고 있는 조합원 교육은 경남지부의 큰 자랑 중 하나이다. 16개 시도군 안에 지회별 교육을 바탕으로 필요에 따라 직종별 분과별로 필요한 교육을 추가하면서 2017년에 활성화되었고, 2018년에는 맞춤형 교육을 추가했다.

중간 간부들을 위한 간부 교육, 전 조합원을 대상으로 한 청렴도 교육, 조합원 절대 다수가 여자임을 감안해 성폭력 예방 교육도 조합원 교육 안에 포함시켜서 진행했다.

"본부에서도 놀라워하죠. **지회나 분과 모임이란 게 원래 목적의식적인 게 강한데 우리는 생활 밀착형 사업을 구상해서 접근해요. 노조 교육한다고 하면 안 나와요. 꽃 바구니나 고추장 만들기를 하면 3,40명이 쉽게 모인다니까요.**

지부장 성향을 따라가는 게 있어요. 현 지부장은 지역 인력풀이 좋아서 다양한 강사들을 적재적소에 초빙해 와요. 타로 강사를 데려와 전문상담사들이 아이들 상담에 활용하도록 하고, 인사위원회에서 청렴도가 문제되기 시작하자, 교육청의 변호사를 섭외해서 돈을 만지는 비정규직에게 요구되는 청렴도 강의를 준비하고. 교육공무직이 처우가 좋아지면서 공무원에 준하는 청렴도를 요구하기 시작했거든요. 지부 차원에서 도교육청에 제안을 하고, 지부가 나서서 교육을 시키기 시작했죠. 그 일을 계기로 사무행정 교육 시 청렴도 교육을 하도록 커리큘럼에 반영이 됐어요."

조직이 커지고 지부의 역량이 확대되면서 경남지부도 직종의 요구들이 점점 커지는 상황이다. 경남지부는 지난 2년 동안 직종별 차이와 그들에 맞는 요구를 반영하는데 많은 노력을 기울였다고 한다. 2018년에 벌인 프로그램 중 급식, 청소 직군들과의 야유회와 참여자가 없어서 무산된 조합원 체육대회는 아쉬움으로 남았다고.

“교육 파트는 우리 지부가 제일 강해요. 배움의 욕구도 강하고요. 평조합원들의 참여도가 조금 떨어지는 게 아쉽고 당장의 조직 확대로 이어지지는 않지만, 이런 활동들이 점점 소문이 나 다른 노조에서도 우리에게 물어봐요. 노조에 대한 이미지나 평가는 타 노조와 비교될 때 더 확실히 드러난다고 봐요. 타 노조에 비해 저희가 비교가 안 되는 소수 노조임에도 불구하고 꾸준히 성장할 수 있었던 것은 이런 것들이 농축되어 반영된 결과예요.

그리고 타 노조가 점점 저희를 견제하기 시작했어요. 저희는 경쟁하고 싶은 생각이 없기 때문에 그냥 놔둬도 될 텐데 굳이 견제를 하고. (웃음) 우리 노조 조합원들은 자부심이 있어요. 숫자는 너희가 많지만 우리는 다르게 간다, 라는 자부심이요. 요즘은 연수 선전전을 갈 때 다과나 작은 선물을 가져 가서 우리 조합원들만 챙기거든요. 우리 노조만 조합원을 챙긴다는 자부심을 현장에서 느낄 수 있게요. 타 노조는 조합원이 많아서 못한다고 핑계를 댄다고 해요.”

경남지부가 지난 3년 동안 해온 교육과 소통의 결과, 2017년에 30여 명이었던 중간 간부가 2018년에 50여 명으로 늘어났다. 그리고 간부하기 싫어서 이름만 올리는 사람이 40% 정도였던 과거와 달리 현재는 본인의 역할을 적극적으로 하고 있다고 한다. 그 결과 간부들이 현장에서 민원을 듣고 직접 소통하게 되었고, 2018년 하반기부터 안되는 것만 지부에 올라오는 것으로 분위기가 바뀌기 시작했다고.

민중당 정파가 강한 경남에서 지부 간부들은 타 노조와 힘들게 싸우면서 버텨온 게 사실이다. 민주노총 경남 본부 안에서도 전국교육공무직본부는 약한 편이었다. 그동안 민주노총 경남본부 운영위원회에서 지부장이 가장 많이 들은 말이 타 노조의 항의하겠다, 사과하라, 였다는 사실은 경남지부가 지금 만들어낸 성과가 다른 지역에 비해 치열했다는 것을 보여주는 것이다.

"우리도 조합원 800명일 때는 타 노조를 많이 견제했어요. 하지만 2017년도부터 내부를 다지며 조직화에 더 집중하는 것으로 사업 방향을 바꿨어요. 17년에 시작된 청소, 당직 조직화 사업도 저희가 열심히 해서 300명을 조직했어요"

학교 비정규직끼리 소통이 없던 과거와는 달리 지금은 결과물들이 눈에 보이기 때문에 욕심을 내는 것이고 지부는 해결하기 위해 노력해야 한다며, 박미란 조직부장은 직종 이기심 문제를 긍정적인 시선에서 바라봤다. 또 경남 지역은 사측과 대화가 통하는 편이라서 머지않아 직종별 차이를 맞추고 통일할 수 있을 거라고 전망했다. 합리적인 것을 추구하는 교육감이 때로는 노조가 생각지도 못한 대안을 제시해주기도 하고 가끔은 사측에 설득이 되는 경우도 많다고.

2018년의 계획이 조합원과 함께 재미있게 노는 것이었고 지부 내실화였으며 이후의 사업도 연장선상에 있는데, 소수 노조의 조합원으로서 잘 버텨줘서 고맙다는 마음으로 조합비의 10분의 1을 베풀고 함께 성장하기 위해 더 노력할 것이라고 한다.

"지난 10년 동안 교육공무직본부는 꿋꿋하게 잘 왔다고 생각해요. 전국적으로도 소수인 지부가 더 많죠. 그럼에도 불구하고 우리 노동운동의 방향성을 굳게 유지하며 변하지 않고 버텨온 것, 온갖 핍박을 받으면서도 꾸준히 운동의 방향성을 유지하는 것은 큰 성과예요. 그렇게 버티면서도 꾸준히 조직을 확대해온 것은 운동 방향이 맞다는 반증이죠. 이렇게 활동을 잘 이어간다면 교육공무직본부의 운영 체계가 노동운동의 미래가 될 수 있다고 봐요. 무엇보다 조합원들의 노조에 대한 신뢰도가 높으니까요."

그리고 정책을 제안할 만큼 간부들의 역량을 키울 수 없는 구조, 전임이나 상근 인력이 약한 부분은 개선되어야 할 점이라고 한다. 지부 마다 일을 처리하는데 급급하고 상근자들의 업무가 과도한데 본부도 같은 상황이어서 고민이며 안타까운 지점이라고. 타 노조가 교육을 통해 인력 풀을 만들어갈 때 우리는 평가를 더 많이 하고 있는 건 아닌지 생각해 봐야 하고, 채용 상근자 공고를 내도 사람이 오지 않는 상황을 냉정하게 바라볼 필요가 있다고 박미란은 교육공무직본부 10년의 소회를 밝혔다.

" '노조가 우리한테 해준 게 뭐 있어요?' 최선을 다해 100%는 아니더라도 70%는 따냈는데도 이렇게 말할 때면 진이 빠져요. 그럴 때 노조 생활이 힘들죠. 그리고 채용 상근자는 혼자이다 보니 현장 상근자들과 소통이 안 될 때 찾아가고 기댈 데가 없는 게 힘들었어요. 현장 출신 전임들이 활동가들에게 요구하는 눈높이가 높아서 느끼는 압박감도 크죠. 그들은 저를 더 많이 아는 사람, 의지하는 사람이라고 생각하는데 저는 아직 제 역량이 부족하다고 느끼니까요. 저는 정말 몰라서 모른다고 하는데 그걸 바빠서 모른 척한다고 오해하기도 해요. (웃음)

여기 올 때 3년을 생각하고 왔어요. 처음에 제안한 사람이 여성 비정규직 문제라서 맞을 거라고 추천을 했는데 막상 지내보니 다른 곳의 여성 비정규직들보다 여기가 여건이 더 좋더라구요. 학교같은 관공서의 특징이기도 하고 지난 시간 동안 노력해서 바꾼 결과이기도 하겠죠. 다른 곳의 처우가 안 좋은 사람들을 고민할 때 여기 조합원들이 더더 요구하면 답답해지기도 하고요. 여기서 제가 할 수 있는 게 뭘까, 고민을 많이 해요.

그래도 사람들이 좋고, 간부나 조합원들 만나면 다들 편하게 대해주고, 만들어가는 재미가 확실히 있어서 예전에 일하던 곳과는 다른 보람이 있어요."

박미란에게 노동조합이란?

"저에게 노동조합이란 놀이터예요. 언제 어디서나 누구나 이용할 수 있고 많은 놀이(일)가 생기고 놀 수 있기 때문이죠.

노조는 처음이지만 해 볼만 하구나, 싶어요. 오래 살아보지는 않았지만 살면서 한번쯤 해봐도 되겠다는 생각도 해요. 저 뿐만 아니라 누구나가 한번쯤 해봤으면, 활동을 하든 조합원이 되든 노조에 들어와서 볼 기회를 가졌으면 해요."

11_ 충남세종지부의 역사

충남세종지부의 시작

2011년 7월 민주노총 충남본부 내 '충남학교비정규직노동조합'으로 100여 명의 조합원과 결성식을 한 후 독자 활동을 이어가다가 2012년 3월 전회련 충남지부가 되었다. 고명숙 초대 지부장을 시작으로 2기와 3기를 이끈 민지현 지부장에 이어 2018년 4기 곽은숙 지부장 체계가 돌아가고 있다.

충남세종지부의 현재

2014년, 지부 사무실도 없이 전교조 사무실에서 지부장과 조직국장, 조직국장이 월급 반을 떼어주고 데려온 활동가를 포함해 3명이 일했던 충남지부는 현재 현장 상근 3명과 채용 상근 3명으로 모두 6명이 일하고 있다. 2016년부터 충남세종지부로 편재되었다.

충남세종지부의 특징

숫자는 얼마 안되지만 항상 현장 중심으로 단 한 명의 불합리한 처우나 해고 문제가 발생하지 않도록 무조건 해결하는 것이 지부의 자랑이라고. 그것에 감동받은 조합원들이 많고 그 이유로 가입하는 사람도 많다고.

충남세종지부의 분과

조합원들이 소속되어 있는 직종은 20개, 조리원, 돌봄, 영양사, 영전강 등이 많고 활동하는 분과는 10개 정도이다. 2016년 언어치료사, 2018년 수영 강사가 새로 들어왔다. 수영 강사는 충남 지역의 문제로 교육청이 지역민을 위해 수영장을 만들었는데 직고용 과정에 임금 문제가 발생하면서 노조에 가입했다. 매년 해고에 시달리는 영어회화 전문강사(이하 영전강)가 전통적으로 잘 뭉치고, 언어치료사, 수영 강사, 돌봄 등이 단결력이 좋아서 잘 움직이고 있다.

● 인터뷰 30 • 민지현 충남세종지부 2대 지부장

"2011년이었어요. 노조 사람들이 방문해서 가입을 권유하고 갔어요. 저랑 조리원들이 의논 끝에 힘을 실어주자는 생각에 노조 가입을 결정했죠. 그 후에 김미복(현 조직국장)이 왔을 때 가입원서를 썼어요. 근데 나중에 알고 보니 처음 학교에 방문한 건 다른 노조 사람들이었어요. (웃음) 그때 우리는 다른 노조가 있다는 것도 몰랐죠. 가입하고 나서 알았어요. 우리 노조가 조합원도 없고 이제 막 시작하는 단계라는 걸요. 결성식에 오라고 해서 갔다가 얼떨결에 분과장을 맡았어요. 아무도 없어서 무조건 해야 하는 분위기였어요."

뒤늦게 타 노조의 상황을 파악한 민지현은 분과장을 맡은 뒤로 본인의 근거지인 예산 조합원 사수를 위해 애를 썼다. 그래서 충남은 타 노조에 비해 전국교육공무직본부가 열악한 상황이지만 예산만큼은 상대 노조에게 내주지 않았다고 한다.

하지만 예산은 지방 소도시라서 학생이 빠르게 줄어들고 있고 이는 인원 감축으로 이어졌다. 민지현이 근무하는 예산여중도 1,000명이었던 학생이 절반으로 줄어 12명이었던 급식실 인원이 현재 6명이 되었다. 누구를 지목해 나가라고 하지는 않지만 서로 나이 많은 사람을 지목하며 나갈 것을 유도했고, 결국 지목된 사람이 못 견디고 나가는 방식의 인원 감축은 결국 모두에게 상처가 되었다.

전회련 시절인 2012년, 민지현은 기억에 남는 첫 활동으로 돌봄 위탁 반대 집회를 떠올렸다. 당시엔 충남도교육청이 대전에 있고 교육전문직 채용 비리로 김종성 교육감이 구속돼 부교육감 체제로 운영되던 당시의 일이었다. 무기계약직 전환을 앞두고 학교장 직고용이었던 사람들을 교육청이 위탁으로 넘기는 사업을 시작했다. 400명 정도의 돌봄 중 절반이 위탁업체로 넘어가고 반대하는 나머지 사람들이 노조에 가입해 싸우기 시작했다. 위탁으로 가면 급여를 더 주겠다며 유혹해서 위탁 전환을 했고, 학교에 남은 사람들은 월급이 깎이고 처우가 나빠지는 등 학교에서 핍박을 받았다.

"위탁 반대하는 사람들이 우리 노조에 가입해서 싸웠어요. 나우누리를 비롯한 위탁업체들도 시위를 하고요. 부교육감 체제라서 더 힘들었어요. 만남도 안 되고 협상은 더 힘들고, 교육청 입구를 철문으로 봉쇄해서 철문 앞에서 집회를 했어요. 지금 2선 교육감이 된 김지철 당시 교육위원이 우리 편에서 같이 싸워줬어요. 결국 김지철 도의원이 보궐선거로 교육감이 되면서 2015년, 16년에 걸쳐 돌봄들의 100% 직고용이 이뤄졌죠. 교육청의 태도도 완전히 달라졌어요. 문도 활짝 열어놓고, 언제든 만날 수도 있고."

3년의 지난한 싸움 끝에 돌봄 직고용은 이뤘지만 그 과정에서 생긴 상처는 여전히 돌봄 교사들을 괴롭히고 있다. 위탁으로 갔던 사람들은 위탁 경력을 전임으로 인정해주지 않아서 억울해하고, 학교에 남았던 100여 명의 사람들은 3년 간 삭감되었던 임금에 대한 보상을 요구했다. 금액이 너무 커서 교육청도 이 문제를 완전히 해결 짓지 못하고 있는 상황이다.

민지현은 2014년에 지부장이 됐고, 2015년 첫 단체협약 체결 후 하반기부터 전임으로 사무실에 출근하기 시작했다. 이 시기부터 충남은 본격적인 조직 활동에 나섰고, 조합원이 폭발적으로 증가했다. 민지현과 조직국장 김미복 두 사람은, 김미복의 대학 시절 동지들에게 운전을 맡기고 충남 지역을 두 개로 나눠 몇 개월간 매일 학교를 돌며 조직 활동에만 매진했고, 그 결과로 본부에서 주는 모범조직상도 받았다.

"매일 학교를 돌며 같은 말을 또 하고 또 하고. 같은 말을 반복하다 보면 말이 꼬이기도 하고 힘들었어요. 근데 신기하게도 찾아가기만 하면 사람들이 노조에 가입을 하는 거예요. 교육청과 협약을 맺은 상태에서 돌아다닌 거라 협약 사항 홍보하고, 요구조건을 말해주면 다음에 협상을 하겠다고 약속하고. 본부의 협상 목표와 우리의 기대치를 알려주면 사람들이 임금 인상에 대해 잔뜩 기대하고. 당시 우리 모습은 보험사원 같았어요. 그 때 노력으로 300여 명이 늘어났는데 당시 충남 조합원 수의 절반 이상이었어요."

민지현이 지부장으로 있는 동안 해고 문제는 영전강들에게서 매년 발생했다. 이 문제는 전국적으로 진보 교육감도 해결하지 못하는 상황이었다. 4년 마다 신규 채용을 하다 보니 매년 해고자가 나왔고, 같은 교사들이 점수를 매기는 상황이라 문제가 끊이지 않았다. 이 해고 문제로 충남지부는 매년 학교와 교육청을 찾아가고 점거하고 농성을 벌였다.

"교장과 실장이 말을 잘 들으면 해결되지만 **고집을 부리는 교장이 있으면 교육청에 가고 교육청에서 안 들어주면 그 자리에서 드러누웠죠. 다른 학교에 자리를 만들어 달라고. 한 번은 면담하러 들어갔다가 바로 농성으로 이어졌는데 해결될 때까지 못 간다고 버티며 이틀을 거기서 잤어요.** 겨울이었는데 다행히 난방을 끄지는 않더라구요. 그 때 이후로는 교육청과의 면담을 항상 밖에서 했어요. 우리가 농성할까 봐 그런 거죠.

그렇게 악으로 깡으로 해고는 다 막았어요. 김지철 교육감도 앓는 소리를 했어요. 직원들이 안 된다고 하는데도 자기가 밀어붙이기 힘들다고. 자꾸 밀어붙이니까 자기 편이 없다고. 투쟁이란 게 원래 다 그런 거니까 서로 당연하게 받아들여요. (웃음)"

2016년 봄은 급식실 급식비 징수라는 날벼락과 함께 시작됐고, 임금협상을 위한 3개월의 천막 농성으로 이어지면서 민지현 지부장에겐 특별히 파란만장한 한 해였다. 13만 원으로 인상된지 얼마 되지 않아 교육청이 노조와 상의도 없이 공문을 내린 상황이었다. 교육청에 항의함과 동시에 학교마다 돌아다니며 법적인 해석에 의해 10년간 받아온 현물은 급여의 한 형태라고 교장들을 설득했다. 하지만 해결이 되지 않아 결국 여름이 시작될 때 임금협상 의제까지 포함해 천막 농성에 돌입했다.

"타 노조는 일주일 천막 쳤다가 입장을 번복하며 빠지고 우리만 싸움을 끌어갔어요. 황당했죠. 결국 임금 협상이 타결되면서 천막은 걷었지만 급식비 협상은 충남영양사회와 노조 간의 감정싸움으로 치달으면서 더 악화되어버렸어요. 영양사는 검식의 의무가 있어 면제하기로 합의를 봤는데 새누리당 교육위원들이 돈 없다며 영양교사 급식비까지 깎아버린 거죠. 영양사회에서 급식비 좀 내라고 우리를 설득하고 우리는 안 된다고 버티고. 결국엔 급식비를 내는 대신 조리위생수당 5만원을 신설하는 것으로 겨우 마무리됐어요.

당시엔 진보 교육감 김지철에 대한 반발로 새누리당 교육위원들이 김지철 교육감 사업은 무조건 반대하고 예산을 깎았어요. 교육청에 한 명씩 있던 학부모 지원 전문가 예산도 0원으로 만들었죠. 다음 선거에서 교육위원들이 바뀌기 전까지는 교육위원들도 우리 편이 아니었어요."

천막 농성은 너무 길어진다는 것을 경험으로 알게 된 뒤 2017년엔 맞춤형복지비 인상을 걸고 노숙 농성을 시작했다. 원래 계획은 교육청 점거였지만, 눈치 챈 교육청이 문을 잠가 버리는 바람에 기회를 놓치자 천막 대신 더 강하게 판을 벌인 것이다.

"노숙 농성은 쉽지 않아요. 비닐만 치고 있는 거라 낮엔 뜨겁고 밤엔 추웠어요. 너무 힘들어서 본관 처마 밑으로 점점 이동했어요. 비닐만 치고. 조합원들이 돌아가면서 농성장에서 함께 노숙하고, 저녁이면 먹을 거 사가지고 들르고, 다른 조합원들과 친목도 도모하고 분과별로 모임도 하고, 즉석에서 도교육청 사람들 만나 이야기하다가 직종별로 협의도 이뤄지고, 분위기가 화기애애했어요. 도시락 엄청 시켜 먹었던 게 기억나고, 병에 술을 몰래 담아와서 마셨던 것도 기억나네요. (웃음)"

힘들었지만 화기애애했던 노숙 농성은 맞춤형복지비 인상과 수당이 없었던 직종인 영어회화 전문강사와 스포츠 강사의 명절휴가비, 맞춤형 복지비를 이끌어내는 성과를 만들며 끝이 났다.

조용하고 끈기 있게 강한 면모로 충남지부의 급성장을 이끌어온 민지현 지부장은 학교를 방문할 때 아는 조합원들이 엄청 반기며 고생 많다고 말해주고 무슨 일이든 참여하겠다고 할 때, 덕분에 좋아졌다며 말해줄 때 정말 보람을 느꼈다고 한다. 먼 거리를 힘들게 찾아갔는데 문전 박대를 당하거나 열심히 했는데 잡상인 취급하고, 심할 때는 사람 이하 취급하는 사람들 때문에 상처도 많이 받았다고. 나쁜 일 하려는 것도 아닌데 학교 비정규직 노동자들의 처우개선을 위한 노력이 무시당하는 것 같아서.

"힘든 거 말하라고 하니까 (웃음). 사실 집회나 농성, 서울 상경 투쟁, 인원 동원하는 게 제일 힘들었어요. 지부의 일은 산더미처럼 쌓여 있고 인원은 동원해야 하고 몸이 열 개라도 하기 힘든 상황이 많았어요. 단기간엔 불가능하고 그냥 모이라고 하면 안 모이니까 구미가 당길 만한 획기적인 기획을 고민해야 하는데 시간은 없고요.

또 농성이 금방 끝날 것 같은데 자꾸 길어지는 것도요, 들어줄 것 같은데 안 들어주니까 지치죠. 지치다 보면 다른 활동도 저조해지고. 악순환이 반복되는 거죠. 본부에서는 지부의 상태나 성격을 파악하여 투쟁의 수위를 지부마다 다르게 조절해주었으면 하는 바람이에요."

민지현 충남지부 전 지부장은 전국교육공무직본부 10년의 성과로 임금 인상을 꼽았다. 80만 원도 못 받던 임금이 지금은 두 배 이상 세 배가 되었는데 이 인상폭은 어디에서도 찾아보기 힘든 성과라고 한다. 그리고 노조 조합원이라는 사실도 숨기고 몰래 활동하던 과거와 달리 지금은 '나는 조합원이다. 건들지 마라'며 당당하게 외칠 수 있게 된 것도 노동조합이 있어 가능했다고.

"하지만 그 임금 인상에 대한 기대가 지금은 우리를 더 힘들게 하고 있어요. 조합원들의 기대는 크고, 그럴수록 싸움의 수위는 높아지지만 참여하는 사람만 계속 참여하고 젊은 사람들은 알아서 해주겠지 하며 참여

안하고. 이제 피케팅 정도로는 꿈쩍 안 하잖아요. 사업은 늘어만 가고 조직확대 하라, 집회 가라, 연대 가라, 협상하라, 또 집단교섭도 해야지, 할 일이 너무 많아요. 협상만 하다가 1년이 다 가니까 한계를 느껴요. 이건 상근자를 늘려도 끝이 없어요. 조합원들도 이력이 나서 여기저기 참가하라고 하면 발을 빼는 경우가 많아요. 어떡하든 되겠지 하며. 발은 빼고 기대는 크고, 그게 문제죠. 그러면서 말해요. '내년에 또 오르겠지'."

민지현에게 노동조합이란?

"임금인상이 되면서 삶이 윤택해졌고, 위축됐던 게 밖으로 표출되니까 사람 답게 살수 있게 되었고, 함께 하는 삶에 대해 생각하게 되었어요. 뭉쳐야 노조도 살고 우리도 살아요. 노동조합도 작은 사회이고 사람 관계이다 보니 희로애락이 다 있어요.

아직 전보가 이뤄지지 않아서 다른 학교에 대한 경험이 없는데 노조활동을 하면서 학교별로 돌아다녀 보니 학교마다 처우도 생각도 다 달랐어요. 이런 곳에서 어떻게 생활했을까 싶을 정도로 열악한 곳도 많았어요. 그들에 비하면 내 생활은 천국이었어요. 세상을 더 많이 돌아다니고 많이 알아야겠다고 마음먹었어요. 내 삶을 돌아보고 내 마음가짐을 다시 잡는 계기가 되었죠.

학교만 있다가 밖에서 일하고 다시 들어오니 태도와 생각이 달라졌어요. 학교 사람들도 제가 달라졌다고 하더라구요. 과거에는 사소한 것이라도 지적하려고 했는데 지금은 서로 이해하고 서로 어려운 건 양보하고 의견을 적극적으로 들어주려고 하죠. 또 저에게 기대하는 것도 많아요. 처우개선에 대한 어떤 기대요.”

● 인터뷰 31 • 곽은숙 충남세종지부 지부장

조리실무사 출신인 곽은숙 충남지부 지부장은 근무하던 학교 급식실이 단체로 다른 노조에 가입했다가 그 노조의 방식에 불만을 느껴 2014년 모두 함께 전국교육공무직본부로 옮겼다. 노조의 필요성은 느꼈지만 노조의 역할까지는 몰랐던 시절이지만 처음 가입해 1년간 지켜본 결과 처음 가입한 노조가 문제가 있다고 판단해서 이동을 생각하게 됐다고 한다.

당시 곽은숙이 근무했던 온양 풍기초등학교는 LG 그룹이 교육청에 빌려준 학교로 처음엔 학생 규모가 700명이었지만 나중에 1,600명까지 되면서 포화상태가 되어 학생들이 순차적으로 밥 먹으러 오던 상황이었다. 학생들이 늘어나는 동안에도 급식실 인원은 11명 그대로 유지되었고 다행히 손발이 맞아서 잘 돌아갔지만 그곳은 매일이 전쟁터였다.

근속이 인정되지 않아 신입과 경력의 차이가 없는 임금은 노조 활동의 결과로 가족수당 같은 게 생겨도 나이 많은 사람들에게는 혜택이 돌아가지 않아 여전히 불합리한 상태였다. 그리고 늘 사고위험에 노출되어 있고, 몸이 다쳐도 제대로 된 치료나 휴식이 불가능한 근무 환경은 쉽게 개선되지 않았다. 크게 다친 경험이 있는 곽은숙에게 산업재해 처리는 특히 번거롭고 불합리했다.

"2011년에 젊은 동료의 후드 청소를 도와주다가 솥과 솥 사이 허공에 발을 디뎌 떨어지면서 어깨를 다쳤어요. 처음 병원에서 타박상이라고 해서 약 먹고 말았는데 팔이 점점 안 올라가고 더 아파서 병원을 옮겼는데, 거기서도 아픈 게 나아지지 않아 대학병원에 갔죠. 실금이 났고 뼛조각이 돌아다니는 상황이었어요. 나중에 파악해보니 첫 병원의 엑스레이에도 있었지만 의사가 실금이 나 있는 걸 못 본 거예요. 두 달간 아프다고 그렇게 말을 해도, 아프니까 병원에 오는 거라는 한심한 말을 하면서 진료를 대충한 의사들을 그냥 내버려둘 수가 없었어요. 첫 병원에서 깁스를 제대로 했다면 상처가 더 악화되지도 않았을 거고, 산재처리도 바로 할 수 있었겠죠. 정말 너무 억울해서 재판을 신청했어요."

결국 곽은숙은 대학병원에서 뼈 맞추고 나사 박는 수술을 했다. 요즘은 병원에서 산재처리를 해주지만 당시만 하더라도 당사자가 직접 처리해야 했고 서울산재본부에 올린 첫 심사에서 탈락한 후 힘들게 재심사 과정을 거쳐 승인이 됐다. 하지만 그것도 잠시 병원에서 더 이상 진단서를 끊어주지 않아 회복도 안 된 상태에서 다시 출근을 했다. 사고 난 지 11개월 만이었다. 결국 아픈 왼쪽을 보호하느라 오른쪽만 쓰다가 오른쪽마저 나빠져서 또 수술해야 했다. 곽은숙은 잘못을 밝히는 게 목표였지만 판사는 합의를 권했다. 없는 살림에 변호사까지 구해야 했는데 합의금이라고 200만 원 받은 게 전부였다.

"변호사비만 500만 원이 나갔어요. 억울하고 허무했어요. 무엇을 위한 싸움이었는지 모르겠어요. 더 이상 신경 쓰고 싶지 않아서 그냥 되돌아보지 않기로 했어요. 그 후에 수술한 곳이 문제가 돼 다시 병원에 갈 때는 산재가 너무 번거로워 건강보험으로 처리했거든요. 근데 그게 또 문제가 됐어요. 같은 부위라 같은 코드로 처리되면서 건강보험공단에서 산재로 넘겨버렸고 산재기간에는 근무를 하면 안되는데 저는 근무 중이었잖아요. 산재처리 과정이 복잡하고 번거로운 데다가 치료를 충분히 할 수 있는 것도 아니어서 우리 같은 사람들한테는 아직 너무 힘든 혜택이에요."

곽은숙의 부상은 여전히 고통으로 남아있다. 정형외과 다니면서 아프면 약 먹어가며 일하는 게 현재 자신이 할 수 있는 최선이라고 한다. 몸도 성치 않은 곽은숙에게 조직국장이 대의원을 부탁하며 1년에 두 번 간부수련회만 참석해달라고 부탁을 했다. 당시엔 지부에 사람이 별로 없던 상황이라 방학에만 참가하는 것이라면 도와줄 수 있겠다는 생각으로 제안을 받아들인 후부터 곽은숙의 노조 활동은 점점 본격화되기 시작했다.

"겨울 대의원대회에 갔는데 그렇게 사람이 많이 모이는 걸 처음 봤어요. 참여도도 높고 보기 좋더라구요. 노조에 대해서 모르는 것도 자세하게 설명해주고요. 제가 어디 가서 낯 가리고 잠 못 자는 성격도 아니라서 정말 즐겁게 다녀왔어요.

이번 겨울 대의원대회에는 새로 가입한 수영 강사들이 같이 갔는데 선생님들이 젊고 적극적이어서 처음으로 신나게 놀았어요. 원래 충남이 양반 동네라서 밥만 먹으면 조용히 방으로 들어가거나 나가도 은근슬쩍 놀다가 들어오고 그랬거든요. 노래방 기계 번호 누르는 것도 지부 별로 경쟁인데 수영 강사들이 앞으로 나서서 주도하는 바람에 하나가 되어서 정말 활기차게 놀았어요. 간부수련회가 이렇게 즐거웠던 건 올 해가 처음이었어요. 간부수련회 프로그램도 점점 좋아지는 것 같아요. 바닥에 너무 오래 앉아 있는 것은 허리 아프고 차가워서 좀 힘들긴했지만요."

곽은숙 지부장이 2017년 8월부터 6개월간 부지부장으로 일할 때는 다니던 학교 조리사의 갑질 횡포와 성희롱 문제를 적극적으로 나서 해결한 일도 있다. 그 학교에서 20년된 조리사는 자신도 비정규직이면서 조리원들에게 강자로 군림하며 평소에도 막말하고 소리지르는 등 악명 높은 사람이었다.

"언어 폭행은 기본이고 나이 많은 사람들을 맘에 안 든다고 때리기도 하고, 자기 맘대로 안 되면 자존심을 건드리면서 면박주고 그랬어요. 견디다 못해서 떠난 사람들이 많았어요. 그 사람이 나보다 나이가 많아도 할 말은 해야겠다 싶었어요. 제가 반기를 들기 시작하자 저를 더 괴롭히더라구요. 퇴근 시간을 갑자기 늦춰 노조에 물어보겠다고 하니 그러라고 해서 문의한 건데 나중엔 그걸로 다시 면박주고. 저는 상식적이지 않은 것을 못 견디는 사람이에요. 어떡하든 제가 해결하고 싶었고 부당한 일이 생기면 녹음하도록 시켰어요. 마침 조리사가 조리원에게 새로 온 교장과의 식사 자리에서 술을 따르라고 한 일이 발생했어요. 영양사가 조리사에게 시켰다고 하는데, 음식 냄새 안 나게 씻고 화장하고 옷 잘 입고 오라고 하질 않나, 젊고 예쁜 사람을 교장 옆에 일부러 앉히고요. 조리원들이 기분 나빴다며 말하더라구요. 이전에 저지른 만행까지 포함해 교육청에 접수했어요."

곽은숙과 조리원들은 처음엔 부당하다고 생각만 할 뿐 행동으로 옮길 생각을 하지 못 했다. 노조 전임으로 나오면서 곽은숙이 총대를 멨고, 성희롱으로 고발이 가능한 상황이었지만 다른 학교로 보내는 정도로 마무리됐다. 결국 조리사는 전보 기간이 아님에도 불구하고 다른 학교로 전보가 됐다. 전보 간 학교에도 이미 그 조리사에 관한 소문이 퍼졌고, 그 학교 조리원들이 조리사가 횡포 부리지 못하도록 단속하면서 더 이상 같은 일은 발생하지 않게 되었다고 한다.

곽은숙이 부지부장으로 있던 당시 진행된 청소, 당직 직고용도 열악한 처우는 아무 것도 변하지 않은 허울뿐인 정책이라며 그는 목소리를 높였다. 조합원으로 조직하기 위해 여름 내내 열심히 학교를 돌아다녔지만 가입율은 낮은 편이었었다고 한다. 청소 5,000원, 당직 7,000원 가입비가 부담스러울 정도로 월급이 적었던 사람들이었고, 학교에 눈치 보여서 가입하기 힘들다는 사람들도 많았다. 용역회사에서 일할 때는 있던 1년에 6일 휴가도 없어졌고, 급식비와 명절상여금을 포함해도 임금이 인상됐다고 보기 힘든 수준이었다.

"학교에서 일하는 걸 너무 좋아해서 즐겁게 일하시는 분들이 정말 많아요. 본인들 처지가 힘들어도 노조가 필요하다며 가입해주시고. 2018년 임금교섭에서도 청소, 당직 처우개선 내용을 포함시켰는데 교육청 담당은 안쓰럽지만 현실적으로 해줄 수 있는 게 없다는 답변만 하더라구요. 담당 사무관 와이프가 학교 행정실장인데 그 행정실장도 이해를 못하는 상황이라 했으니 모두 알면서도 가만히 있는 거예요. 당직들은 일한 만큼만 줬으면 좋겠어요. 창살 없는 감옥이잖아요. 명절에 집에도 못 가고 그 큰 학교를 외롭게 지키며 지내야 하고.

교육을 하는 공간이 부당한 것들이 이렇게 많아요. 그게 더 나빠요. 다른 세상은 다 변하는데 학교는 너무 고지식해요. 교장들이 특히 고지식해요. 자기한테 잘 보이면 점수 잘 주고 못 보이면 점수 깎고, 옳은 말하면 쓴 소리 한다고 평가 점수를 나쁘게 주고. 평등한 학교라고 교육청에 붙어있는 거 볼 때마다 개뿔, 무슨 평등? 웃기고 있네, 하죠.(웃음) 학교 안에 속상한 일들이 너무 많아요."

곽은숙은 부지부장이 끝나고 현장으로 돌아갈 계획이었다. 하지만 사무국장과 조직국장이 지부장 결의를 해달라며 제안했다고 한다. 해본 일도 아니고 잘 할 자신이 없어서 고민했지만 사람이 없어 거절하기 힘든 상황이었다고.

"경기도는 똑똑한 사람들이 많아서 경쟁도 하지만 우리는 안 그래요. (웃음) 경쟁 같은 거 없이 된 지부장이긴 하지만 가르쳐주는 건 바로 잘 해요. 우리 노조의 자랑이긴 하지만 충남은 영전강 해고가 없어요. 그런 문제는 제가 가만 안 둬요.

2018년 초에 공주 봉황초등학교 영전강 한 명이 해고되었는데 영어 교실을 점거했어요. 학교에서 하루 자고 해결이 안 돼서 교육청으로 옮겨 관 짜고 노숙 농성을 했죠. 제가 직접 스티로폼으로 제 관을 짰어요. 제가 손재주가 좋아서 갈색 나무 무늬 스티커도 붙이고 현수막 찢어서 끈도 묶고 완전 관처럼 예쁘게 잘 만들었어요. 나중에 서울에서 따라하더라구요. 일주일 농성한 끝에 교육청이 다른 학교로 배정해줬어요. 영전강 배정받은 학교에서 고맙다고 교육청에 전화했대요. 시골 학교라 영전강 선생님이 없었다고."

해고는 절대 그냥 두고 보지 않는다는 곽은숙 지부장 1년 차엔 또 하나의 가슴 아픈 해고 문제가 있었다. 학교가 보안경비 시스템으로 전환하면서 2017년 직고용된 당직을 해고했고, 교장 면담을 했지만 어쩔 수 없는 문제라며 교장이 받아들이지 않았다. 2018년 2월 초, 학교 앞에서 소복 입고 스피커 시스템으로 요란한 소리를 내며 피케팅을 했다. 교육청 담당 사무관의 중재로 해고는 면했지만 여름에서 가을로 넘어갈 무렵 이 조합원이 노환으로 세상을 달리했다.

"퇴근하고 집에서 돌아가셨어요. 장례식에도 갔어요. 부인을 일찍 잃고 딸들을 혼자 키우셨더라구요. 딸들이 고맙다며 울었어요. 기억에 특히 많이 남는 분이었어요. 가입 독려도 열심히 하시고, 연세는 있었지만 열정적이었어요. 옛날에 훈장 받았던 거 자랑하시고.

당직은 은퇴한 사람들이 대부분이라서 능력 있는 분들도 많아요. 서산의 어떤 당직 분은 직고용의 문제를 보고서처럼 직접 써서 교육청에 보내 달라 전달하기도 하시고. 자신들이 과거에 한 일을 자랑하고 싶어서 사진도 보내고, 상 받은 것도 보내고 그래요. 교장이었던 사람도 있고 공무원이었던 사람도 있고. 그들의 과거와 경력에 상관없이 체계가 그렇게 되어 있으니 부당한 대우를 받는 거잖아요. 시스템이 그러니까."

전국교육공무직본부가 이뤄낸 성과를 묻는 질문에 곽은숙 지부장은 2019년 임금협상에서 서울과 충북이 영양사 면허가산수당을 기본급의 5% 정률제로 협의한 것을 제일 먼저 언급했다. (인터뷰 당시 장기 농성중이던 충남세종지부도 영양사 정률제 합의를 이끌어냈다.) 충남세종지부 지부장으로서 곽은숙의 꿈은 영어회화 전문강사들을 무기계약직 만드는 것이라고 한다. 충남세종지부의 자랑이 해결될 때까지 싸우는 것이라며 조합원 한 명의 문제라도 끝까지 해보겠다며 다짐했다.

"지부장은 처음이지만 특별히 어려운 것은 없어요. 노숙하거나 단식하고 그런 건 안 힘들어요. 집안 일을 같이 하는 건 불가능하죠. 일찍 들어가는 날이 거의 없어요. 고3 된 아들이 노조가 근무시간을 안 지키냐고 따져요. 할 말 없죠 뭐. (웃음) 저만 그런가요. 본부장이나 처장들도 다 그러니까. 몸 힘든 것보다 지부 내에서 하나의 마음으로 움직이지 못하는 것이 더 힘들어요."

조합원들이 노조를 찾고 문제 해결해줘서 고맙다고 연락할 때가 노조 활동의 흐뭇함이고 보람이라는 곽은숙 지부장은 2019년의 주요 사업으로 청소, 당직과 수영 강사들의 처우개선과 조합원끼리 간부와 조합원들이 만나기 힘든 상황을 바꾸기 위해 동아리 활동을 활성화시켜 바꿔보는 것이라고 한다.

곽은숙에게 노동조합이란?

"대우를 받지 못하는 사람들이 정당한 대우를 받을 수 있게 개선해 주고 존중 받게 해주는 것이 노조라고 생각해요. 본인의 의지도 중요하지만 노조가 알려주고 도움을 주다 보면 지식도 쌓고, 그러다 보면 자신의 대우도 나아지게 돼요. 제가 불의를 못 참는 성격이라 남을 도와주다가 내 몸을 다치고 남 간섭하다가 마음이 힘들고 그래요. 제 운명인가 봐요. 제일 싫어하는 게 약한 자한테 강하고 강한 자한테 약한 거예요.

비정규직이라고 차별받지 않는 세상이 어서 왔으면 좋겠어요. 인간이 인간을 봐야지, 인간을 같은 인간으로 안 보고 아래로 보는 것, 누군가에게 서고 싶어하는 마음들, 거기서 문제들이 생겨요. 그런 것 때문에 잘 싸우지만 상처도 많이 받고 잘 울기도 하죠. 우리 집안은 명이 짧은 편이거든요. 살만큼 살면서 제가 할 수 있는 만큼 하고 싶어요."

● 인터뷰 32 • 김미복 충남세종지부 조직국장

민주노총 충남본부가 학교 비정규직 사업을 위해 2010년 5월부터 해직교사 출신인 도의원 김지철과 팀을 구성해 회의를 꾸려오다가, 본격적인 학교 방문을 앞두고 공주에 있는 김미복에게 제안을 했다

"3월 2일에 배낭 하나 메고 아산으로 와서 다음 날인 3일에 바로 학교 방문을 했어요. 전회련은 충남에 지부가 없던 시기였고, 민주노총 총연맹 방침이 학교 비정규직은 지역 본부 관장이어서 서둘러야 하는 상황이었죠. 처음 갔던 학교가 천안 북중이었어요. 전교조 수학선생님과 함께 급식실에 갔는데 그곳은 이미 타 노조에 가입되어 있더라구요. 급식실 분들이 노조가 왜 두 개냐며 항의해서 그냥 돌아 나왔어요.

그렇게 일주일 내내 학교를 돌았어요. 그 때 민지현 전 지부장과 처음 만나기도 했고요. 처음엔 민주노총 충남본부에 직가입된 상태라서 민주노총 간부들이랑 충남에서 같이 학생 운동하던 사람들이 많이 도와줬어요."

충남 학교비정규직본부를 함께 준비했던 김지철 의원은 2014년 교육감에 당선되기 전부터 충남지부의 돌봄 위탁 반대 투쟁과 교육감 직고용 조례 제정 등 초기 충남지부의 주요 사업을 함께 진행했다. 김지철은 교육감이 되면서 바로 돌봄 처우개선부터 신경 썼다. 충남의 돌봄위탁 문제가 다른 지역에 비해 비교적 빨리 마무리된 건 충남지부와 싸워준 당시 도의원 김지철의 도움도 컸다.

2012년 아산 중앙초 조리원의 해고 철회 투쟁도 김미복 조직국장에

겐 잊을 수 없는 싸움 중의 하나였다. 학교 앞에서 소복을 입고 집회를 했는데 전국에서 소복을 최초로 시작한 곳이 바로 충남지부다.

"아이 넷을 둔 30대 조리원이었어요. 무기계약 안 해주려고 1년 고용 후 재계약을 안 했어요. 뭔가 시선을 더 끌만 한 걸 고민하던 차에 아는 분이 소복을 추천했어요. 학교 앞에서도 하고 교장 집 아파트 앞에도 가서 아침마다 피케팅하며 소복 시위를 이어갔어요. 어느 날엔 학부모가 민주노총 사무실로 전화해서 아이들 꿈에 소복 입은 귀신이 나온다며 고소하겠다고 했던 일도 있었어요. 고소는 하지 않았지만.

지방노동위원회에 구제 신청을 해서 이겼는데 나중에 알고 보니 그 조리원의 계약서에는 '재계약하여야 한다'는 의무조항이 이미 있었어요. 노동위까지 가지 않아도 계약서만으로도 이길 수 있는 싸움이었던 거죠. 다른 학교와 달리 그 학교만 '할 수 있다' 가 아니라 '하여야 한다' 였는데 그걸 몰라서. (웃음) 저도 노조가 처음이라 뭘 잘 모르던 시절이었어요. 해고를 어떡하든 막아야겠다고 마음만 급했던 시절의 일이네요. 그 조리원은 지금 다른 학교로 전보 갔는데 여전히 조합원으로 열심히 활동하고 있어요."

전회련 가입 첫 해의 첫 파업은 김미복 조직국장에게는 정말 잊을 수 없는 기억 중의 하나다. 충남지부는 파업 반응이 없을 거라 생각하며 엄두를 못 내고 있었다. 천안지원청에서 간단히 선전전만 하려고 계획을 세웠는데 파업 1주일 전부터 갑자기 어디로 모이면 되냐고 전화가 오기 시작했다. 파업 문자를 날리지도 못할 만큼 지부가 체계적이지 않을 때의 파업이었다. 천안여고의 김막래 조리원의 전화를 받으면서 김미복은 이 파업이 성공적일 거라 직감했다고 한다.

"첫 단협이 체결된 시기를 전후해서 조직화 사업에 매진했는데 15년에는 처음으로 조합원 교육을 시작했어요. 지금은 금지되었지만 여름방학 교육에는 조합원에게 일급을 지급했더니 참가율이 엄청 높았어요. 노동영화도 보고, 노동조합에 대해 본격적으로 교육을 시작했죠. 단협의 결과로 낮에도 회의나 활동이 가능해진 결과였죠.

그 당시에 즐거운 에피소드도 있었는데 2014년 11월인가 교육청 앞에서 집회를 할 때였어요. 밤마다 너무 추워서 경북에서 친환경 포도주 두 박스를 받았어요. 이걸 설마 마시겠나, 너무 많다 적다 말이 많았는데 금방 동이 나버렸어요. 퇴근하고 와서 집회하느라 피곤한 데다 11월의 밤은 너무 추웠거든요. 그 포도주 한 잔에 다들 기분이 좋아졌던 기억이 나네요."

충남지부는 2015년 첫 단체협약을 맺은 뒤 예산에 지부 사무실을 계약해 놓고 8개월만인 2016년 10월 7일에야 개소식을 할 수 있었다. 전국 최초 급식비 13만원 쟁취의 기쁨이 사라지기도 전에 교육청이 급식비 징수 공문을 보내면서 봄부터 여름까지 천막 농성을 하느라 사무실에 들어올 시간이 없었던 것이다.

"전국 최초 13만원의 기쁨이 가시기도 전이었어요. 급식비 징수도 전국 최초였어요. 2016년 초 명절 전날, 노조가 대처하기 힘든 시간을 골라서 기습적으로 내린 공문이었어요. 교육청에 쳐들어가려고 해도 명절 쇠러 간 사람들이 많아서 불가능했죠. 그 해의 설 명절은 정말 우울하게 보냈던 기억이 나요.

명절 지나고 교육청과 협상이 잘 되지 않아서 4월12일 기자회견을 하고 교육청 1층 로비에서 연좌농성을 시작했죠. 근데 갑자기 문이 닫히면서 안과 밖이 분리될 상황이 되어서 우리가 문에 매달리고, 남자 공무원들이 힘으로 밀면서 다치고 병원 가고, 아수라장이 되었어요.

13일 총선을 앞두고 있어서 교육감이랑 합의 하에 로비에서는 나왔지만 아무 것도 해결되지 않아 4월 24일 천막 농성에 돌입했어요. 이 싸움을 88일간 했어요. 전교조 사무실에 얹혀 살다가 새 사무실 계약해 놓고 엄청 좋아했는데 사무실로 돌아가는데 너무 오래 걸렸어요. 그 때 몸이 다 상해버린 것 같아요. 그 중심에 민지현 전 지부장이 있었어요."

2016년엔 전국적으로 정기상여금이 만들어졌다. 지역마다 40, 50, 60만 원씩이었는데 그게 매년 올라서 현재(2019년 2월) 90만 원을 만들었는데, 16년까지는 지역에서 교섭으로 따냈고 17년부터는 집단교섭으로 매년 성과를 만들어냈다. 2014년부터 진보 교육감이 들어선 지역은 보수 교육감 지역보다 더 많은 성과물들이 나타나기 시작했다.

"우리 노조는 전국에서 쉬지 않고 싸웠고, 투쟁의 결과물로 인한 성취감도 대단했어요. 진보 교육감 지역에서는 교육감과 교육청이 우리가 투쟁하는지 안 하는지 지켜보고 있다가 그 강도에 따라 반응을 하기도 했어요. 오히려 우리 준비가 부족해서 아쉬울 때도 많았어요. 진보 교육감은 단지 반대가 아니라 노조의 제안을 원하고 있고 정책적 대안을 요구하기 때문에, 우리가 더 적극적으로 정책 토론회를 하면서 좋은 안을 제시할 필요가 있어요. 지역에 따라 머리를 맞댈 준비로 다가오는 교육청들이 있거든요. 우리 준비가 더 철저해야 하는데 지부의 모든 일상이 교섭과 투쟁으로 이어지며 끝나지 않고, 중첩되어 시작되고 반복되는 상황이라서 정책적인 고민을 할 여유가 없는 게 아쉬워요. 다른 지부도 그런지 모르겠지만."

2013년 영어회화 전문강사(이하 영전강)의 자격이 강화되면서 시험응시도 못하고 해고된 5명의 강사들이 충남지부에도 있었다. 하지만 그 후부터 해고없이 지키기 위해 노력했다고 한다. 2017년 7월 정규직전환심의위원회 꾸리기 전부터 세종에 있는 교육부에 수시로 가서 항의를 했고 그 결과 2017년부터 교육부가 교육청에 고용안정 공문을 계속 내리고 있지만, 해마다 시험은 치러야 하는 상황의 반복이다. 현재 충남지부 조합원들 중에서 유일하게 무기계약이 안되어 있는 직종이 영전강이라서, 김미복 조직국장은 다른 직종 한 번 볼 때 영전강은 불안해서 여러 번 들여다보고 챙긴다고 한다.

"우리 지부는 절대 타협하지 않고 야합하지 않고 사기 치지 않고 무조건 싸워요. 끝까지 물러서지 않아요. 그냥 원칙적으로 싸우죠. 그렇게 싸우면서 이탈도 있고 이견도 있어요. 충남 지역은 우리가 소수지만 충남지부만의 그런 특징이 점점 알려지면서 인정받고 있어요. 소수 직종들이 우리를 많이 찾고 있어요.

원칙적으로 싸우다 보니 농성을 한 번 시작하면 길어지는 것 같아요. 2018년 임금 협상도 길어졌는데 집단교섭이 늦어진 이유도 있지만 직종들의 처우개선을 요구하는 교섭들이 시작되면서 합의가 쉽게 이뤄지지 않고 있어요. 충남지부는 수영 강사와 영어회화 전문강사, 언어치료사 등의 처우개선을 요구했어요."

충남지부의 시작부터 지금까지 원칙적으로 싸우며 충남지부를 지키고 있는 김미복 조직국장은 전국교육공무직본부 10년의 성과로 학교 비정규직 노동운동을 이끌며 현장 간부들을 많이 만들어냈고, 옳은 방향의 싸움을 전국적으로 진행해 온 것이라고 평가했다. 한계는 임금 인상 위주로 달려온 것이라고 한다.

"임금 협상을 계속 해 오면서 그 안에서 점점 지쳐가고 있어요. 돈이 오르면 그걸로 끝이랄까, 점점 메마른 느낌이에요. 그동안 우리 모두 돌아볼 여유가 없어서 한계나 성과는 생각도 하지 않고 달리다가 이제야 돌아보고 있어요. 판을 짜기 바빴고, 실행하기 바빴죠. 앞으로는 교육 사업을 통해 의식을 바꾸고 간부를 바꾸는 사업에 매진해야 해요. 간부 육성을 해도 학교로 돌아가면 단절되는 상황을 어떡하든 극복해야 해요."

2019년의 충남지부는 교육 사업과 조직 사업이 주된 목표다. 간부 육성을 위해 지회, 분과, 집행부 체계를 튼튼히 해서 그들을 움직일 수 있게 하는 게 화두이고 중심이다. 그리고 가을이 오면 소풍을 가거나 체육대회를 개최할 예정이라고 한다. 소수 노조로 살아남기 위해 싸우는 것 말고는 다른 것을 할 여유가 없어서 그동안 지부에서는 친목 도모를 위한 모임을 한 번도 가져보지 못했다고 한다.

"저도 노조가 처음이고, 교섭도 처음인데 조합원들이 나만 바라보고 있어서 힘들었어요. 투쟁 전술을 짜는데 내 판단이 맞는지 잘 가고 있는 건지 물어볼 사람도 없고, 이런 게 압박감과 부담으로 다가왔죠. 어렵게 판단하고 결정을 내리면 조합원들이 항상 같이 해줬어요. 저도 조합원들도 같이 걸어가며 성장했어요. 현장 출신 간부들, 조합원들이 점점 세상을 향한 눈을 뜰 때면 눈물이 나요. 해고 위기에서 복직된 사람들, 문제가 생겼던 조합원들이 학교에 잘 다니고 있다는 전화를 받으면 정말 기쁘고요. 또 파업하거나 집회할 때면 항상 몇 배로 보람을 느껴요. 2016년 4월 급식비 투쟁하기 전에 충남도교육청에서 300명이 모였는데 그때가 충남지부 역사상 가장 많이 왔거든요. 그냥 감동이 넘쳤어요."

김미복에게 노동조합이란?

"노동조합은 제 인생의 스승이에요. 조합원들도 저의 스승이에요. 인생을 살아가는 법을 가르쳐줬고, 저를 단련시켜줬어요. 그런 의미에서 스승이고 삶 그 자체예요. 공주에서 배낭 메고 처음 올 때 흰머리가 하나도 없었는데 노조에 와서 새치가 생겼어요. 술을 엄청 좋아하던 사람인데 노조 일을 하면서 술을 거의 안 마셔요. 다음 날 학교 못 갈까 봐 걱정이 돼서.

이제 9년차인데 어떻게 여기까지 왔는지 모르겠지만, 여전히 하루 하루가 너무 새롭고 하루하루가 긴장되고 그래요. 여전히 매년 새로운 직종이 들어오고 문제가 다양하니까요. 기회가 된다면 노동조합에서 더 나아가 세상을 바꾸는 투쟁에서 더 많은 일을 하고 싶어요. 노동조합 활동하면서 다른 영역의 경험도 해보고 싶어요. 너무 이것에 매몰되어서 다른 부분을 소홀히 한 것 같아요. 이제 결혼도 해야 하고요. (웃음)"

12_ 인천지부의 역사

인천지부의 시작

2011년 영양사협회와 직종 카페에서 활동했던 사람들이 가입을 하면서 준비 모임이 시작됐고 이윤희 지부장과 정현순 수석부지부장이 참석했던 부평 청국장집 모임 이후 조리실무원이 결합하면서 2011년 10월 26일 출범식을 했다. 100여 명의 조합원을 시작으로 이윤희 지부장, 최문자 사무국장과 동서남북 지회장을 포함한 1기 체계 이후 2기 이혜영 지부장을 거쳐 3기와 4기 집행부를 이윤희 지부장이 이끌고 있다.

인천지부의 현재

민주노총 사무실에서 1명의 채용 상근자(권형은 조직국장)로 출발한 인천지부는 현재 현장 상근 3명, 채용 상근 2명으로 모두 5명과 7개 지회, 7개 분과장이 집행부로 활동하며 조합원 1,700여 명과 함께 싸우고 있다. 운영위원까지 포함하면 거의 20여 명에 가까운 간부들이 전임이 아님에도 적극적으로 지부를 위해 움직이고 있다고. 2015년 이윤희 지부장이 조강위원장으로 활동하면서 조합원이 폭발적으로 증가했으며, 그 결과로 2016년에 공공운수노조 대의원대회로부터 모범조직상을 수상하기도.

인천지부의 특징

지회, 분과를 포괄하는 두터운 간부층과 간부들과 집행부의 탄탄한 결집력이 자랑이며 직종별 갈등이 거의 없는 것은 끊임없는 대화와 소통의 결과라고. 또 2014년에 결성돼 2015년부터 활동 중인 특수분과의 동아리 몸짓패는 전국 지부에서 가장 성공한 동아리 활동 사례 중 하나라고.

인천지부의 분과

조합원 150명의 특수 분과가 가장 열정적이라고 한다. 간부층도 두텁고 하고자 하는 게 생기면 열심히 활동하고 단결력도 최고. 조직국장이 공문을 확인도 하지 않은 시간에 공문에 대해 문의 전화를 할 정도로 적극적이라고. 그런 열정과 단결력으로 2018년 전국 최고의 직종별 협약 성과를 이루기도.

규모에 비해 활동이 가장 저조했던 급식 분과는 최근 분과 체계가 새롭게 정비되고 간부들도 더 충원되어 앞으로 기대가 크다고.

● 인터뷰 33 · 이윤희 인천지부 지부장, 정현순 인천지부 수석부지부장

바늘 가는 데 실 가고, 용 가는 데 구름 간다고, 인천지부에는 이 속담이 그들을 위해 존재하는 것처럼 찰떡 궁합을 자랑하는 단짝 이윤희 지부장과 정현순 수석부지부장이 있다. 두 사람은 노동조합이 인연이 되어 2011년 처음 만났고, 지난 8년 동안 인천지부를 함께 이끌어왔다. 인천지부를 늘 정과 웃음이 넘치는 곳으로 만들고 있는 그들에게 노동조합 활동은 단지 힘들지만 의미 있는 곳을 넘어 삶의 에너지를 주고받는 유쾌한 소통의 장이기도 하다. 그들의 이야기를 만나보자.

이윤희 지부장은 2004년, 매년 재계약을 하는 급식실 조리원으로 입사했다. 해마다 계약은 학교측의 입맛에 맞춰 반강제적으로 진행됐고, 감원이 필요할 때는 가위바위보를 시키거나 서로를 지목해야 하고, 전무한 복지에 근속 상관없는 임금 등 처우는 부당했고 노동 강도는 살인적이었다. 이윤희는 퇴직금을 매년 정산하는 문제 때문에 남편과 대화를 나누다가 부당함에 눈 뜨면서 2008년 학교와 세상을 향한 첫 호소를 하기 시작했다.

“(이) 부당하다고 느낀 게 한 두가지가 아니었어요. 하지만 학교는 우리에게 관심도 없었고, 어디 물어보고 의논할 곳도 없었어요. 퇴직금을 1년에 한 번씩 정산하는 것에 대해서도 누구 하나 의문을 품지 않았어요. 저도 남편이 부당하다고 말하기 전까지는 그랬죠. 남편과 의논한 뒤 학교에 퇴직금 문제로 처음 반발했어요. 당시는 학교 비정규직이 반발을 하면 다음 계약이 힘든 살벌한 시기였지만 할 말은 하고 싶었어요. 방송 뉴스에 제보도 했는데 기자가 학교 비정규직의 사정을 너무 몰라서 상황을 이해하지 못했죠. 인터뷰는 무산되었어요. 결국엔 학교가 퇴직금 적립을 받아줬어요.

그런 일을 겪으며 노조가 있었으면 좋겠다고 생각했는데 무작위로 온 노조 설명회 문자를 받았고 동료들과 같이 갔어요. 대표자를 뽑아야 한다는 소리에 동료가 제 팔을 들어올리는 바람에 '저요'가 되어버렸어요. 권형은 전 조직국장은 제가 하겠다고 손 든 거로 알고 있더라구요. (웃음) 큰 목소리로 질문을 몇 번 했더니 이시정과 이태의가 저를 주목했다고. 그렇게 시작됐어요."

정현순 수석부지부장은 근무시간이 맘에 들기도 했고 집에 있는 것보다 소일거리로 낫겠다 싶어 급식실 조리원이 됐다. 어느 날 동료가 부평 청국장 집에서 모임이 있다며 이윤희 지부장을 소개시켜줬다.

"(정) 우리 아파트 등나무 아래에서 처음 지부장을 만났어요. 아무 생각 없이 나갔어요. 동네 주민이라지만 전혀 모르고 지냈는데 무척 편한 사람이더라구요. 간부 할 사람을 찾는 중이라고 하는데 저는 전혀 생각이 없었어요. 모임에도 가기 싫었지만 그래도 약속을 한 거라 저도 모르게 그냥 발이 떨어졌어요. 그때부터 지금까지 노조에 있고 전임까지 하게 되었죠. 집에 있을 때도 다른 사람 전화는 안 받지만 지부장 전화는 아무 때나 받아요. 아무 생각없이 만나, 이젠 소중한 사람이 된 거죠. 제가 얻어가는 게 많아요."

"(이) 처음 만나는 날 가을 머플러를 휘날리며 나타났어요. 정현순 수석 첫인상이 딱 '노조 안 할 사람' 이었어요. 당시에 저는 노조만 생각하고 있어서 일단 말이라도 해보자 싶은 마음으로 설득을 했죠. 모임에 꼭 오라고 했는데 당시엔 대답도 안 하더라고요. 안 오면 말지 싶었어요. 근데 모임에 나타났더라고요. 아무 생각없이 왔다는 사람이 거기 와서는 또 아무 말 안 하는 거예요. 속으로 생각했죠. 아무 말 안 할 거면 오지 말든가. (웃음) 다음 모임에는 정말 안 올 줄 알았어요. 그런데 또 오더니 계속 쫓아다니더라고요."

청국장집의 모임이 아줌마들 친목회 정도로 생각한 이윤희와 정현순은 그곳에 이시정 외에도 전 조직국장 권형은, 공공운수노조 인천본부장이 와 있는 걸 보고 처음에는 당황했다고 한다.

"(이) 노조가 뭔지도 모르고 그 만남이 조직 단계인 것도 몰랐고, 모르는 사람들이 안 가고 있어서 그냥 거슬렸어요. 빨리 갔으면 좋겠다, 아줌마들이랑 신나게 얘기하고 싶은데 왜 안 가냐, 그러고 있었죠. 당시 우리는 모든 것에 문외한이었어요. 노조 조직 모임을 친목회 정도로 알고 구루프 머리에 알반지 끼고 잔뜩 멋 낸, 조금만 웃겨도 큰 소리로 웃기 바쁜, 노조스럽지 않은 그런 사람들이었죠."

당시 학교는 지금보다 훨씬 폐쇄적이어서 학교 밖으로 무슨 이야기라도 새어 나가면 이야기를 퍼뜨린 사람을 공격하던 시기였다. 노조 모임을 통해 처음으로 여러 학교 사람들이 모이면서 다양한 소식과 정보가 공유되기 시작했다. 참석한 사람들이 점점 흥미를 가지게 되면서 모임은 활성화되어 갔다.

"(정) 그 모임이 정말 매력 있었죠. 학교는 동료들과는 못 했던 얘기를 이 곳에 와서 할 수 있고, 다른 학교 소식도 궁금했어요. 모르는 사람들이라 더 편하기도 했지만 지부장이 너무 웃기고 재미있었어요. 퍼포먼스도 잘 하고, 별 이야기 안 하고 급식 얘기만 해도 웃음이 터지고 즐거웠어요. 모임 전 날에는 내일 가면 또 무슨 재미있는 얘기를 해줄까 기대되고. 학교는 힘들어도 모임은 점점 기다려졌어요. 언제 가겠다는 대답은 하기 싫고 만나고 싶고 그런 마음이었죠."

2011년 11월 26일 인천지부가 출범하기 전에 지부장과 부지부장, 동서남북 지회장이 꾸려졌고, 권형은 조직국장과 함께 본격적인 조직 사업이 시작됐다. 하지만 지부장이 전임으로 나오지 않은 상황에서 급식실 중심으로 알음알음 하는 조직 활동은 한계가 있었다.

"(정) 저도 지부장도 **지인들을 연결해서 조합원을 꾸렸어요. 형제, 남편 직장 동료들까지 동원하다 보니 조합원들이 점점 늘어 가기 시작했죠. 퇴근하고 서성거리다가 차림새가 비슷한 사람만 보면 어느 학교에 일하냐고 다짜고짜 묻기도 하고.** 이력서가 쌓여 있으니 그만둘 테면 그만두라고 협박하는 학교에 대해 같이 욕도 하고, 우리가 자리를 마련해 줄테니 같이 가자고 설득한 적도 있고. 하나씩 차곡차곡 쌓아갔어요. 우리가 하고 있는 일이 무슨 일인지도 모르고 일단 했어요. 노조라면 TV에서 보는 것처럼 교섭하고 싸우기만 하는 건 줄 알았으니까. 지부장이나 저나 주변에 아는 사람들이 많아서 동부 지회는 현재도 조합원이 많아요."

노조가 있었으면 좋겠다는 바람 하나로 맨 땅에 헤딩하듯이 노조 활동을 한 처음 몇 년 동안, 이윤희 지부장은 매 순간 자괴감이 들고 스트레스를 받았다고 한다. 변하는 건 없고, 학교에서는 점점 눈치가 보이기 시작했고, 밥하랴 설거지하랴 지친 몸을 이끌고 민주노총 운영위원회에 가면 세계 정세니 정치니 알기 힘든 이야기가 오가며 회의는 한없이 길어졌다.

"(이) 졸리고 피곤해서 일어나 왔다갔다하면 조직국장이 데려와서 자리에 앉히고 그랬어요. 아줌마를 데려다 놓고 회의해라 교섭해라 거기다 파업까지 하라고. 저는 지부장이니까 시키면 또 해야 하고. 그리고 아줌마들 주 특기가 심한 책임감이거든요. 특히 급식실 아줌마들. 업무가 나뉘어져 있어 떨어지면 무조건 하는 거예요. 본부에서 파업하라고 하니 그것도 그냥 돌진했어요. 학교별로 찾아가서 사람들에게 나오라고 했어요. 학교에서 어떤 공격이 들어올지 나조차도 얼마나 무섭고 겁나던지……. 그렇게 겨우 몇 학교를 끌어내 파업을 했어요."

상경 투쟁 하는 날 인천지부는 버스 부를 정도의 인원도 되지 않아 지하철을 타고 서울로 향했다. 지부장 학교라고 같이 나와준 동료들은 다른 학교 사람들이 거의 참석하지 않은 것을 보고 이윤희를 원망했고, 학부모와 동네 사람들의 원성까지 모두 이윤희에게 쏟아졌다. 정현순도 당시에는 학교 동료들의 불참으로 겨우 혼자 파업을 나올 수 있었다.

"목구멍이 차오를 정도의 창피함과 서러움이 겹쳤어요. 교육청 앞에서 파업집회를 할 때는 몇 십 명 겨우 왔어요. 공공운수노조에서 지역 연대를 와서 그나마 작게 보이지 않았지만 진행하는 내내 눈물을 참았어요.

그 날 특히 잊을 수 없는 게 다 끝나고 이시정에게 전화를 했는데 '수고했어.'한마디 하고 전화를 끊는 거예요. 저는 그렇게 힘들게 조직하고 파업했는데 애썼다고 토닥거려 주지는 않고 서럽게도 겨우 한마디라니. 밥 먹고 소주 한 잔 마시니 설움이 폭발해서 어마어마하게 울었어요. 누가 푹 찌르면 눈물이 쏟아질 것 같은 하루였는데 이시정은 안 받아주고. 너 때문에 힘들었는데, 너 안 만났으면 안 힘들었을텐데, 왜 나에게 이런 걸 시켰냐 그런 마음이 겹쳐서. (웃음) 그 날 뒤풀이 할 때 눈이 정말 많이 내렸어요. 그것도 잊을 수가 없어요."

힘든 회의도 더 힘든 파업도 버티며 인천지부를 이끌던 이윤희 지부장은 2013년 교육청과 첫 임금교섭을 시작했다. 모의 교섭 훈련까지 받았지만 교섭 준비는 미흡했고, 교육청 사람들은 거부의 이유를 체계적으로 들며 사사건건 부딪혔다. 너무 높은 교육청의 장벽 앞에서 부딪힐 때마다 자괴감에 빠지고 극심한 스트레스에 시달린 이윤희는 교섭이 끝나는 날 교섭장을 나오는 순간 지부장을 그만두겠다고 선언하며 학교로 돌아갔다.

이윤희가 떠난 자리를 지킨 사람이 정현순이었다. 지부 초기부터 모든 사정을 알고 있는 정현순은 지부장의 공석을 메꾸기 위해 노력했다. 그 사이 2기 집행부가 출범을 하면서 정현순은 수석부지부장이 되었다. 정현순 수석은 그 기간동안 일부러 사적인 만남도 거부하면서 이윤희가 스스로 돌아 오기만을 기다렸다고 한다. 그의 기대에 답하듯이 2015년 4월1일 인천시교육청과 첫 단체협약을 맺은 뒤 이윤희는 2년간의 공백을 끝내고 조직강화위원장이 되어 노조 집행부로 다시 돌아왔다.

"(이) 이혜영 지부장의 추천으로 조직강화위원장을 맡아 전임을 나왔어요. 떠날 때는 진저리를 치며 손을 놓아버렸는데 개고생 한 게 아까워서 전임을 한 번 해야겠다는 생각도 들었어요. 또 이 지부에 대한 애착이 있어서 다시 날개를 펴고 싶다는 마음으로 나온 거예요. **매일 학교를 미친 듯이 돌았어요. 한 학교 당 7, 8번을 찾아가고, 관리자들에게 말도 안 되는 대우받으며 쫓겨나기도 하고. 하루에 가입원서를 열 몇 장씩 들고 사무실에 돌아왔어요. 700명가량 가입을 시켰죠. 그 후에는 분과 토론회 열면서 투쟁해가며 조직하고요.**"

"(정) 어느 순간 보면 강화에 가 있고. 정말 인천의 500개 학교를 구석구석 찾아다니더라고요. 이런 곳에 이런 곳에 학교가 있나 싶은 그런 곳까지. 학교 사람들이 놀랄 정도였어요. 어떻게 이런 구석까지도 찾아왔냐고. 정말 안 간 데가 없이 다 훑고 다녔어요."

이윤희는 학교증후군이 생길 정도였다고 한다. 이윤희 사전에 의하면 학교증후군이란 교문만 보이면 들어가고 싶어지는 것이라고. 교문을 통과하면 무조건 건물 뒤쪽 급식실로 향해, 특유의 끼로 사람들을 무장해제시킨 뒤 아픈 데를 건드려주며 공감대를 형성하는 것이 이윤희 영업력의 비밀이라고 한다.

"(이) 솥단지가 왜 이렇게 커요? 몸 상해요. 바꿔 달라고 해요, 이렇게 시작하면 모두 마음의 문을 열었어요. 모든 불만과 모든 유형의 사람을 위한 맞춤형 멘트가 준비되어 있었어요. 남편이 공무원이라서 못 한다고 하면 우리 남편은 경찰인데 아무 문제없어요, 이렇게요. (웃음) 정수석이 병가 내고 도와주러 나왔을 때는 하루에 15군데 학교를 돌아다닌 적도 있어요."

"(정) 며칠 다녀보니까 운전하면서 카톡하며 통화까지 하는 게 너무 안쓰럽더라구요. 그래서 이윤희를 태우고 다녀야겠다는 일념으로 면허증만 있던 제가 운전 연습을 다시 시작했어요. 결국엔 둘이 따로 다니게 됐지만요. 두 명이 따로 움직이면 영역이 더 넓어지고 일도 더 할 수 있으니까요."

그 때부터 이윤희는 가정도 내팽개치고 주말에 어디 놀러가도 학교만 보면 뛰어 들어가고 싶을 정도로 노조 활동에 빠졌다고 한다. 조직하러 가서 간부까지 만들며 지회를 튼튼히 세웠고 투쟁이 필요한 곳은 어디든지 갔다. 그리고 2015년 말 선거를 통해 지부장으로 선출되며 조직활동이 어려워진 사무국장을 대신해 전임으로 출근하게 됐다. 지부장이 되면서 제일 공을 들인 분과 활성화는 분과장이 한 명씩 세워지면서 성과를 나타내기 시작했다.

"(이) **우리 모두 미쳐서 했어요. 집이 엉망이 되고, 아이들이 고3이 되든 말든. 이것 만큼은 자신 있게 말할 수 있어요.**"

"(정) 전임 나올 때 집에서 반대를 많이 했어요. 한 번 시작하면 발을 못 뺄 거라며. 당시에는 2,000 조직 목표를 달성할 때까지만 힘을 보태고 그만할 자신이 분명히 있었어요. 그래서 설득하고 나왔는데 그게 그렇게 안 되더라구요. 집단 교섭이 시작되면서 지역 교섭이 더 세분화되었어요.

처음엔 웃고 즐기러 나왔는데 교섭을 통해 지식이 쌓여가다 보니 욕심도 생기고, 너무 힘들어서 매일 전임 나온 걸 후회하면서도 아침에 눈 뜨면 매일 새로운 것을 준비하고 있는 자신을 발견하게 되더라고요. 어느 날, 그동안 몰랐던 것을 하나씩 배워가며 저도 조금씩 발전하고 있다는 것을 깨달았죠.

남편도 저에게 예전엔 뭐라 하면 웃기만 하던 사람이 어떻게 이렇게 변했냐며 강해 보여서 좋다고 해요. 집에서 큰 소리 칠 수 있는 것도 노동조합 덕분이랍니다. 하지만 사생활을 챙길 수 없어서 아쉬워요. 제가 구월동에서 꽤 유명한 사람이었는데 조합원들하고 지내다 보니 친구들이 없어졌어요. 이제 동네 사람이 아닌 동서남북 사람들과 친해질 수밖에요. (웃음)"

인천지부의 해고 철회 투쟁 중 대표적인 것은 2016년 겨울에 벌어진 스포츠 강사와 영어회화 전문강사(이하 영전강)들의 싸움이었다. 둘 다 아쉬움을 남긴 투쟁이라 더 기억에 남는다고 한다.

스포츠 강사는 교육청 앞 피케팅을 시작으로 교육감실까지 점거하면서 전원 복직시켰고 전국에서 유일하게 무기계약으로 전환시켰다. 사업 자체의 일몰은 막을 수 없었지만 현원은 해고하지 않는 것으로 고용안정이 됐고 기본급도 높이는 등 결과가 좋았다. 하지만 타 노조의 작업으로 50명 전원이 명단 작성해서 다른 노조로 이동하면서 지부 사람들에게 상처로 남았다고 한다. 교육감실 점거로 200만원의 벌금도 나왔지만 우리 집인 줄 알고 들어갔다며 이윤희 지부장 특유의 재치와 위트로 대처해 다행히 벌금은 물지 않았다고.

해고 투쟁을 벌이던 5명의 영어회화 전문강사 조합원은 교육청 밖에서 농성을 했다. 해고 자체를 막아내지는 못하고 다른 학교에 재취업하는 것으로 마무리되었다고 한다. 하지만 집회장소 이탈과 소음으로 신고가 돼 경찰 조사를 받았는데 전적이 있어서 결국 벌금 50만 원을 내고 끝이 났다고.

2018년 단체협약 지역 교섭에서는 이윤희 지부장이 2008년부터 관심을 갖고 노력을 기울여온 퇴직금 적립 문제로 교육청과 신경전을 벌였는데 그 이유는 문구 하나 때문이었다.

적립식 퇴직금은 학교별로 다르고 지역별로 차이가 난다. 인천은 적립식이 아니어서 교육청이 돈을 많이 아낄 수 있었고, 그만큼 노동자들은 손해를 보는 상황이었다. 교육청이 '예산지원불가'라는 문구를 삭제하지 않고 퇴직금 공문을 내리는 바람에 그걸 핑계로 삼아 변경을 해주지 않는 학교들이 발생하고 있었다. 교육감실을 점거했고, 단체협약 1주일 전에 문구 삭제를 합의하고 점거를 풀었다. 하지만 그 뒤에도 교육청에서 퇴직금 문제에 대한 상세한 안내문을 내려 보내지 않아 노조가 나서 학교별로 대응을 벌였다.

"(이) 학교가 교육청에 전화를 하면 담당자들이 노조가 땡깡 부려서 해준 거라 애매하게 말하니 학교가 교육청 눈치를 보는 거예요. 교장들을 찾아가 노동자들의 후불성 임금인 퇴직금을 보호해달라 말했어요. 교육청 눈치를 많이 보는 교장들한테는 노조가 교장선생님을 보호해주겠다고 했어요. (웃음) 제가 노조에 처음 관심 갖게 된 게 우리 학교 퇴직금이었잖아요. 우리 학교는 2008년에 제가 나서서 전환시켰고 인천 지역은 제가 노조하면서 적립식으로 만들었어요. 저와 우리 모두의 큰 성과 중 하나예요. 손에 묻은 밥풀이 배 불러요? 밥풀은 절대 배가 안 불러요. 긴 세월 설움 받고 일했는데 나갈 때 돈이라도 받아 가야죠."

2018년 지역교섭은 퇴직금 문제 외에도 큰 성과가 두 가지나 있었다. 하나는 특수실무사들의 특수교육지원수당 5만 원을 전국에서 유일하게 받아낸 것이고, 다른 하나는 정기상여금을 소급분 포함해서 90만 원 일괄 지급을 약속 받은 것이다. 늘 꼴찌를 면하지 못했던 인천지부가 이뤄낸 최초의 일등이었다.

특수실무사들은 2017년 2월부터 2년 동안 매주 70여차에 걸쳐 위험수당을 요구하는 피케팅을 했다. 인천 지역 내에서 여론을 만들고 전교조 지부의 도움도 받고, 시의원 찾아가서 시의회에 어필하고, 특수실무사들이 뭉쳐 끝까지 투쟁했다. 마침 도성훈 교육감으로 바뀌면서 좋은 상황이 되어 수당을 쟁취하게 되었다. 다만 '우리 아이가 위험하냐는 거냐'며 민감한 반응을 보였던 학부모들의 항의를 받아들여 특수교육지원수당으로 명칭은 변경되었다.

"(이) 특수실무사들의 근무 환경을 생각하면 수당이 늦었다고 생각해요. 싸움의 방식이나 결과 모두 직종별 싸움의 긍정적인 사례로 꼽을 만한 투쟁이었어요. 인천만 준다고 다른 교육청에서 원성이 자자했다고 하더라고요."

이윤희 지부장은 지역 교섭 때 인천지부의 요구안을 걸고 12월 5일 교육청 앞에서 삭발식을 단행했다. 눈물을 참고 견딘 지부장 곁에서 간부들도 울었고 바리깡을 들고 울면서 삭발을 진행하던 정현숙 수석은 결국 지부장의 어깨에 엎어져 통곡을 했다. 인천지부가 2018년에 거둔 1등의 성과물들은 지부장과 간부들이 보여준 강한 결의의 결과물이기도 하다.

"(정) 이제 막 교육감이 된 도성훈과의 첫 교섭에서 기선을 제압하자는 논의가 있었어요. 타 노조가 삭발을 제안했는데 지부장이 마음을 못 정하고 있었어요. 저는 사격 선수 출신이라 승부욕이 강하지만 지부장은 보기에는 강해 보여도 속이 카스텔라같이 부드러운 사람이거든요. 타 노조는 원래 삭발을 잘 하는 곳이고 우리는 단식은 해도 삭발은 잘 안 하는 편이었어요. 지고 싶지 않아 우리도 적극적으로 나섰어요. 삭발식 직전에 그쪽에서 발을 빼는 바람에 저희만 삭발식을 강행했어요.

삭발할 때 두려움은 없었는데 무슨 인연으로 내가 이 사람의 머리까지 깎아야 하는 마음에 눈물이 쏟아졌어요. 등나무 밑에서 처음 만났던 이윤희를 지키고 싶어서 인천지부를 지키고 싶어서 한 건데 눈물은 왜 그렇게 쏟아졌는지 모르겠어요. 조합원 수도 기세도 늘 밀리기만 했는데 2018년에는 정말 원없이 했어요. 하긴 2014년부터는 한 해도 불꽃이 아니었던 적이 없지요."

인천지부가 가장 자랑하는 것이 지부, 지회, 분과 간부들의 결집력이다. 다른 지역에 비해 직종 이기심으로 발생하는 문제들이 거의 없는 게 인천지부다. 갈등이 빚어져도 지부장이 대화로 설득해서 문제를 해결한다고 한다.

"(정) 삭발식이 있던 전 날 저녁에 삭발식에 대해서는 아무 말도 안 하고 중요 의논사항이 있다며 운영위를 긴급 소집했어요. 9시에 공지를 올렸는데도 모두 모였어요. 1시간 30분 거리를 택시 타고 나온 사람도 있었죠. 가정주부들이라 집에서 나오기 쉽지 않은데도 불구하고. 우리 간부들의 단단한 결집력은 인천지부의 큰 자랑이에요."

"(이) 갈등이 생기면 오히려 적극적으로 제안을 해요. 성과를 거둔 분과의 사례를 말하면서 당사자들이 움직일 수 있도록 독려해요. 무조건 안 된다고 하지 않고 분과 스스로 동력을 가지고 움직이면 지부가 열심히 언제든지 돕겠다고 말해요. 독려하고 조율하는 거죠. 현재 우리 지부에 분과 갈등은 없어요."

정현순 수석이 생각하는 또 다른 비결은 가족적인 분위기라고 한다. 지부장은 마음의 정곡을 찌르는 대화로 사람들의 마음을 열도록 노력하고 정수석은 회의가 부드럽게 흘러갈 수 있도록 항상 먹을 것을 챙긴다고. 불편한 일은 언제나 생기지만 그렇게 대화를 하다 보면 풀어질 수밖에 없다고 한다.

"(이) 사람들을 즐겁게 해주는 나의 재능을 마음껏 펼쳐서 결국엔 서로 웃게 만들어요. 불평이나 불만을 웃음으로 승화시키려고 노력하는 편이에요. 재미있어서 그런지 사람들이 잘 모이는 것 같아요.

그런데 지나치게 지부장 중심으로 움직이는 것이 단점이긴 해요. 2019년에는 지부장 의존도를 줄여보려고 노력 중이에요. 그래야 신입 간부들이 올라오고 차기 간부들의 활동 영역도 넓어지겠지요."

노동조합 활동하면서 어떤 게 힘들었냐는 질문에 정현순 수석지부장은 조합원들을 만나 설명하고 상담하는 게 힘들었다고 대답했다. 할 말만 하고 노조 입장은 전혀 받아들이지 않는 상대방을 볼 때면 자신의 노력이 허무해진다고 한다. 그래도 지금까지 오랜 시간 동안 노조에서 자신을 싫어하는 사람이 많지 않다는 것, 딱히 나쁜 짓은 안 했구나 싶은 생각이 들 때 보람을 느낀다고 한다.

초반에 누구보다 힘들어서 지부를 떠난 적도 있었던 이윤희 지부장은 많이 배우고 마음에 굳은 살이 배기면서 단련되어 전임이 되고부터는 힘들지 않다고 한다. 더 이상 무지해서, 잘 몰라서 힘들어했던 이윤희는 없다고. 더불어 자신으로 인해 현장에 좋은 변화가 생긴 것을 자랑했다. 자신의 불편으로 시작했지만 나아가 동료들의 불편을 해소하고 더 나아가 학교를 바꿔간 것에 보람을 느끼고, 비정규직 노동자들이 합법적으로 당당하게 설 수 있게 된 것에 더 큰 보람을 느낀다고 한다.

인천지부의 소울메이트이자 단짝 이윤희와 정현순에게 서로는 어떤 의미일까?

"(이) 의리 있는 수석님 덕분에, 저의 부족한 부분을 채워주는 수석님이 있어 모든 사람들이 저를 좋아하게 된 거예요. 살면서 정말 좋은 사람을 만났어요. 제가 인복이 많다는 소리를 많이 듣는데 원래 재주 많은 사람보다 부족한 사람에게 인복이 많은 거예요. 저의 부족함을 수석님이 챙겨주고 도와주고 그랬어요. 평생을 같이 갈 사람이에요. 몇 년 남지 않은 정년이 되고 같이 가고 싶은 사람, 나이 먹고 할머니가 되어 몸이 불편해졌을 때 같이 살아도 되는 사람. 정현순, 죽는 날까지 함께 하자."

"(정) 이윤희를 만나서 제 인생에 진짜 행복을 찾았어요. (이윤희: 그런 건 남편한테 찾아야지.) 우리 둘이 부부 같다고 사람들이 말하는데 저도 그런 느낌이에요. 이윤희를 만나던 순간에 내 삶과 생각이 바뀌었어요. 저는 그런 점에 정말 감사해요. 이윤희는 제가 배우고 싶어하는 것을 가진 나만의 우상이기도 해요. 그런 점은 부럽기도 하고 얄밉기도 하고요. 그녀에게서 뭐를 더 빼앗아올까 욕심을 부리곤 하지요. (이윤희: 못 빼앗아. 타고난 거라) 역량이 안 돼서 못 뺏는 게 많지만 그래도요.(웃음)"

이윤희에게 노동조합이란?

"제2의 인생이에요. 앞이 안 보이고 내다볼 눈도 갖지 못했던 시절, 어느 날 문득 보니 노조 활동을 하고 있더라구요. 자력이 아니라 운명과 팔자라는 생각이 들어요. 그런 점에서 노동조합은 제 인생의 전환점이 되어주었어요. 노조를 안 했으면 돈이 되는 무언가를 했을 거예요. 제 장기를 살려서. 저도 이 정도의 끼가 있는지 몰랐어요. 식구들이 노조가 적성에 맞는 것 같다고 할 정도로 잘 맞았어요. 노조가 자기랑 맞는다는 게 말이 되는 건지 모르겠지만 어쨌든 잘 맞아요. 대중과 섞여서 리드하고 싶었던 끼를 여기서 잘 살릴 수 있었고 더불어 함께 좋아져서 좋은 곳이에요."

정현순에게 노동조합이란?

"학교 다닐 때 공부가 너무 싫었어요. 엄마가 주신 대학 입학원서비로 튀김을 사 먹던 시절이 있었지요. 공부를 빨리 손에서 놓고 싶었어요. 근데 제 운명은 배움이라는 걸 여기 와서 깨달았어요. 그 때 못 배웠던 것을 여기 와서 배웠고 제 삶은 윤택해졌거든요. 노동조합은 저에게 변화를 주고 배우게 하고 베풀 수 있는 시간을 안겨준 곳이에요."

● 인터뷰 34 • 이진호 인천지부 조직국장

이진호 조직국장은 전국교육공무직본부 전국 활동가들 중에서 신참에 속한다. 학생운동 활동을 접으며 조금 늦은 나이에 군대를 간 그는 2017년 4월말 전역하자 마자 5월초 인천지부에 출근하기 시작했다. 휴식기도 없이 무리수를 두며 사회생활을 서두른 건 군대가 너무 무료했던 나머지 빨리 쓸모 있는 사람으로 살고 싶었기 때문이라고.

노동조합의 입사 첫 날은 흡사 환영식같은 면접으로 시작됐다.

"이윤희 지부장이 다른 분들에게 가끔 하시는 농담인데, 치킨과 피자를 들고 군대에 면회 가서 저를 데려왔다, 고 할 정도로 짧은 머리를 한 채 입사 면접을 보러 왔어요. 사무실에서 고기를 구워 식사를 대접해 주시더라구요. 우리 이윤희 지부장은 워낙 분위기를 주도하는 분이시라 말씀도 많이 하고 그랬는데 정현순 수석은 빙긋이 웃으며 아무 말도 안 하고 고기만 구워 주시는 거예요. 그 때 하필 갈래 머리를 하고 계셔서 굉장히 기억에 남았죠. 저 조용한 분은 어떤 사람일까 하고요. 그 분이 그렇게 의리 넘치고 활발한 사람이라는 건 얼마 지나지 않아 바로 알게 되었죠."

이진호가 출근했을 당시 지부에서 채용 상근자는 그가 유일했다. 그래서 실무를 혼자 알아서 서둘러 익힐 수밖에 없었다. 기다리는 일은 많고 사람은 적은 형편에다가 유능했던 전임들의 빈자리는 컸고, 신입 전임에 대한 무조건적인 기대는 부담이었다.

"오자마다 한 달도 안 되어 강사 직군 토론회와 교육청 앞에서 인천

학비연대 공동 집회를 연이어 치르면서 우리 노조가 굉장히 열정적이라고 느꼈어요. 집행부를 포함한 조합원들 모두가 뭔가 저력 있어 보였고요. 특히 2017년 가을의 집단 교섭은 가장 기억에 남았어요. 당시 교섭이 난항을 겪고 있어서 전국 지부장들이 집단 단식 농성에 돌입했거든요. 그 한 달 전에 추석 연휴가 열흘이라며 지부장이 기뻐했던 게 생각나서 마음이 아팠어요. 그렇게 연휴 내내 꼼짝없이 서울시교육청 앞에서 쫄쫄 굶으며 농성하게 될 줄 꿈에도 몰랐던 거죠. 게다가 저희 지부는 집단 교섭 휴전 기간이라 지부장이 반드시 참석할 필요가 없었거든요.

우리는 그 고생을 하며 단식 농성을 하는데 연휴 끝날 때까지 사측 인사는 아무도 나타나지 않았어요. 단식 중 본부장과 몇 분은 중간에 쓰러졌고 우리 지부장은 끝까지 자리를 지켰어요. 연휴 끝나고 며칠 뒤 교육부장관과 교육감 몇 명이 엄청난 수의 기자들을 데리고 나타났지만 교섭은 결렬되었고 우리는 무기한 총파업 선언을 했죠."

2017년 당시 인천은 이청연 교육감이 뇌물 혐의로 구속된 상태라 교육감 권한대행 체제로 운영되고 있었다. 교육감 권한대행 체제를 맞닥뜨린 인천지부는 교육부 관료 출신의 부교육감을 상대로 어떻게 투쟁할 것인지에 대해 고민과 회의를 거듭했다고 한다.

매일 직종별로 돌아가며 기자회견을 해 교육청을 괴롭히자, 무조건 부교육감 만나보고 당연히 안 된다고 할 테니 바로 자리 깔아버리자 등 온갖 계획들을 세우며 부교육감에게 면담 요청을 했고, 몇 주 만에 만남이 성사되었다. 그리고 인천 지역은 부교육감이 교섭에 나서지 않지만 교섭 결과는 반영하겠다고 해 이윤희 지부장도 집단 교섭에 임하게 되었다.

"이미 상반기에 총상경 투쟁을 치른 뒤라 파업을 또 어떻게 해야 할지 막막했어요. 힘들게 파업 준비를 하면서 교섭 진행 상황에 온 신경을 집중하고 있었어요. 파업 이틀 전 밤샘 교섭이 진행된다고 해서 잠도 안 자고 기다리는데 갑자기 교섭장에서 노측 교섭위원들이 나왔다는 소식이 들렸어요. 이건 결렬이구나, 진짜 꼼짝없이 파업하겠구나 하면서 잠이 들었어요. 잠결에도 새벽에 일어나면 뭐라도 해결되었으면 하는 생각을 했던 기억이 납니다. 근데 일어나 보니 정말로 밤새 교섭이 타결되어 있는 거예요. 그때 너무 신기했어요. 저에게는 첫 집단교섭이었고 모든 게 처음이었잖아요. 우여곡절은 많았지만, 역사의 한순간에 제가 함께 하고 있다는 생각에 조금 벅찬 느낌이 들었어요."

인천지부의 역사를 만들어온 집행부들처럼 긴 시간을 함께 한 것은 아니지만 이진호 조직국장에게 인천지부의 단결력과 투쟁력은 자부심이며 자랑거리이다.

"솔직히 인천지부가 다른 지부에 비해 큰 조직은 아니예요. 보통 '수도권지부'로 인근의 경기지부나 서울지부와 함께 묶이는데 두 지부에 비하면 규모나 영향력 면에서 저희가 많이 밀려요. 인천 지역의 타 노조에 비해서도 작고요. 그럼에도 **자랑하고 싶은 건 절대 사업이나 투쟁에서는 밀리지 않는다는 겁니다. 2016년 12월에 지부장님이 삭발을 결의하신 것도 그래요. 절대 밀리지 않겠다는 집행부의 의지가 단독 삭발 투쟁을 만들어냈다고 생각해요.** 전날 밤 긴급히 공지를 했음에도 다음 날 20여 명의 간부들이 조퇴하고 와서 삭발식에 참가했어요. 규모가 작아도 지부장님 중심으로 단단히 뭉친 간부들이 무슨 일이 생겨도 해내겠다는 자세로 투쟁한다는 게 정말 큰 자랑이에요."

2019년의 인천지부는 노동안전 사업에 집중할 계획이라고 한다. 그동안 학교는 교육서비스업으로 분류되어 산업안전보건법 적용 대상에서 제외되어 있다가, 2017년에 법 해석이 바뀌면서 급식실이 포함되었지만 다른 직종의 노동자들은 여전히 건강권에 소외되어 있는 상황이다.

"급식실에서 일하는 분들이 가끔씩 저에게 교육공무직은 희망퇴직 제도가 없냐고 물어보곤 해요. 근데 희망퇴직 제도가 진짜 '희망' 퇴직하기 위해 도입된 게 아니잖아요. 하지만 퇴직을 희망할 수 있다고 생각한 거죠. 워낙 일이 힘들다 보니 정년까지 일할 수 있을까 고민하다가 물어보더라고요. 학교에 가보면 급식실은 여전히 말 몇 마디 나누기 어려울 정도로 노동 강도가 심각합니다. 조합원들의 분위기도 조금씩 달라지는 게 보여요. 임금 투쟁도 중요하지만 돈을 많이 벌어도 내 몸이 망가지면 아무 소용없다 생각하는 사람들도 있는 만큼, 올해는 노동안전 사업에 좀 더 집중하려고 해요."

이제 3년차에 접어든 젊은 활동가 이진호에게 전국교육공부본부가 걸어온 10년은 노동조합의 탄생 자체가 성과이자 감동이라고 한다. 그는 학교를 상대로 일을 해보면서 또 학교에서 터져 나오는 수많은 '미투'들을 보면서 학교가 가진 폐쇄성과 보수성에 놀랐고, 하루라도 빨리 학교의 '적폐'를 몰아내는 게 남은 과제 중 하나라고 말했다.

"관리자 한 마디, 남편 한 마디에 주눅 들고 아무 말도 못하던 사람들이 스스로 공부하고 고민해서 당당하게 주장할 수 있게 된 것도 감동이에요. 학교 비정규직이 총 40만 명 가까이 되는데, 이 사람들이 그동안 우리 사회의 권력과 제도에서 얼마나 소외되어 왔어요? 근데 그 사람들 수만 명이 이제 자기들을 규정하는 제도의 심각성을 깨닫고 그걸 바꾸기 위해 집단적으로 노력하고 있어요. 이런 게 진짜 사회의 진보라는 생각이 들어요."

다양한 직종들이 있어 단결하기 쉽지 않은 것은 학교 비정규직 노동운동의 어려운 점 중 하나라고 한다. 4년제 대학을 졸업한 관리자 역할의 직종이 있는가 하면, 고강도 육체 노동을 하는 직종까지 포괄되는 조직이기 때문에 그 안에서 서로가 같은 노동자라는 생각으로 동지 의식을 갖는 게 쉽지 않은 것이다. 그동안 학교 비정규직들이 노동조합으로 뭉쳐 한 목소리를 내고 노동자들의 삶을 바꿔온 것 만으로도 사회에 주는 울림이 있지만, 이제부터는 새로운 방향이 필요하다는 생각을 많이 하고 있다고.

"조합원들이 저를 공무원처럼 취급할 때면 저만 혼자라는 느낌이 들곤 해요. 어떤 분들은 저를 함께 활동하는 사람이 아니라 단순히 자신의 불만을 마음대로 쏟아내고 본인의 문제를 해결할 의무가 있는 사람으로 여길 때가 있거든요. 그럴 때 제일 속상해요. 그거 해결하라고 조합비 내는 거라며 무슨 보험회사나 민원 처리 기관처럼 생각할 때 말이에요. 저도 사람이다 보니 그런 일을 겪으면 우울할 때가 있어요.

대신에 무시당하던 사람들이 당당하게 주장하는 게 쾌감으로 느껴질 때도 있어요. 특히 학교장 면담할 때요, 교장 자리 정도면 누구에게 혼나본 적이 없을 텐데 노조는 가서 혼내거든요. 면담 내내 손 벌벌 떠는 교장부터, 처음에는 고상한 척하다가 갈수록 얼굴이 빨개지고 아무 말이나 하는 교장도 있고요. 그럴 때면 어쩐지 보람있어요.

2017년에 제가 혼자서 막 감동한 일이 있었어요. 이언주 의원이 급식실 아줌마들 운운하며 막말을 했잖아요. 다음 날 경기지부가 광명에 있는 의원 사무실 앞에서 긴급 기자회견을 했어요. 비는 또 얼마나 쏟아지는지 모두 우비를 입은 채 '우리는 아줌마가 아니다'라고 한 글자씩 피켓을 들고 서 있었어요. 결국 사과를 받아냈죠. 그걸 보며 '참 이러니까 노동조합이 중요하구나'하며 혼자 여러가지 생각을 했어요."

이진호에게 노동조합이란?

"학생운동 할 때는 좀 더 큰 틀에서 노동조합의 역할에 대해 생각했다면, 노동조합에서 일하게 된 후 소소한 부분에서 감동을 많이 받고 중요성을 더욱 깨닫게 되는 거 같아요. 권력 관계를 뒤집는 역할을 하고, 억눌렸던 사람들이 자신의 정당한 주장을 할 수 있는 무기가 된다는 점에서 노동조합은 굉장히 소중하다는 생각이 듭니다. 그러면서 자신을 억눌렀던 법과 제도를 직접 바꿀 수 있는 집단적 힘을 가지게 되었다는 점도 중요하고요. 진정한 민주주의는 통치자와 피치자가 일치할 때 가능해진다고 하는데, 노동조합은 그런 점에서 굉장히 중요한 공간이라고 생각합니다. 앞으로도 노동조합에서 계속 일하고 싶어요."

13_ 부산지부의 역사

부산지부의 시작

공공운수노조 지역 본부 아래에 학교 비정규직 지회가 있었던 부산은, 2011년 부산 영양사회의 전회련 가입이 발판이 되어 그 해 12월21일 건강보험공단 부산 본부 강당에서 출범식을 치르며 그 출발을 알렸다. 출범 전 지부장을 결의한 사람이 세번이나 바뀌고 한다 못한다를 번복한 끝에 영양사 분과의 김미숙 초대 지부장과 교무 분과의 김수진 부지부장 체계로 1기 부산지부가 시작됐다. 다른 지역과 달리 영양사회가 지부에 파견을 보내는 방식이어서 김미숙 초대 지부장이 1년 근무를 하고 김미경 지부장이 남은 1년을 책임졌다. 학교비정규직지회 간부들이 전회련으로 넘어오면서 간부 활동을 이어간 것도 부산지부만의 특징 중 하나.

부산지부의 현재

민주노총 부산 지역 본부의 공공운수노조 부산 지부 사무실에서 상근자 한 명으로 시작한 부산지부는 현재 지부장, 사무국장 등 현장 전임 2명과 조직국장 1명으로 총 3명이 근무하고 있다. 3기 구육성회 분과의 이연자 지부장, 4기 영화회화 전문강사(이하 영전강) 분과의 정민정 지부장 이후 현 채광림 지부장이 4기 지부장 직무대행을 거쳐 5기 지부장이 되었다.

부산지부의 특징

집행부가 친구처럼 돈독한 것이 장점이며 너무 편하게 대하다 보니 상처를 주고받기도 하는 것은 단점이라고. 다른 지부에서 오해할 정도로 서로 터놓고 지내는데 조직국장과의 대화방이 지부장의 메모장이나 다름없어 조직국장 핸드폰이 조용할 날이 없다고.

또 민주노총 지역 본부와 연계가 잘 되어 있어 사업 계획을 상의하고 진행도 같이 하는 상황. 지부장이 지역 본부의 부본부장을 역임하고 있다.

부산의 분과

현재 운영위에 나오는 분과가 10개이고, 새로 생긴 분과가 4개 더 있다. 가장 오래된 분과는 공공운수노조 학교 비정규직 지회 시절부터 있었던 구육성회 호봉제 분과이고 가장 최근에 생긴 분과는 다문화 강사와 경비 분과이다.

현안이 있는 영전강 분과와 영양사 분과가 다른 의미로 열심히 활동하고 있다. 영전강은 조합원 가입부터 활동을 전제로 가입을 받고 참석하지 않는 사람은 벌칙이 있다고. 영양사 분과는 지역별로 할당을 해서 집회나 상경투쟁을 잘 하는 대신 자발적인 활동이 다소 부족한 상황이라고.

구육성회 호봉제 분과는 공무원 수준에 버금가는 임금과 처우로 인해 처우개선 관련해서 노조가 할 수 있는 일이 거의 없는 상황. 노조를 통해서 학교 내 공무원과의 차별을 개선할 수도 있는데 학교에서 오래 일한 사람들이어서 굳이 문제를 만들지 않으려는 입장. 그동안 가장 중심적으로 활동했던 분과라서 더욱 안타깝다고.

● 인터뷰 35 • 채광림 부산지부 지부장

"행정실에 같은 비정규직 호봉제 동생이 있었는데 행정실장이 바뀌면서 호봉 인정을 못 받게 돼서 실장이랑 싸우던 중이었어요. 그 동생이 노조에서 실시하는 교육이 있다며 같이 가달라고 해서 따라 갔다가 노조에 가입했어요. 2014년 초였죠. 당시 한 공립 중학교 비정규직들이 교육감을 상대로 호봉 인정 소송 중이던 시기였어요. 노조 가입 동기 같은 건 특별히 없고요, 당시만 해도 노조가 필요하다고 생각하지 않았어요. 학교에서 일어난 일은 혼자 처리할 수 있었거든요. 같이 간 동생 따라 가입했어요. 제가 가입하는 게 동생한테 조금이라도 도움이 될까 해서요.

교무일을 시작한 건 2004년에 아기 유치원이 학교 근처에 있어서 알바로 잠시 일할 생각이었다가 15년째 일하고 있어요."

부산은 2015년 4월에 교육청과 첫 임단협을 체결하고 그 해 여름 유급 조합원 교육이 생겼다. 채광림이 노조 가입 후 조합원으로 가진 첫 활동은 교육이었다. 교무는 직종의 특성상 한 학교마다 한 명씩 근무하는 게 대부분이고 다른 직종처럼 별도의 모임이 있는 게 아니라 직종끼리 소통할 방법이 마땅치 않았다. 채광림은 조합원 교육에서 처음 다른 학교의 교무 담당을 만날 수 있었다.

"만날 생각조차 못 했죠. 처음 봤을 때는 친해지지 말아야지 했는데 대화를 나누다 보니 친근감이 들 수밖에 없고 공감대가 쉽게 형성이 됐어요. 제가 불편하고 무시하든지 그냥 처리해버린 것들에 대한 노하우를 받을 수도 있었고요. 정말 가벼운 마음으로 살짝 가본 건데 너무 좋았어요. 교무는 독립된 공간도 없이 선생님들만 6~70명이 있는 곳에서 같이 생활하면서, 온갖 학생, 학부모의 민원을 받아서 혼자 처리해야 했고 마땅히 의논하고 상의할 곳도 없었죠. 당시에는 혼자 일처리를 잘 했다고 생각했는데 돌이켜 생각해보니 다 힘들었던 순간들이에요. 그런 부분들이 같이 대화하면서 저절로 풀렸어요.

그러다 공공운수노조 이성권 국장이 전화 연락만 하는 분과장을 맡아 달라고 했고, 전화를 끼고 사는 사람이라 그 정도는 할 수 있다 생각했어요. 당시 4기 임원 선거가 진행되던 시기였는데 사무국장을 맡아 전임을 나오라고 해서 고등학교 진학한 딸 때문에 거절하고, 한 달에 회의 세 번만 나오고 사진 몇 번만 찍으면 되는 수석부지부장을 맡으라고 해서 또 거절했는데 학교를 두 번이나 찾아와서 더 거절할 수 없었어요."

조합원 교육, 교무 직종 모임, 노동법 교육 단 세번의 노동조합 활동으로 가입 1년 6개월만에 수석부지부장이 된 채광림의 독보적인 초고속 승진엔 부산지부의 속사정도 있었지만 그의 남다른 자립심과 당당함이 지부 임원들의 눈에 띄었기 때문이다. 지부에서는 그 기회를 놓치지 않았다. 노동법 교육연수를 간다며 사이가 나쁜 행정실장에게 당당하게 공가 신청을 하고, 실장의 반대에 화가 난다며 연차를 쓰고 나오는 채광림의 오기는 다음 날 출근이 껄끄러워 연차 사용을 포기하는 보통의 교무 종사자들과는 확실히 다른 면모가 있었다. 내일 괜찮겠냐는 지부 사람들의 질문에 그는 가뿐하게 대답했다고 한다. '왜요?'라고.

"불합리한 일이 있으면 교장과 싸우며 스스로 해결해 왔어요. 교장, 교감이랑 싸운 건 점심 식사 때문이었어요. 급식 먹으러 가는데 민원 전화를 받아야 하니 자신들이 밥 먹고 올 때까지 기다리라고 하는 거예요. 아직도 그런 학교가 있어요. 저희는 그냥 보조, 밑에 사람, 허드렛일 하는 사람이라고 생각하니까 자기들이 밥을 먹고 난 후에 우리가 먹을 수 있다고 자연스럽게 말하는 거죠. 제 자리에 일하던 사람들 모두가 그렇게 했기 때문에 저도 그렇게 해야 한다고 해서 저는 못 한다고 했어요.

또 학생들이 하던 화장실 청소를 저한테 하라고 해서 그것도 못 하겠다고 했어요. 큰 싸움은 아니고 자잘한 싸움이었지만 '내가 왜 이 일을 해야 하느냐'가 발단이 됐고, '남들은 다 하는 걸 새로운 실무원은 왜 안 해'로 부딪혔던 거죠.

저는 고교 졸업 후 일찍 직장 생활을 시작했고 결혼도 일찍 해서 그런지 직장 생활이 크게 힘들거나 상사가 무섭거나, 나이 많은 사람이 무조건 위라고 생각하지 않고 일해왔어요. 게다가 곧 원래 일하던 직장으로 돌아갈 생각이어서 더욱 맞서는 게 쉬웠을 거라 생각해요."

2016년 채광림의 수석부지부장 임기가 시작되었고, 자신이 속았다는 걸 깨닫기에 오랜 시간이 필요하지 않았다. 아무 것도 몰라서 수석부지부장을 덜컥 맡은 채광림은 무조건 나와야 한다는 말에 방학 내내 끌려 다녔다고 한다. 임기 전에 선거 유세를 다니고, 교섭 중에는 지역별로 교섭 보고대회를 다니고, 서울 교육 보내면 서울 가고, 명절에도 휴일에도 교섭이 있다면 나가야 했다.

"회의를 하다가 죽을 것 같다는 말을 한 적이 있어요. (웃음) 당시 다이어리를 보니 한 달에 스무 번을 만났더라고요. 회의 세 번이 일주일에 서너 번이었고, 모른다를 입에 달고 다녔더니 지부 임원들끼리 스터디까지 만들고. 회의 세 번은 어떻게 된 거냐고 매번 따지면서 어느 순간 저는 항상 나와서 앉아 있었죠. 교섭을 나오라고 해서 나갔는데 아는 게 없으니까 할 수 있는 말이 없었어요. 성질 나고 답답하고 너무 자존심이 상했어요. 그 후엔 오라면 그냥 자동적으로 갔어요. 뭐라도 알고 있어야 할 것 같아서요. 임기가 있으니 그 동안은 제가 할 일을 해야겠다 마음먹었어요."

2016년 여름 방학식 날 부산 교육청은 10년만에 교무, 전산, 과학 3대 직종의 강제 전보를 단행한다는 공문을 각 학교로 하달했다. 2015년 교육감 직고용 조례 제정 후 처음으로 교육청이 인사권을 행사한 것이다. 교사들과 달리 학교에 붙박이로 10년 넘게 있다 보니 접수된 민원이 많다는 것이 그 이유였다. 교육청으로 집행부가 모였고 담당자의 미온적인 반응에 무턱대고 올라가 부서장까지 만났지만 그도 같은 반응이었다. 화가 난 지부 집행부들은 공문을 취소할 때까지 내려가지 않겠다며 교육감실 복도를 점거했다.

"교육감이 있는 줄 알고 올라갔는데 없어서 얼떨결에 점거를 했어요. 저랑 사무국장, 류선경 교육선전국장 이렇게 세 사람이 있었어요. 3일 만에 교육감이 우리를 만나겠다고 약속해서 점거를 풀었어요. 그 뒤에도 한달 반 동안 교육청 중앙 현관에서 노숙 농성을 하고. 전보를 가더라도 전보 전과 후에 생기는 문제들을 해결할 수 있게 협의체를 구성하기로 하고 농성을 풀었어요. 저희 덕분에 다른 분과도 협의를 거쳐 전보를 가게 됐죠. 멋 모르고 했지만 기억에 남는 투쟁이었어요. 우리끼리 농담으로 '그냥 올라갔는데 갇혔어.'이렇게 말했는데 사실이 그랬어요. 이전까지 교육공무직들은 대화로 풀어가는 분위기였는데 저희 임기에 와서 일단 쳐들어 가자로 분위기가 바뀌었다고 해요. 당시의 담당 사무관이 지금도 근무하는데 지부장 임기 언제 끝나냐고 자꾸 물어봐요.

전보를 하면 내신서를 적는데 저희 조합원 전체가 거부했어요. 나중에 내신서를 작성하는 쪽으로 정리됐지만 의지가 있는 사람들은 거부하기도 했죠. 저도 안 썼어요. 그게 괘씸죄로 걸렸는지, 눈곱 떼고 바로 갈 수 있는 학교에서 청간 전보가 돼 교육청 옆으로 갔어요. 출퇴근은 힘들어도 지부 사무실에서 교육청까지 걸어서 다녔지요."

채광림의 고속 승진은 2017년에도 지부장 직무대행으로 이어졌다. 집행부의 내분으로 사람들이 뿔뿔이 흩어지면서 지부에는 전임자들이 한 명도 남지 않은 상황이 되었고, 채광림은 어떡하든 책임지고 임기는 마치겠다는 생각으로 직무대행을 맡아 전임을 나왔다. 본부와 의논하면서 지부를 운영해갔지만 밖에서 일하는 것과 안에서 일하는 건 천지 차이임을 실감했다고 한다. 전임 나온 뒤 6개월 동안은 직종 공부를 별도로 해야 할 정도로 직종은 많고 사안도 다양했다. 경험이 많았던 이전 집행부들과 달리 질문에 답할 수 있는 것도 적었고, 질문에 답하기 위해 찾아보다가 대답할 타이밍을 놓치는 일이 반복되면서 지부에 대한 조합원들의 기대치는 점점 낮아지기 시작했다.

"사람 간의 관계, 소통하는 게 힘들었어요. 그 때 제가 전임을 나오는 게 맞았을까, 요즘은 그 생각을 많이 해요. 제가 너무 모르는 상태에서 섣불리 나왔고 이전 국장들이 유능해서 사람들의 기대치가 높았고, 밖에서 보는 사람들은 전임은 다 알아야 한다고 생각하는데 지부 사정을 모르는 사람들한테 일일이 이해를 구하는 것도 힘들었고, 사람들의 관심이 점점 멀어지는 게 느껴지니까 더 힘들고 그랬어요.

지금 사무국장이 부지부장을 하며 곁에서 힘이 많이 됐어요. 방통대에서 같이 공부하는 친구였는데 저랑 같은 교무 직종이에요. 그 정신 없는 시기를 거치며 2018년 2월에 방통대도 졸업했어요. 사회복지사 자격증도 따고요. 같이하느라 죽는 줄 알았지만 4년만에 졸업하겠다는 목표도 이루고요. 대학은 필요 없다는 생각으로 살다가 학교에서 지내다 보니 차별이 너무 심해서 대학도 간 거예요."

2018년 초 보궐선거를 통해 채광림은 지부장이 됐다. 직무 대행 때 다음 간부를 구하지 못한 것에 대해 책임감을 느꼈고, 진행하던 것을 마감하겠다는 결심으로 선거에 나섰다고 한다. 아예 마음이 없었다면 접고 떠났겠지만 지부를 어떻게 할 거냐는 주변 사람들의 말에 마음이 흔들리는 것을 어쩔 수 없었다고.

채광림은 지부장이 된 후 영양사, 영전강, 구육성회 월급제 분과 등 현안이 있는 분과장들 세 명을 부지부장으로 임명해 집행부로 끌어들였다. 분과의 문제도 풀어내고 다른 분과와의 관계가 돈독해지는 게 눈에 보일 정도로 변화가 있었다고 한다. 본인이 그랬듯이 분과장들도 지부 안에서 바라보면 시야가 더 넓어질 거라는 확신이 있었다고.

"공공운수노조 지역 본부의 부본부장 체계를 참조했어요. 지역 본부도 처음 도입하는 시스템이었어요. 처음 부지부장 제안할 때 집행부랑 같이 자신들의 분과 문제를 중점적으로 고민하고 다른 분과 문제엔 의견을 좀 모아 달라고 제안했더니 쉽게 받아들이더라고요. 지역 본부와 지부 모두 시행착오를 겪고 있기는 해요. 집행부라고 해도 아직은 자신의 분과가 우선이지만 내부적으로는 집행부 인원이 늘어서 고민이나 논의의 폭을 넓힐 수 있는 게 좋았어요. 지금은 다른 직종에 대한 의견도 내기 시작했어요. 더디지만 조금씩 발전하는 것 같아요. 현재(2019년 2월) 영양사 부지부장은 그만 둔 상태예요. 이 시스템이 자리잡고 정착하려면 아직은 시간이 좀 더 필요한 것 같아요."

2018년 영양사 분과의 현안은 신입 영양사 8명의 해고 문제였다. 교육부의 영양교사 증원 정책이 발표된 후 교육청은 영양교사를 채용하기 위해 무기계약 전환이 안 된 1년 차 영양사들에게 계약 만료를 통보했다. 부산지부는 공문을 확인하자 마자 발빠르게 지역 본부와 함께 기자회견을 열고 집회를 시작했다. 교육청 면담부터 교육감 면담까지 5개월간 치열하게 싸운 끝에 이들의 해고를 막아냈다. 노조에 가입이 안 된 해고자들을 영양사회를 통해 노조에 가입시켜 함께 싸웠다. 만약에 노조가 해고 사실을 몰랐고, 그들이 노조에 가입이 안 되었다면 그냥 사라졌을 사람들을 힘을 모아 지켜낸 것이다.

"원래 영양교사가 있어야 할 자리에 영양사를 배치해 지금까지 일을 시켜왔으면서 이제 와서 필요없다고 내치는 건 정말 말이 안 되잖아요. 원칙을 지키는 **좋은 일자리 정책이라고 말하지만 사실은 비정규직을 벼랑으로 내모는 정책일 뿐이에요. 비정규직은 쓰고 버리는 것이니까 생명줄을 뺏는 것과 같은 일을 너무 쉽게 하고, 교사나 공무원들은 당연하게 받아들여요. 저렴한 인건비로 사용하고 서류 쪼가리 들이밀면서 계약 만료라고 너무 쉽게 버리죠. 그 자체가 너무 억울해요.**

영전강도 매년 신규 채용과 재계약으로 고생하는데 현재의 인원은 어떡하든 지키려고 노력하고 있어요. 열심히 대응하고 조합원들을 잘 지키는 것, 이런 게 우리 부산지부의 뿌듯함이지요."

부산지부는 상경 투쟁에 참가하는 인원이 꾸준히 늘고 있어 2018년 11월에는 버스 4대가 올라갔다. 채광림 지부장의 첫 상경 투쟁은 공공운수노조 지역 본부와 함께 참석했던 노동자 대회였다. 지금까지 다녔던 상경 투쟁 중 가장 특별했던 건 2017년 '6.30 사회적 총파업 및 상경투쟁'이었다. 그 때는 초록 조끼를 똑같이 차려 입은 사람들과 함께 버스를 탄 것만으로도 흥분되었는데, 버스에서 내리는 순간 지역에서는 결코 볼 수 없을 만큼 많은 사람들이 초록물결을 이루는 것을 보며 울컥했다고.

"같은 색깔을 지니고 있다는 것 만으로도 좋고, 같은 생각을 하는 것 같아 저절로 힘이 나요. 2018년의 버스 4대가 내놓고 자랑할 만큼 많은 인원은 아니지만 투쟁을 할 때마다 인원이 늘고 있다는 건 우리 지부의 상황을 볼 때 뿌듯한 일이랍니다. 상경 투쟁 홍보를 할 때면 서울로 나들이 다녀오자고 조합원들에게 말해요. 서울이나 경기는 가까워서 꿈도 못 꾸는 일 아니겠어요? 간식주머니에 맛있는 것 가득 담아서 소풍 가는 기분으로 올라가요."

현재 부산지부가 겪고 있는 곤란한 문제 중 하나가 타 노조의 문제라고 한다. 불편한 관계 속에서도 회의 체계는 잡혀있던 이전 집행부 때와는 달리 현재는 대화 자체가 불가능한 상황이다. 노사협의회는 형식적인 것이 된 지 오래고, 지금은 각자 교육청을 상대로 직접 문제를 해결하는 상황이라고 한다.

전국교육공무직본부 10년의 성과를 묻는 질문에 노조를 몰랐던 자신과 같은 사람들이 노조 일을 같이 할 수 있는 토대를 만들어온 것이라고 말했다. 하나하나 떨어져 있던 개개인을 모은 건 정말 대단한 일이며 노동조합들 사이에서도 교육공무직은 무시할 수 없는 위치에 와 있다며 자부심을 드러냈다. 또한 성장하는 동안 미처 풀지 못한 많은 숙제들이 있고 그것에 대한 깊은 고민을 할 때라고 강조했다.

"비정규직 안의 차별 문제, 조금 늦었더라도 어떡하든 풀어야 한다고 생각해요. 직종 이기심의 문제도 그렇고요. 또 노조 전체의 문제고 고민일텐데, 노조가 노동자들의 권리를 찾기 위한 것인데 상근자들의 권리를 찾는 문제에 대해서는 방법을 찾고 있는지, 요즘은 그 생각을 많이 해요. 고민이 점점 커지고 있죠.

개인적으로 노조 활동을 하면서 느끼는 고민이나 생각은 일이 많은데 비해 일하는 사람들은 한계가 있고, 사람들에게 상처를 받으면서 아이러니하게 또 위로를 받는다는 것, 그럼에도 불구하고 노조는 없어서는 안 될 것이라는 것… 노동조합이 참 복잡해요. 저는 일하는 건 하나도 힘들지 않거든요. 어릴 때도 뭔가를 두려워하면서 살지 않았어요. 온 동네에 싸가지 없다고 소문이 나도 업무적인 문제라면 어딜 가더라도 당당할 수 있어요.

가끔 임기 끝나면 뒤도 안 돌아볼 거라 말은 하지만 과연 내가 그럴 수 있을까요? 저보다 말을 못하는 사람을 보면 안쓰럽고 뭔가 해줘야 할 것 같고, 말이라도 해줘야 할 것 같아 가만히 못 있고, 성격이 급해서 먼저 얘기를 하기도 하고요. (웃음) 그런 성격 때문에 노조와 인연이 된 거라고 사람들이 말하더라고요. 여기에 있든 어디에 있든 불합리한 일을 겪는 사람을 보면, 바보야 왜 얘기를 못해, 이러고 있지 않을까요? 하지만 아직까지는 사무실 사람들에게 이렇게 말하고 있어요.

"됐어, 뒤도 안 돌아볼 거야. 나 찾지마!"

채광림에게 노동조합이란?

" 너무 힘든데 안 하면 안 되고 없어서는 안 되는 것, 앞으로 내가 아니더라도 누군가 있어야 하는 곳. 그냥 책임감의 완성본. 아직도 부족한 것 같아서 늘 미안하고, 내가 부족해서 늘 미안한 것. "

● 인터뷰 36 • 차재연 부산지부 조직국장

학생운동을 거쳐 정당운동을 했던 차재연 조직국장은 학원에서 아이들을 가르치는 일을 하다가 잠시 쉬던 중 정의당 선배로부터 제안을 받았다. 나이가 점점 들어가는 것에 불안을 느끼며 노동운동이나 사회운동에 대한 고민을 하고 있던 시기여서 오래 고민하지 않고 입사를 결정했다고 한다. 일하면서 느끼는 현실은 밖에서 바라보던 것과 많이 달랐고 특히 복수 노조, 여성, 비정규직, 학교 등 전국교육공무직본부의 독특한 조건은 젊은 남자 활동가가 헤쳐 나가기엔 쉽지 않은 구조였다고.

“2016년 7월에 입사했어요. 졸업한 지 20년이 넘은 상황이다 보니 학교에 대해 아는 게 급식실 정도였어요. 그렇게 많은 직종이 있다는 것도 처음 알았고, 직종을 이해하는 데만 1년이 걸렸어요. 그 기간이 가장 힘들었고, 현재까지는 이곳을 선택한 것이 나쁘지 않았다는 생각입니다. 노무사 자격증을 가진 선임이 2년 넘게 근무를 하고 있던 상황이라 도움을 많이 받았어요. 당시에 10개 분과가 있었는데 방과후전담, 영양사, 구육성회 월급제 분과 등 좀 조용한 분과의 담당자가 됐어요. 분과장들이 현안에 밝았고 지부장, 사무국장, 분과장의 논의구조가 잘 되어 있어, 저는 행정적인 처리나 면담 공문 등을 맡아서 처리했어요.

방과후전담은 제가 오기 전부터 분과장이 5년간 매일 아침 교육청 앞 피케팅을 하며 주20시간 이상 근무자에 대해 무기계약 전환을 따낸 상황이었어요. 전국에서 광주와 부산만 무기계약이고, 40시간 이상 근무자들의 비례로 수당을 받는 다른 지역에 비해 부산의 방과후전담은 맞춤형복지비를 제외하고 전액을 받아요. 방과후전담은 부산이 잘 되어 있어요."

방과후전담은 전국에서 부산과 광주의 처우가 가장 좋지만 소멸 사업이기 때문에 교육청에서 해고 대신 교무로 전환시키고 있다. 교육청과 노조들이 만나 논의한 끝에 경력 1순위, 동일 경력의 경우 먼 거리, 첫 전환 시 분과장과 내부의 결정, 등 전환기준을 마련했다. 초기에는 노조들이 명단을 선정해서 교육청에 넘기는 방식이었는데 내부에서 발생하는 불만을 노조가 떠안는 방식이라 잘 해도 불만이 생기는 구조였다. 이후 분과장과 협의해 결정권을 교육청에 넘겼는데, 교육청이 비노조원에도 전환 기회를 부여하면서 약간의 문제가 생기기도 했다. 비조합원들의 무임승차에 조합원들이 거부감을 드러냈지만 결국 기회 평등에 의미를 두고 잘 마무리된 상태다. 지난 3년에 걸쳐 20여 명이 전환되었고, 현재 방과후전담은 60여 명 정도가 남아 있으며 향후 5년 사이에 완전히 없어질 전망이다.

"부산에는 600여 개의 공립학교가 있어요. **직종들이 워낙 다양하다 보니 개인 단위로 처리해야 하는 문제들이 많아요. 학교가 너무 많아 일일이 대응하기 힘들 정도예요. 상담 전화의 대부분이 처우에 관한 거예요. 연차, 휴가, 병가, 산재의 범위 · 기준 · 처리방법 등 노조가 편하니까 교육청보다 저희에게 물어봐요.** 오늘도 연차계산법에 대한 문의를 해결해줬어요. 대부분 행정실에서 하는데 사람이다 보니 실수가 있고, 처음 오는 공무원들은 힘들어 해서 저희가 같이 계산해 주기도 해요.

행정실이나 교무실에 근무하는 사람들은 내부에 물어볼 사항까지도 노조에 문의해요. 학교는 여전히 계급 구조가 남아있어서 대화하기가 쉽지 않은 거죠. 행정실장과 구육성회 조합원 사이에 발생하는 문제도 노조의 힘을 빌려요, 직접 해결하는 강단 있는 선생님들은 극소수고요. 노조 사람이 학교에 오거나 본인의 이름이 나가는 것도 꺼려했던 과거에 비해 지금은 많이 나아졌어요. 조끼도 안 입으려고 했던 시절이 있었잖아요."

부산지부는 급식실 구성원 중 영양사들이 다수를 이루고 있고 조리사와 조리실무원은 소수다. 그러다 보니 영양사와 조리사, 실무원의 싸움이 자칫 노조의 싸움으로 비화되기도 하고, 충북 지역처럼 예외의 경우도 있지만 같은 노조라도 서로 잘 안 섞이는 문제가 있다.

"영양사 분과를 처음 맡았을 때 자세한 내부 사정을 모르니까 조리사, 조리실무원들을 영입하고 싶다고 영양사들에게 부탁해서 기회를 만들었어요. 그런데 노조의 장단점을 어필하기가 쉽지 않더라고요. 사실 노조들을 비교해도 두드러지는 장점이나 단점이 없기도 하고요. 한 학교 급식실에 같은 노조 사람들이 모이면 단합이나 단결이 잘 될거라 말하니까 그렇게 안 해도 잘 되고 있다고 대답하더라고요.

부산의 어느 학교는 전문상담사를 제외한 전 직종이 저희 조합원이었어요. 학교 방문했을 때 노조 이동에 대해 문의했더니 선생님들끼리 관계가 좋은 상황이라 노조를 바꾸면서까지 직종이 뭉칠 필요가 있냐고 되묻더라고요. 원래 학교 별로 거의 안 움직이는데 그 학교만 달랐어요. 구육성회 선생님 한 분이 주도적으로 멤버십을 잘 유지한 결과였어요."

차재연 국장이 영양사 분과를 담당하는 동안 수능 당일의 임금 문제를 처리한 적도 있다고 한다. 수능 당일에는 수능이 없는 학교는 쉬고 수

능이 있는 학교는 평가원에서 수당이 책정되어 내려왔다. 영양사는 초과 근무수당, 업무추진비, 임금 외 수당 등이 나오고 조리사와 조리실무원은 총금액을 주며 인원수대로 나누게 해 학교에 따라 금액에 차이가 발생했다. 당연히 최저시급에는 미치지 못하는 돈이었고 해마다 같은 문제가 반복되고 있었다. 게다가 경찰관이나 담당 교사들이 조식을 요구할 경우 안 해도 되는 일이 추가되기도 하고 점심 식사 비용을 조식으로 유용하는 경우도 발생했다. 이런 문제들을 교육청에 항의했는데 교육청은 전혀 모르고 있었다. 그 후 교육청이 최소금액에 대해 명문화해 지도감독을 했고 수능 시기가 되면 공문을 보내 문제를 시정해 나갔다.

부산 지역의 영전강은 전국에서 최초로 교육청과 노조가 합의해 인력풀 제도를 만들어 외부 진입을 차단했기 때문에, 다른 지역처럼 신규 채용으로 인한 해고 문제는 발생하지 않는다. 하지만 한 번 인력풀에서 제외되면 재 진입이 어렵기 때문에 해고가 발생하고 이는 바로 소송으로 이어지고 있다. 2016년과 2018년 교육청을 상대로 한 부당해고 구제 신청은 조합원들이 모두 승소했다. 2018년은 교육청 담당자가 판결 송달 이후 행정법원으로 소송해야 하는 기간을 넘기는 실수를 하는 바람에 4명의 영전강이 무기계약으로 전환되는 일이 발생했다. 담당자는 징계를 당했지만 노조 입장에서는 부산에서 영전강의 무기계약 전환 사례가 만들어진 것이기 때문에 이후 영전강들의 무기계약 전환 투쟁의 청신호로 받아들이고 있다.

"영전강의 경우 저희 지역에서 소송이 많다 보니 전국에서 문의전화가 많이 와요. 조합원이 아닌 경우에 불가능하다고 미리 말하기도 하지만, 어떤 때는 설명 열심히 해주고 보니 조합원 명단에 없는 사람이기도 해요.

복수 노조로 인한 해프닝도 많이 벌어져요. 탈퇴하고 싶다고 전화한 사람을 열심히 설득하고 보니 우리 조합원이 아닌 경우도 있고요, 가입을 해놓고 본인이 어느 노조인지 모르는 사람들도 있어요. 저희가 소수다 보니 매년 전보가 발생할 때마다 노조 이동이 벌어지고 해마다 필수 교육을 할 때면 또 많이 이동해요. 타 노조는 하는데 우리는 왜 안 하냐는 말을 조합원들이 쉽게 하는데 그런 얘기는 들을 때마다 힘들어요. 역량 문제를 떠나서 타 노조가 하면 우리도 무조건 해야 하는 상황이니까요. 조합원 수 비례해서 전임자가 나오기 때문에 포기할 건 포기해야 하는데도 복수 노조니까 쉽사리 포기가 안 돼요."

차재연 국장은 복수 노조라서 경쟁을 통해 빠르게 성장한 것은 장점이지만 역으로 경쟁에 너무 힘을 쏟다 보니 발생하는 소모적인 면은 개선해야 함을 강조했다.

지난 2~3년 동안의 노동자 대회에서 두 노조는 누구도 부인할 수 없는 중심에 섰고, 민주노총의 전국 단위 사업에서 두 노조가 없으면 반 토막이 날 정도로 학교 비정규직 노조는 비정규직 노동운동의 중심이자 현 단계 노동운동의 중심이 되었다.

"본부장이 많이 한 말이지만 학교 안의 숨죽이고 살았던 유령을 인간으로 만든 것이 가장 큰 성과죠. **학교에 이렇게 많은 직종이 있다는 걸 처음 알았고, 그들이 비정규직이란 것도 처음 알았어요. 주변의 다른 곳에서 활동하는 사람 조차도 학교 비정규직들의 이런 상황을 제대로 모를**

정도니까요. 노조 활동을 하면서 조끼를 입고 나가면 어딘지 물어보고 대답하는 과정을 거치면서 사회로 퍼지는 과정이 만들어져요. 노조가 없었다면 불가능했을 거예요.

그래서 현재의 소모전이 더욱 안타까워요. 2011년에 통합 논의가 있었듯이 대의를 위해 다시 통합해야 하지 않을까요. 부산도 합치면 더 많은 일을 할 수 있을텐데…… 그런데 안타깝지만 아마 어려울 거예요. (웃음)"

노조 활동의 힘든 점으로 차재연 국장은 개인의 삶이 없다는 것을 제일 먼저 꼽았다. 그와 같은 젊은 활동가들이 오래 버티지 못하고 그만두는 주된 이유라고 한다. 조합원들은 나 하나면 어때 하는 마음으로 전화를 하지만 전화를 받는 사람은 1,000명을 상대해야 하는 것이어서 퇴근 후에도 주말에도 업무 전화에 시달리고 있다.

"초기에는 근무 시간 외에는 답을 안 했어요. 하지만 오직 급했으면 이 시간에 전화하나 싶은 마음이 들기 시작한 뒤로 안 받을 수가 없어요. 그러다 보니 내 생활이 없죠. 저는 조금 끼인 세대라 저보다 젊은 사람들의 심정도 이해가 가고 돈도 안 받고 일을 했던 과거의 활동가들도 이해가 돼요. 활동가냐 직업인이냐를 두고 고민을 해요. 저도 나이 들면서 어느새 사생활의 중요성보다 초과수당이 있음을 강조하는 사람이 되어 있더라고요. 그런 제 모습이 낯설어요. 사회 변혁 활동을 하는 사람이 감수해야 하는 건 사실이지만 교육공무직본부는 너무 많은 걸 요구해요.

제가 근무한지 1년이 되니까 전국 조직부장들 중에서 딱 중간이 됐어요. 1년을 못 버틴다는 거죠. 1년이면 겨우 말을 알아듣는 정도거든요.

안정적인 인수인계가 안 되고 있어 걱정이죠. 버틴다는 느낌이 강해요. 10년 넘어 계시는 분들 보며 조금만 더 하다 보면 익숙해지고 성과물도 생길 거라 스스로를 다독이면서요. 부산지부도 부침이 있어서 내부적인 문제로 지부장님과 저 둘만 남은 상황이었는데 서로의 발목을 잡으면서 버텨왔어요. 그러면서 멤버십도 형성됐고요.

매년 임단협을 통해 아쉽더라도 꾸준히 성과가 나올 때마다 보람을 느껴요. 조합원들이 기뻐하고 고생했다고 말 한마디 해주면 좋죠. 또 그리 어려운 일도 아닌데 개인적인 걸 처리해주면 정말 고마워해요. 조합원이 새로 늘어나는 것도 좋은데 그건 그리 오래가지 않아요. 일이 늘어나서 괴롭거든요. (웃음)"

차재연에게 노동조합이란?

"지금은 제 삶의 70%이상을 차지하는 공간이고 활동할 수 있는 곳이 노동조합이죠.

처음 들어올 때는 가볍게 들어왔어요. 정당활동을 오래해서 노동조합을 알고 싶은 마음과 정당이 노조와 같이 가는 구조라고 생각했기 때문에 노조일을 하면서 저변 확대를 통해 정당에 기여하고 싶은 마음이었어요. 현실은 노조에 묻혀 정당 활동이 불가능한 상황이지만요. 정당에서 상근할 때 노조 전임들은 왜 활동을 안 하냐고 투덜댔는데 지금은 제가 그러고 있네요. 지난 3년 동안은 노조 활동 외에 아무것도 못했고 그 덕분에 조합원과의 친밀감도 높아졌지만 이렇게 계속 갈 수는 없다고 생각해요.

2016년에 지부에 처음 왔을 때처럼 지금 제가 빠지면 똑 같은 상황이 반복되겠죠. 현안에 부딪히고 일에 부딪히다 보니 매번 고민에만 그치고요. 같이 활동하던 사람과 술 마시다 보면 그만 둔다는 말을 입에 달고 있어요. 그러면서 또 걱정하죠. 이율배반적이긴 하지만 나 없어도 된다고 생각하면서 걱정은 되는 것, 노동조합이 제 삶 너무 깊숙이 들어와버렸어요.”

14_ 제주지부의 역사

제주지부의 시작

2011년 1월 원용경 초대 지부장과 학교조리사회 이정순 회장을 비롯한 18명의 사람들과 전회련 본부의 첫 만남이 있은 후, 그 해 5월 이석문(당시 교육위원/현제주도 교육감)의원과 조리사, 영양사, 특수, 교무, 전산, 과학 등 7개 직종 50여 명이 제주 역사상 최초의 통합 모임을 가진 뒤 6월18일 제주교육원 리더십센터에서 창립대회를 가졌다. 제주지부의 창립까지 연락과 모임을 주선하고 준비물을 챙기는 것까지 충북지부의 든든한 도움이 있었다고.

제주지부의 현재

2012년 상근 채용자 1명이 민주노총 제주본부 사무실에서 근무하던 제주지부는 현재 조직국장과 교육선전국장 등 채용상근 2명과 지부장, 수석부지부장 등 현장 상근 2명으로 총 4명이 사무실을 꾸려가고 있다. 2011년 창립식 당시 추대된 원용경 지부장을 이어 2013년 홍정자 지부장 대행 체계로 가다가 2013년말 선거에 당선되면서 2기 홍정자 지부장 체계로 넘어갔고 현재 연임 중이다.

제주지부의 특징

제주도는 섬이라서 전국교육공무직본부의 다른 지역에 비해서는 이동 거리가 짧고 지역이 좁아 학교 방문은 편하지만, 좁은 거리만큼 사람 사이의 거리도 좁아서 그만큼 섬세하게 신경을 많이 써야 한다고.

제주지부의 분과

2012년 첫 파업 당시 과학, 전산, 특수, 조리사, 영양사 등 5개 분과뿐이었던 제주지부는 현재 20개 분과에 조합원들이 골고루 포진하고 있다. 제주에서는 최초로 직종 파업을 하면서 수당을 따낸 구육성회 분과가 가장 활발한 활동을 하고 있으며 전통의 조리사 분과도 파업에 꾸준히 참여하고 있다. 분과들의 활동도 전체적으로 고른 편이어서 특별히 활동이 아쉬운 분과는 없다고. 지회는 두고 있으나 지역이 좁아서 지회 활동이 활성화되지 않은 상황이다

● 인터뷰 37 • 홍정자 제주지부 지부장 & 김성현 조직국장

2012년부터 8년째 제주지부를 든든히 받히고 있는 홍정자 지부장과 김성현 조직국장은 태어난 곳부터 하는 일까지 다른 세계에서 살아온 사람들이었지만, 비슷한 시기에 같은 곳에서 만나 학교 비정규직 노동자들의 더 나은 세상을 향해 같은 꿈을 꾸며 활동하고 있다. 그들이 함께 만들어온 전국교육공무직본부 제주지부의 이야기를 만나보자.

조리종사원 출신인 홍정자 지부장은 아이 때문에 급식실에서 봉사활동을 하다가 2000년 9월 고정 인력으로 채용됐다. 홍정자의 경우처럼 제주도의 급식실 종사자들 중에는 2013년에 명칭이 급식보조원으로 바뀐 학부모 지원 조리원들이 있었다. 이들은 봉사 개념으로 출발했기 때문에 일반 조리사들에 비해 더 열악한 임금과 처우로 근무하고 있었다. 이들은 학교와 교육청을 상대로 무기직 전환과 퇴직금 지급을 요구했지만 2011년 226명이 해고됐고, 이 해고사태는 전회련 제주지부가 창립되는 계기가 됐다. 2012년 정부 방침에 의한 무기계약직 전환을 앞두고 교육청이 예산 삭감을 목적으로 다시 383명에 대한 추가 해고를 단행한 뒤 전회련 제주지부는 본부와 함께 투쟁 국면으로 나아갔다.

"(홍) 어떤 학교는 퇴직금 주기 싫다며 학교장이 그냥 해고한 일도 있었어요. 학교 별로 20명이 근무하면 5명을 줄이는 식으로 인원을 책정했는데, 그 방식이 고약한 게 서로 상대 평가를 해서 성적순으로 해고 명단을 만들었어요. 2011년 1월엔 노조도 없을 때라 해고를 막을 방법은 없었어요. 저는 당시에 학교 조리사회 활동을 하며 처우개선을 요구하고 있었는데 이시정과 충북의 김미경 지부장이 카페를 통해 연락을 해왔고, 1월에 전회련을 처음 만났어요. 제주도 조리사회를 노조로 조직하기 위한 18명의 만남이 있었고, 본부에서 내려와 해고 철회 집회를 진행했어요. 그때부터 제가 지부장 대행을 맡았고 조리종사원을 중심으로 제주지부가 움직이기 시작했죠."

경기도 성남이 고향인 김성현 조직국장은 학교 비정규직 처우 개선을 위한 전회련의 대정부 상경 투쟁 준비가 한창이던 2012년 6월, 진보신당에 있는 지인의 제안을 받고 노동조합과 인연을 맺었다.

"(김) 제주도에 여행 왔다가 강정 해군기지 반대 투쟁을 했고 그 뒤 총선에서 진보신당 후보 수행을 했어요. 노동조합은 처음이었죠. 공공운수노조 제주본부 오한정 조직국장을 만나고 서울 본부 가서 면접 보고, 이시정 사무총장의 설명을 듣고 내려왔어요. 처음엔 사무실이 없어서 민주노총 제주본부에 책상 하나 두고 유일한 상근자로 일했어요. 노조에 대한 개념도 없고 혼자 있어서 막막했는데 모두 잘 대해 주시니까 시키는 일을 하면서 적응하기 시작했어요.

처음 와서 조합원 선생님들과 같이 식사하는데 젊은 친구가 와서 일 도와준다고 막 우시는 거예요. 제가 이상한 일 하러 온 것도 아닌데 선생님들이 저 때문에 우니까 당황하면서 신기하고 그랬어요."

"(홍) 제주도는 4.3 민중항쟁의 여파로 다른 지역보다 더 보수적인 곳이에요. 노조활동 하면 좌파, 빨갱이로 바라봤고 노조활동만 해도 낙인 찍힌다고 생각해서 거부감이 심한 편이었어요. 각 지역에서 조리사회 활동하던 사람이 처음 모일 때도 경찰서에서 형사나 누가 쫓아오지 않을까 뒤를 보면서 올 정도였으니까요. 그런 곳에 힘든 일을 하겠다고 아들 같은 친구가 왔으니 안쓰럽고 불쌍한 마음에 그랬죠."

"(김) 제주는 그런 면에서 확실히 보수적인 게 있는 것 같아요. 오래전에 오멸 감독의 4.3 민중항쟁을 다룬 영화 〈지슬〉을 보고 나오는데 같이 계시던 분이 육지것이 왜 왔냐며 육지로 가라는 말을 하더라구요. 지부에서 상근자로 활동하고 있던 시기였는데도 말이죠. 지금도 농담 삼아 육지로 가라고 하는 사람들도 있어요. (웃음)"

2012년 11월의 전회련 첫 파업에는 조합원 120명이 전부였던 제주지부도 동참했다. 홍정자 지부장과 김성현 국장의 제주지부 첫 사업이나 마찬가지였다. 일반인들도 그렇지만 조합원들도 노조에 대한 거부감을 갖고 있던 시기에 진행된 파업은 육지와는 조금 다른 프로그램으로 꾸려졌다.

"(홍) 노조를 잘 모를 때라 본부에서 파업을 하라고 하니까 했어요. 몰라서 겁이 없었죠. 191개 학교 중에 겨우 18개 학교 18명이 나왔어요. 그 중에 한 사람은 왔다가 얼굴 나오면 학교에서 큰 일 난다며 가버리고, 또 아이가 아프다고 가버린 분과장도 있었어요. 그 당시는 그냥 멋모르고 했어요. 교육청 앞에서 집회를 하고 신제주 로터리를 행진하는데 무슨 힘이 그렇게 났는지 소리소리 질렀던 기억이 나요. 철없고 겁 없었던 시절이었어요. (웃음)"

"(김) 공공운수노조 오한정 국장과 같이 준비를 했어요. 저도 파업은 처음이라 소식지 만들고 전달하는 걸 제가 하고 집회 진행이나 사회는 오한정 국장이 담당했죠.

일단 기자들한테 학교가 멈춘다고 말은 해 놓았는데 실제로 파업 참가 인원이 적어서 몇 명이 오냐는 기자 질문에 답하기 힘들었어요. 교육청에서 나이스를 통해 파악한 숫자를 들이대길래 더 나온다고 큰 소리부터 쳤어요. (웃음) 첫 파업이라서 돌아다니면서 방송 차 연설도 했고, 로터리 행진이 끝나고 모두 길거리에 앉아 김밥을 먹고 교육청에서 30분 거리에 있는 오름을 단체 등반했어요. 제주도는 집회를 놀이처럼 할 수밖에 없는 게 노조에 대한 거부감이 많은 분위기라서 프로그램 구성도 다른 지역과는 다르게 가야 하거든요."

"(홍) 교육청에서 가까운 로터리를 돌 때에는 주위를 그다지 의식하지 않았지만 혹시나 나를 보고 있는 아는 사람이 있으면 어쩌나 하는 마음이 들기는 하더라구요. 제가 파업 나간다고 할 때 교장이 처음에는 잘 다녀오라고 했어요. 근데 방송국이 제 인터뷰를 한 뒤 우리 학교까지 찾아가 교장, 교감 인터뷰를 한 거예요. 교장의 관리 불찰이라 소문이 나고 교장협의회 가서 지적까지 받으니 화가 난 교장이 그 화살을 저한테 돌렸죠. 학교 생활하기 불편하기는 했지만 큰 문제가 벌어지지는 않았어요."

제주지부는 2012년부터 교육청에 교섭 요구를 했지만 교육감은 노조의 요청을 받아들이지 않았다. 2012년 교육감이 교섭에 나서야 한다는 중앙위노동원회의 판정에도 불구하고 제주를 포함한 9개 지역에서는 판정에 불복하는 행정소송까지 제기했고 결국 기각 판정을 받은 바 있다.

"(김) 교섭을 몇 차례 요구했는데도 받아들이지 않아서 교섭에 안 나오는 횟수대로 벌금을 내게 하는 진정을 다시 냈어요. 그것도 노동위원회에서 저희 손을 들어 주기는 했지만 반쪽짜리 승리였던 게 벌금은 안 물어도 되는 결론이었거든요. 그래도 그 진정이 효과가 있어 2013년 11월에 양성언 교육감과 첫 교섭을 할 수 있었어요. 하지만 바로 결렬됐고, 결국 이석문 진보 교육감으로 바뀐 뒤 2015년 4월에서야 첫 임금협약이 체결되면서 상시직 전환, 개교기념일 재량휴업일 유급, 대체인력제 등 많은 사안들이 합의됐죠."

"(홍) 이석문 교육감은 도의회 교육위원 시절부터 학교 비정규직을 위해 앞장섰어요. 전회련 제주지부 창립식에도 참석했고, 교육감 직고용 조례 제정을 위해서도 6개월이나 지역을 돌며 같이 간담회를 하고 그랬죠. 2014년 교육감 선거에서 저희가 선거운동도 열심히 했어요. 그나마 이석문 교육감으로 바뀌면서 교섭도 활발하게 진행이 된 거죠. **저희는 육지와 비교해 상향 평등을 요구하면서 지금까지 왔어요. 2013년부터 교섭을 이어 나가며 본부 차원의 결의대회나 파업에 저희도 빠진 적이 없어요. 항상 육지와 같이 움직였죠. 첫 번째 교섭도 강원만큼만 하자고 생각했죠.** 현재 많이 상향 평준화 되었지만 여전히 강원보다 제주는 열악해요."

"(김) 2013년 7월말 교육감직고용 조례가 제정되었는데 그 한달 전쯤 지방 공무원들의 교사 동일 근무시간에 관한 조례가 생기면서 비정규직은 제외됐어요. 직종협약도 2018년에 처음 했고, 공무원과 동일한 근무시간은 그후로 6년이 걸려 2019년 1월 교섭에서 따냈어요. 제주가 가장 늦었죠.

2015년 단체협약 맺기 전에 너무 힘들어서 그만 두려고 했어요. 지부장이 전임 나온 게 2016년이라서 3년간 상근자는 저 한 명이었거든요. 이태의 본부장과 채려목 국장이 내려오시고, 한 달 쉬어 보라 해서 휴가를 갔어요. 다시 돌아와 몇 달 일하다 보니 돌아온 게 후회되기도 했어요. 공공운수노조의 오한정국장님과 얘기를 정말 많이 했어요. 그 분의 도움으로 버텼어요."

2015년 첫 교섭의 기쁨을 누리는 것도 잠시, 그 해 12월 31일 교육청에서 영어회화 전문강사(이하 영전강) 119명에 대해 재임용을 지양하라는 공문이 내려오면서 제주지부와 영전강 분과는 해고의 부당함을 공론화시키며 온라인 서명운동과 함께 퇴근 선전전을 시작했다. 하지만 교육청은 영전강을 일몰 사업으로 규정한 내부 방침을 철회하지 않았고, 천막농성을 시작하면서 싸움은 장기전으로 돌입하기 시작했다. 민주노총 제주본부, 공공운수노조가 결합하고 본부와 각 지부에서 연대 투쟁을 오는 등 제주도가 생긴 이래 가장 격렬했던 장기 투쟁이 한달 넘게 이어졌다.

"(홍) 방학이라 수업은 안 나갈 때라 뭣도 모르고 노조가 시키는 대로 시작했어요. 119명의 영전강 중 90여 명이 우리 조합원이었어요. 본부의 배동산 국장이 내려와서 같이 싸웠어요. 119배 오체투지도 하고. 겨울 내내 따뜻하던 날씨가 천막 농성을 시작한 후에 계속 안 좋은 거예요. 강풍도 많이 불고 2월엔 눈이 엄청 많이 왔어요. 32년만의 폭설이 내리고 제주도가 3일간 완전히 고립될 때 저희는 천막 농성을 하고 있었죠."

"(김) 처음 기자회견을 하는데 영전강 분과장과 다른 한 명이 얼굴을 가리고 회견장에 온 거예요. 기자들이 얼굴 가리고 할 거면 기자회견 왜 하냐고 면박을 줬던 기억이 나요. 언론에 알리고, 온라인 서명 받고 그렇게 싸우기 시작했어요.

배동산 국장이 전체적인 큰 그림을 담당하고, 실무는 제가 다 했어요. 성대결절이 올 정도였어요. 아침, 점심, 저녁으로 피케팅 하고 농성장에서 하루 종일 마이크 잡고, 전국에서 사람들이 오고 가는 것도 신경 써야 했고, 조합원들도 챙겨야 했고, 정말 힘들었어요. 대법원 확정판결이 올 때까지 해고하지 않는 걸로 투쟁 마무리했죠. 당시엔 지부장이 전임이 아니라서 퇴근한 후에만 농성장에 올 수 있으니 혼자 일을 다 해야 하는 상황이었어요."

"(홍) 간부들은 모두 결합해서 싸웠지만 한 달이 넘는 시간 동안 다른 분과 조합원의 방문은 없었어요. 그게 제주도의 보편적인 분위기였죠. 노조조합원이라고 해도 의식이 많이 부족하고, 간부들도 크게 싸워본 적이 없어서 그 투쟁은 많이 기억에 남아요.

눈 많이 오던 그 때 분과장과 같이 천막 당번을 하고 있는데 1시간에 한 번씩 천막을 털어줬는데도 결국 천막이 내려앉아버렸어요. 지나가는 사람들에게 살려 달라 소리질렀더니 한 분이 와서 도와주셨는데 그 분이 마침 연수 차 내려온 속초의 교감이었어요. 강원도 민병휘 교육감은 없는 수업 시수를 만들어서 영전강의 해고를 막았다며 제주도교육청 욕하고, 저희 응원해주며 한 참 놀다 가셨어요. 폭설 때문에 비행기도 안 다니고 제주 시내에 아무도 안 다니던 날이었어요. 천막 농성만 48일을 했어요."

결국 2016년 3월, 영전강 고용안정 투쟁은 일단락되었지만 제주도 교육청은 다른 지역처럼 적극적인 해고 구제안을 제시하지 않았고, 2017년에는 계약만료된 강사가 해고되기에 이르렀다. 교육청은 또다시 영전강 운영을 신중히 검토하라는 공문을 일선 학교에 내려보냈다. 제주 영전강 고용안정 투쟁은 여전히 현재진행형이다.

2017년 집단 교섭을 위한 전국학비노조와의 연대 파업에는 300명이 참가해 투쟁을 통해 성장한 제주지부의 모습을 확인시켜 주기도 했다. 그리고 2018년, 정부의 공공부문 정규직화 정책에 따라 청소, 용역, 돌봄의 정규직 전환이 이뤄졌고, 이어서 정규직 미전환 직종을 대상으로 정규직 전환심의위원회가 열렸다. 제주지부도 이를 통해 조합원이 폭발적으로 늘어났다.

"(홍) 돌봄이 정규직 전환을 먼저 시작하고 청소원, 경비 순서였죠. 돌봄은 타 노조가 집중했고 저희는 청소원들을 주로 조직했어요. 이들은 간접고용 시급일당제 학교장 고용에서 월급제 학교장 특별 채용으로 전환됐으나 저희 교육공무직과 비슷한 처우는 아니예요. 장기근속수당을 비롯해 몇 가지 수당은 제외되어 있어서 2019년에는 집중적으로 처우개선을 할 예정이에요."

"(김) **당사자들에게 정규직 전환에 대한 내용을 알리는 게 급선무였죠. 그거 알리러 다니면서 결국은 조직을 한 셈이죠. 간접고용 청소 130명 중에 100명을 저희가 조직했어요. 당시에는 거의 두 달 동안 아침에 일어나면 퇴근할 때까지 학교만 돌아다녔어요.**

청소와 용역의 계약 방식은 전국 시도마다 조금씩 다른데 제주도의 경우는 65세까지는 교육감 고용, 65세부터 2년 계약 학교장 고용, 70세부터는 1년마다 신체검사 증명서를 제출하는 학교장 고용에 정년은 75세까지 됐어요. 청소, 경비가 노조에 가입하기 시작하자 용역 회사에서 자기들 소속인데 왜 노조 가입시키냐며 노조에 항의를 하기도 했어요. 또 그분들의 계약이 학교로 넘어오면서 퇴직금 문제가 불거져서 그것도 노조가 다 해결해야 했고요. 용역 회사마다 모든 조건이 달라서 일일이 대처해야 하는 지난한 과정이었어요."

"(홍) 간접고용 정규직 전환이 진행된 뒤 곧 정규직전환심의위원회가 열렸어요. 정부의 비정규직 가이드라인이 발표됐고, 운동부 지도자, 스포츠 강사(상시직 중), 예술시연 강사, 계약 만료 직종, 변호사, 정신상담사 등 1,050명의 미전환 직종 등이 대상이었어요. 2019년에 사업이 종료되는 방과후코디 직종의 경우 희망하는 사람에 한해 행정실무사로 지원을 받아 채용이 이뤄졌고, 2014년 무기계약 전환 시에 미전환에 포함되어 있었던 유치원시간제 · 기간제가 이번에 특별 채용 공고를 통해 근무 중인 사람들 전부 정규직 전환이 되었어요."

"(김) 이번 정규직전환심의위원회에는 의원들과 저희와 타 노조, 민주노총 노무사 등 9명이 심의를 했는데, 직종별로 찬성이 당연히 3명은 기본으로 나와야 하는데도 계속 2명만 찬성을 하는 거예요. 나중에 이유를 알고 보니 타 노조에서 자신들의 조합원이 없는 직종에 대해서는 반대를 한 거더라구요. 전환율이 9% 밖에 안 된 건 좀 아쉬워요. 그래도 다른 지역보다 늦었지만 다른 지역보다 좋은 결과를 하나 만들었어요. 다른 곳은 협의 후를 대비하는 문구가 없지만, 저희는 '정규직 전환 미전환 직종의 경우 이후 다시 협의하자'는 문구를 남겨 추가 합의 가능성을 열어 놓았거든요."

2018년 제주 전역을 누비며 조직화에 매진했던 제주지부는 2019년 4월부터 진행되는 임금교섭에서 육지와 비교해 상향 평준화를 이루는 것이 당면과제라고 한다. 특히 육지보다 열악해 여전히 7시간 근무인 조리실무사들과 고교 석식 영양사들, 6시간 또는 7시간 근무하는 청소 노동자들의 근무시간을 8시간으로 늘여 육지에 비해 차별받지 않도록 처우 개선할 예정이라고.

또 2018년 구육성회가 제주에서 직종 최초로 2일간 파업을 통해 근속수당을 쟁취한 것을 계기로 늘어나는 직종들의 요구안을 2019년에 하나씩 채워 나가는 것도 중요한 과제라고 한다.

육지보다 열악한 조건을 가진 노동자들이 많은 곳, 육지보다 교섭도 처우개선도 늦어져 노동자들이 육지만큼이라도 인정받기를 바라는 간절한 마음을 가진 사람들이 있는 곳, 그 곳에서 투쟁만큼은 한 번도 빠지지 않고 본부와 함께 걸어온 제주지부의 홍정자 지부장과 김성현 조직국장, 2012년부터 8년간의 노동조합 생활을 하면서 느낀 것들을 물었다.

"(홍) 본부에서 처음 무급전임을 제안했을 때는 두려워서 안 나왔어요. 막상 전임이 되고 나서는 마음도 편하고 일도 더 열심히 할 수 있고 좋더라고요. 저는 교섭에 나설 때가 기억에도 많이 남고 힘든 것도 많았어요. 학교 근무 중일 때는 급식 노동자라서 일을 빠질 수도 없어서 어느 날은 일하다가 땀도 씻지 못한 채 택시를 타고 2시까지 교육청으로 갔어요. 급식 노동자들한테는 그게 참 견디기 힘든 일이거든요.

2015년 교섭에서 유치원 급식이 있는 90개 초등학교 조리사들을 방중 시급일당제에서 365 전일 근무로 만들면서 고용안정과 처우개선을 만들어낸 것이 노조 활동하면서 가장 보람을 느낀 때였어요. 처음 노조 문을 두드린 계기가 된 일이기도 해요. 당시에 저희들은 계약서에 방중 비근무로 되어 있는데도 방학 때는 시급 일당제 계약으로 돈을 지급하고, 방학 근무를 못하겠다고 하면 영양사와 교장이 그만두라고 한 것에 불만을 느끼면서 노조와 인연이 닿았거든요. 이건 무조건 해결해야 한다는 마음으로 2013년 교섭 시작할 때부터 계속 요구했어요. 그래서 더욱 기억에 남는 것 같아요."

"(김) 성인이 된 후 24살을 기점으로 제 인생이 급격하게 바뀌었어요. 학생운동을 해 본적도 없고 노동조합도 이곳이 처음이었어요. 지부에서 일어나는 모든 일이 제 일이었는데 모든 일이 힘들었어요.

조합원들끼리 싸우거나 할 때 갈등이 일어나면 혼자 다니면서 문제를 해결해야 하니까 힘들었고, 학교를 처음 가라고 했을 때 영양사에게 불려갔다가 교장까지 만나야 하는 상황이 되고, 교장에게 명함을 주니 필요 없다며 던지던 일, 교장에게 불려 가서 잔소리 듣기도 하고. 당시엔 노조를 인정 안 하던 상황이었으니까요.

조직 확대를 위해 학교는 다녀야 하는데 당시엔 급식실 선생님들도 제 편이 아니었고 행정실 사람들도 전혀 몰라서 감도 없고. 그런 일 당하고 와서 이시정 사무총장에게 전화에서 너무 이상하다고 더는 못하겠다 했던 것도 기억납니다. 잘 모르는 사람이 전화해서 노조 욕을 하거나 하면 어이없어 화도 나고. 어디 말할 데가 없어서 공공운수노조 오한정국장과 술 마시면서 그만두겠다고 많이 했어요. 그래도 나중에 좀 적응이 되면서 지부장이나 임원들을 독려해 조합원 확대를 위해 같이 다니고, 모임이 있으면 찾아가서 같이 밥 먹으며 얘기하게 되고, 그렇게 시간이 흐르면서 좀 편해졌어요.

힘든 일이 너무 많았지만 매년 임금교섭하면서 조직이 커 나가는 것을 보면서 뿌듯했고, 또 부족했던 것 몰랐던 것을 알게 되면서 성찰하게 되는 것도 있고, 조합원들도 이제는 어떻게 싸울지 아니까 그것도 기쁘고, 우리의 모든 노력들을 알아줄 때가 그 중에서도 가장 보람차요."

홍정자에게 노동조합이란?

"노동조합은 저의 전부지요. 전임을 나오고 나서는 집안 일도 팽개치고 나와 있어요. 가족도 지금의 저한테는 두 번째예요. 남편이 전기안전공사 공공운수노조 제주지부장을 3년씩 3번이나 했어요. 아직 제 경력은 남편에 비하면 짧아요. 남편은 명퇴하고 시골에서 혼자 자기 사업을 하고 있고, 저는 시내에서 아이들과 지내고 있는데 일하는 동안엔 남편도 아이도 다 버리고 하고 있어요. 제가 하는 일에 반대는 안 해요. 김치만 담가주면 나머지는 혼자 전부 알아서 해요. 혼자 지내는 게 짠하긴 하지만 지금은 그거 신경 쓸 때가 아니니까요."

김성현에게 노동조합이란?

“세상이 어떻게 굴러가는지 노조를 통해 처음 알게 됐어요. 영화 〈매트릭스〉로 비유하면 빨간 약 파란 약 중 빨간 약을 선택한 덕분에 알게 된 거죠. 약자의 삶을 알게 되었고, 저를 성찰하게 되는 계기가 되었어요. 다른 직업에 비해 개인의 사상이 밀접하게 연관된 직업이라 정치적 신념까지 중요하다 보니 더 많이 성장하게 되더라구요.”

15_ 대전지부의 역사

대전지부의 시작

영양사가 주축이 되어 시작한 대전지부는 2011년 7월 26일 시청 대강당을 가득 채운 조합원들과 함께 초대 송인경 지부장 체계가 출범했다.

대전지부의 현재

활동 상근자 1명으로 시작한 대전지부는 2016년 2월 사무실을 마련하고 현재 현장 전임 2명과 채용 상근 2명이 근무하고 있다. 신경희 2대 지부장에 이어 2014년 김은실 지부장 체계가 시작됐고 현재 연임 중이다.

대전지부의 특징

조합원들이 잘 안 움직이는 게 대전지부의 특징이고, 철저하게 사무적으로 일을 하는 게 지부 사무실의 특징이라고. 타 노조와는 비슷한 규모로 같이 성장해 왔고 지금도 비슷한 상황이며 노조끼리 안 부딪힐 수는 없지만 다른 지역에 비해서 잘 지내는 편이라고 한다.

대전지부의 분과

20여 개의 분과에 조합원들이 골고루 편재해 있다. 인원이 많은 분과는 200명씩, 적은 분과는 100명씩 비슷해 뭔가 하나로 모으기가 쉽지 않은 것이 단점이라고. 매 교섭마다 직종별로 조율을 해야 하는 상황. 돌봄 분과가 가장 활발하게 움직이고 그만큼 직종의 처우도 가장 좋다. 돌봄 분과의 경우 전국에서 최고 수준이라고.

고양
교
육
공
무
경제 위기
가자,
총파업!
정규직의
60%만 받고
2018
공운수노조
육공무직본부
정규직 임금 80%

● 인터뷰 38 • 김은실 대전지부 지부장

김은실 대전지부 지부장은 특수교육실무원이다. 사립학교에서 2년 근무하다가 계약만료로 해고된 뒤 새로 설립된 공립 특수학교로 옮겼는데, 학교 측이 개교 학교를 빌미 삼아 무리한 업무를 강요하기 시작하자 24학급 24명이 전원 노동조합에 가입했다. 2012년 9월이었다.

"인터넷 검색을 했더니 전회련과 전국학비노조, 2개가 나오더라고요. 8월에 특수교육실무원 집합 연수 다녀온 사람이 전회련 가입원서를 가지고 와서 가입했어요.

노조에 문의 전화를 처음 걸었을 때 제가 얼마나 겁을 먹었냐면(웃음), 화장실에 들어가서 문마다 누가 있는지 확인하고 제일 구석으로 들어가 혹시 누가 오는지 눈치를 보며 통화할 정도였어요. 제가 퇴근하면 노조도 퇴근하는 줄 알고, 퇴근 후에 전화를 하면 실례가 될까 봐 일과 중에 전화했거든요. 나중에 알고 보니 노조는 퇴근시간이란 게 없더군요."

김은실과 동료들이 노동조합에 가입하게 된 계기는 통학 차량 문제였다. 대전은 특수 아동을 위한 통학 차량이 운행 중이고, 차량마다 관리인원을 배치하는 게 규정이었다. 김은실이 근무했던 사립학교는 공익근무 요원이 배치되어 있었는데, 새로 설립한 공립학교는 인력 배치가 누락돼 특수교육실무원이 2012년 1년 간 통학 차량을 탔다. 실무원들은 개교학교의 불편함이라 여기며 어쩔 수없이 받아들였다. 그러나 학교 측은 다음 해에도 실무원에게 맡기려 했고 김은실과 동료들은 단체 행동을 도모했다. 하지만 무엇을 어떻게 할 지 교육청에 가서 누구를 만날 지 방법조차 알 수 없었다. 김은실은 무엇이라도 해야 한다는 심정으로 교육청 앞에서 홀로 피케팅을 시작했다.

"2013년 겨울방학 시작부터 봄방학까지 피케팅을 했어요. 노조에 알릴 생각도 도움을 받을 수 있다는 생각도 못했어요. 1인 시위는 신고 안 해도 되는 거냐고 그것만 지부에 물어봤죠. 피켓도 집에서 혼자 만들었어요.

첫 날은 무척 떨렸어요. 피켓 내용이 안 보이도록 반으로 접어 들고 일찍 집을 나서 버스를 탔어요. 교육청 앞에 내렸는데 바로 들어갈 수 없어서 주변을 두 바퀴나 돌고 겨우 들어갔어요. 1인 시위를 하며 사진 찍어서 특수교육실무원 동료들에게 보냈어요. 눈 맞는 사진, 추위에 떠는 사진 등 계속 보냈죠.

노조에서도 나중에 알게 돼 봄방학 시작할 때는 단체 시위를 했는데 마침 시의회 열리는 날이어서 교육위원들이 저희를 봤어요. 그 날 특수학교 교장단이 교육청에 불려 들어가고 사흘 만에 시위를 끝낼 수 있었어요. 저희를 사람으로 안 보고 시키는 대로 해야 한다는 마인드가 문제였어요. 학교장 말에 안 된다고 할 수 없는 곳, 군대와 뭐가 다른 지 모르겠어요. 통학 차량 문제는 3월 한 달 인수인계를 하고 마무리됐죠. 4월 첫 월요일에 모두 모여 회식을 했는데 너무 좋았어요. 24명이 다 모인 건 처음이었죠. 퇴근하고 근처에서 벚꽃 구경을 하는데 아직도 해가 남아 있어서 날이 환했어요. 너무 좋았어요."

통학 차량 문제가 해결되기 전인 2013년, 답답한 마음에 지부 사무실로 전화를 걸고 찾아갔던 김은실은 그 후에도 지부 사무실을 드나들다가 특수 분과 출신인 부지부장의 제안으로 분과장이 되었다. 분과장이 되면 본인 학교의 일이 빨리 해결될까 하는 마음에 순순히 받아들였다고 한다. 그리고 1인 시위가 한창이던 2014년 초 지부장 제안을 받은 김은실은 자신의 문제만으로도 버거웠지만 지부장을 할 사람이 없어서 지부의 제안을 받아들였다. 처음 제안을 받을 당시 김은실은 잘 유지하다가 사람이 생기면 바로 넘겨줄 생각이었는데 사정이 여의치 않아 현재 장기 집권 중이라고.

지부장 임기 첫 해인 2014년엔 특수학교 교실에서 즉각 대응이 어렵다는 이유로 학생 의자를 제외하고 모든 의자를 치우게 하는 일이 발생했다. 학생들과 밀착해서 수업을 해야 하는 수업 지원과 생활 지원 대상자들에게 내려진 지침이었다. 교장의 지침이 부당하다고 생각한 김은실은 의자를 치우지도 않았고, 교사들이 안타까운 마음에 내미는 의자에도 앉지 않으며 버텼다.

"통학 차량 문제로 밀린 거에 대해 교장이 자존심을 회복하려고 그런 말도 안 되는 지침을 내린 것 같아요. 서서 버틴 지 한 달이 지나고 발바닥이 쪼개지듯 아파서 병원에 갔더니 족저근막염으로 진단이 나왔어요. 그래도 버텼어요. 교육청에 끊임없이 문제제기를 했지만 해결이 안 됐어요. 몇 달이 지나고 담임 선생이 앉으라며 의자를 줘도 거부했어요. 옳지 않다고, 위에서 정리되지 않으면 앉을 수 없다고. 다른 학급은 모두 의자에 앉았는데 저만 거부했어요. 지시사항이 바뀌어야 한다는 입장을 고수한 거죠. 그 뒤 2015년 여름에 저는 전임을 나오게 됐고 의자 문제는 교장이 바뀌고 나서야 완전히 해결됐어요. 대전은 교육청도 학교도 대부분 ○○사대 선후배 사이어서 장학사나 장학관들도 문제는 인지하면서 조처는 취해주지 않았어요. 교장은 학교를 떠나면서도 시정명령을 내리지 않았어요."

급식비 요구가 한참이던 2015년엔 교섭이 결렬된 후 파업이 예정되어 있었다. 파업을 이틀 앞두고 교육청에서 양대 노조 지부장에게 전화해 급식비 8만원을 줄 테니 파업을 하지말라며 회유를 했고, 논의 후 교육청의 제안을 받아들였다.

"지금 생각하면 너무 뭘 몰랐던 것 같아요. 조합원들이 뱃심을 가지고 좀 더 밀어붙일 수도 있었거든요. 교섭장에서는 급식비를 못 주겠다고 했는데 급하게 말을 바꾼 건 저희의 파업 결의에 교육청이 압박을 받았다는 거니까요. 근데 그게 대전의 스타일인 것 같기도 해요. 사측이나 노측이나 에헴 하는 스타일이지 서로 세게 나가지는 않아요. 다른 사업장의 경우는 교섭을 하다가 용역도 붙이고 폐쇄도 하고, 폭력적인 방법을 쓰기도 하잖아요. 저희는 서로 그렇게까지 밀어붙이지 않아서 한 편으로는 다행인 것 같아요. 조합원을 항상 볼 수 있다는 점에서는 단일 사업장이 부럽긴 하지만요."

2016년 4월 1일의 대전지부는 지역에서 교섭을 앞두고 첫 단독 집회인 '대전 교육공무직 노동자 투쟁대회'를 열었다. 오후 5시 30분 대전시교육청 앞에는 280여 명의 조합원들이 집결했고 한 목소리로 정기상여금을 포함한 임금 · 단체협약 체결과 전 직종 고용안정, 전 직종 처우개선 동일적용 등을 한 목소리로 요구했다. 5월 26일 2차, 6월 1일 3차에 이어 7월 1일 총파업 결의 끝에 정기상여금 60만 원을 쟁취하며 교섭을 마무리했다.

"연대 투쟁을 하거나 상경 투쟁은 많이 했지만 **지부장으로서 지역 단독 집회는 처음이었어요. 혹시 많이 참여하지 않아 교섭력이 떨어질까 걱정을 했는데 많이 와서 감동했어요. 집회 앞두고 3월 한 달 동안 학교를 돌며 조합원들에게 교섭력을 보여주자 했던 약속이 눈 앞에 펼쳐진 거죠. 입으로만 동지를 믿으라 하지 말고, 저부터 믿어야겠다고 생각했어요."**

2016년 대전의 조합원 교육은 교육청과 협의해 학교 방문 교육으로 진행했다. 집합 교육을 부담스러워하는 조합원을 배려하기 위해 시작한 방문 교육이었는데 조합원들이 거부하는 학교도 있었고, 교육청이 공문을 보냈는데 행정실이 거부해 노조와 싸움이 벌어지기도 했다. 2016년 소란스러운 첫 방문 교육의 결과 2017년부터는 행정실이 나서서 날짜를 잡아 주기도 했고, 지나가다 조끼 입은 채로 들어가도 아무런 문제가 되지 않았다고 한다. 방문 교육차 학교를 돌면서도 가입서 하나 받아오지 못하는 상황이 반복되자, 지부 사무처에서 어디 가서 판매 영업직은 절대 하지말라며 잔소리 아닌 잔소리를 했다고.

"2017년은 지부장을 하는 동안 가장 열심히 달렸던 한 해였어요. 단체협약을 맺으면서 사무실도 생겼고, 단체교섭 체결에 대한 조합원 찬반 투표를 ARS가 아닌 총회를 열어서 진행했는데 어디서 그렇게 많은 조합원들이 오는지 네 번에 걸친 총회마다 이어지는 발길을 보며 무척 감동했어요. 또 집단 교섭 중에 시작된 단식 투쟁도 오래 기억에 남아요. 가족들에게는 연수 갔다고 거짓말을 했는데 뉴스 덕분에 이미 알고 있었더라고요. 알면서도 모른척해 준 거겠죠.

처음에 지부장 할 때 가장 고민했던 것이 밖에서 보는 노조는 뭔가 세고, 집안을 내팽개치고 그런 느낌이었어요. 제가 망설이는 걸 보고 남편이 도와주겠다고 해서 시작했는데 저도 똑같이 집안 일은 나몰라라 할 수밖에 없더라고요. 2년쯤 되니까 일주일에 한 번은 저녁을 같이 먹어야 하지 않겠냐며 말을 바꾸길래, 잠은 집에 와서 자지 않냐고 받아쳤죠. 요즘은 작전을 바꿔서 주말에는 밥을 차리고 같이 먹으려고 노력해요. 제가 없어도 집에 나름의 체계가 잡혀가니 그것도 좋았어요."

2017년을 숨가쁘게 달린 후 대전지부는 조직 내부를 다지면서 숨 고르기를 했다고 한다. 하지만 숨을 너무 오래 쉰 탓에 지역 임금 교섭의 타이밍을 살짝 놓친 것 같아 통렬하게 반성 중이라고. 너무 달리지도 너무 쉬지도 말고 적당히 밀당을 해야 하는데 그걸 못한다며 김은실 지부장은 답답한 심정을 털어놓았다.

앞으로 대전지부는 재량휴일, 육아휴직 기간 같은 예산과 상관없는 교육공무직들의 근무 조건을 지방 공무원 수준에 맞추는 것이 목표라고. 또 조합원 친밀도를 높이기 위한 퇴근 후 모임을 다양하게 가지면서 지역구별로 연락을 담당할 수 있는 사람들을 세울 계획이라고 한다.

"교육공무직본부가 10년이 되는 동안 처우가 정말 많이 좋아졌어요. 급여, 복지, 병가 등. 그리고 무엇보다 위상이 달라졌죠. 학교에서 처음 근무할 때는 학부모와 대화도 나누지 마라, 서비스 지원만 하면 된다, 이런 말을 들으며 그림자처럼 지냈어요. 지금은 그런 말도 듣지 않고, 문제가 있으면 담당자에게 항의를 하거나 시정 요구를 할 수 있는 인격적인 관계가 됐잖아요. 그래도 아직 **노동자들끼리 사이 좋게 지내자고 하면 공**

무원들이 싫어해요. 그들은 교육 노동자와 비정규직 노동자로 구분 짓고 싶어 하죠. 우리 조직뿐만 아니라 다른 곳도 여전히 노동자들 본인이 노동자로 불리는 걸 싫어하는 게 사실이기도 하고요.

본인의 자리, 위치를 정확히 알아야 앞으로 갈 지 뒤로 갈 지 판단이 서기 마련인데 300개 사업장, 우리 조합원들의 의식은 아직도 개선되지 않았어요. 소식지만 꼼꼼히 봐도 되는 일로 노조에 문의하거나 항의하는 조합원들도 여전히 많고요. 이게 모두 사업장이 많고 스킨십이 부족해서 생기는 일이라 생각하면 안타까워요.

지부와 마찬가지로 본부도 이런 문제들로 힘들 거라 생각해요. 직종도 많고 지역마다 직종도 다르고, 지역 안에서도 사립과 공립이 다르고 초중고 다른데 얼마나 힘들겠어요. 앞으로 더 다양한 분야의 사람들이 들어와서 자기 분야의 일을 맡아 한다면 지부도 본부도 지금보다 더 편하게 더 활발하게 일을 할 수 있지 않을까 생각해요. 그런 날이 빨리 왔으면 좋겠어요."

김은실 지부장은 노조 활동하면서 조합원과 관계를 풀어가는 게 가장 힘들다고 한다. 지부 집행부와 조합원 사이의 간극이 커서 생기는 문제들도 힘들지만 때로는 필요한 관심이 때로는 의심으로 느껴질 때, 또 비수로 찌르는 듯 차가운 말에 마음을 다칠 때는 자신의 처지를 비관하게 된다고. 대체로 툴툴 털어버리지만 가끔 아주 힘들 때가 있다고 한다.

"가끔 조합원들이 스스로 일을 처리할 때가 있어요. 학교에서 이런 일이 있는데 우리가 이렇게 정리하고 있다, 힘들면 말할 테니 일단 알고 있어라, 하고 지부에 알려요. 나중에 전화해보면 이미 해결이 되어 있어요. 조합원들의 인식이나 의식이 그만큼 달라져 있는 거예요. 그런 모습을 볼 때면 정말 보람 있어요. 이제 혼자서도 잘하는구나 싶어서. 또 집회나 선전전에 나와줄 때, 직종별 교섭에 나온 선생님들 몇 분이 새벽까지 있다가 돌아간 뒤 나중에 너무 고생한다며 다른 사람들도 보고 알아야 한다고 말해줄 때 그 말만으로도 너무 고마웠어요."

김은실에게 노동조합이란?

"개인의 삶에서 노동조합의 의미를 찾는 건 어려워요. 개인 김은실과 노동조합 지부장 김은실은 서로 다르니까요. 개인 김은실은 욱하기는 하지만 무척 소심한데 노조에서는 개인 김은실과 맞지 않는 상황이 가끔 발생해요. 그래서 개인 김은실은 학교로 돌아갈 때까지 묻어두고 지부장 김은실로 선을 긋고 살기 위해 노력하고 있어요.

지부장 김은실한테 가장 마음에 드는 건 조합원을 생각하는 마음 아닐까요? 당장의 이익보다는 노동자로서의 할 일, 노동조합의 할 일을 먼저 생각하거든요. 개인 김은실에게 마음에 드는 건 너무 오래 지나서 기억이 나지 않아요(웃음). 따뜻한 마음이지 않을까요?"

● 인터뷰 39 • 노현진 대전지부 조직국장

"노조 활동을 했고, 잠시 쉬면서 학습모임을 하고 있었는데 지역 활동 동지가 제안했어요. 들어올 때까지 여기가 어떤 곳인지 전혀 몰랐어요. 제가 노조 활동을 할 당시에는 학교 비정규직 노조가 만들어지기 전이었거든요. 6살, 8살 어린 아이들도 있었고 노조 상근 활동이 어떤 건지 알기 때문에 처음에는 거절했어요. 제안한 이시정 동지도 9시 출근 6시 퇴근이라고 말하길래 거짓말하지 말라 그랬죠. 9시 출근은 할 수 있겠죠, 그것도 선전전이 없으면. 6시 퇴근은 불가능해요. 2년 뒤 다시 제안을 받고, 동거인도 권유하고, 그래서 2013년 5월부터 근무를 시작했어요. 들어와서 보니 여기는 6시 퇴근이 아니라 6시 시작이었어요. 임원이나 운영위원들을 통화하고 만날 수 있는 시간이 6시부터였으니까요."

노현진이 왔던 시기 대전지부는 첫 교섭도 이뤄지지 않았고 절차 합의가 마무리 단계에 있었다. 지부 사무실로 걸려온 상담 전화에 다행히 해고 관련된 문의는 없었다. 돌봄전담사들의 학생 감소로 인한 근무 시간 축소에 대한 상담이나, 차 접대나 사적인 심부름에 관한 민원들, 다른 지역 교섭 소식을 접한 사람들이 교섭을 언제 하냐고 묻는 전화 등 노조가 뭐하는 것인지 잘 모르는 조합원들이 뭐든지 해결해줄 거라는 기대를 갖고 무조건 전화를 했다.

"1년쯤 됐을 때는 300개 학교의 파업 찬반 현장 투표를 혼자 진행했어요. 작은 학교는 우편 작업으로 돌려도 100개 학교가 남았어요. 공공운수노조 사무실을 같이 쓸 때라서 도움 요청을 했지만 그들도 자신의 업무가 많아 도와줄 여력이 없었어요. 혼자서 아침부터 다녔어요. 조리원들은 8시 출근하니까 7시에 집에서 나와 아침에 최대한 돌고, 오후에 다시 가고, 사무실 전화는 핸드폰으로 돌려받으면서, 이동 중에 만날 사람 전화해 가며, 몇 번이나 사고 날 뻔하고……. 그땐 그걸 어떻게 했는지 모르겠어요. 자신이 파업에 나오지 못해도 찬성으로 나와야 한다며 참여는 적극적이었어요."

대전은 16개 시도 중에서 단체교섭이 제일 늦어 2017년에야 단체협약을 체결할 수 있었다. 13년 당시 대전의 김신호 교육감은 교육감이 사용자라는 판결을 인정하지 않아서 대법원까지 끌고 간 사람이다.

2014년 당선된 설동호 교육감은 임기 첫 해 겨울, 영어회화 전문강사(이하 영전강)들에 대한 1학교 1인 배치 및 인건비 기관 일부 부담 등을 담은 운영 원칙을 발표하면서 영전강들을 거리로 내몰았다. 임신 5개월의 조합원이 추운 겨울 거리에서 1인 시위를 하며 부당함을 호소했고, 12월 28일엔 전국의 영어회화 전문강사들이 교육청 앞에 모여 규탄 대회를 가졌다. 결국 교육청은 1학교 1인 배치를 철회하고 부담금은 유보하는 것으로 남겨뒀다. 영전강 분과는 2015년에도 부담금 철회와 무기계약 전환을 요구하며 대전시교육청과 세종시 교과부 앞 피케팅을 이어갔고, 9월 11일 전국 최초로 영전강 분과와 교육감이 단독 면담을 해 예산 편성이 되고 대량 실직 사태를 피할 수 있었다.

그리고 2017년 6월, 영전강 분과는 4년 만기자들의 고용안정 대책을 요구하며 다시 3박 4일 면담 투쟁에 나섰다.

"당시 4년 만기자들이 많았고 1기부터 활동해온 사람들도 있었어요. 본부 차원에서 교과부 앞 영전강 상경 투쟁도 하고 지부도 교육청 압박하며 전방위적으로 싸웠어요. 기존 선생님들에 비해 새로 채용된 사람들은 토익점수가 엄청 높아서 교육청의 점수표로 기준을 삼으면 서류 전형에서 떨어질 확률이 높았어요. 기존 선생님들은 근무하면서 좋은 점수를 따기는 쉽지 않았고요. 금요일에 면담 장소에 들어가서 대책을 내놓으라며 안 나왔어요. 수석부지부장과 저, 조합원 5명 정도가 들어가서 월요일에 나왔어요.

교육부에서 고용안정을 유도하는 공문이 내려왔고, 해고가 발생하면 노조가 투쟁에 나설 거라고 했죠. 영전강에 대한 합의는 대전이 여러 가지 많았어요. 그렇게 영전강 고용 문제는 일단락됐어요. 하지만 사업 종료로 인한 자연감소가 있어서 지금은 140명 밖에 안 남았어요."

2018년 대전은 전국학비노조에서 이탈한 세력들에 의해 여성노조 지부가 처음 생겼다. 여성노조는 설동호 보수 교육감을 지지했고, 진보 교육감은 근소한 차이로 아쉽게 패배를 했다. 그 후 여성노조가 전국학비노조와의 문제로 충남 지방노동위원회(이후 지노위)에 진정을 냈고 교섭 창구단일화 절차가 진행되었다. 11월 초 지노위의 판결 결과 여성노조는 조합원 수가 10%를 넘지 못해 교섭 참여 불가로 결정이 됐고, 대신 참관을 인정해 주기로 했다. 이런 이유로 2018년 지역교섭은 다른 해에 비해 많이 늦은 11월 30일에 시작해 2019년 3월 7일에서야 협약서에 서명할 수 있었다.

2018년 12월 21일 시작돼 25일까지 진행된 돌봄 분과의 면담 투쟁은 대전지부에서 가장 잘 싸우는 분과 중 하나인 돌봄 직종의 면모를 확인시켜준 투쟁이었다. 정부 돌봄 정책의 일환으로 돌봄 교실의 대기자를 두지 말고 모두 받으라는 교육청의 공문이 내려오자 돌봄 간부들과 지부 집행부가 면담을 요청했고, 면담 장소에 눌러 앉아 싸움을 시작했다.

돌봄 교실은 대부분 정해진 책걸상이 없이 온돌방에서 담당 교사가 혼자 아이들을 돌보고 있다. 22명으로 인원이 제한되어 있고, 합반은 방학 중에 많이 이뤄진다. 방학에는 아이들이 아침부터 돌봄 교실에 오는데 4시간, 5시간으로 정해져 있는 교사들의 근무시간 때문에 부족한 시간은 교사들의 출근 시간을 멋대로 조정하면서 채우고 있다. 부족한 시간에 대해 인원을 보충해달라는 요구도, 합반을 하지 말고 정당한 근무시간을 인정해달라는 요구도 받아들여지지 않았다. 또 부모들이 수시로 아이들을 데려가고, 학원 차 시간에 맞춰 귀가까지 책임지고 있어 안전사고에 무방비 상태로 노출되어 있는 상황이다. 다른 추가 대책 없이 무한으로 아이들을 받는 것은 돌봄 교사들에겐 사망 선고와도 같은 것이다.

"대전지부의 돌봄은 지부 시작부터 단 하루도 조용할 날이 없었던 직종 중 하나예요. 그 만큼 열악한 직종이고요. 그래서 투쟁력도 있고 단결력도 있지요. 정부의 돌봄 확대 정책으로 인한 관계자들의 무분별하고 무책임한 태도가 이번 사태를 만든 것이죠. 현장의 상황은 전혀 고려하지 않은 전형적인 대안 없는 확장이고, 초기에 노조와 합의한 정원 20명에 추가 10%의 약속까지 무참히 깨 버린 공문이었어요.

면담하자고 들어가서 면담 장소를 점거했어요. 저희는 이런 방식의 면담 투쟁을 선호하는 편이에요. 첫 날엔 침낭으로 버텼는데 주말이 되면서 난방이 안 됐어요. 월요일엔 열풍기를 갖다 달라고 교육청에 당당히 요구했어요. 갖다주더라고요. (웃음) 교육국장과 면담을 하고 합반 금지, 정원 22명 초과 불가로 합의하고 면담 장소를 나왔어요."

2013년 학교 비정규직 노동자들과 처음 만난 뒤 7년 차에 접어든 노현진 조직국장, 그가 살아온 시간 중 전국교육공무직본부에서 보낸 시간이 특히 힘든 점이 많았다고 한다. 남들 퇴근하는 시간에 업무가 시작되기 때문에 개인 생활은 포기할 수밖에 없고, 계속 뭔가를 하지 않으면 안 될 정도로 일은 많고, 공공기관의 공무원들을 상대하기 때문에 공부하지 않으면 버틸 수가 없는 상황이라고. 노조 활동하는 사람들 대부분이 힘들게 일하지만 전국교육공무직본부는 특히 심한 편이라고 한다.

"대전지부가 다른 지부에 비해서 모든 것이 늦고 부족하지만 그래도 그들이 어떻게 싸우며 여기까지 왔는지, 조합원들과 간부들이 변화하고 성장하는 모습을 제일 앞에서 지켜봤다는 것, 그 시기를 모두 함께 했다는 사실은 저의 보람이고 기쁨이에요.

노조에서 일하는 동안 가장 기억에 남는 게 2017년 단협 찬반투표를 위해 총회를 개최한 일이었어요. 과반수가 참여해야 승인이 나는데 대전지부는 조합원들의 참여나 반응이 미약한 지역이라서 부담이 많이 됐어요. 걱정은 됐지만 조합원들의 몫이라 생각하고, 일단 조합원들을 믿고 총회를 열었어요.

3주 정도 준비하는 동안, 전화하고 학교 돌아다니고 카톡, 문자 안 해 본 것이 없어요. 조합원들의 연령별 직종별 내용을 정리해서 협박 비슷한 문자를 날렸어요. 안 오면 적용 못 받는다고. (웃음) **근무 조건이 다른 것을 고려해 3일간 시간을 달리 해서 총회를 열었는데 몇 백 명씩 와서 줄**

을 서는 거예요. 단체협약을 위해 교섭을 7년 동안 해온 거잖아요. 그 7년 간의 감정이 순간 폭발하는 느낌이 들더라고요. 과반수를 쉽게 넘겼어요."

늦게 도약한 만큼 갈 길이 먼 대전지부는 간부의 활성화, 조합원 조직, 교육 등 시급한 과제를 뚫고 나가야 하는 상황이다. 전국교육공무직본부가 10년을 맞은 지금, 노현진 조직국장은 지부도 본부도 변화가 필요할 때라고 말했다. 너무 오래 억눌려 있어서 아직 만족하지 못하는 사람들, 사회적 문제에 대한 인식보다 자신의 이익을 더 중요하게 생각하는 사람들을 교육해야 할 때이지만, 노동조합에 대한 인식 자체가 부족한 사람을 같이 가야 한다고 설득하는 것은 쉽지 않은 일이라고 한다. 최근 전국에서 직종별 문제가 나타나는 이유도 거기에 있음을 강조했다.

"저희 지부가 안정된 틀에서 간부나 조합원들이 움직이는 것이 아니고 우리 지부장이 혼자 끌고 가고 있어 힘든 상황이에요. 조직국장으로서 지금의 제 꿈은 준비된 간부들이 나와줬으면 하는 거예요. 지부 임원들이 더 지치지 않게요. 대전지부가 이상하게 그게 잘 안 되고 있거든요. 숙제예요. 답 없는 숙제.

개인적인 꿈은 꿔본 지도 오래 되었는데. 지금 당장 지부를 떠날 수 있다면 아들, 딸과 여행가고 싶어요. 여기서 일하는 동안 아이들이 고2, 중2가 되어버렸어요. 아직은 엄마 품을 찾는데 더 커 버리면 내 품을 떠날 것 같아서 더 크기 전에 한 번 여행가고 싶어요.

우리는 여행을 가도 전화기를 켜 놓고 있어야 해서 휴가라고 할 수도 없어요. 조합원들은 우리가 휴가인 줄 모르니까. 휴일도 당연히 없고요. 전화 받지 않으면 조합을 바로 갈아타 버리거든요. 자신들이 필요할 때 늘 옆에 있어야 해요, 조합원들은."

노현진에게 노동조합이란?

"저도 점점 제 방향을 잃어가고 있는 것 같아요.

노동조합 활동을 좀 어릴 때 시작했어요. 억눌리지 말자, 내 권리를 찾자, 고 외치는 한 여성동지의 교육을 듣고. 당시에 그 여성동지가 너무 멋있어서 저도 그렇게 당당하게 살고 싶어 찾은 게 노동조합이었어요. 5~6년의 공백 후 다시 노조에 들어왔을 때는 새로운 도전이었어요. 이곳은 제가 알고 있는 노조와 완전히 다른 판이어서 어떻게 변화시켜 나갈지 꿈도 계획도 많았는데, 지금은 서서히 무너지고 있어요. 뭔가 집착하거나 빠져드는 성격이 아니라서 쌓이면 풀고 관리하면서 가다 보니 우울증까지는 안 갔지만.

한 번씩 생각해요. 시작할 때 가졌던 부푼 꿈과 기대, 어떻게 하고 싶다는 계획에 대해서요. 처음 품었던 꿈들을 지금도 가지고 있다면 저는 이미 쓰러졌을 거예요. 지금 제가 하고 있는 게 맞는 건가 의문이 들 때가 많고 아직도 길을 찾고 있어요."

16_전남지부의 역사

전남지부의 시작

2014년 학교 사서 7명의 해고 대책을 논의하면서 지부 설립 준비위원회가 출발했고, 2015년 7월 민주노총 광주본부에서 창립대회를 열고 선거를 통해 선출된 김말금 지부장 체계가 출범했다. 이날 창립행사는 전국 사서분과 회의와 같이 진행돼, 전국 사서들의 축하와 함께 열악한 전남 학교 도서관에 대해 대외적으로 알리는 계기가 되었다.

전남지부의 현재

사무실도 전임도 없이 노동청소년인권센터에 더부살이하던 지부장과 광주에 거점을 두고 활동하던 본부 파견 조직국장 두 사람이 시작한 전남지부는 2018년 지부 사무실을 마련하고 지금은 현장 출신 전임 1명과 무급 전임 1명, 채용 상근자 등 총 3명이 근무하고 있다. 2017년 선거를 통해 지부장 김신자, 수석부지부장 김말금이 당선돼 현재 전남지부를 이끌고 있다. 출범 당시 학교 사서와 영전강 조합원 80여 명으로 시작한 전남지부는 현재 조합원 수가 500명을 넘어섰고 활발하게 활동 중이라고.

전남지부의 분과

학교사서와 영전강 두 개 분과로 시작한 전남지부는 현재 교무, 돌봄, 청미화원, 사서, 영전강, 조리사, 조리실무사 등 7개 분과가 있다. 싸움을 해본 분과는 분위기도 좋고 잘 굴러가고, 그렇지 않은 분과는 경험이 없으니 지부가 알아서 해주는 걸 당연히 여기고 직접 나서려 하지 않는다고.

● 인터뷰 40 • 김말금 전남지부 초대 지부장

경기도에서 전회련이 태동했을 때 김말금은 전회련의 다음 카페에서 활동을 하고 있었다. 그 무렵 전남에서는 전국학교비정규직노동조합(이후 학비 노조)이 활동을 시작했고, 김말금은 학비노조에 가입한 뒤 네이버 카페에서 활동하며 한동안 전회련을 잊고 살았다. 2013년 행정실로 온 전회련의 팩스를 보기 전까지는.

“팩스를 발견하고 전화를 했어요. 제 전화를 받은 채려목 국장이 다음 날 목포로 내려왔어요. 반나절 대화를 나눴어요. 2주 후에 있는 사서 모임에 초청하더라고요. 그 날 전회련으로 옮겼어요. 전국사서분과장이던 정인용 사무처장을 비롯 전국에서 사서 분과 사람들 몇몇이 내려왔어요. 저는 조합원도 아니었는데 전남까지 와주고 제 얘기를 들어준 것에 정말 감동을 받았어요. 전남 사서는 전국 꼴찌 수준이었어요. 정말 열악했거든요. 학비 노조에 계속 전화해서 얘기했지만 한 번도 사서들의 얘기를 제대로 들어주지 않았어요. 수적으로 열세이다 보니 그냥 내버려뒀어요. 사서에 대한 이해도가 너무 낮은 데다 저희 문제를 공감하지 못했어요. 전회련으로 옮긴 뒤 본의 아니게 전남의 사서 대표를 맡게 되었어요.”

2003년 7월부터 근무를 시작한 김말금 초대지부장은 목포시 교육발전 5개년 사업의 일환으로 인건비 지원을 받는 14명의 중학교 사서 중 한 사람이었다. 공립 학교 7명, 사립 학교 7명으로 구성된 이들 사서는 근속이 가장 오래된 김말금을 대표로 목포에서 친목회를 꾸려가고 있었다. 2007년부터 시작된 1차 5개년 계획이 끝나고 12년부터 2차 사업이 진행되던 중 14년 11월 시의회에서 지원 중단을 발표해 14명의 사서들은 갑작스레 해고를 당했다.

"시의회 속기록에 의하면 전년도에 14명의 사서들을 없애기로 시의원들이 합의를 했더라고요. 결산 보고 시 영재 지원, 장학 사업, 선택 복지 관련 사업들을 줄이거나 폐지해 놓았고, 연초에 발표하면 로비가 들어올 수 있으니 한 달 남은 11월말에 통보를 한 거예요.

교육청과 시의회 등 사방팔방 다니면서 겨우 2015년 1년간 유예할 수 있게 예산 지원을 받았고 해고 통보는 철회됐어요. 그러나 교육청이 공문을 늦게 보내는 바람에 한 학교에서 해고가 벌어졌고, 전남 비정규직 센터와 함께 해고 무효 소송을 했죠. 그 때 지방노동위원회와 맺은 MOU에 지부장으로 제 이름이 올라가는 바람에 코 꿰어 진짜 지부장이 되어 버렸어요."

1년 간의 해고 유예기간 동안 김말금을 포함한 7명의 사서(사립 2명과 공립 5명)는 교육공무직에 편입되기를 바라며 고용 안정화 투쟁을 벌였다. 도의회, 시의회, 교육청을 돌면서 해고 철회 시위를 한 끝에 2년 더 유예 기간을 얻어냈고, 그 후 무기계약 전환이 되면서 교육청 소속 순회사서로 편입이 됐다. 전남은 학교에 사서교사만 두는 방침이어서 7명의 사서는 해고를 피하기 위해 울며 겨자 먹기로 교육청의 제안을 받아들일 수밖에 없었다. 이들이 편입되면서 전남의 순회사서는 29명이 되었고, 7명의 사서들이 해고 투쟁을 벌이던 즈음 나머지 순회사서들도 전국교육공무본부 조합원이 됐다.

"전남에서 처음으로 해고 철회 투쟁을 해서 승리를 한 거예요. 그것도 몇 명 되지도 않는 7명의 조합원들이. 모두들 저희에게 대단하다고 말해줬어요. 같이 투쟁을 하면서도 길이 보이지 않아 로비를 하자는 의견도 있었지만 뒷구멍으로 하지 않겠다고 단단히 마음먹으며 버텼어요.

2016년에 편입된 후 순회사서 모임에서 분과를 제안했고 2017년에 분과장을 뽑았어요. 순회사서는 본인들이 목숨 내놓고 다닌다고 말할 정도로 전체 군을 혼자 돌아야 하는 힘든 일이고, 학교사서였던 제 입장에서는 순회라는 말 자체가 부끄럽기도 했어요. 그래서 내부적으로 1학교 1사서를 목표로 할 것을 제안하고 결의했지요. 하지만 시간이 흐르면서 저와 분과장을 비롯한 몇몇 사이에 내분이 생기면서 문제가 이상한 방향으로 흐르기 시작했어요.

2018년 교섭에서 수당을 따내지 못한 것에 불만을 드러내더니 교육감 선거 혁신기획단에서 합의했던 1학교 1사서가 자신들과 맞지 않는다며 문제제기를 하고, 청 소속 공공도서관으로 배치되어 있던 순회사서를 다시 교육청 소속으로 바꾸라며 노조와 의논도 없이 독단적으로 담당자를 찾아가기도 했고요.

어느새 친목 모임도 예전처럼 돈독하지 않고, 29명이 29개의 의견을 내는 상황이 되어버렸어요. 한 때는 노조 탈퇴 여론까지 형성되었는데 그나마 남는 것으로 결론이 났어요. 전남지부는 사서 분과는 학교사서 7명이 태동을 시켰지만 현재는 조금 마음 복잡한 상황이에요."

2015년 지부장이 된 김말금은 노동청소년인권센터 사무실에 책상도 없이 더부살이하면서 노트북 하나 들고 지부일을 했다. 혼자 간부수련회에 참석했고, 다른 지부에서 상경 투쟁에 버스 한, 두대 올라갈 때 전남

지부는 한, 두 명 겨우 갈 수 있었다. 그래도 노조를 알리려는 마음에 항상 조끼를 입고 민주노총 연대 투쟁에 참석했고, 세월호 가족과 김장 담그기, 촛불 집회 등 지역 내 시민 사회 단체의 집회나 사업에도 빠지지 않으려고 노력했다. 지부장이 되고나서 전태일 사이버 노동대학에 입학해 강의도 듣기 시작했다.

"지부장이 되고나서 자존감이 더 높아졌어요. 원래 사람은 좋아해도 일 외에는 나서는 걸 안 좋아했는데 얼떨결에 지부장이 됐어요. 만약에 처음 전임을 나오라고 했으면 안 나온다고 했을 거예요. 제가 노조활동하는 걸 집에서 힘들어했고 친정 어머니가 병환 중에 있다가 돌아가시기도 하고, 그런 것들이 겹쳐서 개인적으로 힘든 시간들이었어요.

처음에는 지부가 설립도 되기 전에 지부장 타이틀을 준 거라 조급증이 좀 있었어요. 지부장 방에 초대가 되기는 했지만 학교 근무 중이던 저와 달리 다른 지부들은 투쟁이며 사업이며 바쁘게 돌아가고 있었어요. 제가 무책임하다는 생각이 들 정도였는데 노조가 뭔지도 잘 모르는 저한테 지부장이 뭘 해야 하는지 아무도 안 알려주는 거예요. 지부장 톡방에서 자연스레 체득했어요. 어떻게 싸우는지. (웃음)"

지부 일을 하면서 제일 곤란한 것은 타 노조와의 연대 문제였다고 한다. 연대회의가 원활하게 굴러가지 않아서 기자회견도 농성도 뒷북 치는 게 다반사였다고. 2016년 농성 때는 조퇴하고 달려간 김말금 지부장을 손님 취급하는 바람에 남의 집 왔냐고, 당연히 와야 할 것을 왜 안 알려주냐며 화를 낸 적도 있다고 한다.

“장만채 전 교육감이 교육청에서 해고투쟁을 하고 있는 저희 초록 조끼를 보고 “저것들은 뭐여”, 했다는 말을 들었어요. 당시엔 교육감도 학비노조 밖에 몰랐던 거예요. 전국교육공무직본부가 10년을 오면서 이제 공공운수노조의 산별 제 1노조가 될 정도로 성장했어요. 자부심이 커요. 전남은 저희가 수적으로 너무 열세라 한계를 많이 느끼고 있지만요.

본부가 저희 지부도 다른 지부와 같은 기준으로 목표나 사업계획을 요구하는 것 같아서 요즘엔 압박감을 좀 느껴요. 조합원들이 투쟁이나 파업 같은 건 간부들이나 특정 조합원이 하는 일이라 생각하고 있어 답답하고요. 조합원의 의식 변화를 위한 교육이 절실함을 많이 느끼고 있어요.”

전남지부의 지난 시간을 돌이켜보면 지부장으로서 가장 아픈 상처가 2017년 영어회화 전문강사(이하 영전강) 투쟁이었다고 한다. 2017년 여름 전남의 영전강은 본부와 함께 무기계약 전환을 요구하며 여름 내내 뜨겁게 싸웠지만 결국은 분과가 쪼개지는 상황이 됐고, 절반의 사람들이 타 노조로 자리를 옮겼다. 영전강 협회장을 역임했던 분과장과 지부장의 관점 차이에서 비롯된 오해도 있었지만, 입장 차이를 줄이지 못한 게 결정적인 원인이었다. 결국 남아 있는 사람에게도 떠난 사람에게도 서운하고 힘 빠지는 결과만 남았다.

“학교에서 오래 근무해 다른 직종들에 대해 잘 알고 관계도 좋지만 막상 지부장 직함을 달고서 겪는 직종의 문제는 좀 달랐어요. 노동조합 활동하면서 제일 힘든 건 직종 이기주의였어요. 제가 지부장을 하던 시기에 겪었던 순회사서들의 문제, 영전강 등은 여전히 아프게 남아 있거든요.

그래도 전남지부를 지금까지 살아있게 한 것은 누구에게도 양보할 수 없는 저의 보람이에요. 해고 투쟁하면서 교육공무직본부를 알렸고, 전례없이 사립까지 포함해 공립과 똑같이 공무직으로 편입시킨 것들도 자랑스러워요. 다들 금방 없어질 거라 했거든요. 2017년 단협 때 학비노조에서 잘해 줄 테니 다시 오라고 해서 화를 냈는데, 오히려 요즘은 잘 해줄 테니까 우리 노조로 오라고 맞받아쳐요."

김말금에게 노동조합이란?

"처음 저한테 노동조합은 무섭고 어려운 것이었는데 그런 저를 단단하게 만들어준 게 바로 노동조합이었어요. 제 싸움을 치르면서 지부장이 됐고, 그게 저의 자존감을 높여주고 존재감도 드러내게 해줬어요. 과거에는 숨어있고 집회 가도 부끄러워서 가만히 있던 사람이었는데 노조 조끼를 입고 지부장이라는 명찰을 달면서 당당해졌고 두려움도 없어졌어요. 투쟁이라는 말도 거침없이 하며 무서운 게 없어졌어요. 지부장이 아니어도 열심히 했겠지만 지부장이어서 더 열심히 했어요.

40대 후반에서 50대가 될 대까지 격변의 세월을 노조와 같이 했어요. 처음엔 힘들게 하더니 이젠 집에서도 인정해줘요. 지난 해 암수술을 했고 지금 회복 중이라서 가족들도 제가 그만 했으면 해요. 건강이 안 따라줘서 저도 힘에 부치기도 하고요.

순회사서 한 명이 톡방에서 그랬어요. 당연히 주는 건 줄 알았는데 그렇게 고생해서 따낸 줄 몰랐다고. 투쟁의 결과라고, 우리가 싸워서 쟁취한 거라고 자신 있게 말했어요. 전남지부를 태동시키고 발전시킨 것은 제 보람이었고, 앞으로 전남지부가 더 발전할 거라고 믿고 있어요."

● 인터뷰 41 · 김신자 전남지부 지부장

"저는 전국학교비정규직노동조합(이하 학비노조) 전남지부 초대지부장을 역임했고, 2010년 장만채 진보 교육감 선거운동이 노동조합 활동의 시작이었어요. 조리사로 근무한지 14년 정도 되었을 때였고 학교 비정규직 상황이 외부에 전혀 알려지지 않은 시기였어요. 조리사들이 주축이 되어 교육감 선거에 참여하면서 당시 박상욱 집행위원장을 알게 되었고, 처음으로 저희의 처지를 교육감에게 말할 수 있었어요. 교육감이 놀라면서 당선되면 노동조합을 만들겠다고 언질을 줬어요. 2010년 당시 전남에 학교 비정규직 단체들은 많았지만 노동조합으로 만들어진 건 저희가 처음이었어요. 선거운동으로 만나기 전에는 노조라는 건 생각조차 못 했죠.

전남 지역은 처음에 초등 급식실을 교육청에서 채용했고 공무원이 되는 티오가 있어서 그걸 기대하고 학교에 취직했어요. 그런데 IMF 이후 티오가 없어지고 채용도 어느 순간 학교장으로 바뀌고, 275일이던 근무일수도 245일로 하향됐지만 어디 하소연할 데가 없었어요. 14년차이던 제 월급이 75만원이었어요. 일용잡급으로 명기되는 그냥 밥하는 아줌마, 그 정도가 저희의 처지였어요."

그냥 밥하는 아줌마에 가정주부였던 김신자는 노조가 만들어지면서 등 떠밀려 지부장이 됐다. 노동조합이 뭔지 본인이 하는 게 노동운동인지도 모른 채 모두의 대표가 되어 끌고가야 하는 책임감은 결코 가볍지 않았다. 조합원에게 전화가 오면 되든 안 되든 가서 문제를 해결해야 했다. 교섭을 하자고 학교에 공문을 보내도 교장은 반응조차 보이지 않았던 시기였고, 여기저기서 해고가 벌어졌다. 조합원이 해고당하면 김신자도 울면서 학교를 쫓아다녔다.

"지금도 연락을 주고받는 사람인데 청소 직종으로 당시엔 조합원이 아니었어요. 해고당하면 노조에 전화해야 한다는 걸 알고 있었어요. 울면서 전화를 했어요. 주요 직종도 학교장 마음이었던 세월이니 청소하는 사람은 더 쉽게 생각했죠. 저도 학교에서 일하는 사람이었고 학교장을 만나 말을 해야 하는 건 부담이었지만 장 자리를 맡았으니 퇴근하고 무조건 갔죠. 다리가 불편한 사람이 버스 정류장까지 나와서 저를 기다리고 있었어요. 자기를 해고하고 다른 지인을 들이려는 상황이었어요. 내가 뭐라고, 나도 아무 것도 아닌 사람인데 저렇게 나를 기다리나 싶어서 이건 어떡하든 지켜줘야겠다는 마음이 들었어요. 바로 교육청으로 돌아와서 아는 사람들, 보이는 사람들은 다 붙잡고 이야기를 해서 해고를 막았어요. 지금도 잘 근무하고 있고, 저를 따라 이곳으로 와서 조합원이 됐어요. 유난히 기억에 많이 남은 사건이에요. 처음 해결한 일이기도 하고요."

2011년 5월 전임을 나올 때는 이전에 사례가 없던 일이라 학교는 김신자에게 부담을 주며 힘들게 했고 본인도 겁이 났다. 민주노총 상근자가 학교로 가서 설득한 끝에 겨우 전임으로 나올 수 있었다. 김신자는 다시 학교로 돌아갈 수 없을 것 같아 많이 망설이고 여러 번 거절했지만 받아들일 수밖에 없었다. 2014년 다시 학교로 돌아오기까지 그가 노조 사무실에서 보낸 3년은 보람도 있었지만 상처와 원망, 눈물로 얼룩진 시간이었다고 한다.

"정치적인 이념을 강조하는 쪽의 세가 점점 커지고 시간이 흐를수록 학교 비정규직 조합원 정서하고 맞지 않는 부분들이 보였어요. 그때부터 본부와 언쟁을 했고, 이런 것이 노동운동이라면 하지 않겠다는 마음으로 조합원 상태만 유지하며 2~3년 있다가 2014년에 탈퇴하고 학교로 갔어요. 처음 만든 노조라 애정이 컸고, 변화하기만을 기다렸지만 뜻대로 되지 않았어요. 그 뒤로 학교 생활하며 조용히 있다가 한 쪽 노조가 너무 거대해져 힘이 쏠리는 건 좋지 않다는 의견에 공감하며 2017년 전국교육공무직본부에 가입했어요.

이곳은 본부가 조합원과 정보 공유를 적극적으로 하더라고요. 이전 노조에 비해 답답하지 않아서 좋은데 대신에 조합원들이 정보가 빨라서 지부 간부들은 더 힘든 것 같아요."

김신자 지부장은 퇴직을 1년 남겨두고 있다. 그런 그가 다시 노동조합 간부로 일할 결심을 한 데는 자신이 조합원들보다 조금 더 안다는 것, 그것 때문이라고 한다. 시간이 흐를수록 노동운동을 외면하고 있는 현실이 죄를 짓는 느낌이었고, 학교에 숨어있는 것 같아 참을 수 없었다고.

"저를 보고 노조에 가입한 사람들이 많은데 그들이 그냥 떠 있는 상황이 됐어요. 그냥 조합원으로 있는 것에 죄책감이 들었어요. 가뜩이나 급식실 사람들은 정보가 약해서 노조가 시키는 대로 하니까, 그들에게 최소한의 정보나 교섭 내용을 바로 전달해주고 제가 알고 있는 한도 내에서 모든 것을 알려주고 싶었어요. 임기 2년이니까, 퇴직하기 전에 조금이라도 도움이 되고 싶었어요.

학교 근무하면서 무급 전임으로 지부장을 하고 있어요. 교섭이나 노조 일을 일을 할 때는 연차나 공가를 내고 일을 해요. 처음 전임 나가지 않고 지부장을 하던 때와 비교하면 겁나 좋아졌어요. 지금은 유급 조합원 교육이나, 전국 회의를 다닐 때도 교육청 공문으로 다닐 수 있어요. 예전엔 주말에 본부 회의하고 밤에 조합원 만나러 다니고, 남편한테 이혼하자는 말 들어가며 일했거든요. 이혼을 하니 마니 치 떨리게 많이 싸웠어요. 그 때는 죄인 된 마음에 그냥 울기만 했어요. 지금 같으면 그러지 않았을 거예요."

2018년 교섭에서는 전남지부의 7개 직종 중 영어회화 전문강사(이하 영전강)를 제외하고 모든 직종의 처우를 개선하는 성과를 거뒀다고 한다. 기본급은 높지만 다른 수당을 못 받는 영전강이나 임금이 높아 제외된 사서는 2019년 교섭의 주력 직종이라고. 또 2018년 전남지부의 빼놓을 수 없는 자랑거리는 직종 중심, 직종 이기를 허무는 계기를 마련한 것이라고 한다. 교섭하는 동안 직종별 1인 시위를 할 때 조합원들이 자기 피켓을 찾는 게 아니라 오는 순서대로 다른 직종의 피켓을 들며 같이 싸우는 분위기를 만들어 갔다.

"직종 중심을 무너뜨리기 위한 제일 큰 무기는 직접 이야기하는 거랍니다. 직접 만나는 게 힘들면 최소한 통화라도 해야 해요. 톡방이나 문자 같은 것들은 오해를 불러 일으켜요. 올 해도 유일하게 사서 쪽에서 그런 분위기가 좀 있어서, 몇 명이라도 직접 볼 수 있는 기회를 만들자고 했어요.

제 직종인 조리실무사들 모임은 일부러 안 갔어요. 인원이 가장 많고, 제가 안가도 사람들은 저를 지부장 이전에 조리사로 보니까요. 조리사 근무일수가 높아지는 것을 보고 조리실무사들 사이에 분란이 일었어요. 급식 위주로 교육하면서 조리사가 먼저 치고 나가지 않으면 조리실무사들이 나갈 수가 없다고 설득했어요. 2018년엔 조리실무사가 최초로 피케팅을 하기도 했어요. 분과 내부에 아픔도 있었지만 이번 교섭의 성과로 전남 지역이 조리사들의 근무일수가 가장 높아졌어요."

조리사들의 근무일수 문제에 대해 교육청은 방학에 나와서 할 일이 없다며 반대 논리를 폈다. 노조측은 출근해서 퇴근할 때까지 밥만 하는 게 급식실의 업무냐고 맞섰다. 또 영양사들과 조리사, 조리실무사에게 다른 잣대를 적용하는 것의 불합리함을 강조했다. 새로운 레시피들이 끊임없이 나오고 있어서 급식실의 직무 연수는 필수가 되어가고 있지만, 노동강도가 센 급식실의 특성상 평달에 직무 연수까지 하는 건 불가능했다. 조리사들의 근무일수 상향 조정으로 전남지부는 현 교육감 임기 전에 상시근로로 가기 위한 토대가 마련되었다. 근속 20년 이상의 장기근속가산금 상환액은 남은 과제 중의 하나다. 20년 이상 근무한 사람들이 한 명씩 정년퇴임을 하고 있는 상황이라서 더 이상 미룰 수가 없는 것이다.

"전임 지부장이 전남에서 혼자 외롭게 교육공무직의 뿌리를 내렸는데 참 힘들었을 거예요. 동지애를 많이 느껴요. 처음 간부수련회 갈 때는 한 명 두 명 다녔는데 2018년에는 12명이 갔어요. 조합원도 두 배로 늘었고, 6.30 상경 투쟁에는 조합원 수 대비 30%를 조직해서 버스 두 대가 올라가 모두 깜짝 놀랐지요. 칭찬도 많이 들었어요.

사실은 전 노조에서 상처도 많이 받고 힘든 과정을 지나와서 무서운 게 있었어요. (한숨) 하지만 이미 바닥을 쳐서 올라갈 일만 남았잖아요. 이 나이에 무서울 게 있나, 하는 심정으로 제가 아는 지식 내에서 최대한 조합원들에게 알리겠다는 다짐으로 이 자리에 있어요."

전임 간부였다가 학교로 돌아갔을 때 김신자 지부장은 바깥 사회와 달리 개선되지 않고 남아있는 학교의 불합리한 문제들을 다시 체감했다고 한다. 여전히 학생, 학부모, 교사 등 교육의 3주체만 강조하고 있고, 변함없이 영양사나 영양교사의 권위 아래에 존재하는 급식실 등 자신이 속한 학교에서부터 문제 제기를 하고 스스로 바꿔 나가지 않으면 아무 것도 바뀌지 않는다는 걸 새삼 느낀 시간이었다고.

"현장 출신 전임들이 노조일만 하다가 퇴직으로 이어지는 경우가 많은데 여러 사정으로 쉽지 않겠지만 학교로 돌아가야 한다고 생각해요. 현장에서 바꾸지 않으면 결코 바뀌지 않는 것들이 있어요. 본부 가서 처음 본 슬로건이 '학교에서 세상으로 비정규직 철폐하자'였는데 시간이 지날수록 와 닿아요. 과거에는 교육주체 토론회를 해도 저희를 불러주지도 않았고 스스로 가야 된다는 생각도 못했잖아요. 이번에 전남에서는 교육감, 행정국장, 사무관, 교장들이 모이는 대토론회에 노조를 대표하는 두 명의 사람들과 저희도 참석해서 이런 불합리성에 대해 말할 기회가 주어졌어요. 시작이 반이라고 변화의 조짐이 보여 바람직한 것 같아요."

전남지부는 직군들의 요구에 국한되지 않고 하나로 뭉쳐 같이 가는 걸 가장 중요하게 생각하고 있다고 한다. 자주 모일 수 있는 장을 마련하고 그런 모임이 조합원 확대로 이어지기를 기대하고 있다고.

"노동조합 활동하면서 가장 힘들었던 것은 정치적 성향이 맞지 않는 것이었어요. 어떤 테두리를 만들어 놓고 조합원이 되면 무조건 그 안에 들어와야 한다는 것은 문제가 있어요. 부부도 정치 성향이 다를 수 있는데 그 많은 사람들을 틀 안에 맞추고 강요하는 것은 아니라고 봐요. 노조가 커질수록 조합원 하나하나의 소리에 귀 기울여야 한다고 생각해요. 교육공무직본부의 다가오는 10년은 그걸 놓치지 말았으면 좋겠어요."

노동조합으로 인해 부침의 시간을 겪었던 김신자 지부장은 자신이 걸어온 길이 학교 비정규직 노동운동사에 하나의 발자취를 남겼다는 점에서 위로를 받는다고 했다. 무엇보다 해고 철회 투쟁의 선봉에서 노력을 했다는 것이 가장 큰 보람이라고. 등 떠밀려 나온 것이든 아니든 조합원들이 끊임없이 자신을 찾고 서로 소통할 수 있어서 좋다고 한다.

김신자에게 노동조합이란?

"노동조합은 처음에는 될까 하며 의아해 하던 것들을 스스로 만들어 가는 기쁨과 무에서 유를 창조하는 보람을 느끼게 해줬어요. 지금도 노조 활동에 힘든 게 많지만 보람도 하나하나 생기고 있어요. 노동조합 하면 설레임, 희망, 이런 게 보여요. 70만원 받던 우리가 지금은 상여금 포함해서 겁나게 받고 세금을 내야 할 정도가 됐잖아요. 조합원들도 같은 생각일 거예요. 물론 우리 욕심대로 다 되진 않겠지만요. 노조 활동을 안 하고 하라는 대로 그냥 살았다면 지금의 삶은 존재하지 않았을 거예요."

● 인터뷰 42 • 민동원 전남지부 조직국장

민동원은(현, 본부 조직국장) 민주노총의 전신인 전노협(전국노동조합협의회)에서 노조 활동을 시작했다. 그후 민주노동당에서 활동을 이어가다가 모든 것을 접고 동네에서 식당을 운영했다. 7년 정도 식당을 하던 그는 다시 노조 활동에 대한 의지를 갖고 활동할 곳을 찾다가 여성 비정규직 노동자들이 노조를 만들었는데 일할 사람이 많이 필요하다는 얘기를 듣고 2013년 2월에 전국교육공무직본부에 합류했다. 본부에서 총무국장과 조직국장을 역임하던 중 전남, 광주 지역에서 올라오는 노동자들의 안타까운 사정을 외면할 수 없어, 2014년 겨울 지역으로 내려가 광주를 기점으로 광주 · 전남의 조직 활동을 시작했다. 본부 파견직으로 2년 8개월을 근무한 뒤 2018년 8월부터 전남지부 조직국장으로 근무했다.

"전회련의 발상지는 경기 지역이었고 전국학교비정규직노조(이하 학비노조)의 발상지가 전남, 광주 지역이어서 전회련은 학비 노조를 존중해서 그 지역에 지부를 만들지 않았고, 가급적이면 그쪽 노조로 가입을 유도했어요. 그런데 시간이 흐르면서 노조가 손을 놓아버리거나 신경을 써주지 않는 직종의 사람들이 생겨났고, 그들이 필사적으로 본부에 도움을 요청하기 시작했어요. 그 시기 전남은 중학교 사서 7명의 해고 문제가, 광주는 유치원시간제 · 기간제교원의 고용안정 문제가 해결되지 않고 있었어요. 그래서 본부 파견으로 내려갔어요. 저희들이 움직이기 시작한 것에 대해 학비노조는 자신들이 손을 놓은 조합원들이었기 때문에 그냥 받아들였어요. 적극적으로 지원을 해준 것도 아니고 그냥 수수방관이었어요."

2014년 당시 전남은 교육지원청 소속의 순회사서를 두고 학교 도서관을 운영했는데 목포에만 목포시의 예산 지원을 받는 중학교 사서 15명이 있었다. 목포시가 예산을 삭감하면서 그 중에 8명이 해고 위기에 처했고 당시 타 노조 조합원이었던 7명은 노조의 도움을 받지 못하고 있는 상황이었다. 전국교육공무직본부는 예산 지급처에 상관없이 사용자가 교육감이기 때문에 교육감이 고용을 유지해야 한다는 입장이었다. 해고자들과 노조는 시위와 집회를 하며 지방노동위원회에 부당해고 구제신청을 하는 등 고용안정 투쟁을 벌였고, 2016년 이들은 무기계약 전환과 함께 순회사서로 편입되었다. 김말금 초대지부장을 비롯한 7명의 사서들이 주축으로 2014년 준비위원회를 거쳐 전남지부가 설립됐다.

"비슷한 시기 광주지부의 출범 계기가 되었던 유치원시간제기간제 교원들의 고용안정 투쟁은 전남 지역 사서들과 조금 달랐어요. 사서들은 교육청 소속으로 무난하게 고용안정이 됐지만 유치원 선생님들은 유치원에서 교육공무직인 방과후강사보다 신분이 낫지 않았는데도 신분이 교원이라는 이유로 교육청이 대책을 마련해주지 않았어요.

처음에 장학관과 면담을 하는데 면담 자리에서도 당당하게 이야기하지 못하고 장학관이 시어머니 며느리 다그치듯 하니까 그냥 울어버리더라고요. 피켓 시위를 하면서도 신분이 드러나는 게 두려워 가면을 쓰고요. 대책이 없어도 싸울 수밖에 없는 상황이 힘들었어요. 노력했지만 30명 해고될 것을 4명으로 막는 선에서 끝났어요. 해고를 전부 못 막은 건 살점이 떨어져 나가는 것처럼 아파요. 마음의 상처로 남죠.

차별시정을 요구하며 노동위원회에 제소를 해서 이겼고, 그 후 처우는 교사와 동일해졌지만 고용불안은 해결되지 않았어요. 호봉이 높은 사람일수록 더 안 뽑으려 하니 불리한 상황인 거죠.

다행히 2018년과 19년에 해고된 사람은 없어요. 교육청이 고용을 보장하려는 의지를 보이고, 사립유치원 문제가 터지면서 수요가 늘어나기도 했고요."

30대 중반에서 40대 초반으로 구성된 유치원시간제기간제 조합원들 중에는 임신과 관련된 부당한 요구도 심심치 않게 나타났다. 한 조합원은 인공임신 실패 후 재시도를 위해 병가를 신청하자 유치원 측에서 한번 더 병가를 내면 다음 해 계약에 응하지 않겠다는 각서를 쓰라고 요구했다. 또 다른 조합원은 재계약을 앞두고 임신을 했는데 정규직 교사가 임신을 이유로 재계약을 거부한 일이 있었다. 결과적으로 두 조합원 모두 재계약이 이뤄졌지만 두 사건 모두 유치원 내에 존재하는 서열, 비정규직을 차별받아도 되는 사람으로 보는 불평등한 관계에서 비롯된 것이다. 이 사건들 모두 최근에 벌어진 일이라는 건 더 놀라운 사실이다.

고용안정이 되지 않는 또 하나의 직종인 영어회화 전문강사(이하 영전강)의 경우 전남은 다른 지역과 조금 다른 양상을 띤다. 기본적으로 전남은 영전강을 원하는 초등학교 학부모들의 요구에 미치지 못할 정도로 영전강의 숫자가 적었다. 영전강이 없는 학교는 학보모들의 원성을 듣기도 했다. 따라서 교육청이 숫자를 유지하려고 애를 쓰고 있는 상황이다.

"2018년에 전남지부는 지부 설립 후 처음으로 임금교섭 기간인 가을부터 겨울까지 교육청 앞에서 피케팅을 했어요. 직종 간의 갈등 없이 서로 연대하며 지지하는 분위기가 만들어졌어요. 영전강들이 해고될 수 있는 기간이다 보니 모든 직종이 참가해 영전강 해고 반대 피켓을 들었

는데 이게 참 아름답더라고요. 또 급식실은 조리사들이 조리실무사 편에서 싸움을 했어요. 전남의 조리사들은 근무일수가 320일인데 조리실무사들은 304일로 형평에 어긋난 부분이 있었어요. 김신자 지부장이 앞장서 분위기를 끌고 갔어요."

2017년말 선거로 5기 지부장이 된 김신자는 학비노조 전남지부의 초대 지부장이었다. 학비노조가 통진당에 대한 배타적 지지 방침을 중앙위에서 정하려고 할 때 그는 정치 방침이 옳지 않다고 반대를 했고 그 후 김신자는 조직에서 배척당하기 시작했다. 애정이 많아 차마 발길을 돌리지 못하고 남아 있던 김신자는 2014년 지부장 선거를 계기로 만산창이가 되어 그곳을 떠났고, 2016년에 전국교육공무직본부에 가입했다. 김신자의 노조 가입을 계기로 급식실 조합원이 전무했던 전남지부에 조리사와 조리실무사 조합원이 급속히 늘었다.

"전남지부와 광주지부 모두 상대 노조 조합원이었던 사람들이 만든 지부여서 전회련부터 경험을 공유하지 못하고 역사에 대한 공감도 덜해요. 타 노조 조합원들 중에 그쪽에 문제의식을 가진 사람이 많아요. 그렇다고 그들이 다 우리에게 넘어오는 건 아니지만요. 저희 쪽으로 오는 사람들은 그 중에서도 가장 강경한 사람들, 일반 조합원이 아니고 그곳에서 간부를 하거나 활동을 열심히 한 사람들이 우리에게 오는 거죠. 이 사람들은 저희 노조에서도 열심히 잘 할 수 있는 사람들인데 그쪽이 너무 커서 대항하기가 역부족이라서 뭘 하기 힘들어 해요. 그렇기 때문에 광주와 전남은 수와 수로 대결하는 것이 아니라 내부의 조직문화, 고유한 정체성을 가지고 장기적으로 활동하면서 조직을 성장시키고 발전시켜야 한다고 생각해요.

단시간에 조직이 확대되기는 힘들겠지만 여성주의, 소수자와 연대, 민주노조 등 저희 만의 조직 문화를 만들어가면서 장기적으로 봤으면 좋겠어요."

2019년 2월에 영암 장천초교의 조리실무사 김선심 조합원이 정년퇴임을 했다. 노조에서 퇴임식을 준비했고, 같은 학교에 근무하는 사람의 감동적인 축사가 있었다. 김선심 조합원은 영암 지역에서 조리실무사 모임을 오랫동안 진행해 왔는데 그의 부드러운 리더십에 많은 이들이 따르고 함께 활동했다고 한다. 김선심 조합원은 자신의 노력이 아니라 동료의 힘으로 여기까지 온 것이라며, 퇴임식을 자랑스러워 했다고.

"교육공무직본부가 10년이 되면서 요즘 많이 하는 고민이 처우에 대해서 조합원들이 어느 정도 만족하는 게 아닌가, 정규직 대비 80% 목표를 이루면 그 다음엔 어떡하지, 그 후엔 노조 활동의 활력을 어디서 찾을까, 이런 것들이예요. 저희가 해온 임금인상 투쟁은 곧 경제 투쟁이면서 차별 철폐 투쟁이기도 해요. 이 경제 투쟁에 무엇을 더해서 활력을 줄 것인지, 조금씩 변하고 성장할 방법에 대해 고민할 단계예요. 지난 10년이 비정규직으로서 차별에 대한 투쟁을 해온 것이라면 앞으로는 조합원들 대부분이 여성이니까 여성이면서 받는 착취, 억압, 차별, 가부장을 타파하기 위해 노력하는 것, 이 두 가지의 차별을 철폐하기 위해 나아가는 게 활력을 유지할 방법이지 않을까요? 그래서 대담하게 자본주의 극복과 가부장주의 철폐 두 가지 목표를 세우고 여성주의 민주노조로 나아가는 거죠."

베테랑 노조 활동가인 민동원 조직국장에게도 조직 내 갈등이나 관계가 원활하게 이어지지 않는 것이 노조 활동의 가장 힘든 점이라고 한다. 또 관계가 잘 이뤄지면 이것보다 신나는 일은 없다고.

지난 7년 동안 가장 오래 아프게 남아 있는 기억이 절반의 해고를 막지 못한 2015년 광주의 돌봄 싸움이라고 한다. 처우개선 투쟁과 달리 해고철회 투쟁은 막아내지 못하면 누군가에게는 사망선고가 내려지는 것과 마찬가지라서 결과에 따라 상처가 남는 것이라고.

"떠올리기만 하면 아프죠, 지키지 못해서. 처우개선 싸움은 얼마든지 객관적으로 할 수 있지만 해고 문제는 누가 죽고 살고의 문제라 저희들도 당사자들과 혼연일체가 되어서 절박한 마음으로 싸워요. 그런 싸움을 하고 나면 사람이 너덜너덜해져요. 지키지 못하면 혼이 빠지고 넋이 나가면서 무기력해지죠. 높은 곳에서 넓게 보며 일을 풀어가면 안 보이던 방법도 보일텐데 절박함이나 무기력에 젖어서 제가 제대로 보지 못했던 건 아닌가 반성도 하게 되고요.

돌봄 싸움은 박근혜 탄핵 시점과 동시에 시작해서 문재인 정부 출범과 함께 끝났어요. 문재인 정부는 공공부문 직고용을 약속했잖아요. 돌봄 싸움도 그 때 직고용 문제를 터뜨렸으면 결과가 달라지지 않았을까, 그 고민을 조직국장이 했어야 하는 것 아닌가, 뒤늦은 뼈아픈 반성이지요. 이제는 그렇게 하지 않으려고요. 객관적인 자세를 유지하려고요. 힘들어서 못하겠어요."

민동원에게 노동조합이란?

"전부예요. 전부가 되면 안되는데 전부예요. 다른 데서 재미를 찾고 삶의 의미를 느껴야 하는데 그렇게 안 됐어요.

노동조합 말고는 책 읽는 게 좋아요. 최근에 읽으려고 하는 책이 '오해받지 않을 권리, 오해하지 않을 권리'라는 책입니다. 노조 활동 하면서 싸움이 잘 안 되면, 오해가 시작되고 편견이 시작되고, 선입견으로 관계가 악화되는 경우가 있어요. 싸움이 잘 안되면 이해하고 배려하지 않거든요. 그럴 때도 내가 혹시 오해하는 게 아닐까, 편견을 가진 게 아닐까, 이런 생각으로 자신을 수정하면서 이해와 공감을 하면 관계가 잘 유지되지 않을까요. 노조를 유지하려면 관계에서 발생하는 문제를 해결하지 않으면 안 되고 관계는 자신의 오해와 편견, 선입견에 의해 문제가 발생하니까 조직국장이라면 고민해봐야 할 문제인 것 같아서요."

17_광주지부의 역사

광주지부의 시작

2014년 11월 24일 이상화 지부장을 필두로 광주지부 준비위원회가 출범했다. 이 시기에 신복희를 비롯한 유치원 시간제 · 기간제교원 50여 명이 차별시정을 요구하며 소송을 준비하고 있었고 노조가입으로 이어졌다. 2016년 12월 본부 임원 선거 시기에 광주도 동시 선거를 치르고 신복희 지부장 체계가 시작됐다.

광주지부의 현재

광주지부는 지부장과 채용 상근자인 조직국장, 2명이 어렵게 지부를 운영하고 있다. 설립 초기 150여 명이었던 조합원 수는 지금 세 배 이상 성장했다.

광주지부의 특징

다른 지부에 비해 뒤늦게 시작한 광주지부는 고용과 임금, 근무조건 등이 열악하지만 타 노조에 가입조차 어려운 사람들이 전회련으로 와서 만든 조직이라는 게 대표적인 특징. 시간제 직종이 타 지부에 비해 특히 많은데 그 비율이 70%에 달한다. 비록 소수이지만 노동조합 설립 초창기부터 교육청과 싸워가며 성장해온 조직이라서 교육청이 결코 무시하지 못하는 곳이 광주지부의 자랑이라고.

광주지부의 분과

방과후 학교전담, 시간제 돌봄, 특수교육실무사, 교육복지사, 유치원 시간제 · 기간제교원 등 소외된 직종들이 있는 광주지부는 지부장이 있는 방과후학교전담과 돌봄이 가장 활발한 분과라고 한다. 4시간 직종이라 다른 분과에 비해 오전, 오후 모두 시간적 여유가 많은 것도 활발함의 이유라고. 또 교육복지사 분과가 협회 차원에서 움직이기 때문에 활동 방식이 조금 이질적이긴 하지만 노동조합 활동엔 적극적이라고.

해마다 계약갱신과 고용불안을 겪고 있는 유치원 분과의 활동이 지금은 정체돼 아쉽고 안타까운 상황이라고 한다.

● 인터뷰 43 • 신복희 광주지부 초대 지부장

전국에서 광주를 포함한 7개 지역 국공립 유치원의 방과후 과정엔 무기계약직인 방과후 전담사와 1년 계약직인 시간제 · 기간제교원, 이 두 가지 직종이 존재한다. 2011년까지는 두 직종의 사람들 모두 교육공무직 신분의 유치원 종일제 강사였지만 2012년 무기계약 전환을 앞두고 절반인 3,000여 명이 정부의 임시 방침에 의해 시간제 · 기간제교원이 되었고, 이들은 현재 매년 고용불안에 시달리는 유치원에서 가장 열악한 직종이 되어 있다. 신복희 광주지부 초대지부장도 유치원 시간제 · 기간제교원 중 한 명이다.

"같은 교원이라도 정교사에 비해 상대적으로 열악한 처우이고 같은 일을 하면서도 유치원방과후 전담사처럼 무기계약직이 아니에요. 유치원방과후 전담사로 전환을 요구하며 2014년 50여 명이 노조에 가입했어요. 가입 당시 광주지부는 노동조합설립준비위가 있었어요. 민동원 조직국장과 차별시정 소송을 진행하면서 시간제 · 기간제교원을 조직하기 시작했죠. 소송 준비를 위해 가진 모임이 노조에서의 첫 활동입니다."

2014년 겨울, 신복희를 비롯한 유치원 시간제 · 기간제교원들은 교육청 앞에서 마스크를 쓴 채 투쟁을 이어갔다. 1년 계약직인 이들은 해고에 대한 두려움으로 마스크조차 벗을 수 없었다. 교육청은 교육부 예산에 의해 운영되는 교원 신분이라 교육청에서 방법을 찾을 수 없다며 외면하다가 마지막에 공개 채용 카드를 꺼내 들었고, 지부와 분과는 가급적이면 기존 인원의 고용을 보장하고, 채용 공고를 별도로 내지 않는 것으로 합의했다. 하지만 9개 유치원에서 채용 공고가 떴고, 9개 유치원은 교육청의 권고에도 공개 채용을 강행, 해고자가 발생하고 말았다.

"지금까지 해마다 공개 채용으로 인한 해고자가 발생하고 있어요. 2014년부터 2017년까지 3년 동안 교육청 앞에서 고용안정을 요구하며 피케팅을 했고 교육부에 찾아가서 면담도 했지만, 마지막 희망이었던 2017년의 정규직 전환 심의에서도 무기계약 전환이 이뤄지지 않았어요.

제가 지부장으로 있던 2017년, 시간제 돌봄 선생님들의 고용안정 투쟁도 저희와 비슷한 결론이 났어요. 교육청에서 천막 농성을 하며 옥상 투쟁, 삭발 투쟁, 삼보일배 투쟁 등 모두가 달라붙어 할 수 있는 모든 노력을 했지만 결국 일부가 채용시험에서 탈락해 해고가 됐어요. 힘들었던 경험이었어요."

신복희 광주지부 초대 지부장은 현재 노동조합 활동도 중단한 채 모든 것을 내려놓은 상황이다.

그는 전국교육공무직본부가 학교 비정규직 노동자들이 목소리를 낼 수 있도록 만들어 왔듯이 앞으로는 조합원들 상호간의 갈등을 해소하는 데 적극적인 역할을 하며 상대적으로 열악한 직종에 대해 더 지원하고 배려하는 조직으로 나아갔으면 좋겠다고 바람을 전했다.

신복희에게 노동조합이란?

"노동조합 활동하면서 서로 간의 갈등이나 불만들이 쉽게 해결되지 않는 점이 가장 힘들었어요. 그래도 변함없는 건 노동조합이 조합원들의 대변자라는 사실이죠. 물로 조합원들의 활동에 따라 한계도 있겠지만요."

● 인터뷰 44 · 박선아 광주지부 지부장

박선아 광주지부 지부장은 초등학교 학부모 대상의 봉사직으로 학교에 채용돼 2010년부터 일하기 시작했다. 고용율을 높이기 위한 정부 정책의 일환이었던 이 봉사직은 방과후 프로그램 관리, 강사 관리 등이 주 업무였고 하루 4시간 근무에 월급 50만 원을 받았다. 일이 너무 많아 늘 5시간, 6시간 초과 근무를 했지만 아이들이 모두 학교를 다니고 있는 상황이라 불만이 있어도 참을 수밖에 없었다. 1년쯤 근무를 하던 어느 날 당사자들과 어떤 협의도 없는 상태에서 사업을 종료시킨다는 정보를 입수하게 된 이들은 처음으로 한 자리에 모였다.

"방과후코디 몇 사람이 모든 학교에 전화를 했어요. 사업 폐지를 막기 위해 싸우기로 하고 130명이 한꺼번에 전국학교비정규직노조(이하 학비노조)에 가입했어요. 130명이 똘똘 뭉쳐서 정말 엄청 싸웠어요. 저는 앞장서는 입장은 아니고 나오라고 하면 나가는 정도였지만요. 운영진들의 리더십이 강했고, 저희 모두 절박했어요.

경력 단절이었다가 모처럼 일을 나온 것이 좋았고, 누구누구 선생님이라고 저희 이름을 불러주는 게 좋아서 열심히 일했거든요. 방과후 관리뿐만 아니라 저소득층 교육비 지원하는 일도 하고, 4시간에 절대 할 수 없는 일이 넘어와도 그냥 했어요. 화장실 가는 것도 물 마시는 것도 미루면서 작은 방구석에 앉아서 그냥 일만 했어요. 학교에서 존재감도 없었어요. 저희가 학부모니까 대부분 어머님이라고 불렀어요. 엄연한 직장인임에도 불구하고 어머님이라 불리는 순간 관계가 고정되고 자존감이 떨어져요. 거기다 다른 학교 비정규직과 달리 저희는 담당 교사가 급여를 줬는데 교사가 챙기지 않으면 몇 달씩 밀려요. 기다리다가 안 되겠다 싶으면 겨우 교무부장한테 말해요. 교사한테는 말 못하고요. 넉달만에 받기도 했어요. 그렇게 열심히 하던 일이 갑자기 박탈당하니까 배신감이 밀려왔죠. 그래서 더 열심히 매달렸어요."

이들은 노조의 모든 사업에 열렬히 결합했다. 서울 상경 투쟁에도 앞장섰고 무슨 일이 있으면 7~80명이 기본으로 참석했다. 하지만 노조는 가장 열악하고 처우개선이 필요한 직종에 대한 배려가 없었고 이들의 무기계약 투쟁에 대한 요구도 받아들이지 않았다. 가입한 지 얼마 안 됐으니 요구하지 말라는 집행부와 열악한 직종부터 챙기는 게 노조의 기본이라고 소리 높이는 분과 운영진들의 싸움은 점점 심해졌다. 2014년 급식비 지급 문제로 노조와 분과의 관계는 더 악화되기 시작했다. 교육청은 급식비 분배를 노조에 맡겼고, 노조는 4시간 근무 직종은 급식비를 줄 수 없다는 입장이었다.

"저희는 모든 직종이 급식비를 받아야한다고 주장했어요. 교육감실 점거하고 비가 오나 눈이 오나 가서 싸웠어요. 매번 100명이 모였어요. 결국 급식비를 받아냈어요. 조직 내에서는 저희의 행동을 직종 이기주의로 몰아붙이기도 했어요. 저희가 4시간 직종임에도 불구하고 8시간 근무자들과 처우가 같은 것은 목소리를 내고 열심히 싸웠기 때문이에요. 분과 대표와 운영진들은 저희의 처우개선을 위해 가정도 내팽개치고 매달렸어요. 그 사람들에게 미안해서 저희 분과 조합원들은 더 열심히 따라갔죠. 하지만 노조 집행부들은 저희를 싫어했어요. 다른 조합원들은 조용히 기다리는데 저희는 끊임없이 목소리를 내고 압력을 넣으니까요.

교육감 선거 시에는 모든 선거사무소에 배치되어 열성적으로 일했어요. 장휘국 후보의 가신들이 그런 우리의 노력에 감동해서 무기계약과 8시간 노동 전환에 구두합의를 해줬어요. 근데 그게 문제가 돼서 노조와 또 싸움이 붙었죠. 2015년에야 무기계약 전환이 이뤄졌어요. 노동조합에 가입된 사람들만 살아남았어요."

이들은 치열하게 싸운 덕에 단순 봉사직에서 방과후학교전담이라는 온당한 직종 명칭도 생겼고, 4시간 근무 직종 중 유일하게 무기계약 전환이 된 것뿐 아니라 모든 수당도 8시간 근무자들과 똑같이 받는 직종이 됐다. 하지만 방과후학교전담 분과의 단일한 결집력과 빠른 행동력은 오히려 2016년 말 업무 분장 투쟁을 기점으로 노조와 결별하는 요인이 되고 말았다. 노조는 업무 분장 투쟁을 반대했지만 분과 집행부는 뜻을 굽히지 않았다.

"저희 특징이 행동력이 빠르고 앞뒤를 재지 않는 거예요. 교육청 로비부터 점거하고 핵심 부서 사무실까지 점거했어요. 하필이면 그날 폭설로 학교가 휴업 중이었어요. 저랑 부지부장, 조직국장이 노조 집행부와 논의도 없이 새벽에 무작정 옥상으로 올라갔어요. 눈 피할 데가 없는 줄도 모르고 맨 몸으로요. 깔판만 깔고 누워 저는 3일을 부지부장은 4일을 버텼어요. 교육청에 요구한 것은 딱 한가지였어요. 8시간 노동으로 전환할 수 없으면 4시간 업무를 할 테니 업무를 줄여 달라고. 교육감이 책임지고 전교조와 협의하겠다고 해서 농성을 접고 내려왔지만 노조 집행부로부터 엄청난 비난을 받았어요.

저희가 노조에 대한 깊은 이해가 있는 것도 아니고 그냥 순진했고,

계산 같은 걸 할 수 있는 사람들은 더욱 아니었고요. 하지만 비난은 이어졌어요. 연판장을 돌려 저희를 몰아붙였어요. 비판은 받아들이지만 그런 식의 비난까지 감수할 수는 없었어요. 그간 저희를 대하는 노조 집행부의 태도도 전혀 민주적이지 않았거든요. 1명을 제외하고 모두 탈퇴해서 이곳으로 왔어요. 2016년 6월이었어요."

박선아 지부장은 옥상에 있을 당시 민동원 조직국장이 고뇌에 찬 표정으로 담배를 피우며 자신들을 바라보던 것이 인상에 남았다고 한다. 타 노조 국장인데도 진심이 느껴졌다고. 하지만 사실은 조금 달랐다고 한다. 애석하게도 국장의 고뇌는 옥상을 선점당한 낭패감에서 비롯된 것이었다고. 당시 전국교육공무직본부는 유치원시간제 · 기관제교원의 고용안정을 위해 교육청과 싸움을 벌이고 있었다.

"당시 광주지부는 조합원이 너무 적어서 교섭에 참가하지 못했고 참관인으로 들어갔다가 쫓겨나기도 하던 상황이었어요. 저희 분과 140명이 이곳으로 옮겨왔을 때 민동원 국장이 얼마나 행복해하던지, 그 때가 생각나요. 기쁨은 오래 가지 않았을 거예요. 저희가 하던 습관은 여전했으니까요. 저희가 옳다고 생각하는 것에 목소리를 크게 내는 사람들이잖아요. 저희끼리 모이면 조합원으로서 의식이 부족한 건 아닌지, 노조를 떠나 독립적으로 존재하는 게 모두를 위한 일인 건 아닌지, 그런 말을 가끔 해요. 신복희 지부장과 민동원 국장이 많이 힘들었을 거라 생각해요."

2016년 방과 후 학교전담 분과가 노조를 이동한지 얼마 되지 않아, 옥상 투쟁 당시 교육감과 약속한 업무 분장에 관해 교육청이 '전교조는 특정노조와 업무에 관한 협약을 맺은 적이 없다'는 내용으로 공문을 내렸다. 교육감은 약속을 지키지 않았고 분과는 투쟁에 나섰다. 민동원 조직국장도 노동당과 결합해 적극적으로 이들의 싸움을 지지했다. 하지만 노조와 협의없이 자신들의 경비로 제작한 플래카드의 내용이 문제가 됐고 본부가 발칵 뒤집히고 말았다.

"방중에는 오전 근무만 하니까 조합원들이 매일 퇴근하고 음료수 사들고 오고, 그 뜨거운 여름 한달 내내 신나게 투쟁을 했어요. 플래카드의 내용은 이병우 노무사의 아이디어를 받아들인 건데 전교조나 공무원들의 정치 활동을 제한하는 뉘앙스가 담겨 있었어요. 노조의 입장에 위배되는 문구여서, 총회에서 저희랑 본부 운영진이 충돌했는데 이시정 부본의 말 중에 '너희 나가.' 이런 뉘앙스의 말이 있어 저희가 화를 내고……. 결국 노조가 개입해서 해결하기로 결론 짓고 저희는 당분간 물러나기로 했어요. 바로 돌봄 고용승계 문제가 발생하면서 저희는 투쟁을 접었죠.

하지만 그 일로 인해 교육청과의 관계가 극단적으로 틀어져버렸고, 우리 분과장이 교육감에게 사과까지 해야 했어요. 사과를 하면 들어주겠다고 해놓고 정작 아무 것도 해주지 않았어요. 지금도 치욕스럽게 생각해요. 근데 어쩌다 보니 지금은 사이가 좋아졌어요. 연두색 조끼만 지나가면 담당 주무관이 놀라긴 하지만요." (웃음)

현재 방과후학교전담의 업무 분장 문제는 답보 상태이고, 긴 시간 해결되지 않고 이어져온 투쟁의 피로감으로 인해 분과 차원에서 모든 것을 잠시 내려놓은 상황이다. 벽 같은 교육청과 싸우고 노동조합을 설득하며 끌고 오는 동안, 투쟁을 이끌던 사람들은 심리 치료가 필요할 정도로 트라우마가 생기고 피폐해졌다고 한다.

"투쟁력이 약해졌다기보다는 지쳐서 내려놓은 상황이에요. 교육청도 노동조합도 우리를 부딪히기만 하는 존재, 의도가 있는 존재로 바라보는 것에 트라우마가 생겼어요. 저희가 노조와 교육청에 대해 가진 불신도 그대로 남아있죠. 현장에서 목소리를 내는 사람의 업무는 그나마 조정되지만, 가만히 있는 사람들은 주는 대로 일을 맡아야 해요. 그래도 **지금까지 싸운 결과로 저희 분과에 대해서 누구도 막 대하지는 않아요. 그게 유일한 성과라면 성과죠. 방과후 보조 인력들이 4시간 근무 중 전국에서 유일한 무기계약 교육감 직고용이라는 저희의 선례를 두고 싸운다고 해요.** 그것도 성과고요."

2017년 초등돌봄전담의 고용안정 투쟁을 지켜보며 박선아는 자신들의 투쟁과는 다른 모습에 의아하면서도 안타까웠다고 한다. 돌봄은 연차가 불가능하고 대체 인력을 세우기 힘들어서 집회나 농성이 있어도 조합원들이 참가하기 힘들었고, 그런 조건 속에서도 김현미 분과장이 100번 200번 연락해 5명, 20명 겨우 끌어냈다고 한다. 모이고 한 목소리 내는 것에 어려움을 느껴본 적 없는 박선아의 입장에서 늘 사람이 부족한 투쟁 현장이 처음에는 이해할 수 없었다고. 하지만 투쟁력도 약하고 모일 처지가 안 되는 사람들을 계속해서 밖으로 나오게 만든 건 포기하지 않고 싸움을 끌고 간 김현미 분과장의 노고라고 덧붙였다.

"돌봄과 저희는 직종이 달라 투쟁 방식도 차이가 있는 것 같아요. 그들은 아이를 다루는 사람들이어서 아무래도 여리고 조심스러운데 저희는 어른만 상대해서 그런지 주변에서 너무 과격하다고 할 정도로 좀 센 편이고요. 그 여린 사람들이 끌어내고 나오고……. 누가 뭐래도 본인들이 할 수 있는 최선을 다한 거예요. 지쳐서 모든 것을 내려놓은 분과장의 심정을 누구보다 이해해요.

돌봄은 여전히 학교 구성원으로 뿌리내리지 못한 상황이에요. 학교 구성원의 모임에도 잘 못 끼고 부조리한 일에도 맞서지 못하고요. 제가 전보 간 학교에 돌봄 조합원이 있어서 전보 인사차 떡을 줬더니, 학교 안에서 떡을 처음 받아본다고 하더라구요. 새로운 유령이죠. 제가 그 학교에 있을 때는 그 사람에게 적극적으로 의견을 말하도록 유도했는데 조금씩 변화가 생겨서 안심을 했어요.

갈수록 직종 이기주의가 강해지고 있어서 안타까운 마음이 있어요. 노조 조합원이라면 같이 함께 하자는 마음이 있어야 하는데 그게 없어요. 어떻게 해보려 노력하는데도 잘 안 돼요.

극한의 투쟁을 했던 그때처럼 돌봄들의 분위기가 살아났으면 좋겠어요. 모두들 나서서 그들을 대표하는 사람에게 힘을 실어준다면 바랄 게 없겠죠."

2017년 말에 벌어진 광주지부 임원 선거에서는 전국교육공무직본부 역사상 최초로 경선이 벌어졌다. 박선아는 지부장을 맡을 생각이 없었지만 방과후학교전담 전 분과장이 적극적으로 추천했다. 박선아도 지부도 더 이상 후보로 나설 사람이 없다고 생각했는데 경선이 되었다. 임원 선거 규정에 경선에 관한 내용이 없어서 선거를 관리하는 지부의 조직국장과 본부는 급하게 규정을 보강하고 선거를 치렀다.

"실무적으로 복잡했어요. 본부의 선거 포스터도 한 팀 형식이어서 디자인을 새로 하고, 조직국장은 갑작스레 중립을 지켜야하는 상황이 되고. 저희가 선거를 치른 뒤 강원지부도 경선 구도가 되면서 저희 자료를 모두 받아갔어요. 저희 경선을 계기로 본부에도 새로운 규정이 생겨났죠. 타 노조에서는 경선하는 거 보며 우리가 부럽다 그러고. (웃음)

그런데 경선 후유증이 좀 있었어요. 운영위를 꾸려 가려면 일했던 사람이 나와줘야 하는데, 한동안 잠수를 하는 타는 바람에 연락하기도 애매했어요. 그 사람이 어떻게 받아들일지 몰라서.

그래도 광주지부의 미래가 밝은 게 차기로 나올 사람이 있다는 거죠."

지부장이 된 해 치러진 교육감 선거에서 박선아 지부장은 단독으로 장휘국 교육감 후보 지지 철회를 선언하면서 선거판을 뒤집어 놓기도 했다. 민주노총 광주본부와 전교조 및 100여 개 단체에서 지지 선언을 했지만, 박선아 지부장은 장휘국의 노동 탄압을 문제 삼으며 지부장 단독으로 지지 철회를 한 것이다. 뒤늦게 공공운수노조에서 본부와 협의를 한 뒤 지부장의 결정을 받아들였다. 민주노총에서는 논의없이 지지 철회를 한 것에 대해 면담 요청을 했고, 타 노조에서는 전국교육공무직본부 광주지부가 지지하지 않은 사실을 두고 지속적으로 공격을 했다.

"2% 차이로 아슬아슬하게 당선됐어요. 지지 철회 때문에 장휘국 교육감과의 관계는 끝이라고 생각했어요. 근데 저희 사무실 개소식에 교육감을 비롯해 교육청의 높은 사람들이 다 온 거예요. 교섭팀장이 화해를 유도했지만 제가 가서 대화를 나누지는 않았어요. 다행히 교육청이 선거 문제로 저희를 배척하지 않았죠. 교육청 기조가 과거와 달라진 것도 영향이 커요. 지난 시간 동안 타 노조와 모든 것을 결정하고 진행해온 탓에 그들이 일종의 권력이 되면서 교육청이 견제하기 시작했어요. 2018년 임금교섭에서는 저희가 두 노조를 중재하는 역할을 했어요."

박선아가 지부장이 된 해에 단체협약을 체결했다. 그동안 상대노조가 독주해온 연대회의에 전국교육공무직본부라는 새로운 축이 생겼고, 2018년의 임금교섭은 과거와 다른 분위기에서 진행됐다. 그런데 교섭 중에 학비노조(이후 간사노조) 조합원들이 교섭위원과 대화한다고 나가서 3,4시간이 지나도록 교섭장으로 들어오지 않은 데다가, 들어온 뒤에는 조합원들의 발언 기회를 요청했고 사측이 이를 거부했다. 그러자 간사가 느닷없이 교섭 결렬을 선언하며 교섭장을 나가버린 것이다. 간사에겐 교섭 결렬을 선언할 권한이 없었다.

그 후 여성노조와 협의해 간사노조의 연락을 무시하기로 하고 연대회의의 방에 간사의 태도를 비판하는 글을 올렸다. 결국 간사노조 수석부지부장이 다른 두 노조에게 공손하게 사과했고 교섭을 이어갈 수 있었다. 그 일을 계기로 박선아 지부장은 두 노조 사이의 중재자 역할을 하게 되었고 교육청도 일이 생기면 그에게 부탁을 한다고 한다.

"광주지부의 가장 큰 목표는 원상회복이랍니다. 전국 지부에서 저희가 처음 조합원 수가 줄었어요. 유치원 시간제 · 기간제교원이 단체로 나간 게 컸어요. 다시 돌려 놓아야죠. 그리고 운영위원들과 조합원의 의식화 교육이 우선 과제예요. 지부장이 되면서 조합원들을 저렇게 봄바람에도 흔들리는 상태로 둘 수 없다 생각했거든요. 자기 말고 옆에 사람도 생각하는 조합원이 될 수 있도록, 교육을 통해서 간부와 조합원들을 바꿔 나가면 지부도 흔들리지 않고 잘 가겠죠. 변화하는 노동조합이 될 수 있도록 노력하고 싶어요."

학부모 봉사직으로 시작해 온전한 이름을 가진 학교 안의 구성원이 되기 위해 전부를 걸고 싸웠던 박선아 지부장은 학교 비정규직 노동운동 10년의 성과가 비정규직이 학교 안에서 목소리를 내고 세상 밖으로 존재감을 드러낸 것이라고 말했다. 그리고 눈부신 성과만큼 자신의 문제에만 집중하고 주위의 문제를 보려 하지 않는 것이 현재 노조가 봉착한 한계라고 한다. 자신의 문제만 중요하다고 주장하는 사람들을 사회 문제로 끌어내기도, 노조 안에서 끌고가기도 힘든 상황이어서 고민이 깊다고 답답함을 털어놨다.

"노조활동 하면서 사람과의 관계가 가장 힘들어요. 내가 변한 것이 아닌데도 내가 어디에 서 있냐 어떤 시선이냐에 따라서 생각이 다르다 판단해버리고 그래서 사람들이 상처를 받기도 하더라고요. 사람을 얻기도 하지만 잃는 것도 순식간이에요.

노동조합, 참 힘들어요. 저도 내려놓는 순간 물밑에서 안 올라올 것 같아요. 그래도 노조가 있으니까 학교 안에서 목소리도 내고 보이지도 않던 내가 대화의 상대도 되고, 동지를 만나게 되고. 동지라는 게 한 편으로 좋지만 돌아서면 한 편으로 상처가 되고…… 힘들어요."

박선아 지부장은 방과후학교전담 분과의 지난했던 투쟁이 거칠고 미숙했지만 뜨겁고 즐거웠다고 말했다. 130명의 조합원들이 똘똘 뭉쳐서 목소리를 내고 함께 투쟁할 수 있었던 원동력은 무엇이었을까? 구심점이 되었던 사람들이 가졌던 순수한 마음, 아무 것도 보지 않고 이거 하나만 살려내겠다는 그 마음이 그들을 움직이게 했다고 한다.

"학생운동 하던 시절의 분위기였어요. 딱 그 정도의 생각과 그런 분위기였죠. 사무실 점거했을 때 저희가 아침부터 스피커로 노래 틀고, 담당 과장이 깔판을 발로 차며 소리치고 할 때도 의연하게 앉아서 짜장면 서른 그릇 시켜 먹고. 근무하는 사람들은 스트레스 받았을 거예요. 지금 생각해보면 그렇게 가서 들이대고 부딪힐 게 아니라 좀 정치적으로 움직여야 했다는 생각이 들어요. 어느 하나에 지나치게 몰입하면 결국 상처가 생기잖아요.

교육청 점거했을 때 그 차가운 관공서 복도에 몇 십 명이 와 앉아있는데 적극적으로 나서지 않았던 조합원들이 와서 구운 계란을 나눠주는 거예요. 싸우는 사람들을 위해 자신이 할 수 있는 것으로 순수하게 나섰고 지금까지도 함께 해주고 있어요. 뜨거우면 쉽게 식기 마련인데 따뜻한 물 같았던 그 사람은 그걸 잃지 않고 계속 거기 있어주니까 고맙더라고요. 또 교육청에 있는 비정규직 사람들은 저희를 몰래 챙겨 주기도 했어요. 그런 마음들. 지금은 그 모든 우여곡절을 넘어 교육청과 함께 가는 관계가 되었잖아요. (웃음)"

박선아에게 노동조합이란?

"생각이 없어요. 노동조합은 그냥 생활이니까요. 굳이 우리가 노조 활동을 하네 이런 게 아니라서 별개의 의미를 부여하는 게 힘들어요. 제 생활의 일부가 되어 있어요. 의미를 부여하는 것은 어깨에 짐 하나를 올려놓는 것 같아요. 하나를 내려놓으면 하나를 다시 시작하듯이 그냥 생활의 일부예요."

● 인터뷰 45 • 김상훈 광주지부 조직국장

김상훈 조직국장은 공공운수노조 광주의 버스지부 상근직을 내려놓고 노조 간부에서 현장으로 돌아갈 고민을 하던 중, 민동원 조직국장의 집요한 삼고초려를 뿌리치지 못하고 2017년 8월23일 광주지부에 출근하기 시작했다.

전국교육공무직본부는 2014년 광주, 전남 지부 조직을 위해 민동원을 파견했고, 하필이면 공공운수노조 내 민동원의 자리가 김상훈의 옆이었다. 당시 민동원은 사무실에 거의 없어 얼굴도 보기 힘들었지만 공공운수노조는 투쟁을 연대하고 지원하는 상황이었고 김상훈도 동참했기 때문에 교육공무직이 얼마나 복잡하고 힘든 자리인지 이미 파악하고 있었다.

"분명한 것은 민동원이 제 옆자리가 아니었다면 제가 여기 없을 수도 있다는 거죠.(웃음) 얼굴도 보기 힘들었지만 대화할 기회도 없었고, 옆에서 지켜보니 일이 힘들고 장난이 아니더라고요. 직종도 많아 힘든 곳이라고 제 주변에서도 고개를 절레절레 했어요. 처음엔 민동원의 부탁을 거절했어요. 현장으로 돌아갈 생각이어서 노조 조직국장 자리는 다시 가고 싶지 않았어요.

근데 술 한잔 마시고 자꾸 찾아왔어요. 광주가 정파적으로 복잡해 지역 인력풀이 제한되어 있고, 소수 노조 일을 할 사람이 없어서 사람 구하기가 쉽지 않았을 거예요. 어느 순간 거절할 수가 없더라구요. 면접 보자마자 다음 주부터 출근했죠. 단협 맺기 전이라 공공운수노조 사무실에서 혼자 상근하며 일을 시작했어요. 임금 교섭이 진행 중이었고 지부장이 출근을 해야 하는 상황이라 업무 파악할 새도 없이 교섭에 들어갔어요."

2017년은 본부 차원의 집단 교섭과 지부의 지역 교섭이 동시 다발로 진행되던 해였다. 집단 교섭 참관하러 서울 출장을 가고, 갔다 와서는 지역 교섭을 진행하고, 그 와중에 조직을 챙겨야 하니 조합원들에게 알릴 건 알리는 와중에 엎친 데 덮친 격으로 광주 정규직전환심의위원회까지 겹쳐서 돌아갔다. 정규직전환심의에 포함되지 못한 유치원시간제 · 기간제교원의 경우 줄기차게 문제제기를 해서 마지막에 안건 상정을 할 수 있었다.

"유치원 시간제 · 기간제교원에 대한 교육청의 한결 같은 논리는 그들이 교원 신분이고 교육부에서 예산을 쓰는 사람이라 교육청이 받을 수 없다는 거예요. 2014년 고용안정 투쟁이 시작된 이후로 지금까지 그 입장에 변화가 없습니다. 교육위원들을 만나면서 설득하고 물고 늘어졌는데도 결과가 좋지 않아서 안타까웠죠.

출근 시작해서 몇 달 간은 본부 사람들 만날 때마다 사무실 인원 충원을 부탁했지만 지원자가 없었어요. 본부에서 그랬어요. 다른 사람 같았으면 쉽게 못할텐데, 노조 경험이 많은 데다가 옆에서 듣고 본 시간이 있어 해내는 거라고요. 게다가 유치원 시간제 · 기간제교원과 시간제 초등돌봄전담사들의 고용안정 투쟁은 싸움이 격렬했지만 교육청과 완전히 합의에 이르지 못했고, 그로 인해 분과 조합원들의 갈등과 실망은 깊어졌어요. 교육청과의 관계도 최악으로 치달은 상태라 그 후유증이 지금까지 이어져 오고 있어요. 일하기 더 힘든 거죠."

김상훈 조직국장이 연대하며 곁에서 파악한 것과 내부의 상황은 또 달랐다. 복잡한 직종별 이해관계로 인한 결집력 문제, 지부의 고용안정 투쟁을 특정 직종의 싸움으로 생각하고 관심조차 갖지 않는 조합원들의 태도는 지부 사업에 걸림돌이 되고 있었다. 또 단지 직종이 다양한 것을 넘어 각 직종이 역사와 사연, 처우까지 모두 달라서 교육할 때 구체적인 질문이 들어오면 답을 하다가도 막히는 일이 부지기수라고 한다. 무분별하게 학교 비정규직을 양산해온 교육 정책 탓이니 받아들이는 것 말고 방법이 없다고.

"다른 지역에 비해서 광주지부가 더 애틋해요. 짧은 시간 동안 일도 많았지만 여전히 정리가 안 되고 있는 상황들때문에요. 그래서 저희 지부는 늘 고민을 하고 있어요. 다른 건 몰라도 유치원 시간제 · 기간제교원 고용안정 문제만은 어떡하든 해결하고 싶은데 길이 안 보여요. 제주 지역에서는 결론이 났거든요. 그런데 제주와 광주는 조건이 많이 달라요. 제주도는 지역 내에 유아교육학과가 없어서 채용 자체가 힘든 상황이지만 광주, 전남은 1년에 몇 백 명씩 쏟아지고 교사 정원 부족으로 갈 곳 없는 졸업생들이 시간제 교원으로 몰려 경쟁이 치열해요. 교육청은 그런 상황을 이용하고 있는 거고요. 교육청과 얘기해보면 시간제교원 뿐 아니라 기간제 교원 문제도 있다고 해요. 기간제는 전교조와 연관되어 있고 취준생들의 고용과도 연계되어 있어 문제 해결이 쉽지 않다고 하니 답답하죠."

유치원 시간제 · 기간제교원 만큼 광주지부의 아픈 손가락이 초등돌봄전담사들인데 이들은 용역 위탁 고용으로 업체 변경 시기마다 고용불안에 시달리는 직종이었고, 2014년부터 교육청에 고용안정에 대한 호소를 이어왔다. 2017년 2월, 마침내 교육청이 용역 고용 초등돌봄전담사 134명에 대해 무기계약 전환 방침을 내놓았지만 100% 고용 승계가 아닌 공개 채용으로 결정하면서 해고가 발생했고, 광주지부는 조건 없는 무기계약직 전환을 요구하며 투쟁에 돌입했다. 4월에 교육청을 점거하면서 격화된 초등돌봄전담사들의 투쟁은 옥상 고공 투쟁, 오체투지, 지부장의 삭발 투쟁까지 이어졌지만 100% 고용 승계를 끌어내지 못했다. 결국 절반은 경력, 절반은 신규로 채용하겠다는 공고가 나갔고, 134명 중 30명 정도가 해고됐다.

"저는 당시에 공공운수노조에서 일할 때라 지원 나가서 천막 보수를 도왔던 게 기억나요. 여론은 고용 승계 쪽을 많이 지지했지만 보수적인 곳은 시험을 봐야한다고 주장하기도 했어요. 운동 진영에서도 의견이 갈렸고 돌봄 분과 내부에서도 학교 안과 밖의 의견이 갈렸어요. 전원 고용 승계가 되지 않은 마지막 합의에 대해 지역에서는 불만이 터져 나왔죠.

초창기 우리 지부는 돌봄 해고자, 유치원시간제 해고자들 포함해서 전체 조합원의 10분의 1이 해고자였어요. 40여 명의 해고자들 중 일부는 이후 채용 시험에서 합격한 사람도 있고, 일부는 다른 직업을 찾고, 일부는 대체 인력으로 근무하고, 저희 지부에서 대체 자리를 적극 소개하기도 했어요. 돌봄이나 유치원, 방과후전담은 학급이나 학생 수에 따라 변동이 심한 직종이라서 정원을 늘리지 않는 한 고용안정을 기대하기 어려워요. 유치원이나 초등학교는 벌써 학급 수 줄어드는 곳이 생기기 시작했고요. 한 조합원은 본인의 학교 학생수 부족으로 다른 학교로 가야하는 상황이 발생했거든요. 돌려막기에 대해 저희가 항의를 했더니 교육청은 총액인건비 문제를 들먹이며 주장을 굽히지 않아요. 앞으로가 더 문제예요."

다른 지부에 비해 늦게 출발했지만 광주지부의 역사는 곧 투쟁의 역사다. 지부의 시작을 함께 했던 유치원시간제 · 기간제교원, 그 뒤를 이어

방과후전담 8시간 전환 투쟁, 초등돌봄전담사들이 고용안정 투쟁까지, 전국교육공무직본부 광주지부는 이제 교육청에서 녹색 조끼만 보면 경기를 일으킬 정도로 작지만 무시하지 못하는 노동조합이 되었다.

2014년부터 격렬하게 달려온 뒤라 광주지부의 2018년과 2019년은 한숨 돌리며 전열을 가다듬는 중이라고 한다. 6개월 투쟁의 여파로 노조가 뭔가를 제안하면 거부부터 하는 돌봄 분과 조합원들에게 8시간 전일제 처우개선 투쟁을 위해 움직이자며 슬슬 발동 걸고 있다고. 돌봄과 마찬가지로 여전히 고용 불안정을 겪고 있는 유치원 분과도 8시간으로 늘리는 투쟁을 제안하고 있다 한다.

"비정규직 노동자들의 고용불안 문제는 전국에서 계속 발생하고 있어요. 다른 무엇보다 고용안정이 우선이죠. 유치원 분과와 돌봄 분과 조합원들에게 저희는 계속 제안을 하지만 당사자들이 나서지 않으면 아무것도 할 수 없어요. 광주지부 자체가 조직률이 낮은 편이고, 열악했던 초창기에 비해 최근에는 고용안정과 처우개선이 이뤄지면서 전국적으로 결집력이 많이 떨어지고 있어요. 기존의 조합원들은 형식적으로만 가입되어 있고, 노조 탈퇴한다고 하면 귀찮은 일이 생길까 봐 통장을 막아 버리기도 해요. 정부 정책에 의해 돌봄이 확대되고 특수실무사들이 늘어나는데 비해서 조직 가입률은 올라가지 않아요. 저희 노조만의 문제가 아니고 타 노조도 마찬가지예요."

초창기 전남과 광주 지역은 학비노조의 활동 기반이 되는 지역이라서 전국교육공무직본부는 두 지역에 지부설립을 계획하지 않았다. 하지만 타 노조에 가입했다가 무관심으로 탈퇴하거나 노조가 받아주지 않는 직종들의 요청으로 뒤늦게 지부가 세워진 지역이다. 유치원시간제 · 기간제교원, 방과후코디 초단시간, 방과후학교전담, 학교 당직 등은 그 대표 직종들이다.

"노조 활동을 하면서 어떻게, 다 잘 살기 위해서 노동자 권익을 위해서 존재해야 하는 노동조합이 사람을 가려서 받고, 머리 아픈 직종은 조직하지도 않고, 골치 아픈 직종은 손을 놓아버릴 수 있는지 도무지 이해가 안 가요. 그 사람들을 저희가 다 받으니까 저희 노조는 열악한 직종 중심으로 구성되어 있죠. 노조는 조합원이 많아야 힘을 얻을 수 있기 때문에 조직화 사업을 하려고 노력 중이지만 저희도 힘든 건 마찬가지거든요.

학교 당직은 저도 불만인 게 민원이 정말 많아요. 학교 당직 조합원들 중 나이로 막내이신 분이 64세인데 그 분이 당직 조합원들의 온갖 민원을 다 접수해서 저한테 전달해줘요. 퇴직금이나 고용 문제들이 대부분인데 저희가 떼인 퇴직금도 소송해서 받아준 적이 있거든요. 타 노조의 조합원이 우리 지부에 해결해달라고 오기도 하고, 도움은 받아 놓고 노조 가입은 망설이고, 가입은 해도 조합비 안 내는 사람도 꽤 있고, 무임 승차도 3분의 1 정도 되고요. 정년 90세로 해달라는 요청도 있어요." (웃음)

김상훈 조직국장은 광주지부의 미래를 묻는 질문에 없어지든지 계속 번창하든지 둘 중 하나가 될 것이라며 극단적인 전망을 내놓았다. 현장에서 느끼는 두 노조의 정파 문제는 다소 심각한 상황이어서 1사 1노조의 원칙하에 노조 통합이 이뤄지는 게 바람직하다는 입장이다. 그럼에도 불구하고 전국교육공무직본부가 늦게 시작했고 비록 소수지만 가능성 또한 열려 있음을 강조했다. 시작부터 투쟁으로 만들어온 역사와 이를 통해 쌓아온 신뢰가 있어, 미가입 노동자의 입장에서 전국교육공무직본부는 소수지만 할 때는 하는 곳, 제대로 챙겨서 하는 곳이라는 이미지가 만들어지고 있어 오래 걸리더라도 언젠가는 다수 노조가 될 수 있을 거라고.

"조합원이 흩어져 있고 직종이 많은 데다가 처우가 제 각각이라서 조직 사업이나 투쟁 사업을 하기 어려워요. 노조 본부의 상근 신입들이 오래 버티지 이유가 이런 것들에 적응하기 힘들기 때문이에요. 직접 부딪히며 일하는 저희도 파악 안되는 직종이 있거든요.

또 장점이면서 단점인 게 여성노동자들이 섬세해서 생기는 문제들인데, 챙길 땐 세심하게 챙기는 대신 한 번 틀어지면 쉽게 풀리지 않아요. 제 입장에서는 이 문제를 조율하고 정리하는 게 만만치 않아요. 개입하기도 애매하고 내버려 두자니 일이 잘 안 되고요. 자리를 만들어주려고 노력해도 그걸 거부하니까 어떻게 해야 할 지 잘 모르겠어요. 제가 겪어본 다른 노조랑 확연히 다른 이 노조의 특징인 것 같아요.

노조 활동의 보람은 솔직히 못 찾겠어요. 저희 상근자들끼리 술을 자주 마시는데, 선출직들이랑 달라서 받는 스트레스를 어디 말할 데가 없으니 저희끼리 떠들어요. 상근 활동가들 중에는 다른 노조에서 활동했던 사람이 많고 나름대로 목표 의식이 뚜렷하게 있지만 여기서는 일에 쫓기다 보니 길을 잃어버린 것 같은 느낌이 들 때가 많아요. 노동운동에 헌신, 노동 해방 등 표현은 다르겠지만 그 길을 걷는 사람들이기 때문에 더 많은 노동자들을 의식하고 조직해야 하는데도 불구하고 여기서는 그럴 마음의 여유가 없어요. 먹고는 살아야 하니까 자위하면서도 스스로 관료화 되어가는 것에 대한 두려움은 계속 커져가고, 열정은 점점 사라져가니 밝은 전망이나 희망을 내놓기가 더 힘들어지는 그런 상황이에요. 좀 안타깝죠."

전국교육공무직본부 10년에 부치는 김상훈 조직국장의 바람은 조합원들이 더욱 성장하여 여성운동 영역이나 다른 열악한 노동자들에게 시선을 돌리고 헌신하는 것이라고 한다. 이를 위해 가장 공을 들여야 하는 것은 조합원들의 의식수준을 높이는 것이고, 직종 투쟁에 매몰되어 서로 싸우는 일이 생기지 않도록 본부도 지부도 중심을 잡고 갈등 해결에 매달리는 것이라고.

김상훈에게 노동조합이란?

"어떤 목표를 가지고 운동을 했던 사람이라 노조가 전부라고 보지는 않아요. 노동자들이 모여 있고, 거기서 해야 하는 것들이 있어서 노동 운동을 해왔지만 오히려 저는 노조 활동의 한계에 부딪혀서 고민이 많은 상황이에요. 금속 노조 사업장에서 많이 봐왔고, 학교 안에서도 발생하고 있는 정규직과 비정규직의 갈등, 또 비정규직간의 갈등은 우리가 풀어야 할 숙제거든요. 그런 점에서 노동조합에 대한 희망을 아직 버릴 수 없습니다. 사용자와는 계속 싸워야 하지만 우리끼리는 싸우지 않았으면 좋겠어요. 우리 노조 안의 문제, 비정규직 노조 안의 문제, 전교조와 우리의 문제 등 그런 걸 계속 풀어야 하는 게 노동조합의 과제라고 생각해요.

노동조합은 저에게 필요한 수단입니다. 제가 하고 있는 운동이 노조를 활용하는 운동가이니까요."

작가의 말

지난 겨울 전국교육공무직본부 사람들을 만나기 위해 먼 길을 다녔습니다. 이름 석 자와 전화번호만 들고 무작정 가서 질문들을 마구 던졌습니다.

할 말이 없다고, 무슨 말을 해야 할지 모르겠다며 모두가 처음엔 망설이고 수줍어했습니다. 하지만 그들에겐 미처 풀어놓지 못한 이야기가 참 많았고, 세상 하나밖에 없는 귀한 이야기들을 들으며 저는 매 순간 두근거렸습니다.

제가 만난 사람들은 모두 자신감과 자부심이 넘치고 당당했으며, 열정으로 가득했습니다. 그리고 참 많이 울었습니다. 차별받던 지난 시간이 서러워서 울고, 바빠서 챙기지 못한 가족들에게 미안해서 울고, 함께해온 동지들에게 고마워서 울고 또 섭섭해서 울었습니다. 그 눈물에 전염되어 저도 많이 울었고, 돌아오는 기차 안에서 혼자 먹먹해지곤 했습니다.

여러분, 지난 10년 동안 정말 잘 싸웠습니다.

당신들은 제가 살아오면서 만난 가장 아름다운 사람들이었습니다.

당신들의 빛나는 투쟁과 반짝이는 눈물에 저의 온 마음을 다해 존경을 보냅니다.